为了人与书的相遇

历史的原声

清季民元的「共和」与「汉奸」

桑兵 著

广西师范大学出版社
·桂林·

目 录

倾听历史：从史料史观之分到史论之合

“共和”与“汉奸”，是学界坊间耳熟能详却言人人殊的两个指称，因为难以定论，或者以为应该首先明确定义，以免内涵外延含混不清，所指能指不明，令人无所适从。然而，如果真的照此办理，结果可能更加混乱，因为无论如何定义，都不可能涵盖所有的事实，而被定义涵盖的人事，有的很可能不应被包裹在内，反而会引起新的歧义。道理很简单，历史上的“共和”与“汉奸”，不是按照后来的定义发生和演化出来的，作为实际存在过的事实，无论如何有违今人的认识，都不能被排除在历史研究的对象之外。而后来的约定俗成，往往会牺牲或扭曲部分的事实。反之，无论今人的定义如何科学，只要涵盖了历史上不在其列的物事，都属于不适用的架构，只能存在于今人的玄想之中。

类似的自相矛盾，说到底，都与治史处理材料与理论的关系紧密关联。在史论分别、文白不一的情况下，治史如何把握求真与讲理、如何协调叙事与论述的关系，已经成为一大难题。有鉴于此，有必要梳理一下这一聚讼纷纭的悬案发生衍化的渊源流变，进而探寻近乎两全其美的解决之道，为来者提供有效的取径和做法。

一　史与论

“文革”前十七年的史学界，出现过相当多引起普遍关注和广泛参与的学术争鸣，其中之一，便是史与论的关系。在所有学科都必须以理论为指导的认定下，史学自然不能例外。但是在学理上，史与论究竟是怎样的关系，在实践中，又应该如何处理二者的关系，却是聚讼纷纭，相当棘手。由于意见不一，无所适从，于是展开热烈而持久的讨论。这场争论从 20 世纪 50 年代后期开始，一直持续，中间虽经“文革”停顿，可是“文革”结束后再度接续，前后时断时续进行了三十余年。讨论由“以论带史”引发出“论从史出”、“史论结合”，成为史论关系认识的三种基本取向，围绕这三种取向，在相互批评和争辩中，还出现“以论代史”等延伸的变相。[1]

讨论莫衷一是，后来只能不了了之，相关的问题并未得到解决，直至今日，史论关系仍然困扰不少新进乃至成名学人。可是，无论意见如何分歧，一般而言，历史论著有无理论，俨然已经成为衡量水准高下、程度深浅的标尺。所争主要在于以什么为理论，或者说什么才是正确、恰当、具有说服力的理论。治史当然不能有论而无史，否则就不成其为史学，但如果被认为有史而无论，立意就不免等而下之也有失公允。由此可以看出，尽管史论关系没有定论，尽管人们对于以什么为论后来实际上取法各异，言人人殊，却不仅大都并不否认论的重要，而且相对于史，似乎还显得更加重要。虽然人们习惯性地声称事实胜于雄辩，可是在最应看重事实的史学领域，其实却是以雄辩为高明，事实只是基础初步。相较于史事不清、史料不足，没有理论或理论不足，更受诟病。

之所以出现这样的倾向，是因为历史论著的主要功能无形中已

---

[1] 参见肖宏发：《对“史与论关系”争论问题的逻辑考察与反思》，《广西社会科学》1995 年第 6 期，第 65—69 页。

经由叙事转向说理。本来治史首要求真，可是误解“一切历史都是自己心中的当代史”的说法，以为真相不在、不可求，或是碍于材料太多，头绪纷繁，剪不断理还乱，干脆宣布无法还原。尽管名义上还没有放弃求出真相，实际上却认为真相不会自动显现，只有符合一定之理的事实才是真。结果类似于字还没有识完微言大义已出的情形日渐普遍，事实不详而认识层出不穷，在史学领域似乎已成常态。不要说思想史学术史等领域，多半向虚，所说大都自己心中自以为是的历史，即使研究人、事、机构等实而又实的题目，也将评判、认为放在澄清、还原之上，往往是发表了一大通“我认为”的说理，实情究竟如何，还是让读者一头雾水。越来越多的历史认识变得众说纷纭，于是悬而未决的史论关系再度浮现，即使不再专门讨论，具体研究和写作时，还是会面临如何处理的棘手难题。

民国以来，治史尤其是研究中国近现代史，往往好将材料与论述分别，引文单纯作为证据，支持引号之外作者表述的论点，从而形成一种普遍定式，引号中的征引文字多数情况下无形中成为单纯的史料，引号外的表述才是正论，代表作者想要表达的观点。更有甚者，即使所征引的材料已经说得很清楚，还是要用自己的话概述一遍。有一种说法叫做夹叙夹议，这也被不少人认为是史论结合比较好的体现形式。这与傅斯年等人将材料整理好以呈现史事的主张明显有别。

久而久之，便形成一种习惯，阅读时史与论是分离的，引号外的“议”即论，更加受到重视，而引文部分则是必须有却不大看，至少是不大留意，除非对议的部分有所疑虑，才会认真审视一下史料是否吻合论点或能否提供充足的支撑。可是，严格说来，议论不过是后人的认识，并不等于当时的事实。在传统史书里，间中也会出现“议”,如《史记》的“太史公曰”和《资治通鉴》的“臣光曰”。只是《太史公书》本来未必是专门史书,《资治通鉴》也是写给治国平天下的君臣看。况且，他们的“议”与“论”、从史出的论看似相近，却与后来的论主要所指的理论，基本不是一回事。尤其是两位司马的“曰”毫无疑问是个人的议论，关乎对史的认识，却不会与史实本身相混淆。

近代以来的史论结合，反映了史论分离的状况，也会进一步加剧史论分离的趋向，使得历史本来的叙事功能大幅度下降。作为历史原声的史料，沦落到次要和从属的地位。人们往往关注论著的主要观点，而不大注意支撑这些观点的史料是否已经过各种必不可少的复杂验证，更加不关注可否用这些史料准确重现历史的本事。所写的历史，很大程度上是在谈作者个人对历史的认识，而又将五花八门的认识美其名曰见仁见智。至于所认识的历史究竟如何，反而变得相当模糊。

诚然，史家不妨对历史表达意见，不过前提应该是将史事述说清楚。而要将史事述说清楚，并非轻而易举之事，不能完全依靠自己的认识或意见，恰好要想方设法抑制自己的主观，以免任意驰骋，脱离事实约束。其主观能动作用体现于研究的过程中，应当是最大限度地限制自己一定存在的主观不至于过度放任，而不是在表述的过程中频频走到前台亮相。正如文学形象是由其生动典型的言行塑造，因而呼之欲出，如果作者不时加注或旁白，就很煞风景了。

其实，史论关系问题，并非 20 世纪 50 年代才突然出现。它与清季以来中国史学革新变动所产生的新问题紧密关联。20 世纪开篇，梁启超在《清议报》发表《中国史叙论》，就石破天惊地提出“中国无史论”，不仅无史，就是想从中搜求材料，“亦复片鳞残甲，大不易易”。[1] 即使像《资治通鉴》这样“最称精善”的史书，“今日以读西史之眼读之，觉其有用者，亦不过十之二三耳”。[2] 以“今日”和“西史”的眼光看出来的中国无史，当时已经引起争议，却并不

[1] 梁启超：《中国无史论》，《清议报》第 90 册，1901 年 9 月 3 日。

[2] 梁启超：《新史学》，《饮冰室合集》文集之九，北京：中华书局，1989 年版，第 1—11 页。

妨碍中国古代只有史料没有史书的看法日趋普遍。

既然传统史书只是史料而非“史”，接下来的问题就是如何才能有“史”。当时提倡的重要取径之一，就是需要用社会学的观念，研究撰写民众的历史。梁启超认为：“自世界学术日进，故近世史家之本分，与前者史家有异，前者史家不过记载事实，近世史家必说明其事实之关系与其原因结果；前者史家不过记述人间一二有权力者兴亡隆替之事，虽名为史，实不过一人一家之谱牒，近世史家必探察人间全体之运动进步，即国民全部之经历及其相互之关系。”[1]也就是说，单纯记载事实，还不能称之为“史”，必须进而说明事实之间的关系及其因果，才有可能成为史。据此提出的创新史学的界说，就是叙述人群进化之现象而求得其公理公例。而社会进化观念、人类群体中心以及用各种社会人文乃至自然科学为参照，则是达到上述目的的主要凭借。[2]

同时代的章太炎此时同样举目西望，与梁启超心心相通，不谋而合，高度赞同梁启超的见解主张。章太炎早有修“中国通史”的志向，他受各种西方社会学书的启发，并且购求日本人译著的《史学原论》及亚洲、印度等史，“新旧材料，融合无间，兴会勃发”，欲将心理、社会、宗教诸学，熔于一炉，进而宣称：“所贵乎通史者，固有二方面，一方以发明社会政治进化衰微之原理为主，则于典志见之；一方以鼓舞民气、启导方来为主，则亦必于纪传见之。”[3]

这时梁启超与章太炎关注史学的目的，首先都在政治，都想借此发明社会进化的公理公例。说得直白些，就是用中国的材料和史事，证明社会进化的一般性原理的普遍适用。其中关于史事因果联

---

[1] 梁启超：《中国史叙论》。

[2] 参见桑兵：《从眼光向下回到历史现场——社会学人类学对近代中国史学的影响》，《中国社会科学》2005 年第 1 期。

[3] 1902 年 7 月《致梁启超书》，汤志钧编：《章太炎政论选集》上册，北京：中华书局，1977 年版，第 167—168 页。

系的说法，后来梁启超基本放弃，承认历史事实并无因果关系。章太炎更是整体上回复中国固有的学问之道。但史料与史学从此渐趋分离，最后导致民国时期学术界意见纷纭的史料与史观之争，史与论的关系问题即由此演化而来。有鉴于此，要认识史论关系的来龙去脉，有必要重新检讨清季以来史料与史观分别的渊源流变，尤其是民国学术界关于史料与史观的各方意见。

二 史料与史观之分

中国史学发达甚早，经典史籍不胜枚举。虽然在取材与著史方面，也有所分别，一般却不会出现史料与史观的对立。历代间有好讲史法之人，一则所谓史法其实是编纂体例，并非后世的理论，二则有专讲史法者史学往往不好的风评。因此，史料与史学，往往是一而二、二而一之事。据清华国学院毕业的陈守实记：陈寅恪“师于史之见解，谓整理史料，随人观玩，史之能事已毕”[1]。这一观念，一定程度上与傅斯年史学就是史料学之说契合或近似。整理史料何以便能成为“史”，是因为所谓整理，就是比较不同的史料，比较整理的目的有二，一是近真，二是得其头绪。二者相辅相成，可以由整理史料不断接近史事本相，并据以叙事，进而揭示背后的联系，也就是发现历史的规律。

这样的讲法胡适也有所领悟，他说：“我从前曾说：‘文胜质则史’，史是‘说故事’，如《国语》《左传》所根据的一些演史的故事，如晋公子重耳出亡一类的故事。‘史之阙文’也应当如此说。孔子说，他还及见没有添枝加叶的记事史。”从《仪礼·聘礼》的“辞无常，孙而说。辞多则史，少则不达。辞苟足以达，义之至也”，胡适判

[1] 陈守实：《学术日录［选载］·记梁启超陈寅恪诸师事》，1928 年 1 月 5 日，《中国文化研究集刊》第 1 辑，上海：复旦大学出版社，1984 年版，第 422 页。

断郑玄所注“史谓策祝”是妄说，“合上三条看来，可知‘史’是演义式的讲史”。并进而引申希腊文 historia、拉丁文 historia、古法文 estorire、英文 history 即历史一词，与故事 story 一词都是出于同一来源[1]，重视史与生俱来的叙事功能。

据此，历史本来的主要功能就是记事与叙事，后者与前者的分别在于文胜质，但是否演义，值得斟酌，至少与后世演义的小说家言本质不同，不能虚构或故意夸饰、掩盖、增减事实，是必须遵循的原则。

不过，陈寅恪关于史学不止一种说法，谈及民国学人的文化史研究，他曾说：“以往研究文化史有二失：旧派失之滞。旧派所作中国文化史，……不过抄抄而已。其缺点是只有死材料而没有解释。读后不能使人了解人民精神生活与社会制度的关系。新派失之诬。新派是留学生，所谓‘以科学方法整理国故’者。新派书有解释，看上去似很有条理，然甚危险。他们以外国的社会科学理论解释中国的材料。此种理论，不过是假设的理论。而其所以成立的原因，是由研究西洋历史、政治、社会的材料，归纳而得的结论。结论如果正确，对于我们的材料，也有适用之处。因为人类活动本有其共同之处，所以‘以科学方法整理国故’是很有可能性的。不过也有时不适用，因中国的材料有时在其范围之外。所以讲大概似乎对，讲到精细处则不够准确，而讲历史重在准确，功夫所至，不嫌琐细。”[2]

照此说法，单纯整理材料而不得法，也很难“合于今日史学之真谛”。若以经学为参照，则谨愿者止于解释文句，而不能讨论问题，夸诞者流于奇诡悠谬，而不可究诘，二者均偏于一端，不足取法。

---

[1] 曹伯言整理:《胡适日记全编》8，1951 年 12 月 7 日，合肥:安徽教育出版社，2001 年版，第 151—152 页，

[2] 卞僧慧纂，卞学洛整理：《陈寅恪先生年谱长编（初稿）》，北京：中华书局，2010 年版，第 146 页。

惟有材料丰实，条理明辨，分析与综合二者俱极其工力，才能达到“庶几宋贤著述之规模”[1]。

抗日战争期间，陈寅恪迫于条件所限，不得已转而用常见材料研究中古制度的渊源流变，却大获好评，识者推许为“异于时人所讥之琐碎考据，亦异于剪裁陈言纂辑成书之史钞，更大异于具有成见与含有宣传性之史论”。将对陈著的推举与其他几种常见的治史流弊相区分，所标举的重要原则就是陈寅恪所说既要具有统系又须不涉傅会，这也是整理史料与研究史学相一致的关键。[2]

具有统系与不涉傅会相辅相成，可见在陈寅恪眼中，史料与方法并无轩轾。其应用比较语言学、比较宗教学以及比较史学等欧洲研究文史之学的正统取径方法，又与中国固有的合本子注、长编考异诸法相融会贯通，很少称引西说而尽得所谓西学的精妙。这也是王国维主张学不分中西新旧的旨意。不过，这样的理念未必所有人都接受，尤其是那些受了其他学科的观念影响，欲将中国历史推倒重来的学人，总想找一个现成的架构，可以方便地将材料放进去且看起来井井有条，头头是道。以胡适的《中国哲学史大纲》为成功先例，就是借用西式系统组装中国固有材料的典范。

思想史之外，社会学的影响更加广泛。清季用社会学治史的取向，两位倡导者梁启超、章太炎并没有身体力行，而且后来还分别做了明确的修正。不过这样的取向，到民国时期一直延续。1926年初，针对顾颉刚、钱玄同、柳诒徵等人关于古史的争论，魏建功撰写了《新史料与旧心理》一文，接续梁启超的理念，重提民史建树的方向。他说：

---

[1] 陈寅恪：《陈垣〈元西域人华化考〉序》，陈美延编：《陈寅恪集·金明馆丛稿二编》，北京：生活·读书·新知三联书店，2001年版，第270页。

[2] 陈寅恪：《吾国学术之现状及清华之职责》，陈美延编：《陈寅恪集·金明馆丛稿二编》，第361页。

> 我的结论：中国的历史，真正的历史，现在还没有。所谓“正史”，的确只是些史料。这些史料需要一番彻底澄清的整理，最要紧将历来的乌烟瘴气的旧心理消尽，找出新的历史的系统。新历史的系统是历史叙述的主体要由统治阶级改到普遍的民众社会，历史的长度要依史料真实的年限决定，打破以宗法封建等制度中教皇兼族长的君主的朝代为起讫；历史材料要把传说、神话、记载、实物，……一切东西审慎考查，再依考查的结果，客观的叙述出来。如此，我们倒不必斤斤的在这个旧心理磅礴的人群里为新史料的整理伴他们吵嘴，把重大工作停顿了！[1]

与民史建树的角度相辅相成，社会学的取向备受重视。只不过那一时代的所谓社会学，更加接近广义社会科学的意思。马克思的唯物史观，李大钊开始就认为是社会学的法则。他将史学分为记述历史和历史理论两部，前者的目的是确定各个零碎的历史事实，而以活现的手段描写出来，这是艺术的工作；后者则是把已经考察确定的零碎事实合而观之，以研究其间的因果关系，这是科学的工作。另有历史哲学，从系统上讲，宜放置哲学分类之下。[2] 过去的史书，在李大钊看来也只是资料而非历史，“历史学虽是发源于记录，而记录绝不是历史。发明历史的真义的是马克思，指出吾人研究历史的任务的是希罗陀德”。研究历史的任务，一是整理事实，寻找其真确的证据，二是理解事实，寻出其进步的真理。[3] 历史理论也就是史观，记录的事实是不变动的，但是解释史实的史观却是随时变化的。[4]

---

[1] 《北京大学研究所国学门周刊》第 15、16 合期，1926 年 1 月 27 日。

[2] 李大钊：《史学与哲学》,《李大钊史学论集》，石家庄：河北人民出版社，1984 年版，第 181—182 页。

[3] 李大钊：《研究历史的任务》,《李大钊史学论集》，第 193 页。

[4] 李大钊：《史观》,《李大钊史学论集》，第 70—71 页。

李大钊的贡献主要是在引进介绍理论学说方面，所说社会学的法则主要适用于社会发展史，随后继起者则逐渐应用于中国历史的研究。其时胡适等人提倡以科学方法整理国故，陈钟凡就认为，治学要工具齐备且先进，搜集材料、排比、评判，这种方法清人早已做过了。用杜威的论理学五段法治古书很可得到新见解，可是于社会学上的贡献尚少。“我们所谓科学方法，乃是用科学研究事物得到确证，评判出那时社会状态和思想，而得到公理公例。如只以甲乙相较得丙，丙丁相较得戊，求同求异，同异交得辨证，终不切于事实的。但在思想史上自有他不可忽视的价值。”相比之下，郭沫若的《古代社会之研究》，将上古史划分出阶段，为社会学上莫大的成功。[1] 明显将郭沫若的学术贡献置于胡适之上。

不过，这样的看法显然不能为胡适、傅斯年等人所认同。他们对于郭沫若的古文字研究，认字及解说的部分予以承认，但是对其过度用来解释古代社会形态，如《古代社会之研究》，则多有保留。[2] 对于社会性质与社会史大论战造成史观的流行，傅斯年大不以为然，他认为：“历史这个东西，不是抽象，不是空谈。古来思想家无一定的目的，任凭他的理想成为一种思想的历史——历史哲学。历史哲学可以当作很有趣的作品看待，因为没有事实做根据，所以和史学是不同的。历史的对象是史料，离开史料，也许成为很好的哲学和文学，究其实与历史无关。”[3] 在《〈殷历谱〉序》中又说：“今固不乏以综合自许者，不触类而引申，凭主观以遐想，考其实在，类书耳，教条耳。类书昔无持论之词，今有之矣。教条家苟工夫深邃，亦可

[1] 陈钟凡：《求学与读书》，《读书月刊》第 2 卷第 1 期，1931 年 4 月 1 日。

[2] 牟润孙说：“郭沫若尝引莫尔甘之说治钟鼎款识甲骨文，讨论古史问题，颇多新奇可喜之说。顾其立论好穿凿附会，往往陷于武断。”（《记所见之二十五年来史学著作》，杜维运、黄进兴编：《中国史学史论文选集》（二），台北：华世出版社，1979 年版，第 1127 页。）这可以部分反映主流学人的一般看法。

[3] 《考古学的新方法》，欧阳哲生主编：《傅斯年全集》第 3 卷，长沙：湖南教育出版社，2003 年版，第 88 页。

有艺术文学之妙，若圣奥古斯丁及其弟子之论史是也。而今之教条家初于其辨证教条并未熟习，而强读古史原料以为通论通史，一似《镜花缘》中君子国之学究，读‘求之与抑与之与’竟成‘永之兴柳兴之兴’。是亦可以哗众取宠于无知之人，亦正为学术进步之障耳。”[1]

李大钊也认为历史哲学应当归于哲学而非历史，问题是具体如何把握史学理论与历史哲学的分际，恐怕至今仍是不小的难题。冯友兰觉得释古派使用材料先入为主，谈理论太多，不用事实解释证明理论，而以事实迁就理论。钱穆更将革新派史学分为政治革命、文化革命、经济革命三期，对于后一派尤其不满。周予同虽然认为其说过虑，指出释古派也有进步，而且追求的目的在于把握全史的动态并深究动因，与钱穆所主张的“于客观中求实证，通览全史而觅取其动态”没有根本的冲突，还是批评“国内自命为释古派的学人，每每热情过于理智，政治趣味过于学术修养，偏于社会学的一般性而忽略历史学的特殊性，致结果流于比附、武断”。[2] 也就是说，历史学的见异与社会学乃至社会科学的求同发生严重冲突，难以协调。

由谭其骧撰写、顾颉刚修改的《禹贡 · 发刊词》则认为，治史须通舆地，本来是一般准则，后来却无人讲求，以至于学人很容易开口便错。“在这种现象之下，我们还配讲什么文化史、宗教史，又配讲什么经济史、社会史，更配讲什么唯心史观、唯物史观！”要“使我们的史学逐渐建筑在稳固的基础之上。……不能但凭一二冷僻怪书，便大发议论。”[3] 这一竿子打翻一船人，在当时的史学界，

---

[1] 欧阳哲生主编 :《傅斯年全集》第 3 卷，第 343 页。

[2] 《五十年来中国之新史学》，朱维铮编 :《周予同经学史论著选集》增订本，上海 : 上海人民出版社，1996 年版，第 558—559 页。

[3] 《禹贡》第 1 卷第 1 期，1934 年 3 月 1 日。关于谭其骧与禹贡学会，参见葛剑雄 :《悠悠长水 · 谭其骧前传》，上海 : 华东师范大学出版社，1997 年版，第 67—76 页 ; 顾潮 :《历劫终教志不灰 · 我的父亲顾颉刚》，上海 : 华东师范大学出版社，1997 年版，第 158—173 页。

能够置身事外的恐怕为数不多。

20 世纪 30 年代初，中国相继进行了社会性质和社会史两场大论战，这两场论战的本意，并不是讨论历史，而是要弄清楚中国革命的性质、任务、动力、前途等问题，以便正确决策。因此卷入其中者开始大都不是史家。可是随着论战的深入，一些学人相继加入战阵，以专业性的史学论著试图回答解决相关问题。而且论战的社会影响巨大，尤其是在青年学生中间，据陶希圣回忆，到 1930 年代初，“五四以后的文学和史学名家至此已成为主流。但在学生群众的中间，却有一种兴趣，要辩论一个问题，一个京朝派文学和史学的名家不愿出口甚至不愿入耳的问题，这就是‘中国社会是什么社会’”[1]。史观与史学的分歧，在特定背景语境下，居然造成了受众的社会性分离。

史学界认识的多样化以及取径做法的大异其趣，成为周予同关于新史学派系划分的依据，他在 1936 年的《治经与治史》一文中写道：“放眼中国现代的史学界，大致可分为二大派：一可称为‘史料派’，注意于史料的搜集与整理；一可称为‘史观派’，根据旧的或新的史料，对于中国史的全部或某一部门加以考证、编纂与解释。”在他看来，“史料派学者工作的本身是烦琐的、畸零的，而他的成绩是可感谢的，因为新的历史的著作需要新的史料作它的柱石呢！不过史料究竟只是史料而不是史，中国现代社会所企求于史学界的是新的史学的建立与新的史籍的产生，而决不仅仅满足于史料的零碎的获得”。并且特别指出左翼史学不以搜集、考证、编排史料为尽了史学的职责，进而要尝试解释史实。

五年后的 1941 年，周予同撰写了《五十年来中国之新史学》，虽然环境迥异，基本还是延续了上述分析，他说：“所谓转变期的新史学，可分为两类：一是偏重‘史观’及‘史法’方面的，一是

[1] 陶希圣：《潮流与点滴》，台北：传记文学出版社，1979 年版，第 129 页。

专究‘史料’方面的。史法每原于史观，或与史观有密切的关系；为行文简便起见，前者可称为‘史观派’，后者可称为‘史料派’。换言之，中国现代的新史学家可归纳为两类，即‘史观派’与‘史料派’。”这种本来为图行文简便的派分，并未得到所指称的双方学人的普遍认可，却深深影响了后来学人的思维与眼界。尽管陆续提出过种种批评或修正，也有不少学人根本反对用这样的观念来看待近代史学和史家，但还是有相当多的学人接受或基本认可这样的划分。[1] 尤其在史学史论著中，有的坚持用史料派与史观派的消长沉浮构成整个20世纪中国史学变动的观点作为基本叙事线索。[2]

也有学人不以派分的此疆彼界为然。1940年6月，《史学季刊》创刊，顾颉刚所作《发刊词》为战前分歧争议甚大的史料与史观作一辩证协调，认为两者在史学研究中相辅相成，“无史观之考据，极其弊不过虚耗个人精力；而无考据之史观，则直陷于痴人说梦，其效惟有哗惑众愚，以造成不幸之局而已”[3]。此说或有调和之意，也指出考据与史观二者不可偏废。后来钱穆在《新亚学报》发刊词中，大体延续了这样的主旨，为民国时期的学术概括总结。不过，在史料整理得好的学人那里，二者本来就是一体，也就无须协调。通过整理比较，近真且得其头绪，可以叙事写史，无须预设史观，更不能用后出外来的史观驾驭裁剪史料。否则，就很难避免牵强附会的梳理，重蹈越有条理系统去事实真相越远的覆辙。

三　文白与史论

史料与史观的分争，主要是受中西学乾坤颠倒的时代环境影响，

[1] 余英时：《中国史学的现阶段：反省与展望》，杜维运、陈景忠编：《中国史学史论文选集》（三），台北：华世出版社，1980年版，第517—524页。

[2] 王学典：《近五十年的中国历史学》，《历史研究》2004年第1期。

[3] 顾潮：《历劫终教志不灰：我的父亲顾颉刚》，第199—200页。

西式分科架构成为强制中学附从的预设，因而必然要以外来的系统学说条理解释中国的材料，只有调理后的史料才有可能变成史学。可是，尽管史观不少来自其他学科，无论史料还是史观，仍然是历史。史论关系说则将历史与理论并列相对，其中的理论，不仅限于历史领域，不但包括史学理论，还扩展及于历史哲学乃至一切社会科学。

史与论的并列使得历史的叙事功能被显著压缩，说理功能则大幅度膨胀，并逐渐演变成用过去的事情讲自己心中的话。而书面语改文言为白话，则导致史与论的进一步分离并更加凸显论的重要地位。

中国的文字文体数千年大体上一以贯之，历代修史，以记事叙事为主，无论征引官书档案，还是私家著述，一般不须标识注明，因而能够与著史的文字浑然一体，阅读者也以一体视之，不必刻意分辨。史书虽然取材多源，却文气一贯，天衣无缝，有助于春秋笔法、比兴之类的特有间架方便施展。即使俗谚野语，也会予以雅化。好事者予以指证，实在是多此一举，所谓佛头着粪而已。

白话改文言，破坏了书面语的古今一致，大多数情况下，所征引的材料与作者的自述在文体形式上差异甚大，使得全篇的文气不能贯通，即使没有阅读障碍，也不易习惯在两种文体之间频繁转换。固有的史书被当成史料，历史论著的文白分别成了史与论的载体，在同文异体的情况下，受白话文教育成长起来的新进，自然会偏重于自幼习惯的语体文。文言改白话的重要理据之一，就是文言不利于说理。与史论关系的畸轻畸重相互作用，用白话说理的论更加受到重视，文言呈现的史则相形见绌。随着时势的变化，史观史论越来越被看重，又进一步加强了作为主要载体的白话部分的重要性。

古人著书，大都述而不作，隔膜者不知就里，以为抄袭。实则凡是圣贤所言，皆为天下公理，取入书籍，意在传道。官书正史，也是正统观念认定的要事至理。若是一家之言，仅此一说，何必征引，更无须注明。因此书写习惯，原无须分别，即使合本子注，也容易混入正文。在西学的强势作用下，出现所谓著作权问题，国人面临两难选择。一方面，晚清以来，官方长期不肯加入版权同盟，以防输入新知遭遇障碍，作茧自缚；另一方面，大量以翻译为著述，引起各种抄袭说的坊间传闻，导致征引注释的不断规范化。由于制定与套用规范为不同语系，时至今日，任何一统江湖的努力仍然是揪着脖领想把自己提向天空的徒劳无功。

海通以后，中西学如何兼容并蓄，一直困扰着国人。纳科举于学堂，等于容中学于西学。而学堂已经西式分科教学，中学要见容于学堂，只能屈从于西学，中体西用事实上演变成西体中用。不仅如此，由于留学大热，回国后各方争相迎聘，掌握话语权，在用人办事时，凸现留学生的作用。风气流被，傅斯年说修史必须留学生，胡适则作势同情未出国门的苦学者，让未留学者或背负保守的骂名，或勉强谈西学而授人以柄。只有陈寅恪敢于指群趋东邻修国史为神州士夫羞欲死之事，且将官派留美学生与北洋军阀练兵并列为两大误国之一。

在当时不通西学即不知学问的趋势下，历史论著的体例随之改变，由传统编年、纪传、纪事本末体转向西式的章节体。章节体的广泛应用，与写史必须征引注释相互作用，造成引文与行文相分离。这种情况在西文关于中国的著述中本来并不普遍，因为将文言对译成西文，比较困难，所以多采取概括转述方式，而东文著述中则相当常见。近代中国的章节体史书，主要是受日本关于中国著述的影响。清季民初那些译著参半甚至以译为主的教科书或一般通史，形成了近代中国历史书写的基本体例和架构。

此外，史论关系意见分歧各方对于史料的看法具有一定的共通性，恰恰是这种共通性使得史在与论的比对中处于下风。在形形色色的史观派看来，史料不是史学，只有将史料进行系统整理之后，才有可能成为史学。而能够将史料系统化的，主要就是史观。傅斯年对于用史观看历史不以为然，因为在他看来，史观属于历史哲学，与历史关系不大，而且欧洲的史观过于受基督教一元化观念的影响。他坚称史学就是史料学，整理史料就是比较不同的史料。可是他与史观派同样将所有传统史书视为史料，而且认为材料越生越好，凡是经过加工，就掺入了主观。这等于将所有材料都当作无意识的客观记述，完全忽视材料记录者尤其是史书撰写者的本意，也是历史的有机组成部分。

傅斯年的本意，或许在于整理材料的过程中应力求防止掺入主观，结果却导致史料在历史叙述中作为阅读元素的价值大幅度降低。在史论结合的形式下，史料往往是被从原有时空联系中抽离出来作为支撑论点的论据，在相当多的情况下，这导致史料的本意被断章取义或穿凿附会。即使用于叙事，如果处置不当，经过名为整理实则主观取舍一过的史料可能非但无助于重现史事，而且导致盲人摸象甚至看朱成碧。更有甚者，既然原来所有史书只是原始材料，必须在理论的条理解释或方法的梳理条贯之下才能升华为史学，则论不仅包含史，而且是更高层次的史，是由史料提升为史学的体现。照此逻辑，看重论而轻视史，当然是顺理成章之事。

尽管提倡新文学者认定文言不宜于说理，近代主张整理材料以重现史事的学人还是好用文言，陈寅恪一生著文坚持不用白话，学术论著更是全用文言；主张白话的新青年傅斯年虽然觉得文言会有辞不达意的局限，特别是说理的部分，其史学论著还是多用文言。除了习惯使然，征引与自述的一贯，当是重要考量。尤其是比较整理材料以叙事，需要呈现材料之中各自的意思，并将各人的表述按照原有时空位置及联系予以呈现，而不是综合判断后简单地变成自己的认识，并将这样的认识用史论参半、夹叙夹议的方式加以表达。

普遍而言，在以白话取代文言的情况下，史与论分离的情形进一步加剧，白话作为论的主要载体，所展示的今人意见在相当程度上被当成历史的事实。久而久之，治史者将关注重心由“前人说什么”转向“我认为前人说什么”，“事实如何”也相应地变为“我认为事实如何”。日积月累，本事与认识二者之间的距离日益拉大，重合度则日渐削弱。今人所知的历史，尤其是教科书和一般通史，其实相当多的是后来对历史的认识，而不是历史本身。要想知道前事本相和前人本意，还须认真倾听历史的原声。这就要求阅史者改变原有的阅读习惯，将文白史论视为一体。

四 倾听历史的原声

学术界每每有些类似围城的悖反现象，譬如专业治史者觉得史学无用，不能影响社会，总想逃离，而出身本行不是研究历史的反而好讲历史，巧舌如簧，大受欢迎。前者喜欢说理，又并不擅长，引新知借别科，越说越不在理；后者专讲故事，不免添油加醋，杜撰太多，形同演义，已非历史，却栩栩如生。坊间喜其生动，无所谓真伪，一般而言也无伤大雅。或者痛心疾首，以为天塌地陷，实则《三国演义》与《三国志》并驾齐驱的情形由来已久，各司其职，无须划一，也无法统一。奢望大众用《三国志》讲三国，既无可能，亦无必要，否则了无生趣。只要学界不以《三国演义》来讲三国，就无大问题。作为专业人士，倒是应该反省一味说理的流弊匪浅，事实说不清，道理讲不明，历史著述读来味同嚼蜡，坊间毫无兴趣，业内也不以为然。

相比求真的史学日益看重雄辩，新闻从业者则极力标榜让事实说话，唯恐别人认为主观。其实新闻能够披露出来的信息至多不过百分之一，无论貌似多么客观，取舍过滤仍是主观。只要不过于偏宕，倒也无伤大雅。而本应以叙事为基本的史家，却总是觉得材料和事实苍白无力，以为材料太多，说法各异，无由取信，无所适从，甚至误信域外浅学的谰言，以为事实不存在，不可求，反而觉得灰色的理论最有力量。历史哲学属于哲学的范畴，对史学或有借鉴作用，但不能替代史学方法，更无法指导处理材料。而行之有效的史学方法应该应用于研究过程，不是通常所见出现在表述阶段装潢门面。况且一般史书所讲道理，多为别家的常识、陈言或套话，不见精彩，不合实情。除了方便新进或懒人延续教科书式的解读历史，越是高明，越少烙印痕迹。

有的近代史著述喜欢自说自话，或代古人立言，至于前人前事的本意本相，往往隐藏甚至湮没在众说纷纭的讲理之中。治古代史的学人对于近现代史著述征引文献的方式每每有所诟病，认为摘引只言片语，容易断章取义，而概括称引，又不免任意取舍，误会曲解，说是引述前人，实则强古人以就我。其言虽然逆耳，的确切中要害。近代文献，文辞看似浅近，因为涉及古今中外的方方面面，加之数量庞杂，又未经前人整理注疏，研究者限于学识，只能预设架构，将能够读懂的部分抽取出来，作为论据，其余则弃而不论。对读书须掌握全篇本意的应有之义毫不讲究，更不要说对比参照所有相连相关的文本，前后左右通语境。姑不论舍去的其余或许更加重要，单就举证部分而论，抽离本来的时空位置，所指能指势必发生或隐或显的变异。

诚然，近代文献繁多，若是详细而全面举证，往往不胜其烦，编辑无法容纳，读者难以卒读。此事令以处理史料见长的史学二陈也颇为头痛。简单的排比罗列，形同堆砌材料，既不能深入问题，又影响文气贯通和意境呈现，的确不足取。可是，如果因噎废食，等于鼓励随意取证，纳入各种后出外来的观念系统之中，而美其名曰史论结合。久而久之，有违情理变成天经地义，不仅自行其是，而且裁量他人，俨然已成行规。但凡看见征引较多，即视为不加分析，没有理论，完全无视引文与行文是否具有不可分割的内在关联。

史学首重纪实与叙事，纪实的功能触碰公私各方的隐私，后来受到多方面制约，希望有所超越，于是有文不能必录，导致两方面趋向，一是还原史实成为修史的前提，二是材料的应用不再局限于纪实。叙事必须依据材料，史料的应用，在史论的架构中，往往流于陪衬，片断摘引只是作为论点的论据，而在叙事的框架下，应当比较近真及得其头绪，并作为历史叙述的有机组成部分予以呈现。由此可以还原包括思想在内的历史本相及其发展演化的具体进程。史家不是以旁白甚至直接登台的形式告诉观众历史是什么，而是用引述的方式使过往的人事重新鲜活跃动起来，像戏剧一样生动地重现于历史舞台之上，让观众亲眼目睹，亲身感受。因此，修史首先应当尽可能复原历史的原声原貌，前提是尽可能多地保留史料的原汁原味，并以经过比较验证的史料构成史学的要素。

作为阅读者，应当积极调整阅读习惯，学会倾听历史的原声，不要把后来的认识与历史的事实相混淆，仔细体察领会文本传递出来的前人本意，进而看出由史家拼合连缀而成的历史图像是否适得其所。不能迁就阅读习惯而跳过引文只看行文，因为这很可能是跳过事实依据去看认识结论。所谓本意，应该是全面的，不能盲人摸象，断章取义；应该是准确的，不能望文生义，凿空逞臆。摘取片断的征引往往是部分的意思，之所以被征引，未必是在文本史事中具有特别的重要性，只不过是征引者在自己预设的架构里想问题才觉得重要。望文生义的结果是误读错解，符合征引者的认识却常常有违事实。完整地倾听历史的原声，才能防止任意取舍史料以形成观点，防止别有用心地隐讳、移位或曲解。心术不正的欺世盗名之徒滥用史论形式，混淆视听，易于得逞。理顺史论关系，让所有的材料与事实适得其所地回归时空原位，即使用于防闲，也有积极意义。

前人的文本都有各自独特的意涵，即使在记事的部分添枝加叶，添加的行为本身也是历史事实的组成部分。追究所记录的事实之时，所添加的枝叶或可比较而剔除，但是如果追究其如何添加、为何添加，不仅也是近真的必须，而且对于解读所记录的事实也颇有帮助。倾听当事人亲历者述说他们各自的经历，从罗生门式的言人人殊可以逐渐走进历史的现场，进而将对历史的认识通过叙事自然呈现，而不是用主观色彩很强的议论强加给读者。

治史如老吏断狱，法官断案，先要详细听取两造的陈述、辩词及取证，了解案情，才能依据法理和律令进行审判。若是先入为主，想当然地据理援例，不知会造成多少冤屈。同理，治史首先要竭泽而渔地网罗证据，透过表象的蛛丝马迹，揭示背后错综复杂的联系，进而究明事实本相及涉事各人的本意。所有分析的理论模式，旨在梳理证据，还原案情，不能削足适履地照搬套用，将证据案情作为法理的注脚。况且治史较审案对还原度要求更高，所谓铁案如山，后者只要关键证据过硬，前者必须全体水落石出。

由此可知，叙事并非不讲理，只是应在弄清事实的基础上再讲道理，或是考史叙事的过程中呈现出理之所在。而且所讲道理应源自事实，而不是简单地将事实当作别人所讲道理的注脚，甚至套用别人的道理来讲事实。今人模仿域外研究，不顾其模型学理并非生成于中国，也未必适用于中国，一概视为放之四海而皆准的公理，照搬套用，削足适履，以牺牲中国的历史为代价，所论不过证明其道理的普遍适用。一般而言，如果复杂的历史事实真的梳理清楚，所蕴含的道理大都已在其中，不言自明。况且将思想还原为历史，究事实的同时也是在讲道理。这一切，都有赖于耐住性子倾听历史的原声，只有听，才能懂，不听则永远不可能懂。如果听不懂，应该提升能力，而不是因噎废食，放弃倾听。

史学的叙事与说理，应以前者为基本。史事的本相不会改变，却不能自动呈现，要借由史料才能重现，而关于同一史事的不同史料记述各异，必须比较而近真。对材料与史事的取舍、解读、认识各异，由此便出现同一历史的不同叙述，影响及于后来历史的著述。前后几件史事彼此联系，也必须比较才能得其头绪。既然史事由整理材料而呈现，比较不同的史料就成为叙事的凭借和重要环节，不能将史料与史学分离，更不宜将史学理解为说理，将论置于史之上。且看包括会议和时段、专门领域的各种学术综述，乃至学位论文和专题著作所称引的先行研究，每每只是罗列各家的观点，却没有深入探究所说的依据是否经得起材料和事实的验证，美其名曰见仁见智，其实是缺乏学术判断力和鉴赏力，越是等而下之，越是不胫而走。那些林林总总的老生常谈和奇谈怪论，往往披着论的华服。

治史要有理论且突显论的重要性，不无将说理置于史学功能的首位之嫌。此说缘于将研究历史的目的定位为发现历史规律，又误以为历史规律是求同而来，将史学混同于社会发展史。所谓规律，为事物之间的普遍联系。历史上的所有人事均为单体，不可能完全重复，所以不能用一般科学原理来求，尤其不宜于用逻辑的归纳法。历史规律是单体人事前后左右无限延伸的普遍联系，这与史学首重叙事正好高度吻合，也是历史研究必须具体问题具体分析的道理所在。

认真倾听历史，放弃后来者自以为是的评判，不带成见，约束主观，才有可能最大限度地了解前人前事的本意本相，并尽可能完整恰当地呈现于读者面前。历史爱好者尤其是读书种子和专业人士，应调整改变固有的阅读习惯，将引文行文视为一体，了解所陈述的史事并欣赏所释放的原音。虽然引文行文仍有文白不一的驳杂，可是若统统改由转述，文体看似一贯，文字却难免繁琐，且容易变形走样。在不能两全其美的情况下，应尽可能保持原态，以免发生二次错误。从这一角度理解傅斯年材料越生越好的说法，不无可取之处。

倾听历史的原声，当然有不同的主题，因而也会有所取舍，并非完全随波逐流，堆砌罗列，既不能跟着前人讲言人人殊的故事，也不能无视历史意见侈谈自己的认识。近二十年来，以集众的形式进行近代中国的知识与制度转型研究，同时展开近代中国史事编年系列的编撰，其间认真揣摩长编考异与比较研究的相辅相成，并尝试将思想还原为历史，为今后的研究奠定了取径与做法的重要基础。按照历史本来的顺序，在整体脉络之中展现各自在相应时空位置之上的相关言行，成为努力的方向。

史论关系的紊乱，间接造成的另一副作用，就是学术评判尺度准则的失范失准。评价学术，须对前人研究、相关材料以及问题本身有全面而深入的认识，缺一不可。不读书而直接进入专题研究，放大了举证立论的随意性，使得学术研究的“聚讼”越来越多。加上近年来学术小圈子化日趋普遍，各说各话，导致学术判断力与鉴别力严重下降，不能分辨妙笔生花与头头是道是否经得起材料及事实的验证。学问的高下本来就有从者众寡的分别，普遍而言，越是等而下之，越是容易引起广泛共鸣。撰写书评，论著的水准与获得的评价常常适成反比，佳作未必能得到即时反应，劣品却有时好评如潮。更有甚者，知其然不知其所以然，研究已经进到“习相远”，自己却还在“人之初”盘旋，且不知其陋，无知无畏，放言妄论，信口雌黄，吠影吠声，甚至居心叵测，深文周纳，恣意攻讦，混淆视听，欺世盗名。尽管天下人不可尽欺，但因为学术鉴别力判断力的普遍缺失，不能恰当判断包括本专业乃至本专题在内的学术高下，心术不正者也每每能够得逞于一时。

学术的评判者或主导者若是缺乏学术判断力和鉴别力，势必给相关学术领域带来灾难性后果，严重影响一代学术的标高。由于鉴别力和判断力严重不足，分辨不出高下良莠，获取信息的过程往往发生负筛选，以疮毒红肿为灿若桃花，个人的学问固然难以长进，附和与提倡也难免倒行逆施，以至于潜心向学者举步维艰，投机钻营者反倒畅行无阻。长此以往，无知无畏的门外文谈和认认真真的表面文章大行其道，乱象横生，学将不学，学问很难获得提升进步的空间。有鉴于此，手握学术评判权者，不但要独具慧眼，目光如炬，且务必慎之又慎，高度自觉自律，千万不能不懂装懂，自欺欺人。须知学术评鉴不仅考验被评判者，更重要的是考验评判者的学识与人格，评议须恰如其分，否则无论捧与棒，都是力不胜任的表现。如果眼力不济，还只是学识有限，不过自曝其陋，如果居心不良，就未免学行有亏。而任何评价的言辞及其相关的过程，都是历史的有机组成部分，将由无尽的来者反复检讨衡量，今日的随心所欲或人云亦云，都可能成为后来居上者眼底口中的笑料笑柄，难免自取其辱。

五　重现历史以把握概念

在思想学术文化史的研究中，有意无意间会陷入协调向虚与坐实关系的困局，尤其是人文上的物事。用概念勾联历史与重现历史以把握概念，便是形似而实不同的两种取法。前者的联系是由人为认定，抽去时空关联，直面文本，强作解人，将二千年集于一线，名词虽然相同，意涵及其所指能指全凭作者的心中之是；后者则尽可能以事实联系为凭借，一方面是不同时期概念之间的关联，更重要则是在具体时空关系下前后左右重现相关史事以把握同一词汇的因时因地因人而异。

傅斯年谈及用新名词称旧物事的困难，主要是区分物质与人文。深一步追究，关于人文的物事即使是同时的概念而无古今新旧的分别，也有从言人人殊到约定俗成的复杂过程。“共和”与“汉奸”，便是或古已有之其实主要应用于晚近、虽有实指却各不相同的典型案例。二者前人论述已多，却是令各路高手也备感头痛的棘手难题。因为理不清头绪，甚至愈治愈纷，触及者大都只能束之高阁。尤其是前者，已经长期多人反复论证，可是其中的若干关键性问题，始终无法破解，典型之一，就是关于国体政体的讨论。后来源自理论的权威定义，并非由梳理历史事实而来，无法厘清历史上各说各话的本意，无法解读历史上的言人人殊。以定义条理之前的文本观念史事，无异于削足适履，强人就我，势必捉襟见肘，以时代意见强求历史意见，反而无论如何弄不清楚前人本意和史事本相。若是按照今日的国体政体分别来考察清季民元的国体政体及其论争，将所有相关问题的论述一概用“共和”来认定并据以讨论，显然与之前因时因地因人而异的各说各话不相吻合，也就很难理解前人为何而争，所争何意，因而始终不得要领。革保论战同样还有不少未尽之意，如孙中山关于民主政治形式的经典表述不是共和而是民权立宪政体，就一直被忽视。后人用以认识的架构与当日人们所具有的观念格格不入或形同实异，是诸如此类的关键问题难以解决的重要原因。不愿耐心倾听历史的原声，也是后人自以为是的表现。

相比之下，康梁等人的声音更被忽视。当年民主共和乃至自由，远没有今日一些人所以为的具有所谓普世价值，严复翻译“自由”一词，不得不用不同的汉字区分固有之自由与外来之自由。梁启超、孙中山都曾说中国的自由太多太滥，前者因此而梦俄罗斯，一步退到开明专制；后者则主张由军政、训政到宪政。康有为还坚持必须帝制，不行也要虚君。或以为应该回到康有为，而不知当时其虚君共和的主张遭到中外各方批评，连梁启超也觉得没有可行性。民初政局的乱象让康有为既幸灾乐祸又痛心疾首，《不幸而言中不听则国亡》，所提出的中国政治发展的大难题，不无重新思考的价值，但是回到辛亥民元，恐怕还是会被弃如敝屣。倾听这些曾经的失语者当时究竟如何说法，对于认识近代历史乃至把握未来的发展有着特殊意义。

汉奸的问题同理。在相当长的时间里，人们都以为汉奸的指称是古已有之，直到近十几年，认真分别他指和后认，系统梳理材料，才大体了解来龙去脉。即便如此，可以进一步检讨的史事仍然所在多有，已有的汉奸史叙述中，还存在不少误读错解。而汉奸的概念层层递进，深入国人精神世界的历史进程，目前所知仍然表浅。清季民元的汉奸指称及其作用，在近代汉奸史上虽然别具一格，却具有汉奸概念进入汉—中华民族意识的指标地位。更为重要的是，探寻汉奸的渊源固然重要，但把握汉奸的流变同样值得重视。即使理解了辛亥时期的因人而异的汉奸概念，也不能用以解读后来汉奸的所指能指。

抗日战争时期（包括战前）的汉奸，在沦陷区、游击区及大后方乃至国共双方，既有各地坊间民众的泛称，并无可以一概而论的观念和人事，又有国民政府在政治和法律层面的认定。在这方面，国民党、国民政府及其军队，制订了不少法规政令，刊行了数量繁多的宣传品，惟有系统搜集和梳理所有材料，将相关历史按照本来的时空联系详细呈现，才有可能通过历史来把握概念，否则，任何先行定义的做法，都无法涵盖所有文本和人事，难免陷入见仁见智而徒劳无功。关于抗日战争前后的汉奸问题，另以专书详细探究。

鉴于今日汉奸指称的滥用，或以为要想恰当理解近代史上尤其是抗日战争时期的汉奸问题，应当首先明确定义，以免各自任意，莫衷一是。实际上，好从定义出发研究概念认定事实，而不是还原历史以把握概念的所指能指，正是混淆时代意见与历史意见的典型表现。须知集合概念往往后出，而且经过约定俗成的演化。研究抗战时期的汉奸，并非指认今日的汉奸，后来的定义虽有助于当下避免滥用（包括现时和历史两方面），却无论如何不可能涵盖历史上所有的文本和事实。即使当时的概念，有此一说也不见得均如此说，除非详细论证，否则以偏概全的认定非但无助于解读材料史事，而且会妨碍准确地重现历史。没有现成框架就不知如何解读史料，没有先入为主的定义就无法认识事实，岂非本末倒置？遗憾的是，这样的本末倒置恐怕正是时下相当普遍的现实。长此以往，历史认识与历史事实之间势必越来越隔膜。如果不加分辨地将历史认识当作历史事实，将是非常危险的事。

倾听历史的原声，方知原来自以为熟悉的声音很可能经过变声处理，回到真实自然的音响世界便显得很不协调。而选取一些异调拼合而成故意立异的所谓新说，弄不好也是妄人妄语。历史的原声，并没有那么多尘封已久的秘辛和匪夷所思的离奇，也并非都是精心设计的阴谋论和不可告人的见光死。凡此种种，反映了持论者的少见多怪。抛去那些稀奇古怪的翻案钩沉，刻板呆滞的说理套话，历史势将更加丰富多彩。无数的好材料，都是由于厨艺不佳而索然无味。品尝者与其因此而丢掉食材，不如舍去以为增加含金量实则蹩脚拙劣的加工，直接品尝原汁原味的无穷精彩。

学会倾听历史的原声，学人和读者应当共勉。

本书的取材，得到门下在读的博士生赵建民、邓华莹（现为中山大学副研究员）等人的帮助，核对引文则主要由余露（现为岳麓书院助理教授）承担。谨此一并致以谢忱。

共和篇

引言

通常的历史叙述中，辛亥革命毫无疑义就是民主共和的历史。由于认定革命党人一开始就持有共和主张并且创建了亚洲第一个共和国即中华民国，共和已经成为革命党政治宗旨的专属性标签。除非涉及分歧，否则所有的思想和行为都当然地与共和相关联。以至于有学人认为，共和一词是近代历史中最无分歧争议的概念。其实，众口一词之下，不言而喻，往往是各说各话。或以为应当名实相符，循名求实。此说假定翻译可以完全对应且正确，姑不论这一前提是否存在，即便成立，所谓名实不符的种种说法，无疑也是历史事实的有机组成部分，若能够恰当地呈现其本相本义，亦为完整重现历史所不可或缺。反之，如果先入为主地判定是非正误，则等于以其心中之是为历史之实。

研治名词或概念史，时下的做法大体有三，其一，用名词概念勾勒历史；其二，抽取某些文本史事定义概念；其三，重现所有相关文本和史事以把握词意。三种取径和做法看似相同，实则大相径庭。前两种虽然详略高下有别，都难免主观成见。名词概念的变化，古已有之，只是不如清季普遍和集中。尤其是古代汉语为独立语，以字为单位，专门名物以外抽象的专有词汇并不多见。那种按照今义检索古籍的做法，无视语义因时因地因人而异的差别，脱离文本语境，忽略同词异义和多词同义的情形，强作连接，绝不可取。

清季民国时期，由于新名词大量涌入以及由文言改白话，汉语性质发生变异，名词取代单字成为关键之一。而名词涉及西、东、中学的不同语境，不宜将不同语言文字系统中的对应名词一视同仁。两种不同语言之间的翻译，不可能完全准确，所谓跨文化传通，相当程度上是误解。相应地，不同语言文字的词汇很难完全准确互译，因而存在同一中文词汇对应若干西文名词的现象，如国家、自由、民族，意思容易混淆，也有不同中文词汇对应同一西文名词的情况，如世界、万国。有时甚至中西文均有数个词汇相互牵混，如民主。同时，西文也有因民族、国家、文化等因素存在差异的情形，如科学在英文和德文当中的所指能指相去甚远。同处所谓汉字文化圈的中日两国，使用相同的汉字名词，意涵却常常大相径庭。梁启超对于经济一词就感到相当困扰，先后用过资生、生计等作为替代，以免与类似近代政治的固有经济一词相混淆。

以上还只是就词义而言，若论及相关史事，则更为复杂。共和一词即相当典型。戊戌至辛亥，是近代意义的“共和”从发端到全盛的重要时期。武昌起事后各地纷纷响应，本来很不情愿中国实行共和且不看好其前景的列强，也不得不承认共和确是人心所向，大势所趋。不过，仔细倾听举国上下异口同声的“共和”呼唤，便不难察觉，各人心中的“共和”，景象各异，走向共和的同声相应之下，夹杂着五花八门的音调。如果这些共和异调被排除于所谓“共和”正声之外，相关的历史认识和论述显然是不完整、有缺失的。

近年来，学界开始注意到，今人呈现的共和历史和历史上的共和之间，并非全然一致，其联系与分别，相当复杂，这不仅是当时各种相关争议产生的根源，也是后人认识各自不同的因缘。于是，从名词概念的意涵发生的历史渊源出发，一些学人以文本为凭借，依照时空顺序，梳理探究“共和”及其相关名词输入演化的历史，所取得的进展和得出的结论，丰富了原有的认识，也提出不少挑战。

关于这一问题的先行研究，2014 年华东师范大学中国语言文学系崔隽的硕士论文《想象“共和”——republic 在近代的汉译定名历程》，依时序大体梳理了高明凯、马西尼、刘禾、狹間直樹、冯天瑜、方维规、金观涛、刘青峰等人的代表性论著，提示了各自分别的贡献和研究的整体状况。只是对于 2005 年以后相关研究的显著进展，完全没有涉及。[1] 此后直接探讨该问题且有不同程度和方面贡献的主要有陈力卫《近代中日概念的形成及其相互影响——以“民主”与“共和”为例》（《东亚观念史集刊》创刊号，2011 年；《日语研究》第九辑，2014 年）、潘光哲《西方政体类型知识“概念工程”在晚清中国的创发与建设（1845—1895）》（《近代中国知识转型与知识传播（1600—1949）学术研讨会论文集》，复旦大学历史系、“中研院”近代史所，2011 年）、谢放《“戊戌”前后国人对“民权”、“民主”的认识》（《二十一世纪》第 65 期，2011 年）、狹間直樹《東アジアにおける“共和”思想の形成》（辛亥革命百週年紀念論集编集員會会編：《綜合研究：辛亥革命》，岩波書店发行，2012 年 9 月）以及《東アジアにおける“共和”国の誕生》（《孙文研究》第 51 号，2012 年 11 月）、李恭忠《晚清的“共和”表述》（《近代史研究》2013 年第 1 期）。此外，川尻文彦《“民主”与 democracy——中日之间的“概念”关联与中国近代思想》（《新史学》第二卷，2008 年）、

[1] 2004 年武汉大学陈金英的硕士论文《走向共和——论 1903—1917 共和思想在中国的确立》，只是提到本文第一段的研究状况，对于后一种趋势，虽然正文引述了冯天瑜的论文，在叙述先行研究的引言中则完全没有提及。而 2007 年吉林大学王娇娇的硕士论文《“共和”的简释——近代中国人是如何接受“共和”观念的》，则只是重点介绍了陈金英的论文，而不及狹間直樹等人的研究。

李剑鸣《“共和”与“民主”的趋同——美国革命时期对“共和政体”的重新界定》(《史学集刊》第5期，2009年9月)、徐宗立《共和的法理——一项历史的研究》(北京：社会科学文献出版社，2012年版)，从不同层面或学科视角对此有所论列。

从先行研究可知：1、共和一词的意涵古今有别，后者始于幕末日本人对译 republic。2、中国最早使用今义共和一词，为1879年黄遵宪的《日本杂事诗》[1]。3、在中日近代语境当中，民主与共和均有从混合到分离的过程，其语义及对应的西文词汇，变化相当复杂。如民主既可能指 republic，也可能包涵 democracy，同时还可能指民之主即大统领。大体而言，日本的变化是影响中国的肇因。4、辛亥到民初，共和成为中国思想政治的关键概念。

在海内外学人的持续努力下，关于共和在近代中国演进的认识有了大幅度进展，相关的问题大体触及，有的部分已经相当深入。不过，相较于文本的繁复和史事的驳杂，仍然留有不小的空间余地。总体而言，已有研究还可以进一步调整改进视角和方法。但凡历史学与语言学相辅相成的研究，必须注意用语学的观点，所以识概念之原，用历史的观点，所以疏相关思想历来之变。[2] 具体而言，则有以下数端：

其一，不以名词概念勾连历史，而要全面观照历史进而把握概念，以免傅斯年所说将二千年集于一线之嫌。同时，如时贤断言，纯以关键词研究历史其实是相当危险的事。历史上谈共和的人士及相关文本因人因时而异，应该更加全面地理解所有文本的全篇本义以及特定文本在作者思想整体中的位置和作用。若是一味以后来的观念断章取义，其中的丰富内涵及其千变万化，就难以完全解读出

[1] 陈力卫据潘光哲文指王韬的《重订法国志略》早于黄遵宪使用今义“共和”，实则潘文明确《重订法国志略》刊行于1890年，所据为1878年冈本監輔的《萬国史記》。

[2] 《性命古训辨证》，欧阳哲生主编：《傅斯年全集》第2卷，第508页。

来。完整恰当地重现文本史事是治史的基本，应当尽可能仔细倾听当事各方的述说，不要仅仅挑选只言片语作为举证的材料，避免脱离文本史事、套用各种后出外来系统的判定。因为诸如此类的雄辩往往只是各自的认识而非历史的实情。如果习惯于仅仅依据片断的材料作大胆的推测，对于历史人物的特定言行在梳理前后左右的联系之前急于盖棺论定，则不过是说出先验的看法，而无助于历史认识的深化。

其二，应当严格区分自称、他指与后认，不能将后认带入历史的现场，否则呈现出来的不过是自己心中的思想史。如将关于美利坚、法兰西的介绍一概视为共和观念体制的事实，就显然有违当时人尚未统一使用这一指称的实情。应当特别注意分别文本所指、所署、所著及所出的时间，不能混为一谈，否则相关研究很可能变得毫无意义。

其三，跨文化传通之所以往往伴随误会，是因为时势变迁和文化转换，越是准确对应原典，越难以通行。能够引领时代风潮的梁启超一生都挣扎于经济学概念的翻译，最终也不能得偿所愿。要在不同语言之间寻找完全对应，作为语言学和翻译学可以持续努力，作为历史研究则很可能是舍本逐末。研究此类概念，必须严格分别所据文本的语言文字，不可用翻译概念指代原文，在中、东、西文之间随意互换。所要探究的对象，主要是因时因地因人而异的所指能指及其因缘。其间是非正误在于今人对前人本意和史事本相的把握是否如实。无论对错，如实就是正确，反之则误。如果在不同语言文字间判定名实的相符与否，形同以后来的是非认定过往的习惯，只能彰显后人习以为常的自以为是。

其四，追究发源之外，更要关注流变。而流变不仅是语义内涵的变化，更有因应时势、言说对象和地缘因素产生的差异。这些千差万别，或许不合法理、逻辑，却是历史实际的存在，若是因为不能容纳于今人的认识而予以舍弃，等于用后来的主观阉割历史。尤为重要的是，无论发源还是流变，都必须严格按照时空人原来的天然联系。但凡错乱时空位置来安放文本史事，或是选择性地跳跃论理，就很容易偏向求自己的心中之是。

由此重新审视既有研究和文本史事，希望在前人基础上更进一层。

第一章　梁启超与共和观念的初兴

自1879年今义的“共和”进入汉语世界，到戊戌变法失败之前，中国人“共和”的观念只是零星和片断的，所指能指因人而异。与通常认为梁启超反对“共和”的认识相反，今义“共和”学说以及相关观念的引进，共和思潮的初步涌现并产生广泛影响，正是由于流亡海外的梁启超等人不顾康有为的高压，以《清议报》和《新民丛报》为依托，进行坚持不懈的宣传。可是，正当共和思潮勃发之际，中国新党和海外华人内斗的现实、美洲共和制各国的弊病、列强争霸的大势以及重新解读相关学理等因素交相作用，从新大陆东归的梁启超却宣布告别共和，一步退至开明专制。虽然失去共和先驱的历史地位，对于青年的鼓动激励仍然令人难以忘怀。

第一节　古今中外的共和

先行研究查明，今义的共和一词，最迟于1870年代已经入华。仔细检讨相关文献，可知直到20世纪初年，主要用于指他者即外国之事，几乎与己无关。所谓他者之事，一是外国的历史，二是外国的现况，三是外国的思想学说、尤其是法理政治学说。

黄遵宪1879年《日本杂事诗》中的“共和党”和1890年《日本国志》中日本主张开国会者的共和，所说均为日本之时事。前述李恭忠论文引述1882年12月22日至1889年《申报》的五则报道中提到的法国附近之共和国、共和政治、法国共和党、瑞西共和国、南美共和国等，以及1890年王韬的《重订法国志略》所说“各国人民苟有背政府、倡共和新政、排击旧宪者，法国当出援兵”，讲的都是欧美各国的历史或现状。

至于梁启超的《论君政民政相嬗之理》引述严复的话：“欧洲政制，向分三种，曰满那弃者，一君治民之制也；曰巫理斯托格拉时者，世族贵人共和之制也；曰德谟格拉时者，国民为政之制也。德谟格拉时又名公产，又名合众，希罗两史，班班可稽。”[1] 此言后来各方转述甚多，可是严复始终不赞成用共和一词，此处经人转述，不知究竟出自严复之口还是据其大意重述，而且主要是指历史上的贵族共和，而国民为政才是民主制。

这一时期中国人口中的“共和”，不仅均为他者之事，主观上还多持排拒态度。1898年1月13日出版的《实学报》第14册刊载沈毓桂的《民主之说流弊论》，引述一种改革意见道：“使以合众联邦共和为治，各子其子，各民其民，郲莒僻小，亦能自保，虎狼强国，遂息兼并。”这表明当时已经有人在私下议论时提及用合众联邦共和的办法达到自治强国的目的，只不过对于这样的主张，沈毓桂的反应是：“噫！是说也，乃搥提伦纪，绝灭纲常，举其利而忘其害，吾无取也。”[2] 从根本上予以否定。

最早引入“共和”新义的黄遵宪，对中国古代的共和十分向

[1] 梁启超：《论君政民政相嬗之理》，《时务报》第41册，1897年10月6日，第3页。

[2] 沈毓桂：《民主之说流弊论》，《实学报》第14册，1898年1月3日，第27页，“实学报馆文编”。

往。他在湖南南学会演讲时说:“诸君诸君，能任此事，则官民上下，同心同德，以联合之力，收群谋之益，生于其乡，无不相习、不久任之患,得封建世家之利,而去郡县专政之弊,由一府一县推之一省,由一省推之天下,可以追共和之郅治,臻大同之盛轨。”[1]此处的共和，主要仍是中国的古典本义。

古典原义之外，共和还有其他意思。狹間直樹指日本明治中期共和曾经作为君主立宪的主要表述，也就是说将君民共主称为共和。这样的指称也影响到中国人，康有为在鼓动清帝变法时便提出:“臣愚尝斟酌古今，考求中外，唐虞三代之法度至美，但上古与今既远，臣愿皇上日读孟子，师其爱民之心。汉唐宋明之沿革可采，但列国与统一迥异，臣愿皇上上考管子，师其经国之意。若夫美法民政，英德宪法，地远俗殊，变久迹绝，臣故请皇上以俄大彼得之心为心法，以日本明治之政为政法也。”其中“英德宪法”，在《光绪政要》《光绪朝东华录》《皇朝蓄艾文编》以及梁启超的《戊戌政变记》中，都写作“英德共和”[2]。其共和之意正是君主立宪制的君民共主上下共和，而民政才是指民主共和。

这一用法在梁启超绝非孤立偶然的个案，他亡走日本后撰写的《戊戌政变记》，其中第五篇《政变后论》第三章《日英政策旁观论》谈到日本、俄国、英国等国的竞争态势，也说:“若夫英人之兵力，固足以敌俄人而有余矣，亦相持而不发者何也。凡君权专制之国，其用兵甚易，共和政体之国，其用兵最难，英之持盈保泰，真有千金之子，坐不垂堂之概，故英人持平和主义，政体使然也。”[3]此处的共和，虽然不排除其他民主政体，但确指英国的君主立宪。

---

[1] 《黄公度廉访南学会第一二次讲义》,《湘报》第5号，1898年3月11日，第18页。

[2] 参见汤志钧编《康有为政论集》上册,北京:中华书局,1981年版,第212、213页;梁启超:《戊戌政变记》,《饮冰室合集》专集之一，第12页。

[3] 梁启超:《戊戌政变记》(丁酉重刊)，沈云龙主编:《近代中国史料丛刊》第92辑，台北:文海出版社，1973年版，第179页。

尽管学人继起踵接的努力提供了越来越多的例证，显示“共和”已经进入晚清中国人的精神世界，仍然不能改变甚至进一步明确了这样的事实，即戊戌变法失败之前中国人今义的“共和”观念只是零星和片断的，非但尚未成为关键概念，而且很少得到运用，具体使用者的所指能指则因人而异。与原来通常认为梁启超等人反对“共和”的认识相反，今义“共和”思潮的初步涌现并且产生较为广泛的影响，正是由于流亡海外的梁启超等人的宣传。

李恭忠已经注意梁启超在近代共和学说传播以及与 republic 对应的共和概念流行中的作用，并且引述了梁启超发表在《清议报》和《新民丛报》上的一系列重要相关著述。相比于此前中国人的共和言说，这一时期今义的共和虽然仍旧主要是指他者之事，可是重心明显转到一般学理方面。在公理天演的一元化进化观主导下，这样的转变意味着中国不能自外于人类社会的普遍法则，他者与自我开始进入混一的状态，或是朝着这一方向快速发展。

梁启超主持的《清议报》从 1899 年 4 月 10 日第 11 册起，开始刊登伯伦知理的《国家论》第一卷，直到 1899 年 10 月 25 日第 31 册，陆续刊载了一半左右的内容。虽然是汉译本，可是翻译者并非梁启超或该报同人，而是东京善鄰譯書館的吾妻兵治。只是后者的《国家学》正式出版于 1899 年 12 月 13 日，反而在《清议报》之后。狹間直樹认为梁启超等人依据的是吾妻兵治的原稿、清样或抄本，后来中止，很可能是因为吾妻兵治的书将出，要求其不再续刊。[1] 从广智书局光绪二十七年（1901）十一月预告即将出版的《国家论》为“本局同人译”判断[2]，梁启超等人也有可能参与过该书的汉译或后来的改译。而郑匡民指吾妻兵治所依据的底本，很可能不

[1] 狹間直樹：《梁启超研究与“日本”》，“中研院”近代史所编印：《近代中国史研究通讯》第 24 期，1997 年 9 月，第 5 页。部分意思为信函告知。

[2] 《广智书局已译待印书目》，《清议报》第 100 册，1901 年 12 月 21 日，第 2 页。

是伯伦知理的原著，而是伯伦知理的学生平田東助与平塚定二郎合译的日文版《国家论》。[1]

无论实情如何周折复杂，《国家论》的连载使得今义“共和”概念伴随着系统的国家学说进入中国人的精神世界，而不再只是零星的片断知识。如关于欧洲的国家学说，“今举政学家之著名者略述之，第十六世纪，弗鲁连则有麻季维利（今译马基雅维利），法国则有暮担（今译蒙田）。第十七世纪，荷兰则有夫卧特具洛（今译格劳秀斯），英国则有密耳敦（今译弥尔顿）、胡北土（今译霍布斯）及洛苦（今译洛克）等诸人。所论分为共和、专制、立宪三种，各不相同也”[2]。而国体政体与共和的关系问题也进入中国人的视野，并引起关注，“又有共和政治，而类君主政治者”。“国体有名异而实相类者，有名同而实相反者。今一据希腊人之原则，唯就主宰官判别国体，倘遇其变体，将如何裁之？夫今日立宪君主政治，与代议共和政治，均以自由权付国民，其名虽异，而其行政施设，有太相似者。”[3]

《国家论》还进一步辨析各种国体政体：“盖立宪君主政治所以甚类代议共和政治者，由两者俱属第四种变体，而所以异于无限专制君主政治者，以其属第一种变体故也。”“方今开明之民，芟除古来错杂政体，而仅存二种，曰代议君主政治，曰代议共和政治，前者多行于欧洲，后者多行于美洲。”就历史而言，“古罗马人殊重国民之自由，国民之共同心极盛，则称其国用例波白律苦之语，以对照国王世袭私权之国。由是观之，称代议君主政曰例波白律苦，亦无不可。然例波白律苦之语，于今人所用之意义，与君主政治正相对比，然则今人每称共和政体（即例波白律苦），而代议共和与代

[1] 郑匡民:《梁启超启蒙思想的东学背景》,上海:上海书店出版社,2009年版,第232—234页。
[2] 伯伦知理:《国家论》,《清议报》第11册，1899年4月10日，第3页，“政治学谭”。
[3] 伯伦知理:《国家论》,《清议报》第25册，1899年8月26日，第4页，“政治学谭”。

议君政将何由别？”共和制与君主制两种政体分别的关键，即在于国家元首与民众的关系，“要之，主治者、被治者之间不设藩篱，互保平等均一之地，是共和政之本旨也。离隔君主与臣民之间，使上下分明，毫不可犯，是君主政之本旨也”[1]。

照搬拿来之外，梁启超还借由日本学习西方，以求简易快捷，按照他所鼓吹的和文汉读法，阅读日文书籍数月即可见效。果然，《国家论》刊出不久，从1899年4月20日《清议报》第12册起，梁启超就推出了声称是自己的译作《各国宪法异同论》，开篇即概括道：“宪法者，欧语称为孔士九嵩，其义盖谓可为国家一切法律根本之大典也。故苟凡属国家之大典，无论其为专制政体（旧译为君主之国），为立宪政体（旧译为君官共主之国），为共和政体（旧译为民主之国），似皆可称为宪法。虽然，近日政治家之通称，惟有议院之国所定之国典，乃称为宪法。故今之所论述，亦从其狭义。惟就立宪政体之各国，取其宪法之异同，而比较之云尔。”

这段文字，李恭忠依据闾小波的《近代中国民主观念之生成与流变——一项观念史的考察》，判断括号中的话为梁启超所加，并进而引申为“以往政体分类的关注点在于谁做主，而梁氏分类的关注点则落在宪法的有无上”[2]。此说稍显急切，闾小波并未言及文本的问题，在比较底本与译文之前，显然还存在其他可能性。即使括号中的话为梁启超所加（这种可能性的确很高，因为几种旧译，为此前王韬的说法，但也不排除借自日本人的可能），可是政体与国体究竟如何区别，当时还相当纠结混淆，遑论清晰的政体分类重点何在。除非引言部分均为梁启超的手笔，否则很难断言是其本人思想的直接表述。因为仅就这篇译文的言说而论，就已经不尽然，所以接下去该文论道：

[1] 伯伦知理：《国家论》，《清议报》第26册，1899年9月5日，第6页，“政治学谭”。

[2] 李恭忠：《晚清的“共和”表述》，《近代史研究》2013年第1期，第12页。

"政体之种类，昔人虽分为多种，然按之今日之各国，实不外君主国与共和国之二大类而已。其中于君主国之内，又分为专制君主、立宪君主之二小类。但就其名而言之，则共和国不与立宪国同类，就其实而言之，则今日之共和国，皆有议院之国也，故通称之为立宪政体，无不可也。故此书所述，专就立宪君主国与共和国论之，而专制君主国不与焉。"英国是宪政（立宪君主国政体之省称）的始祖，七百年前，英人已由专制政体渐变为立宪政体。"上院之制，随各国之国体而异，既已详之，至下院之制，则不然，无论君主国共和国，虽国体大异，其制皆如出一辙，皆由人民之公举，为人民之代表。"《清议报》第 13 册续刊该文，又说："君主者，立宪政体之国世袭继统者也。……共和国之大统领，必由公举，定期更任，而其选举之法，法国、瑞士则由国会，英国则特开选举统领会以举之。"照此论述，共和国有时与立宪君主国相对，有时又涵盖立宪君主国而与君主国相对。

借由日本汉译和直接取材东文，梁启超能够学以致用，立竿见影。1899 年 9 月 5 日，梁启超在《清议报》第 26 册发表《论中国与欧洲国体异同》，开始运用刚刚学到的知识对中西政治进行分析比较，他说："中国周代国体，与欧洲希腊国体，其相同之点最多，即封建时代与贵族政治是也。……欧洲人所谓少数共和政体，谓之寡人政体者是也。其政府（即贵族）之权力甚重，过于国君，国君之废立，出于其手，国君之行为，能掣其肘。"在他看来，中国的国体与欧洲有几点大异：其一，"中国自秦汉至今日，可直谓为一统时代"。其二，"中国可谓之无贵族之国，其民可谓之无阶级之民"。其三，"欧洲自希腊、罗马以来，即有民选代议之政体，而我中国绝无闻焉，此又其最异之点而绝奇之事也"。

不仅如此，对于欧洲的政治学说，梁启超尽可能既参酌各种说法，又表达个人见解，他在 1899 年 12 月 13 日刊行的《清议报》第 32 册发表《蒙的斯鸠之学说》："蒙氏又分各国之政体为三大类，曰专制政体，曰立君政体，曰共和政体，而于共和政体中，复分两种，一曰贵族政体，二曰平民政体，后世谈政体者，多祖述其说。”“蒙的斯鸠曰：万国政体，可以三大别概括之，一曰专制政体，二曰立君政体，三曰共和政体。凡邦国之初立也，人民皆慑伏于君主威制之下，不能少伸其自由权，是谓专制政体。及民智大开，不复置尊立君，惟相与议定法律而共遵之，是谓共和政体。此二者其体裁正相反，立于其间者，则有立君政体，有君以莅于民上，然其威权受法律之节制，非无限之权是也。”其说与他翻译的《各国宪法异同论》的分法有所不同，所以梁启超专门加了一段“任案：蒙氏所谓立君政体者，颇近于中国二千年来之政体，其实亦与专制者相去一间耳，若英国之君民共治不与此同科也。窝的儿尝评之曰：蒙氏所论专制立君二者，其性质实相同，特其手段稍异耳”。

梁启超转向民权，引起一些质疑，在回答问者“子不以尊皇为宗旨乎？今以民权号召天下，将置皇上于何地矣”时，他清楚表明了对于今义共和的态度：

> 夫民权与民主二者，其训诂绝异。英国者，民权发达最早，而民政体段最完备者也，欧美诸国皆师而效之。而其今女皇，安富尊荣，为天下第一有福人。其登极五十年也，英人祝贺之盛，六洲五洋，炮声相闻，旗影相望。日本东方民权之先进国也，国会开设以来，巩自治之基，厉政党之风，进步改良，蹑迹欧米。而国民于其天皇，戴之如天，奉之如神，宪法中定为神圣不可犯之条，传于无穷。然则兴民权为君主之利乎？为君主之害乎？法王路易，务防其民，自尊无限，卒激成革命战栗时代，去衮冕之位，伏尸市曹，法民莫怜。俄皇亚历山尼古剌，坚持专制政体，不许开设议院，卒至父子相继，陷于匕首，或忧忡以至死亡。然则压制民权，又为君主之利乎？为君主之害乎？彼英国当一千八百十六七年之际，民间议论喧豗，举动踔厉，革命

> 大祸，悬于眉睫。日本当明治七八年乃至十四五年之间，共和政体之论，遍满于国中，气焰熏天，殆将爆裂。向使彼两国者，非深观大势，开放民权，持之稍蹙，吾恐法国一千七百八十九年之惨剧，将再演于海东西之两岛国矣。今惟以民权之故，而国基之巩固，君位之尊荣，视前此加数倍焉。然则保国尊皇之政策，岂有急于兴民权者哉。而彼愚而自用之辈，混民权与民主为一途，因视之为蜂虿，为毒蛇，以荧惑君相之听，以窒天赋人权之利益，而斫丧国家之元气，使不可复救，吾不能不切齿痛恨于胡广冯道之流，不知西法而自命维新者也。

在梁启超看来，兴民权正是为了防止民主，避免法国式的革命惨剧和俄国式的暗杀风潮重演，导致民主式共和政体。与之相应，英国、日本式的民权民政才是皇权永固的政治保障。所以他霸气十足地斥责道："子言何其狂悖之甚。子未尝一读西国之书，一审西国之事，并名义而不知之，盍速缄尔口矣。"[1]

第二节　《新民丛报》与共和观念初兴

梁启超对共和学说及制度产生兴趣，因缘于变法失败后如何继续改革事业的反省和探索。亡走海外，仰仗皇帝进行变法的旧途径已然失效，必须改弦易辙。虽然康有为定下了勤王的基调，坚持保皇，可是梁启超等人心中却认为此路不通，不以为然。戊戌前，康有为在万木草堂教书育人，并不讳言革命，任教于湖南时务学堂的梁启超等人也有一定的革命倾向，只是后来康门师徒得到光绪皇帝的破格重用，觉得依靠皇权的万钧之力，可以破坏小而见效快，于是改

---

[1] 哀时客：《爱国论三·论民权》，《清议报》第22册，1899年7月28日，第3—4页，"本馆论说"。

为自上而下的变法。政变后康有为主张保皇，消极的一面是要保住光绪的性命，防止慈禧太后加害，积极的一面则是设法使光绪复辟，重新执掌权力，再开新政。而勤王意在从外部施加压力，争取实现其政治主张。

一些日本人士如宫崎寅藏、池边吉太郎等则认为，在中国进行改革比革命更难，建言中国的革新势力联合起来，实行推翻清朝的革命。梁启超等人碍于康有为的态度，以及革命意涵的转换，没有直接响应日本人士的呼吁，但也逐渐主张自立、革政，并且在康有为离开日本之后，公开为“革命”正名，指为由野蛮而进文明的必由之路。既然美利坚、法兰西的革命成为万国通例，与之相应，扫除专制君主的共和制开始成为他们正面赞同的政治选项。署名“无涯生”的欧榘甲在1899年10月25日《清议报》第31册上发表《中国历代革命说略》,为“革命”正名的同时,也为“共和”呐喊,他说:

> 然孔子之欲我中夏首开民主，致太平，以风靡全球为一统，易之群龙无首，书之尧舜，前不必有其事，后宜以立之法，故假之为偶像也。虽然，尧舜者，虽非与今世完全之民主国相同，亦当时之大圣，有公天下之心者也。或谓中国无民主种子，革命后不能为共和之治者，皆大谬误，不知孔子之大义者也。

由此反观梁启超翻译并连载日本柴四郎的政治小说《佳人奇遇》，固然包含前人已经指出的其他方面的考虑，但绝非如此简单，正如梁启超自己所说：“政治小说之体，自泰西人始也。……在昔欧洲各国变革之始，其魁儒硕学，仁人志士，往往以其身之所经历，及胸中所怀政治之议论，一寄之于小说。于是彼中辍学之子，黉塾之暇，手之口之，下而兵丁而市侩而农氓而工匠而车夫马卒而妇女而童孺，靡不手之口之。往往每一书出，而全国之议论为之一变。彼美英德法奥意日本各国政界之日进，则政治小说为功最高焉。英名士某君曰：小说为国民之魂，岂不然哉，岂不然哉。今特采外国名儒所撰述而有关切于今日中国时局者，次第译之，附于报末。爱国之士，或庶览焉。”[1]

原作者对于书中所述各国“共和”的历史多持否定态度，而梁启超则并无贬意，相反，他不仅借此传播“共和”的观念思想，而且身体力行，采纳并贯彻书中的共和民政主张。正如他在《二十世纪太平洋歌》中唱道,“乃于西历一千八百九十九年腊月晦日之夜半，扁舟横渡太平洋”，目的就是“誓将适彼世界共和政体之祖国，问政求学观其光”[2]。

尽管康门弟子的言革倾向遭到康有为的强力干预压制,《清议报》又因火灾重新改组，梁启超等人并未放弃“言革”。只是碍于康有为“深恶痛绝民主政体”，于政治方针“但当言开民智，不当言兴民权”，梁启超在与孙中山等人协商联合时，才提出改“倒满洲以兴民政”为“借勤王以兴民政”，事成可举皇上为总统，两者兼全，成事正易。[3] 所谓兴民政，其实就是共和体制。《佳人奇遇》中，多处将共和与民政相并提，如“时学士书生，有别说自立自由之利，唱道民政共和者。其抱才郁屈，及苦于贫困而思乱者，皆相和而煽动人心，势如满岸之涨，一时溃堤，不可收拾，欲壅塞之而反动激烈也”。“盖以共和而建民政，文物灿然，富强骎骎而可证者，其惟北米合众国而已，此诸君所目击也。抑北米之人民，本生长于自主自由之俗，沐浴于明教礼义之邦，舍私心，执公议，不泥虚理而务实业，是所以能建民政，而冠于宇内也。而我民则不然，泥虚理，不务实业，轻佻锐进，忽于挫折，此其所以衰颓也。墨西哥国者，与米国接境，同时所建共和民政之国也，然朋党相忌，首领相仇，

[1] 任公：《译印政治小说序》,《清议报》第 1 册，1898 年 12 月 23 日，第 1 页。

[2] 任公：《诗界潮音集 · 二十世纪太平洋歌》,《新民丛报》第 1 号，1902 年 2 月 8 日，第 1 页，“文苑”。

[3] 详见桑兵：《庚子勤王与晚清政局》，北京：北京大学出版社，2004 年版，第 361—364 页。

尔来五十三年，一帝一摄政，已更统领五十三人。其政府朝迭暮更，其人民托生斯土者，又安能寻进路于文明，求生路于自由之乡耶？”[1]这些都是说史心声，不可仅以小说家言视之。

虽然原书对于共和民政不无微词，仔细揣摩，并非指政体不好，而是民情不宜。而梁启超必须考虑万一皇上不保，帝制绝无存在的必要，不能不以民政善后。他与孙中山的异见，主要在于满人是否当排，所以即使光绪犹在，也可以举为总统，而不必非要延续帝制。

在孙中山的西文世界中，至迟从 1895 年起，已经不断对外宣称所主张的政体是 republic，包括与日本驻香港领事的会晤以及与印支法国人士的接触。其间偶尔也会告诉特定对象可能允许汉人称帝，但这样的主张更多的是一种权宜策略，如庚子对李鸿章、刘学询。质疑其政治主张是否民主共和，遇到的史事障碍远比承认要多。不过，孙中山在 1903 年以前，所用来表达 republic 的汉语词汇并非共和，从创立合众政府到建立民国，一是民权，二是合众，三是扫除帝制，以稍后使用的共和来衡量，有其实无其名而已。

庚子勤王的失败，进一步刺激了梁启超等人的反清情绪，在保皇会主办的各种报刊上，反满的激进言论集中涌现。梁启超主持的《新民丛报》，表面声言“不为危险激烈之言”，实际上不断发出激越之声。他甚至不惜直接顶撞康有为，表示不能不讲民族主义和讨满、自立，并且声称同门中大都赞同其主张。

梁启超代同门立言，绝非虚张声势。《清议报》后期，同门在一片仆满言革声中，对于共和的赞美和向往日益表露。麦孟华鼓吹创生中国国民：“抟抟大地之中，界有国土，厘其风俗，异其语言，萃民人共同之团体，划然而自建为国，其国体虽有共和立君之异，其等族虽有贵族平民之殊，其执业虽有士农工商之别，其族民聚合，虽有人种宗教之不同，而凡衣食生殖于其国土之中者，即无不有国

[1] 柴四郎：《佳人奇遇》（续），《清议报》第 2 册，1899 年 12 月 23 日，第 5—7 页，“政治小说”。

民之公权，即无不有国家之义务，总而名之曰国民”[1]。共和国体虽然不是唯一选择，却已是正面表述。而树立山人“尊革命”，共和政体就成为无限向往的目标，“今倘易中国数千年之专制政体，变而为共和政体，使中国之名，有若大公司之号，皇帝之权限，不过总办之尊称。如此则中国于革命之事，亦已登峰造极矣”[2]。

《新民丛报》开办，梁启超一面声言平和渐进，一面却高歌共和，开篇第一号，他就刊出了两年前写的《二十世纪太平洋歌》，将当年碍于康有为不便坦言的共和向往公之于世。3月刊行的第4号，刊发了梁启超的《法理学大家孟德斯鸠之学说》，指：“孟氏学说，最为政治学家所祖尚者，其政体论是也。政体种类之区别，起于阿里士多德，而孟氏剖之更详。其言以为万国政体，可以三大别概括之，一曰专制政体，二曰立君政体，三曰共和政体。凡邦国之初立也，人民皆慑服于君主威制之下，不能少伸其自由权，谓之专制政体。及民智大开，不复统于一人，惟相与议定法律而共遵之，是谓共和政体。此二者其体裁正相反，而介于其间者，则有立君政体，有君以莅于民上，然其威权受法律之节制，非无限之权是也。”

之前梁启超在《清议报》第32册发表的《蒙的斯鸠之学说》，未能终卷，此文当为改译并完篇。关于“立君政体之国”，梁启超的看法是：“苟欲不速灭亡，必其君主有好名之心，有自重之意，以己身之光荣与国家之光荣视同一体。如是则必将希合民心，勉强行道，而其国亦得以小康。虽然，君主好名之极，而世臣巨室，或不能限制其威权，则君主必自视如鬼神，而一无所顾忌。此孟氏论立君政体之大略也。约而言之，则强暴之威力与一定之规则相混合而已。然则此政体者，亦专制共和两政间之过渡时代也。”如此定

---

[1] 伤心人:《论中国国民创生于今日》,《清议报》第67册，1900年12月22日，第1页，“本馆论说”。

[2] 树立山人：《尊革命》,《清议报》第94册，1901年10月12日，第17页，“来稿杂文”。

位君主立宪政体，显然与保皇会的主张大异其趣。虽然康有为也承认君宪为过渡阶段，共和为终极目标，可是他认为中国不适宜共和制，而皇上甚至清廷可以行改革。梁启超则认为光绪很难保救，即使生存，也不易有所作为，清廷更是根本不能指望。既然不得不革命破坏，与其争取过渡，不如直达目的。

接下来梁启超详细介绍了之前未及的孟德斯鸠“论共和民主之政”。孟氏以为，“民政未立以前，必有一种半君半民之政，以介其间，若是者，谓之贵族政治。盖以国中若干人独掌政柄，实君主之余习也。若夫共和政治，则人人皆治人者，人人皆治于人者。盖各以己意投票选举以议行一国之政，故曰人人皆治人。既选定之司法官，则谨遵其令而莫或违，故曰人人皆治于人”。从进化的观念看，处于政体发展最后阶段的共和无疑是极则，所以梁启超称：“孟氏论三种政体之元气，其说有特精者，即专制国尚力，立君国尚名，共和国尚德是也。而其所谓德者，非如道学家之所恒言，非如宗教家之所劝化，亦曰爱国家尚平等之公德而已。孟氏以为专制立君等国，其国人无须乎廉洁正直。何以故？彼立君之国，以君主之威，助以法律之力，足以统摄群下而有余。专制之国，倚刑戮之权更可以威胁臣庶而无不足。若共和国则不然，人人据自由权，非有公德以自戒饬，而国将无以立也。”[1] 显然，在梁启超心中，共和已然是无限美好的愿景。

发表于1902年10月《新民丛报》第17、18号的《近世第一女杰罗兰夫人传》，梁启超不仅向世人传达了传主的临终名言：“呜呼！自由自由，天下古今几多之罪恶，假汝之名以行。”更彰显了这位心醉共和，“生于自由，死于自由”的传奇女子的丰功伟绩，“十九世纪欧洲大陆一切之人物，不可不母罗兰夫人，十九世纪欧洲大陆

[1] 中国之新民：《法理学大家孟德斯鸠之学说》，《新民丛报》第4号，1902年3月24日，第4、7—8页，“学说”。

一切之文明，不可不母罗兰夫人。何以故？法国大革命，为欧洲十九世纪之母故，罗兰夫人，为法国大革命之母故”。虽然法国大革命的惨烈让梁启超心有余悸，但是所描绘的罗兰夫人等为实现“共和主义”、“共和理想”、“共和政治”而奋斗牺牲的事迹，却令无数青年心驰神往，实际上奏响了一曲共和革命的赞歌。文章最后梁启超忠告各方：

> 有读罗兰夫人传者乎，其在上位者，持保守主义者，当念民望之不可失、民怒之不可犯也如彼。苟其偷安苟且，弥缝掩饰，朘削无已，箝制屡行，则必有如法国一日中刑贵族王党千余人，断尸遍野，惨血塞渠，乃至欲求为一田舍翁而不可得。……其在下位者，持进取主义者，当念民气之既动而难静，民德之易涣而难结也如此。苟无所以养之于平日，一旦为时势所迫，悍然投其身投其国于孤注一掷，则必有法国当日互相屠杀，今日同志，明日仇雠，争趋私利，变成无政府之现象。虽有一二志芳行洁忧国忘身之士，而狂澜又安能挽也。呜呼，破坏之难免也如彼，破坏之可惧也又如此，人人不惧破坏，而破坏遂终不能免矣。何也，上不惧破坏，则惟愚民焉，压民焉，自以为得计，而因以胎孕破坏。下不惧破坏，则以谈破坏为快心之具，弁髦公德，不养实力，而因以胎孕破坏。然则欲免破坏，舍上下交相惧其奚术哉。

这段话看似立论持中，实则当时梁启超认定勤王保皇无望，革命必不可免，担心民智不开，一旦爆发，将陷入破坏不已的局面，希望有罗兰夫人式的先觉者起而传播民主思想。

为此，梁启超坐言起行，大声疾呼，《论教育当定宗旨》认为两种或数种不同的宗旨可以对抗并行，“世界之进化也，恒由保守、进取两大势力冲突调和而后成。有冲突必有调和，或先冲突后调和，或即冲突即调和。譬若甲之见以为专制政体适于中国者，则用全力以造专制之国民可也。乙之见以为立宪政体、丙之见以为共和政体适于中国者，则用全力以造立宪、共和之国民可也。但使其出于公心，出于热诚，不背乎前所谓普天下文明国共通之宗旨，则虽为斯巴达可也，虽为俄罗斯可也，虽为美利坚、法兰西可也。而必须有贯彻数十年之眼力，擎举全国民之气概，而不可如动物野蛮之受外界刺激，而为无意识之动。教育云，教育云，如是如是”[1]。其说看上去不偏不倚，实际上是在康有为的高压下努力为实行共和开辟空间。

介绍《生计学学说沿革小史》，梁启超也提及柏拉图（Plato）“尝著一书，名曰《共和国》（*Republic*），虚构一大同理想之国家”。十六世纪最著名政治家为法国的詹钵敦（Jean Bodin），“其所著《共和政治论》（*Dela Republic*），论以生计学理组织国家之法。”格黎哥里（Gregory）“著《共和论》一书，纲罗当时生计学之思想”[2]。

小说《十五小豪杰》第一回开篇的“调寄摸鱼儿”就唱道：“英雄业，岂有天公能妒。殖民俨辟新土，赫赫国旗辉南极，好个共和制度。天不负，看马角乌头奏凯同归去。我非妄语，劝年少同胞，听鸡起舞，休把此生误。”[3]这既是赞颂书中的十五位童子，更是激励中国少年奋起仿效。

杂剧《新罗马传奇》歌颂意大利烧炭党的男女首领，并借其口宣称：“兄弟们，咱们这个烧炭党，就奥大利政府的奴才视之，叫做一个私党。就意大利同胞的国民视之，叫做一个公党。我们的宗旨啊，不管他上等社会、中等社会、下等社会，九流三教，但使有

[1] 中国之新民：《论教育当定宗旨》（续第1号），《新民丛报》第2号，1902年2月22日，第7—8页，“教育”。

[2] 中国之新民：《生计学（即平准学）学说沿革小史》，《新民丛报》第7号，1902年5月8日，第11页；中国之新民：《生计学学说沿革小史》，《新民丛报》第9号，1902年6月6日，第2页，均“学说”。

[3] 法国焦士威尔奴原著，少年中国之少年重译：《论教育当定宗旨》，《新民丛报》第2号，1902年2月22日，第1页，“小说”。

爱国的热血，只管前来。不论那一人政体、寡人政体、多人政体，立宪共和，但能除专制的魔王，何妨试办。叫他是哥老会、三合会、大刀会、小刀会，些些不同，但起得革命军、勤王军、独立军、国民军，件件皆可。”[1] 这番话，简直就是梁启超自己内心的直白。

《新中国未来记》毒骂了一众满奴洋奴，批驳了各种不当论调，声称：“今日做革命或者不能，讲革命也是必要的。哥哥，你看现世各国君主立宪政体，那一国不是当革命议论最猖狂的时候，才能成就起来。这也有个缘故，因为君主立宪，是个折中调和的政策。凡天下事必须有两边反对党，旗鼓相当，争到激烈尽头，这才能折中调和他。若是这边有绝大的威权，那边无丝毫的力量，这调和的话，还说得进去吗。所以兄弟以为我们将来的目的，不管他在共和还是在立宪，总之革命议论革命思想，在现时国中，是万不可少的。”[2]

借助文学作品进行宣传鼓动之外，梁启超这一时期思想学理方面的用心之作是《新民说》，《新民丛报》第 16 号刊载的“论合群”一节，专门讨论共和、立宪的异同及其相互关系，并且批驳了中国今日不可言共和的论调：

> 吾闻孟德斯鸠之论政也，曰：“专制之国，其元气在威力；立宪之国，其元气在名誉；共和之国，其元气在道德。”夫道德者，无所往而可以弁髦者也。然在前此之中国，一人为刚，万夫为柔；其所以为群者，在强制而不在公意。则虽稍腐败，稍涣散，而犹足以存其鞹以迄今日。若今之君子，既明知此等现象，不足以战胜于天择，而别思所以易之，则非有完全之道德，其奚可哉？其奚可哉？吾闻彼顽固者流，既聒有辞矣，曰：“今日之中国，必不可以言共和，必不可以言议院，必不可以言自治。以是畀之，

[1] 饮冰室主人：《新罗马传奇》，《新民丛报》第 11 号，1902 年 7 月 5 日，第 1 页，“小说”。
[2] 饮冰室主人：《新中国未来记》，《新小说》第 2 号，1902 年 12 月 14 日，第 75 页，“政治小说”。

徒使混杂纷扰，倾轧残杀，以犹太我中华。不如因仍数千年专制之治，长此束缚焉，驰骤焉，犹可以免滔天之祸。”吾恶其言！虽然，吾且悲其言！吾且惭其言！呜呼！吾党其犹不自省、不自戒乎？彼辈不幸言中，犹小焉者也。而坐是之故，以致自由、平等、权利、独立、进取等最美善高尚之主义，将永为天下万世所诟病。天下万世相以谈虎色变曰：“当二十世纪之初，中国所谓有新思想、新知识、新学术之人，如是如是，亡中国之罪，皆在彼辈焉！”呜呼！呜呼！则吾侪虽万死，其何能赎也！[1]

在接下来的《论政治能力》中，梁启超详细论证了共和革命可以而且应当作为现实政治选项的理据：

天下事固有极相反而适相成者，若君主专制与共和革命，两极端也。而共和革命，每成就于君主专制极点之时。专制者种种积威，种种阴谋，皆不啻为革命者作预备之资料，此泰西史上所习闻也。而况乎立宪、革命之争，乃与此异。（立宪、革命本不能为对待之名词，立宪者虽君统依然，已不得不谓之革命，革命者虽绝君统，然结局亦不过求立宪。故以对举，实论理学所不许也。今云云者，从普通称谓耳。）其事本非相反，其效乃真相成。我而诚欲革命也，……夫使所立之宪而能副国民之愿望也，则吾复何求，吾之革命主义，直抛弃焉可耳。（或持极端之排满主义，谓今之皇室，虽使其宪政之完备能如英如日，然以民族之恶感情，终不认之，宁以无秩序之汉而亡，不以有能力之满而存。此自是意气之言，真爱国真言革命者必所不取。）使其不能也，则经此一度之立宪，而民间之表同情于革命者，

[1] 中国之新民：《新民说十四·第十三节论合群》，《新民丛报》第16号，1902年9月16日，第7页，“论说”。

将益如传染病，弥漫而不可制，可断言也。

民间同情革命，缘于清廷的作为，“朝廷一纸伪改革之诏书，以视民党数十万言之著书，数十百次之演说，其效力往往过之”。所以，“轻言革命，譬犹黩武，黩武非计也。以主立宪故而仇革命，譬犹弛兵，弛兵尤非计也”。数年来政府所以屡有伪改革之举，其动机不过“以民釁可畏，姑为一二以塞其望也”。可惜人民的战斗力不足以生政府之严惮，否则可以不战而屈之。“比例以推，知革命主义进一步，则立宪主义必进一步。我而真信立宪论之可以救国也，则正宜日夕祷祀，蕲革命论之发达，以为我助力，而其不得不相仇之理由果又何在也。”

共和革命与君主立宪不仅并行不悖，而且相辅相成。面对清政府的高压，必须同舟共济，才能人多势众。为此，他呼吁同道者齐心协力，抗拒强敌，而不要相互争斗，内耗能力，并且声明：

> 吾之为此言，非谓欲使言立宪者舍己之所信以从革命，或使言革命者舍己之所信以从立宪也，更非为模棱之言，与彼两主义作调人也。吾见夫天地甚大，前途甚宽，实有容此两主义并行不悖之余地，各发表其所研究，各预备其所实行，不相菲薄不相师，而岂必为冷嘲热骂以快意，为阴谋倾轧以求胜也。……今日之中国，宜合全国上下以对列强者也。藉曰未能，则亦宜合全国民以对政府。立宪、革命两者，其所遵之手段虽异，要其反对于现政府则一而已。政府方以千钧之力相临，而所谓立宪者革命者，皆如方抽之萌蘖，势之强弱，与彼公敌固相万也。……吾实见夫数年来民党能力之所以不进，其被压抑于政府者不过十之一，其被摧夷于异党者乃十之九也，是真可为长

> 恸者也。一言蔽之，则亦未明消极的协助之义而已。[1]

梁启超的呼吁，在当时的革命党和后来的研究者看来，颇有些居心叵测。其实，在排满革命与保皇立宪之间，梁启超并非反对前者而拥护后者，他知道时势非讨满不可，既然不能不革命，君主立宪显然难于民主立宪。梁启超撰写《意大利建国三杰传》，用意同样是为了中国改革各派能够携手共进，鼓动民主革命风潮。他说：

> 意大利既以立宪成，则其性质宜于立宪明矣。而玛志尼乃倡革命，倡共和，不为无识乎，不为多事乎？曰：恶！是何言！无革命之论，则立宪终不可成。通观今世界之立宪君主国，何一非生于革命风潮最高点之时代也（英国宪法号称自然发生者，然非长期国会之革命，则其宪法亦废弃久矣）？且立宪国有两事最不可缺，其一，则君主不敢任意蹂躏宪法。其二，则国民知宪法之可宝贵是也。凡已有特权者，谁乐分之以与人？故民间无革命思想，则君主断不能以完全之宪法与民，一也。凡得之太易者，则视之不重，视之不重者，则守之不牢。故民间苟非以千血万泪易得宪法，则虽君主三揖三让以畀之，而亦不能食其利，二也。故无论欲革命者当言革命，即欲立宪者固不可不言革命。即己不欲言，亦不可不望有他人焉言之。[2]

因此，他并不认为革保双方如冰炭水火，互不相容，而是目标相同，可以携手并进。他推崇意大利三杰，正是要显示在爱国道路上宗旨可以不同，收效却能一致。

[1] 中国之新民：《论政治能力》（续第 49 号），《新民丛报》第 3 年第 14 号（原第 62 号），1905 年 2 月 4 日，第 7—10 页，“论说”。

[2] 中国之新民：《意大利建国三杰传》（续第 14 号），《新民丛报》第 15 号，1902 年 9 月 2 日，第 2—3 页，“传记”。

欧洲近数百年，其建国之历史，可歌可泣可记载者，不一而足。其爱国之豪杰，为吾生平所思所梦所崇拜者，不一而足。而求其建国前之情状，与吾中国今日如一辙者，莫如意大利。求其爱国者之所志所事，可以为今日之中国国民法者，莫如意大利之三杰。之三杰者，其他[地]位各不同，其怀抱各不同，其才略各不同，其事业各不同，其结局各不同，而其所以使昔日之意大利成为今日之意大利者，则无不同。无三杰则无意大利，三杰缺一，犹无意大利。三杰以意大利为父母为性命，意大利亦以三杰为父母为性命。吁嗟乎危哉，今日之中国，其乌可无如三杰其人者。吁嗟乎耗哉，今日之中国，夫安所得有如三杰其人者。吾寤而叹之，吾寐而言之，我国民其犹知爱国乎，虽其地位相万，其怀抱相万，其才略相万，而万其言，而万其途，而万其策，而万其业。其上焉者，亮无不可以为三杰之一。其次焉者，亮无不可以为三杰之一之一体。人人勉为三杰之一，人人勉为三杰之一之一体，则吾中国之杰出焉矣，则吾中国立焉矣。[1]

如果国人都能学习意大利有名之三杰，使得无名之杰遍布国中，则“中国遂为中国人之中国焉矣”[2]。

梁启超还从中国专制政治的进化史探讨了政体的种类及各国政体变迁之大势。他认为，进化为天下公例，中国却是世界中濡滞不进之国，数千年的思想、风俗、文字、器物，一仍其旧，不见进化痕迹。惟有“专制政治之进化，其精巧完满，举天下万国，未有吾中国若者也。万事不进，而惟于专制政治进焉，国民之程度可想矣”。

---

[1] 中国之新民：《意大利建国三杰传》，《新民丛报》第9号，1902年6月6日，第2—3页，“传记”。

[2] 中国之新民：《意大利建国三杰传》（完），《新民丛报》第22号，1902年12月14日，第16页，“传记”。

中国自古及今惟有一政体，故中国人脑识中没有政体分类之说。以理论分别政体种类者，起于希腊大哲亚里士多德，因主权者之人数而区分为三种，每种又包括正变二体。君主政体以 Monarchy 为正体，变体为暴君政体（Tyranny）；贵族政体以 Aristocracy 为正体，变体为寡人政体（Oligarchy ）；民主政体以 Democracy 为正体，变体为暴民政体（Demogogy or Othlocracy）。此外还有混合政体（Mixed State），即和合君主、贵族、民主三者为一。

到了十八世纪，法国的孟德斯鸠将政体分类变为：主权者以名誉为主义，谓之君主政体；主权者以道德为主义，谓之民主政体；主权者以温和为主义，谓之贵族政体；主权者以胁吓为主义，谓之专制政体。

此外，近儒墺斯陈的分类为：一人政体（主权在一人者），数人政体（主权在二人以上者）。后者又分为少数政体同质（寡人政体）和异质（少数共和政体），多数政体同质（民主政体）和异质（君民共主政体）。

日本博士一木喜德郎的分类为：一、独任政体。包括独任君主政体：专制独任君主政体（中国、俄国）和立宪独任君主政体（英国、日本、普国）；独任共和政体（法国、美国）。二、合议政体。包括合议君主政体：专制合议君主政体（无）和立宪合议君主政体（德意志帝国）；合议共和政体（瑞士、德意志联邦内之三共和国）。此分类就近世国家而言，所以贵族政体不另列为一种。

至于历史上政体的分类，则有法国博士喇京所著政治学的划分，古代有族制政体、神权政体、市府政体和封建政体，近世则有专制君主政体、立宪君主政体、代议共和政体以及联邦政体。[1]

这些五花八门的政体分类，使得共和政体的含义有些模糊混淆，

---

[1] 中国之新民：《中国专制政治进化史论》，《新民丛报》第 8 号，1902 年 5 月 22 日，第 1—5 页，“政治”。

古今通看，共和未必与民主有着必然联系，单就近代而言，共和又只能涵盖部分民主政体。[1]

林林总总的政体分辨如此纷繁多歧，令梁启超多少有些无所适从，这就为更加简明扼要的论说乘虚而入留下了空间。

第三节　告别共和

1903 年初梁启超赴美的初衷，是以民主取决方式逼劝康有为改弦易辙，实行革命。他离开日本后，《新民丛报》的言论发生了微妙的变化。其中之一，就是从原来看似介绍各种不同的政体，实际上鼓吹共和，转而倾向于君主立宪。

例如《服从释义》一文，从进化的角度阐释服从，进而论及代议制和共和政体，“不可服从强权，而不可不服从公理。人群之进化也，始为酋长政治，继为专制政治，洎乎文化渐进，然后代议共和政体乃兴”。此说看似延续梁启超的内心主张，如从学理上辨析“夫专制不可行于今日，而共和亦不能行于蛮世者何哉？”是因为野蛮人知有私不知有公，知有欲不知有理，相互争斗，恃力逞强。可是一旦涉及当下实际，论调却陡转：“今吾国之改革者，莫不曰代议共和矣，然吾闻共和政体以道德为元气者也”，无道德则革命反而会导致专制。[2] 这与主张君主立宪反对躐等跃进者的逻辑完全一致。

令人大感意外的是，年底东还时梁启超却突然宣称：“呜呼！共和共和，……吾与汝长别矣。”“吾自美国来，而梦俄罗斯者也。”尽管他明知“昔之与吾同友共和者，其将唾余”，却毅然决然，不惜“以

[1]　关于国体政体的分别及其争论，其实主要起于日本明治后政治体制。详情参见另文《辛亥时期国体政体的争辩》。

[2]　《服从释义》，《新民丛报》第 32 号，1903 年 5 月 25 日，第 4—5 页，“论说”。

今日之我与昔日之我挑战”[1]。

关于梁启超这一突变的因缘，前人讨论已多，除了老师和同门的压力、在美国实地考察尤其是耳闻目睹华人社会的情形感到震惊、以及阅读反省伯伦知理和波伦哈克的著述之外，重要原因，是与之关系极深的上海革党连续经历爱国学社与中国教育会分家，以及《苏报》案吴稚晖与章太炎等人的冲突，对新党内部的腐败纷乱痛心疾首，因而断言“今日中国国民，只可以受专制，不可以享自由”[2]。

关于实地考察共和政体之祖国的实情，令梁启超触动极深的有两方面，一是共和政体本身的弊病，二是华人素质与共和政体的差异，两方面相互作用，使得梁启超幡然回头。从发表及写作的时间看，《政治学大家伯伦知理之学说》在前，《新大陆游记》在后，至少完稿的时间如此。可是，两者相较，让梁启超对共和发生动摇以至于完全丧失信心的，主要还是美洲实地考察的冲击。

美国为移民社会，“外来者以无智无学无德之故，实不能享有共和国民之资格。以一国主权，授诸此辈之手，或驯至堕落暴民政治，而国本以危”。由于中国侨民为数尚少，占主体的欧洲移民才是心腹之忧。令美国政治家自傲者为“彼有选举权而我无之”。“虽然，以媚众取宠之故，而置最大问题于不顾，则与专制国讳言朝廷阙失者何择焉。此亦共和政体一大缺点也欤。”此外，由于大统领任期四年，“故其所兢兢研究之问题，曰将由何道而使本党之选举获胜利而已”，为了争取选票，不顾国家百年大计，只为一党目前利害。“此大统领所以不得人才，而共和政体之所以有流弊也。”

与之相较，“英国党派之胜败，于选举议员时决之。美国党派之胜败，于选举大统领时决之。英国但求党员在议院中占多数耳，

[1] 中国之新民：《政治学大家伯伦知理之学说》，《新民丛报》第 38、39 号合本，1903 年 10 月 4 日，第 30—31 页，“学说”。该期实际出版日期较晚。

[2] 梁启超：《新大陆游记》，癸卯年分《新民丛报》临时增刊，第 191 页。

既占多数，则其党魁自得为大宰相而莫与争，故所争者非在宰相其人也。美国反是，胜败之机，专在一着，夫安得不于此兢兢也。夫美国争总统之弊，岂直此而已，其他种种黑暗情状，不可枚举。吾游美国而深叹共和政体实不如君主立宪者之流弊少而运用灵也。若夫中美南美诸国，每当选举时，必杀人流血以相从事者，更自郐无讥矣”。加之美国人对于兵备之猜忌，其旧时谬见至今未泯。“伯伦知理谓共和政体不适于今后之竞争，信然信然。”

至于中国人，缺点之一，为有村落思想而无国家思想。“美国所以能行完全之共和政者，实全恃此村落思想为之原。村落思想，固未可尽非也。虽然，其发达太过度，又为建国一大阻力。此中之度量分界，非最精确之权量，不足以衡之。而我中国则正发达过度者也。岂惟金山人为然耳，即内地亦莫不皆然，虽贤智之士，亦所不免。”虽然所谓“只能受专制不能享自由”的说法“实刍狗万物之言”，无奈实情如此，不能掩讳。在梁启超看来，“全地球之社会，未有凌乱于旧金山之华人者”，其原因恰在自由。内地华人性质，未必优于金山。但在内地，有长官管治，父兄约束。南洋华人则因英、荷、法殖民当局对待更加严苛，禁止聚众集会，剥夺一切自由，也只能俯首帖耳。只有旅居美洲、澳洲之人能与西人享法律上同等之自由。“然在人少之市，其势不能成，故其弊亦不甚著。群最多之人，以同居于一自由市者，则旧金山其称首也，而其现象乃若彼。”

旧金山华人社会，“实专制安而自由危，专制利而自由害之明证也。吾见其各会馆之规条，大率皆仿西人党会之例，甚文明，甚缜密。及观其所行，则无一不与规条相反悖。即如中华会馆者，其犹全市之总政府也，而每次议事，其所谓各会馆之主席及董事，到者不及十之一，百事废弛，莫之或问。或以小小意见，而各会馆抗不纳中华会馆之经费，中华无如何也。至其议事，则更有可笑者。吾尝见海外中华会馆之议事者数十处，其现象不外两端：（其一）则一二上流社会之有力者，言莫予违，众人唯诺而已，名为会议，实则布告也，命令也。若是者，名之为寡人专制政体。（其二）则所谓上流社会之人，无一有力者，遇事曾不敢有所决断。各无赖少年，环立于其旁，一议出则群起而噪之，而事终不得决。若是者，名之为暴民专制政体。若其因议事而相攘臂相操戈者，又数见不鲜矣”。

让梁启超深受刺激的情形，“此不徒海外之会馆为然也，即内地所称公局公所之类，何一非如是。即近年来号称新党志士者所组织之团体，所称某协会某学社者，亦何一非如是”。连主张共和的中国教育会和爱国学社也不能实行共和，梁启超的失望可以说达于极点。

更加令梁启超感到绝望的是，“此固万不能责诸一二人，盖一国之程度，实如是也。即一般所谓国民心理，无所往而不发现也。夫以若此之国民，而欲与之行合议制度，能耶否耶？更观其选举，益有令人失惊者。各会馆之有主席也，以为全会馆之代表也，而其选任之也，此县与彼县争（各会馆多合同数县者），一县之中，此姓与彼姓争，一姓之中，此乡与彼乡争，一乡之中，此房与彼房争。每当选举时，往往杀人流血者，不可胜数也。夫不过区区一会馆耳，所争者岁千余金之权利耳，其区域不过限于一两县耳，而弊端乃若此，扩而大之，其惨象宁堪设想，恐不仅如南美诸国之四年一革命而已。以若此之国民，而欲与之行选举制度，能耶否耶”。

内地人的文明程度。尚远在旧金山华人之下，“夫自由云，立宪云，共和云，是多数政体之总称也。而中国之多数大多数最大多数，如是如是，故吾今若采多数政体，是无以异于自杀其国也。自由云，立宪云，共和云，如冬之葛，如夏之裘，美非不美，其如于我不适何。吾今其毋眩空华，吾今其勿圆好梦，一言以蔽之，则今日中国国民，只可以受专制，不可以享自由。吾祝吾祷，吾讴吾思，吾惟祝祷讴思我国得如管子、商君、来喀瓦士、克林威尔其人者生于今日，雷厉风行，以铁以火，陶冶锻炼吾国民二十年三十年乃至五十年，夫然后与之读卢梭之书，夫然后与之谈华盛顿之事”。梁启超后退这一大步，非但告别共和，连君主立宪也抛在脑后，希望有强势权威出而实行专制，并且长时间坚持中国只能开明专制。

民情之外，还有国势。“法儒卢梭言欲行民主之制，非众小邦相联结不可。德儒波伦哈克亦言共和政体之要素有数端，而其最要者曰国境甚狭。吾观于美国，而知其信然矣。”美国不仅有四十四个小共和国，各小共和国之中，又有更小的组织存在。“自十六世纪殖民以来，即已星星点点，为许多之有机体，立法行法司法之制度具备焉，纯然为一政府之形。故美国之共和政体，非成于其国，而成于组织一国之诸省。又非成于其省，而成于组织一省之诸市。必知此现象者，乃可以论美国之政治，必具此现象者，乃可以效美国之政治。”中国地广人众而天下一统，由地方自治逐级结成全国共和，绝无可能。在这一问题上，梁启超的看法与孙中山截然相反，后者肯定中国早有地方自治传统，其革命程序的关键，就在于因势利导，由基层自治逐级上升，最终实现国家层面的民主共和。

此外，梁启超了解到，共和制本身存在无数弊端，即使成效最著的美国，也是问题成堆。四年一度的选举制和政党分肥，导致美国的贪黩为地球万国之最，官员庸碌，效率低下。而政党轮替，则任用官吏犹如拍卖场。“专制国之求官者则谄其上，自由国之求官者则谄其下，专制国则媚兹一人，自由国则媚兹庶人，谄等耳，媚等耳，而其结果自不得不少异。”按照共和政治的原理，官职应不断更迭，而“官职屡屡更迭之不利于国家，近今政治学者如伯伦知理、波伦哈克辈言之详矣。夫一国中重要诸职，屡屡更迭，犹且不利，而况于各种之实务乎。官如传舍，坐席不暖，人人有五日京兆之心，事之所以多凝滞也。英国每次更易政府，其所变置之职位，仅五十员内外耳（大率皆中央政府各部重要之地位，日本诸国亦然），而美国乃至举全体而悉易之。此实共和政治之最大缺点也”[1]。

---

[1] 梁启超：《新大陆游记》，癸卯年分《新民丛报》临时增刊，第48—49、98—100、119、187—191、207—208、216—219页。

在此之前，梁启超的共和宣传虽然也有所保留，内心却以共和为现实的最佳选择，如今则反是，尽管道理上尚未否定共和政体，却只是作为乌托邦似的理想，现实中不但中国不可行，即使在世界各国，甚至包括作为共和始祖的美国，也只是历史使然，而非高效贤良的政治体制。可以说，梁启超告别共和，绝不仅是暂时性的，他不但从根本上否定了在当时的中国实行共和的必要与可能，甚至放弃了共和制度是人类社会的理想政治制度的看法。

如果说《新大陆游记》着重于事实的考察，由对共和产生畏惧到充满厌恶，《政治学大家伯伦知理之学说》则着重于学理的反省。梁启超关于伯伦知理学说的介绍，一开始甚至是他进入共和精神世界的通道，可是原来他借着伯伦知理，传播的却是卢梭的思想。而现在正是从卢梭与伯伦知理的关系，梁启超解释了他何以重新详细介绍伯伦知理学说的动机。他说：

> 日日而言政治学，人人而言政治学，则国其遂有救乎？曰：嘻！仅矣。言而不能行，犹无价值之言也。虽然，理想者实事之母，而言论又理想之所表著者也，则取前哲学说之密切于真理而适应于时势者，一一介绍之，亦安得已。卢梭学说，于百年前政界变动最有力者也。而伯伦知理学说，则卢梭学说之反对也。二者孰切真理，曰：卢氏之言药也，伯氏之言粟也。痼疾既深，固非恃粟之所得瘳。然药能已病，亦能生病，且使药证相反，则旧病未得豁，而新病且滋生，故用药不可不慎也。五年以来，卢氏学说，稍输入我祖国。彼达识之士，其孳孳尽瘁以期输入之者，非不知其说在欧洲之已成陈言也，以为是或足以起今日中国之废疾，而欲假之以作过渡也。顾其说之大受欢迎于我社会之一部分者，亦既有年。而所谓达识之士，其希望目的，未睹其因此而得达于万一，而因缘相生之病，则已渐萌芽渐弥漫一国中。现在未来不可思议之险象，已隐现出没，致识微者慨

焉忧之。噫！岂此药果不适于此病耶，抑徒药不足以善其后耶？

伯伦知理驳斥卢梭的《民约论》，首先直指其国家起原论的立足点，“民约论之徒，不知国民与社会之别，故直认国民为社会。其弊也，使法国国础不固，变动无常，祸乱亘百数十年而未有已。德国反是，故国一立而基大定焉。夫国民与社会，非一物也。国民者，一定不动之全体，社会则变动不居之集合体而已。国民为法律上之一人格，社会则无有也。故号之曰国民，则始终与国相待而不可须臾离。号之曰社会，则不过多数私人之结集。其必要国家与否，在论外也。此伯氏推论民约说之结果而穷极其流弊也”。

根据伯伦知理的学说，梁启超对中国的情形是否适合卢梭学说进行了一番分析，他说：

中国号称有国，而国之形体不具，则与无国同。爱国之士，睊睊然忧之。其研究学说也，实欲乞灵前哲，而求所以立国之道也。法国革命，开百年来欧洲政界之新幕，而其种子实卢梭播之。卢氏之药，足以已病，无疑义矣。近则病既去而药已为筌蹄，其缺点率见是正于后人。谬想与真理所判，亦昭昭不足为讳也。独吾党今日欲救吾国，其必经谬想而后入真理。以卢氏学说为过渡时代必不可避之一阶级乎？抑无须尔尔，迳向于国家之正鹄而进行乎？此一大问题也。卢氏之说，其有功于天下者固多，其误天下者抑亦不少。今吾中国采之，将利余于弊乎，抑弊余于利乎？能以药已病，而为立国之过渡乎？抑且以药生病，而反失立国之目的乎？此又一大问题也。深察祖国之大患，莫痛乎有部民资格，而无国民资格。以视欧洲各国，承希腊罗马政治之团结，经中古近古政家之干涉者，其受病根原，大有所异。故我中国今日所最缺点而最急需者，在有机之统一与有力之秩序，而自由平等直其次耳。何也，必先铸部民使成

> 国民，然后国民之幸福乃可得言也。如伯氏言，则民约论者适于社会而不适于国家，苟弗善用之，则将散国民复为部民，而非能铸部民使成国民也。故以此论，药欧洲当时干涉过度之积病，固见其效，而移植之于散无友纪之中国，未知其利害之足以相偿否也。夫醉生梦死之旧学辈，吾无望矣，他日建国之大业，其责任不可不属于青年之有新思想者。今新思想方始萌芽耳，顾已往往滥用自由平等之语，思想过度，而能力不足以副之，芸芸志士，曾不能组织一巩固之团体，或偶成矣，而旋集旋散，诚有如近人所谓“无三人以上之法团，无能支一年之党派”者。以此资格，而欲创造一国家，以立于此物竞最剧之世界，能耶否耶？此其恶因，虽种之薰之在数千年，不能以为一二人之咎，尤不能以为一学说之罪。顾所最可惧者，既受彼遗传之恶因，而复有不健全之思想，以盾其后而傅之翼也，故人人各以己意进退，而无复法权之统属，无复公众之制裁，乃至并所谓服从多数之义务而亦弁髦之。凡伯氏所指卢氏学说之缺点，今我新思想界之人人皆具备之矣。夫以今日之中国，固未有所谓统属，未有所谓制裁，未有所谓多数，则吾国民之踯躅焉凌乱焉而靡所于从，夫亦安可深责。顾所贵乎新思想者，欲藉其感化力以造出一新世界，使之自无而之有云尔。若徒恃此不健全之新思想，果能达此目的否耶，是不可以不审也。吾非敢袒伯氏而薄卢氏，顾以为此有力反对之一大学说，为有志建国者所宜三复也。

由此可见，梁启超将不能共和归因于中国的社会结构和文化传统，其最重要的依据，就是新学志士也不能结成巩固的团体党派，遑论其他社会成员。

梁启超特意注明“此论与革命论非革命论无涉。盖无论革命不革命，无论革命前革命后，皆必以统一秩序组成有机团体为立国之基础。伯氏之反对卢氏，非反对其鼓吹破坏，谓其于建设之道，有所未惬云尔。建设云者，则兼破坏之建设与平和之建设而两言之者也”。可是共和与革命在当时几乎有着必然的联系，梁启超否定共和的合理性可行性，对于革命可谓釜底抽薪。

不仅如此，梁启超还以“伯氏博论政体，而归宿于以君主立宪为最良，谓其能集合政治上种种之势力种种之主义而调和之”，专门介绍伯氏的论共和政体之说，而参以己见，进一步论述民主政治之本相及其价值。伯伦知理以主治权与奉行权相分离为共和政体的特色，其长在于主治权（多数选举者）与奉行权（少数被选举者）牵制得宜，故无滥用国权之弊，其短则国权或因此渐即微弱，国基因以不固。除非国民的共和诸德圆满，不惜牺牲财、力，以应国家之用，且受普及完备的教育，否则未睹其利，先受其害，甚至变为亚里士多德所谓暴民政治，导致国家灭亡。

伯伦知理还讨论了美国、法国、瑞士三国共和政体的沿革成败，在他看来，美国的共和政体，非出现于独立之后，而发源于殖民之时各地已经实行的自治自助。瑞士也有自治和宪法传统。而法国人当人权论出世之时，政治思想始大发达。其国民爱平等，尊自由，心醉共和主义。可是其国民的性情，却与共和主义最不相容。自治为共和政治最切要的条件，而法国人无所练习，凡事皆仰赖于政府。其治国之道，常以中央集权制度相贯彻，因此共和与帝制轮番出现，往往共和其名，君主其实。

伯伦知理承认，理论上共和国体有五点优于其他国体：一是养成国民自觉心，使人自知其权利义务，且重名誉。二是使人民知人道的可贵，互相尊重人格。三是以选举良法，使秀俊之士能各因其材得到高等地位，从而奖励公民的竞争心。四是有才能者不论贫富贵贱，皆得自致通显，参掌政权，以致力于国家。五是利导人生善性，使国民知识可以自由发达，而幸福日增。不过，连最适于共和的美国，也有种族歧视和反对精英两种相反相成的不良倾向。“故共和政体者，最适于养中等之人物，齐国民之程度而为一者也。”因为平庸，共和政体为国民谋普通利益（如设学校、治道路、奖慈善）则有余，谋高尚幸福（如文学、哲学、美术）则不足。其最大缺点是，政府运作重制衡而低效率。不过梁启超注意到，此点近年来已有明显改善。

尽管梁启超认为伯伦知理所论共和政体的价值，可谓博深切明，可是犹有未尽者。他又读了三个月前出版的比较法制派巨子、德国柏林大学教授波伦哈克（Conrad Bornhak）所著《国家论》的日译本，觉得有足以相表里者。波伦哈克认为，国家为用平衡正义调和社会上各种利害冲突的大团体，而共和国的统治主体即国家与其统治客体即国民同为一物，本体内的冲突无法由本体调节。因而共和国大都革命不断，君主则超然利害之外，可以调和冲突。只有同一宗教，同一民族，且国境狭小，才能实行共和制并可以持久。因于习惯而得共和政体者常安，因于革命而得共和政体者常危，而且后者很容易导致民主专制，徒有民主形式：“故民主专制政体之议院，实伴食之议院也。其议院之自由，则猫口之鼠之自由也。”其结果只能导致不断革命。

在介绍了伯伦知理和波伦哈克的共和论述后，梁启超发了一大通痛心疾首的感慨，他以译者的身份说：

> 吾心醉共和政体也有年，国中爱国踸踔之士之一部分，其与吾相印契而心醉共和政体者亦既有年。乃吾今读伯波两博士之所论，不禁冷水浇背，一旦尽失其所据，皇皇然不知何途之从而可也。如两博士所述，共和国民应有之资格，我同胞虽一不具，且历史上遗传性习，适与彼成反比例，此吾党所不能为讳者也。今吾强欲行之，无论其行而不至也，即至矣，吾将学法兰西乎？吾将学南美诸国乎？彼历史之告我者，抑何其森严而可畏也。岂惟历史，即理论吾其能逃难耶？吾党之醉共和梦共和歌舞共和尸祝共和，岂有他哉，为幸福耳，为自由耳。而

孰意稽之历史，乃将不得幸福而得乱亡。征诸理论，乃将不得自由而得专制。然则吾于共和何求哉？何乐哉？吾乃自解曰：牺牲现在以利方来，社会进化之大经也。吾尽吾对于吾子孙之义务，吾今之苦痛，能无忍焉。而彼历史与理论之两巨灵，又从而难余，曰：南美诸邦人之子孙，藏其自由铁券于数十层僵石之下，谁敢定其出世之当在何日也？曰：法兰西自一七九三年献纳牺牲以后，直至一八七〇年始获飨焉，而所飨者犹非其所期也。今以无量苦痛之代价，而市七十年以后未可必得之自由，即幸得矣，而汝祖国更何在也！呜呼！痛哉！吾十年来所醉所梦所歌舞所尸祝之共和，竟绝我耶。吾与君别，吾涕滂沱，吾见吾之亲友昔为君之亲友者，而或将亦与君别，吾涕滂沱，吾见吾之亲友昔为君之亲友而遂颠倒失恋不肯与君别者，吾涕滂沱。呜呼！共和共和，吾爱汝也，然不如其爱祖国。吾爱汝也，然不如其爱自由。吾祖国吾自由其终不能由他途以回复也，则天也。吾祖国吾自由而断送于汝之手也，则人也。呜呼！共和共和，吾不忍再污点汝之美名，使后之论政体者，复添一左证焉以诅咒汝，吾与汝长别矣。

告别共和的梁启超，并未回到君主立宪的旧轨，按照他自己的说法："吾之思想退步，不可思议，吾亦不自知其何以锐退如此其疾也。吾自美国来，而梦俄罗斯者也。吾知昔之与吾同友共和者，其将唾余。虽然，若语于实际上预备，则不在多言，顾力行何如耳。若夫理论，则吾生平最惯与舆论挑战，且不惮以今日之我与昔日之我挑战者也。"梦俄罗斯者，即主张开明专制之谓也。

平心而论，梁启超之前醉心共和，的确发自真心，所以虽然遭到康有为的反复痛斥亦不为所动。如今告别共和，同样出于实意，因为他已经失去所有原来崇信共和的理据。他人指责其"流质善变"，而他本人则自诩是审时度势。梁启超虽已享有大名，毕竟是刚刚而立的青年，时势将其推上潮头，他也的确能够引领潮流。他可以很快接受新事物新理论，自然也就容易改变认识。责其虚伪，是不了解其尴尬的境遇和内心的痛楚，用言行不一的表象抹杀了他表里如一的真诚。只是梁启超这一步退得太远太快，不仅告别共和，连君主立宪也退了过去。这不啻有与天下趋新人士为敌之嫌。在文章的最后，梁启超宣称：

> 天道循环，岂不然哉！无论为生计，为政治，其胚胎时代，必极放任，其前进时代，必极干涉，其育成时代，又极放任。由放任而后为干涉，再由干涉而复为放任，若螺旋焉，若波纹然。若此者，不知几何次矣。及前世纪之末，物质文明发达之既极，地球上数十民族，短兵相接，于是帝国主义大起，而十六七世纪之干涉论复活，卢梭、约翰弥勒、斯宾塞诸贤之言，无复过问矣。乃至以最爱自由之美国，亦不得不骤改其方针，集权中央，扩张政府权力之范围，以竞于外，而他国更何论焉。夫大势之所趋迫，其动力固非在一二人，然理想之于事实，其感化不亦伟耶。若谓卢梭为十九世纪之母，则伯伦知理其亦二十世纪之母焉矣。[1]

在列强争霸的大势、中国新党和海外华人的内斗、实行共和制各国的弊病以及学理变迁等各方面负面信息的交逼之下，梁启超的逆流而动得到一些旧日同道的赞同。皮锡瑞看了《新大陆游记》，1904 年 5 月 22 日于日记中记到：“作者尝以美为文明，今言其官吏之贪及待华人之酷，乃悟共和政体多缺点，且不如专制。此非亲见者不能悉，亦非言新学者所能知也。引华盛顿之言，曰‘恶政府犹

[1] 中国之新民：《政治学大家伯伦知理之学说》，《新民丛报》第 38、39 号合本，1903 年 10 月 4 日，第 1—6、16—31、35 页，“学说”。

愈于无政府'，足为欲倾政府者下一针砭。美国如是，足见世界大同之期尚早。"[1]

与梁启超有过同样心路历程的黄遵宪则来函表示同情："公之归自美利坚而作俄罗斯之梦也，何其与仆相似也。当明治十三四年初见卢骚、孟德斯鸠之书，辄心醉其说，谓太平世必在民主国无疑也。既留美三载，乃知共和政体万不可施于今日之吾国。自是以往，守渐进主义，以立宪为归宿，至于今未改。仆自愧无公之才之识之文笔耳，如有之，以当时政见宣布于人间，亦必如公今日之悔矣。仆前者于立宪之说且缄闭而不敢妄言，然于他人之提倡革命，主持类族，闻之而不以为妄，谓必有此数说者，各持戈矛，互相簧鼓，而宪政乃得成立。（仆所最不谓然者，于学堂中唱革命耳。此造就人才之地，非鼓舞民气之所，自上海某社主张其说，徒使反动之力，破坏一切，至于新学之输入，童稚之上进，亦大受其阻力，其影响及于各学堂各书坊，有何益矣。若章、邹诸君之舍命而口革有类儿戏，又泰西诸国之所未闻也。）公之所唱，未为不善，然往往逞口舌之锋，造极端之论，使一时风靡而不可收拾，此则公聪明太高，才名太盛之误也。东西诸国，距离太远，所造因不同，而分枝滋蔓，递相沿袭者，益因而歧异，乃欲以依样葫芦，收其效果，此必不可能之事。"[2]

皮锡瑞和黄遵宪都承认共和为理想，只是不适宜于当日的中国，尤其反对以暴力革命相争。几年后，恽毓鼎与人谈王道霸术，认为"自三代至今，合乎人情，协乎伦纪处，便是王道。至其制度法令，所以行之者，无非霸术也。有爱民之心，行利民之政，虽霸而仍王。民可使由不可使知，以佚道使民，以神道设教，虽王而亦霸。周孔之心，管商之政，其盛治一也"。由此根本反对"新学家美共和，

[1] 皮锡瑞：《师伏堂日记》第5册，北京：国家图书馆出版社，2009年版，第483页。

[2] "光绪三十年七月四日黄公度《与饮冰主人书》"，丁文江、赵丰田编：《梁启超年谱长编》，上海：上海人民出版社，1983年版，第340页。上海某社即爱国学社。

恶专制”，“吾谓共和断不能久治天下。虽家庭商贾之事，亦须定于一尊，号令归一，始能行之，何况治天下。欧洲唯法兰西、美利坚为民主之政（此外，小国民主尚多，只是中国一省一郡耳），然其势已不能久，必归于专制而后已。梁任公素持共和之说，逭游新大陆归，一变而为开明专制之说，盖阅历而知其弊也。第尚不愿骤反前旨，姑以‘开明’二字斡旋之，其实志在专制矣。将来中国必有大强大盛之日，亦必成一大强大盛之世界。余所见确能前知，特记于此，以待后验”[1]。指梁启超的开明专制其实志在专制，确有洞见，当然前提是必须行“王道”的“霸术”。

1912年10月22日，梁启超在北京报界欢迎会上发表演说《鄙人对于言论界之过去及将来》，此文当年成为《庸言》的代发刊词，而该刊是梁启超宣传进步党政见的主要阵地。这篇文字相当于梁启超回国后的宣言书，同时也是关于自己过去政见变换的辩解书，从中可见梁启超视角下其共和心路历程的跌宕起伏，也相当程度反映了辛亥时期中国共和发展演化的轨迹。梁启超这样表达他的意思：

> 若夫立言之宗旨，则仍在浚牖民智，薰陶民德，发扬民力，务使养成共和法治国国民之资格。此则十八年来之初志，且将终身以之者也。而世论或以鄙人曾主张君主立宪，在今共和政体之下，不应有发言权，即欲有言，亦当先自引咎，以求恕于畴昔之革命党。甚或捏造谰言，谓其不慊于共和希图破坏者。即侪辈中亦有疑于平昔所主张，与今日时势不相应，舍己从人，近于贬节，因嗫嚅而不敢尽言者。吾以为此皆訾词也。无论前此吾党所尽力于共和主义者何如，即以近年所主张，对于国体主维持现状，对于政体则悬一理想以求必达，此志固可皎然与天下共见。

[1]　恽毓鼎著，史晓风整理:《恽毓鼎澄斋日记》，杭州：浙江古籍出版社，2004年版，第436页。

近代中国许多政见各异的名人回忆对自己影响最大的人物，几乎异口同声指向梁启超。而后来的历史认识往往将这种现象说成是种瓜得豆。其实，梁启超当年的确是种豆，只是即将收获之际，才鬼使神差地改为种瓜。从此，梁启超的历史形象大幅度变形，与共和形同陌路，成为革命党口诛笔伐的对象。在稍后与《民报》的论战中，梁启超“变”的方法和理据，是纯由逻辑推理进行论辩，无法绕过清廷不愿开明革新的现实，故而遭受重创，导致惨败。不过，梁启超对于民主共和的质疑以及国情是否适宜的保留，在民国成立后的确长期困扰着国人，这使得他那些看似翻云覆雨的真心实意，仍未变成历史的陈迹，而且不断被后人反复思索，进而探求根本解决之道。

第二章　转向孙中山：共和先驱易位

与通行的认识有别，清季共和观念的引进和思想的勃兴，梁启超实有开创之功。正是由于流亡海外的梁启超等人不顾康有为的高压，以《清议报》和《新民丛报》为依托，进行坚持不懈的宣传，才使得共和成为普遍关注的问题，并造成共和思潮初盛的局面。许多亲历者回忆早年对自己影响最大的人物，不约而同都会提到梁启超。而且梁不仅发挥了启蒙的作用，导致了“种瓜得豆”，更是正面倡导鼓吹共和观念的先行者。只是当共和思想开始发酵蔓延之时，从新大陆东归的梁启超却告别共和，退到开明专制。这一大幅度的倒退之举，使得热血青年和激进人士纷纷弃之而去，转而拥护坚持反清革命的孙中山，使得梁启超失去共和先驱的历史地位。而后者适时趁势采用原来因为容易引发歧义而不以为然的汉语共和概念，很快就化身成为中国共和革命的旗帜北辰。

第一节　共和学校

《清议报》和《新民丛报》等报刊密集的介绍宣传，使得“共和”

的观念越来越普遍地进入人们的日常生活。1901 年 4 月 19 日，杭州方言学社开学，蔡元培演说道：“吾闻学校之事，与国宪之变迁有关系。国宪三变：曰专制，于春秋为据乱世；曰立宪，为升平世；曰共和，为太平世。学校亦然。专制体为学堂，为初学导门径者也。其总理谙于学问之事，管理之法，延访教习，进退学生，皆符公理则效，否则脂聿敷衍，为学官、书院之附庸而已。共和体为学会，为成学结团体者也。其会友皆有确实坚忍之气，相借相长，以求进步则效，否则剽窃时论，苟以哗众榜名，则亦征逐嬉游之变相而已。若乃立宪体，则以学会之体，举学堂之实，议事取公论，治事有专责，既不阏自由之权，又不为无法之形，舍短取长，殆无遗憾。论者谓今世界政体，惟立宪最宜，吾于学校亦云。”[1] 三世说与近代政治相关联，与康梁师徒不无关系。蔡元培此说虽与政体相联，却未必是为君主立宪政体张本，而是从教育的角度说明学堂以仿立宪体制协调各方为宜。至于共和体，则适用于学会团体的层面，而且必须成员已经具备相应素质，否则有害无益。

是年 6、7 月间，孙宝瑄仔细阅读了吾妻兵治翻译的伯伦知理《国家学》，觉得“共和国纵令制度得其宜，要之须使政府势威，足以立万民之上，大权足以制御国民”。他显然赞成君主立宪，认为“君治世袭之国，不可不扶民权。共和政体之国，不可不重君权”，批评“世多谓立宪共和政体，其君可以拱手无为，谬也。《国家学》曰：无为素餐，非人君之道。忘山居士曰：君岂可无为，立宪政体特存世袭君位，以杜觊觎争位之乱，其实徒有君之名耳。国中之事，举听命于相，故君可以无为，君之实已移于相，是故立宪国惟以相为真君。若共和国，则不立相，君即相也，相即君也。观于立宪国之相，共和国之君，皆不能无为，则知能无为者实非君也”。所说共和政体，

[1] 《在杭州方言学社开学日演说词》（1901 年 4 月 19 日），高平叔编：《蔡元培全集》第 1 卷，北京：中华书局，1984 年版，第 125 页。

正是上下共和的君主立宪，而共和国虽然无君，却将不同政体的实际权力之所在一概视为君，所重视的还是威权。

孙宝瑄原来“惟知君权之专制，及读《国家学》，乃知复有民权之专制。何谓民权专制？即乱民之横暴，荡坏宪法，恣行无忌弹也”[1]。由此悟到，无论君权、民权，都应该分权并有所限制，以防权力过于集中，导致专制。1902 年 10 月，他又比较中西政体的异同，以为“西人以立法、司法、行法三部，组织而成国家，使互相牵制。此与我国设官，外使总督、巡抚、布政使及将军等互相牵制，内使军机大臣、六部满汉尚书侍郎等互相牵制，用意正同，皆所以杜人之擅权也。然而我国则因不能擅权者，遂不能行权。西国则虽不能擅权，而可以行权。立宪之国，共和与专制同时而并用，立法用共和，行法用专制。共和，民权也。专制，君权也。留一尊严不可犯之君，使为一国之代表，而阴削其权，归之于相，故相负责任，而君不负责任也”。次月又进而论道：“专制，君权也。共和，民权也。余每主君民二权兼用者，盖立法须用共和，行法须用专制，万古不易之理。今人于二权之界不能划清，于是主民权者，并行法亦欲用共和，主君权者，并立法亦欲用专制。此大悖也。”[2] 这样的领悟，既抓住了中西体制迥异的根本，又指出了误解新制的关键。

蔡元培和孙宝瑄，都是趋新的知识人，关注新思想、新学说，自在情理之中。有趣的是，政体问题还成为科举考试的题目。1902 年，湖北乡试的策论题为《俄主专制、英主立宪、美主共和，政策之宗旨不同，国民之感动顿异，试抉其利病得失之政策》。获得头名的考卷破题道：“国于天地，必有与立，与立者何，政体之范围是也。”并以俄、英、美三者为代表，说明专制、立宪、共和三种政体各自

---

[1] 孙宝瑄著：《忘山庐日记》（上），上海：上海古籍出版社，1983 年版，第 359—361 页。
[2] 孙宝瑄著：《忘山庐日记》（上），第 579—580、593 页。

的利弊。[1] 该省乡试的论题及考生答卷表现出来的倾向，引起一些争议。《申报》刊载《君权民权释义》，指湖北士子受君民平等之邪说的影响，并批驳共和弊政。[2] 考试的举子未必真的相信新知，而是科举改革，增加策论，依据各种选编时论的科场书，临时抱佛脚，将一二新词敷衍成文。尽管如此，科考对士子的强大泛吸引力，促进了大范围的政治学说传播，普及速成的效果相当显著。

“共和”观念及其学说的快速蔓延，引起当局的警觉，盛宣怀因而奏请推广译书，理由之一，是要在林林总总的思想学说中“审流别而定宗旨”。他认为：“泰西政俗流别不同，有君主专制之政治，有君主宪法之政治，有民权共和之政治，有民权专制之政治。美民主而共和，法民主而专制，其法律议论，判然与中夏殊风。英之宪法略近尊严，顾国体亦与我不同。惟德意志自毕士马以来，尊崇帝国，裁抑民权，划然有整齐严肃之风。日本法之，以成明治二十年以后之政绩。俄虽号君主专制之国，其法律多效自法人，制度与国体参差，故邦本杌陧而世有内乱，不若日、德之巩固也。较量国体，惟日、德与我相同，亦惟日、德之法于我适宜而可用。”[3] 如此具体明确地规定政治导向，预示了清廷预备立宪的蓝图和目标。

在整个社会中，青年学生是“共和”观念的信奉者，同时也是共和制度的谋求者。1902 年的南洋公学退学风潮，最能体现“共和”观念在大都市的学界深入人心的情形。

南洋公学退学风潮，源于个别班级反抗教员和校方的专制，而全体学生齐心协力，一律退学。为了善后，避免出现此前其他学堂风潮虎头蛇尾、牺牲过大的问题，同学林洲髓、项炜臣提出对策。在他们看来：“一致退学者，消极的而非积极的也，破坏主义而非

---

[1] 湖北乡试第一名汪岁鸾：《俄主专制、英主立宪、美主共和，政策之宗旨不同，国民之感动顿异，试抉其利病得失之政策》，《湖南官报》第 211 号，第 28 页，“论说”。

[2] 《君权民权释义》，《申报》1902 年 11 月 17 日，第 1 版。

[3] 《盛宫保推广译书敬陈纲要奏》，《经济丛编》第 16 册，1902 年 10 月 30 日，第 126 页，“廷议”。

建设主义也，脱专制之扼而未由共和之途也。”他们为同学诸君所陈建设之策：“拟名之以苦学界，而分之为共和学校、共和营业之两部。共和学校：一、定章程立学课延教员皆公议，以多数决之。一、立自治制以全共和学校学生之资格。一、揭公学退学始末记及张园影相公启告白等种种有关系之稿于会堂，以防他日渐趋专制之弊。共和营业：一、共有资本，有财者出财，无财者延长劳动若干时以当之。一、协同劳动，若干岁以上每人每日劳动皆若干时，能著作者能译述者能编辑者能词章者能书画者，为书为报为美术品设肆售之。一、旁求赞助。……一、公配利润，以若干分为学校费，若干分为保险费，其有赢，均分于各人，以为赘泽，若储蓄之需。”

这样的共和学校及共和营业，显然不仅仅限于民权即政治平等的范畴，更深入到经济平等的层面，所以善后策明确指出：“呜呼！我同学诸君果能以此主义贯彻始终，吾同学诸君者，实学生社会之中心，而社会主义之现象也。”政治平等为资本主义，经济平等为社会主义，如此清晰地分界，显示学生的学理把握相当准确。

南洋公学退学生的要求得到中国教育会的积极响应，为此，教育会在张园召开特别会，会上发表演说，说明：“今日所以特别会之故，以南洋公学学生不受无礼之压制，全学告退，欲组织一共和学校，陈意见于我本会请协助。……我等理想的国家，决非俄罗斯，决非德意志，乃纯然共和思想，所以从国民做起，……我辈欲造成共和的国民，必欲共和的教育，要共和的教育，所以先立共和的教育会。世界之事，有主因而助因，理想在共和，而办事稍带专制气味，其结果便不能纯粹。本会办事所以纯用共和法也。但欲办共和的事，必要有共和国民之资格，一曰独立自尊之气节，一曰舍己为群之公法。前者谓之权利，后者谓之义务。”南洋公学退学生“为一二人受压制而全学争之，牺牲个人之利益于同学，是真舍己为群之风，所以诸君真有共和国民之资格者，与本会会员理想相合无间。本会如不协助，是自杀其主义，今日便当解散此会矣”。

会前学生事先向中国教育会提出意见书，要求设共和学校，开共和报，派游学。限于实力，中国教育会当场认可协助建设共和学校事宜，其余则须后续再议。[1]

严格说来，南洋公学风潮不过是学生与教员及校方的冲突，可是退学生乃至中国教育会却视为专制与共和的对抗，并且在后来的叙述中，不断凸显风潮的反专制求共和的性质。1903 年，南洋公学退学生编辑出版了《教育界之风潮》，详细叙述风潮的渊源、过程、结局和反响，除了与风潮相关的历史文本如学生团体的历次演讲外，还有后来附加的评述性文字，在这部分中，学生追求自由共和、反对专制的理念和形象明显较前清晰。该书称：

> 二十世纪，竞争剧烈之时代也，民族主义普行之时代也，专制帝国昔也以为常，今也以为奇，专制政体昔也治民易，今也治民难。法君主也，今民主矣；日本专制也，今立宪矣；俄君主也，全国之风涛已震动矣。……专制一物，诚二十世纪全世界所屏斥者矣。空气自由，天日自由，观听自由，所遇皆自由，而强欲其不自由，人孰有不起而争者。……学生者，爱自由最盛者也，彼爱之而公等恨之，何哉？学生者，谈共和最广者也，彼谈之而公等禁之，何哉？学生非能别创一见，故与旧说相抗也。风潮激之，见闻动之，游于共和之乡，达于共和之地，优游焉，梦寐焉，思想于是而大变，天道循环，物极必返，专制弊不以共和继之，逆天也。吾闻之，逆天者亡，万物皆贱，惟道独尊。人欲共和而我独专制，谓之失道。……公等当顺天，当求得道，则顺天者共和也，非专制也，得道者共和也，非专制也，惟共

[1] 《南洋公学学生出学始末记》（录《苏报》十月廿一、二、三日五则），《时事采新汇选》光绪壬寅年十一月，第 2 卷，1902 年 12 月 6 日，第 4—8 页。

和能久存于世界，惟共和能深得夫人心。[1]

与之相对，个别教职员和校方则被描绘成专制的化身，沈曾植首当其冲，“二十世纪，举世皆共和，不共和则为鄙夫；举世谈公理，废公理则为野蛮；举世尚新学，仇新学则为群贼。有一人焉，不识共和，不知公理，不喜新学，而甘为鄙夫、野蛮、群贼，沈曾植也”[2]。其实沈曾植虽然在固有学术文化方面主张守成，政治上却并非纯然守旧。此类戊戌时的老维新派到新世纪开端即被视为保守，正是社会求变之心日趋激进的体现。

专制与共和在校园和学界里的冲突，毕竟是社会矛盾激化的突出表现，随着风潮的蔓延，局部的矛盾很快便上升到国家政治层面。所以《教育界之风潮》的编者“爱国青年”论道：“专制之弊也久矣，大清律法何人所定耶？亦曾商诸人民耶？以不公之法，强民以必从，且科以重罪，俾四万万人群居天罗地网中，为风中之烛、涧底之鱼，岌岌无以自存。令彼立宪共和诸国以议院组织政体者，群嗤其愚。且非特不广采舆论，以诏风俗而全人情也，变本加厉，夷灭平民，鱼肉贫苦之苍生，剥削四方之膏血，无事之时，强人以必从，有事之际，又制人使不得不从，使居其下者，侧目而视，裹足不前。凡政府诸人之守法律者，皆为其仇敌，众怒难犯，发逆之蔓延，匪徒之恣肆，皆以此耳。且天下如是其大，四海如是其广，宁可以一人之私见成事乎。”由此看来，学校专制其实是由国家专制所决定和支配。

与专制之国形成鲜明对照：“彼共和诸邦法律，经上议院认定，而未宣告于议院，犹不可著为定法，而况臆定法律。为国家谋权利，而于民之利害损益，绝不一措意，欲人民不与为难，不为偭规越矩

[1] 爱国青年：《教育界之风潮》卷三第3章，上海，1903年印，第11—12页。

[2] 爱国青年：《教育界之风潮》卷二第2章，第33页。

之事，犹掣其肘而使之行，钳其口而使之谏也，可乎哉。”[1] 专制政治的不合理使得反专制言行如影随形，理所当然。

国家政治的问题，关乎每一位国民：“君主之利害，皆在臣下之手，专制政体推行之久暂，皆悬于臣下之举动，臣下而好共和，君主即酷好专制，而终则共和，臣下而喜专制，君主即意欲共和，亦必流于专制，势为之也。”[2] 也就是说，专制还是共和，归根结底取决于国民而非君主。

南洋公学学生退学风潮与共和学校（即爱国学社）的创建，引起舆论的积极反应，无形中形成一次共和观念的宣传攻势。《苏报》对于“南洋公学学生一朝而同心退学者二百人”的壮举表示肯定，欢呼“今南洋公学退学诸君子，激发公愤，解脱羁绊，排斥专制，创立共和，五日之间，涣然成一维新学校”[3]。《新民丛报》的报道评论“南洋公学学生退学事件”，对共和学校寄予希望，同时又有所担忧：“今诸君之以共和名新校也，不知共和其教育之主义欤？抑共和其教育之法式欤？共和其教育之结果欤？抑共和其教育之现象欤？由前之说，吾为新校之前途贺，由后之说，吾为新校之前途吊。且岂惟吊新校而已，吾中国教育之事业，且于此生顿挫，吾中国少年之性质，且于此生影响。”对此，《教育界之风潮》的编者回应道：“共和学校诸君，皆有大志，知统纪，闻其定联法，举议长、司法，求实际，无少年骚扰之气，令人望之生畏生慕生敬。青年竟能若是，谅饮冰子亦当欣然一笑矣。”[4]

也有人对学生的言行举动不以为然，说三道四。日系的《日日新闻》发表评论意见，批评学生动辄“不比美利坚，便比法兰西，

[1] 爱国青年：《教育界之风潮》卷二第 2 章，第 6—7 页。

[2] 爱国青年：《教育界之风潮》卷三第 3 章，第 1 页。

[3] 《南洋公学学生一朝而同心退学者二百人》（录自《苏报》），爱国青年：《教育界之风潮》卷十一第 11 章，第 8 页。

[4] 爱国青年：《教育界之风潮》卷十一第 11 章，第 3 页。

不曰共和政，便曰革命党，譬诸人尚未能举步，而已恨不能急起疾追，断断无此理也”。作者认为，之所以如此，是由于错解了专制与共和的关系，“彼之羡共和者，盖恶专制也，意谓共和乃专制之对待，误矣。鄙见所及，天下政治，一以专制对待者，即为无政府。如恶一人专制为专制，则立宪数十人专制也，共和数百人专制也。故有立宪渐流而为共和，亦有立宪渐流而为专制。立宪难保永久，共和岂为极端。易言专制，彼必未思夫文明专制与黑暗专制固自不同，遂谓专制乃至浅之阶级，岂其然哉，岂其然哉。不明此义，好高务远，意惟野蛮，固执不化，乃为专制，宜其一启口便言共和已成，今日学生之通病。进化阶级果可一蹴，凡民性格勿论悬殊，恐讲共和未辍，即将舍而讲无政府，非徒无益，而又害之。……诸学生既讲共和而争平权自由，此唱彼和，以为分内所应得。予亦曰：分内所应得，特是平权消息，视夫学界，国学既兴，民权自平，谓是不然，试先设一议院，其有不日日争斗咆哮于议事厅者，吾未之信”[1]。讲共和当然需要相应的素质，但以专制相对于无政府，而指立宪、共和为程度不同的专制，未免混淆视听。

出于对明治政体稳定性的担忧，除少数民权派人士，日本对于中国的共和呼声始终高度警惕，唯恐波及日本，引起社会震荡。而其指中国国民程度不足的问题，固然是由于文化和传统的差异及国民发达程度的局限所造成的一大困境，但是放眼世界，从各国的政治发展进程来考量，却并非实行共和不可逾越的障碍。只是效果的良否，仍然不能根本摆脱制约而已。

---

[1] 《南洋公学生罢学意见平论》（录十一月八日《日日新闻》），《时事采新汇选》光绪壬寅年十一月，第3卷，1902年12月14日，第3—4页。

第二节 学界呼应

学界风潮鼓荡起来的共和轰鸣，引起朝野上下的关注，也招致不少非议，一时间议论共和的声浪陡然高涨。

《大公报》发表署名文章，力辩中国并非专制政体：“夫各国之政治，其大别本区为三：曰立宪，曰共和，曰专制。专制者，一人独揽大权，事无巨细，悉秉命焉。此专制之谓也。若立宪则制定一国之宪法，而上下依之矣。共和则又举一国主权分任于民举总统，以董其成耳。”“夫专制者，所谓一国政治悉由君主一人之专擅者是也。”而中国依律照章，重大情事，集六部九卿会议，君主不能专擅。由此可见，中国之坏，在于例吏利夫。[1]

《大公报》的另一篇文章《说公》，也以专制、共和的对立为枢纽，检讨公私与政体的关系，并以公德公理作为国民素质的基准。“查国之政体，分三大类，曰专制，曰立宪，曰共和。极公者为共和之政，极不公者为专制之政。我中国一王代嬗，由来已久，几忘公私之大别。国民之不满于朝廷政府者，动诋曰专制专制，于是欲图改良政体，奔走而狂呼曰：共和共和。夫共和之政体，固属极公，若国民之程度低浅，则一经改立共和之政，则极公可变为极私。试以美法两国而易以我中国之人，不旋踵而国基必坏矣。故居今日而图改良中国之政体，以求化其私而合乎公，则惟有立宪乎？盖宪法一立，则有所范围，共相遵守，君不得自私而朝廷公，官不得自私而政府公，上无不讲公德之事，下无不讲公理之人，国民亦自不敢不公。”[2]其说看似有理，只是如何才能使朝廷、政府化私为公，才是问题的症结所在。

有人认为：“有人民而后有国家，有国家而后有政体，欧洲自

[1] 伯泉来稿：《论中国非专制政体》，《大公报》1903年9月7日，第1—2版，“论说”。

[2] 《说公》，《大公报》1903年10月8日，第1—2版，“论说”。

十六世纪以后，君主之专制一变而为民主之共和，虽间有酌两用中，治法立宪，然风潮所迫，圣智无功。一国之主权，率在于多数人民之手，为君者不过承行画诺，有若赘疣。”由于君上压制与民众反抗，“二者聚讼，各不相下，今其影响且及于中国，以致朝野水火，新旧交哄。不有以折衷而论定之，非徒无以化今日门户之嚣争，亦且不能收他日改良政体之效果”。强调必须谨慎考察压制、释放二者之利弊及应该采用的治国措施。压制与释放各自之利弊，要视乎国民之程度而定。《大公报》虽然刊载此文，态度却有所保留，特意加上“本馆附志”：“国民之程度由野蛮而递进至文明为高点，一国之政体由专制而递进至共和为极则，进化之阶级，宜层累而上，躐等则颠。国政之改革，当因时制宜，躐等则弊。故就国民之程度而言，固以文明为高点，然我国民尚难一蹴而跻；就一国之政体而言，固以共和为极则，然我中国尚难一变而至。”[1]

有人甚至辩解道：“专制之国，君主之，共和之国，民主之，立宪之国，君民共主之，此泰西之通义也。国以专制而君权尊，国以共和而民权重，国以立宪而君民之权适相平，此泰西国制之不同也。……专制、共和、立宪三者迥乎不同，而各有所宜，实各有其弊，惟我中国合君主、民主、君民共主而一之，斯斟酌得中，行之万世而不坏。”时人动辄指中国为数千年专制之国，可是只有暴悍如桀、纣，昏庸如幽、厉，残虐如秦政、隋炀，才能谓之专制。中国历代，“唐尧之求言也，辟四门询四岳；周武之访范也，谋及卿士，谋及庶人；孟子之告齐宣也，左右、诸大夫、国人皆曰贤，然后用之，左右、诸大夫、国人皆曰不可，然后去之，谓非共和之意乎？……周秦以下，非循例之事，台谏得以力争，必下内外臣工会议，有不合之举，大臣得将诏书封还，台谏得直言极谏，务使君臣上下同为法制所拘限而不能任意妄行，则立宪之意也”。也就是说，中国历代制度，兼

[1] 豫章吴熿稿：《压制释放利弊论》，《大公报》1904 年 1 月 14 日，第 2 版，“论说”。

有君主、民主、君民共主三者之利而无其弊。

至于清朝，“体天出治，未尝有专制之号，而一人端拱，万姓风从，涣汗之颁，如纶如綍，则君主之规制崇隆也。未尝有共和之号，而凡百政令，务顺民情，朝廷举措更张，必下六部九卿会议，即下至一郡一邑，遇有兴作，亦必谘询绅耆士庶，而后施行，则诚暗合于民主国之制度也。凡百兵刑礼乐、吉凶嘉宾，载在大清会典、大清律例、六部则例、皇朝通典诸书者，自天子以至王公、卿大夫、庶民，罔不恪恭遵守，无敢或逾，虽以九五之尊，亦为法令所维持，无或有任情喜怒者，则君民共主之政，中国固未尝不相符也”。

如此说来，清制既有共和立宪之意，又有民主之制和君民共主之政，在作者眼中，中国的皇权体制堪称完全美备，无与伦比。可是“今者少年无识之徒，辄心醉平权自由诸邪说，诩诩然欲斥君主、改民主，一若天下国政之美无有逾于美洲者，殊不知势宜民主则民主为佳，势宜君主则君主为善，势宜君民共主则君民共主为得中。使以俄而效美之共和，则有天命者任自为之，必至无君党中人益将揭竿而起；使以美而效俄之专制，则华盛顿之成规顿废而暴君肆虐，民必陡绝生机；使以俄、美而共效英、德诸国之以立宪为邦，则必政教参差，开上下争权之渐，而太平之局且不能保全。则何若我中国之不共和而共和，不专制而专制，不立宪而立宪，庶君主行法，民皆奉法，熙熙皞皞同游于光天化日之中，而非泰西所能望其项背哉。彼病专制而欲以立宪民权为国者，乌足以知之”[1]。国体政体固然要与国情相适合，可是断言清朝体制已经如此完美，超越万国，恐怕难以取信于人，遑论所举符合共和立宪之意、民主之制和君民共主之政的史事，不过似是而非的比附而已。

官府对于各地此起彼伏的学界风潮尤感不安，署湖广总督端方、湖南巡抚赵尔巽分别告诫所管各该省学生：“世有不学之徒，浮薄

[1] 《君主之国、民主之国、君民共主之国得失利弊论》，《申报》1903年11月29日，第1版。

忘本,张自由之狂谈,慕共和之治体”[1],民权自由之说在过往为名言,在今日为陈言。欧西十六七世纪暴君污吏累世相继，民不堪命，铤而走险，华盛顿崛起于美洲，一变而为共和政体，国延民康，于是革命之风遍于欧洲，民权自由之说因而兴起。近数十年来，大政治家咸谓保一人之自由不如保一国之自由，授劣等民族以权力不如授优等民族以权力，平权自由之言转瞬而易为强权，帝国主义遂高出民族主义一等。这也是进化之秩序，天演之公理。且不建设不能言破坏,今日应利用专制广行教化,以开民智,使人人有忠君爱国之心,必忠君爱国然后才能自立。[2] 官方的针对性辩词，确实也道出了欧美政治学说的另一面。

随着朝野上下要求立宪的呼声渐起，翻译介绍日本法政学说之事仍在继续，如马毓福等编译的葛冈信虎讲义《法制大意》，指“政体者，依主权作用之形式而异，主权独在于君，行其一切强迫之手段者，谓之专制政体；当主权运用时，设有特定之机关，付以特定之权限者，谓之立宪政体（内分君主、共和二者）”[3]。

有人进而讨论共和与立宪方方面面的异同，“夫共和之与立宪，其异点在民主与君民共主，既曰共主，则民参其政，君综其成，各有权利，各负义务。各国宪法上制定之权限，虽互有差异，其大归旨则莫不同一。立法、行政、司法三大权皆主分立，立法之权授之于民（即民间选出代议士，议政于下议院是也），立法部议定之法律，经元首裁可，然后下诸所司之行政官（即内阁臣），使遵行之；行政官若欲有所兴作，则陈其意见于立法部，必得其决议而后可；司法之权则别委之于裁判部，元后则依宪法之所定而综揽

[1] 《告诫学生》,《申报》1903 年 9 月 25 日，第 2 版。

[2] 《湖南巡抚赵大中丞劝诫高等学堂肄业生文》,《申报》1903 年 7 月 27 日，第 2—3 版。

[3] ［日］葛冈信虎讲义，马毓福等编次：《法制大意》，湖北游学日本师范生编：《师范讲义》第 3 册，湖北教育部 1901 年初版，1903 年发行，第 3 页。

一切统治之权”[1]。

尽管有的国体政体之分将立宪制一视同仁，实际上“民主立宪之与君主立宪，其性质异，其仪式异，其各种机关之组织亦异，其不能相同也明甚。虽然，其不相同而适相同者，则皆主国家主权说是也”。英国法律家蛮痕（Maine）所著《民主政治》（*Popular Government*）称：“近世国家之政体，无论其为君主立宪，为民主共和，皆不过外形之差别，其主权实皆操之国民也。”“自二说观之，益信国家主权之说非误。盖主权不当付之自然人，而当付之法人，学者共认之原则也。国家者，具有法人资格者也，彼君主与大统领，不过为国家法人之代表耳。”[2]

古今“共和”的能指所指完全不同，可是有时古代的共和也被用来证明中国可以改行共和制，或是具有实行共和的文化传统，引发论者以近代政治理论为据的驳难。有人说：“中国政体发展之顺序，分为三期。由黄帝至帝喾为‘神主政体’，一变而为尧舜之‘共和政体’，夏禹嗣兴，而‘君主政体’发见焉。”[3]这样的附会遭到非议：“难者曰，观支那之历史，熟［孰］能证其有共和政府之事实乎？以为主权在百姓，君主仅为统治机关之说，未见支那之有行之者也。孟子所谓民为贵、君为轻者，不过形容之辞而已，其意但欲息君主之暴行，而以仁义之道施之于民也。至于为王侯者，仍有神圣不可侵之大权，安得谓之机关。况曰贵曰轻之语，本非所以表示主权（即统治权之主体）及机关之意也。故以孟子为主张民主主权论者，是徒饰辞之自娱而已。”

孟子的民本说与近代民主思想的关系，无论赞成与否，说者用

---

[1] 耐轩：《立宪论》,《政法学报》癸卯年第一期，1903年4月27日，第32—33页，“学术·政治”。

[2] 耐轩：《立宪论》（续第一章），《政法学报》癸卯年第二期，1903年8月13日，第5页，“学术·政治”。

[3] 《湖北哲学》,《汉声》六月分（即《湖北学生界》第六期），1903年7月24日，第7页，“学说”。

以裁量的都是欧洲的尺度。面对上述质疑，署名“中季子”的作者辨道：“孟子平日所称为模仿、号为典型者，非尧、舜、禹、汤、文、武之俦乎？”这些古代的圣贤明君均“以民之志而行者也”。“孟子之所以采为政治之龟鉴者，实有见于民望之重而已。质而言之，治者之权与位乃国人与之者也。是故以民为权力之渊源与主权发动之处，固其所也。所谓民为贵、君为轻者，岂啻一形容辞而已哉。谓君主为民生之统治机关，吾未见尚有疑义也。历史上明明有其事实，孟子亦不过述历史而已。”[1] 由此证明中国确有实行民权的历史文化基因。

在普遍被视为专制对立物的背景下，共和思想的弥漫，直接推动了反对帝制和一切专制的社会风潮。由浙江中学堂退学生创办的《新世界学报》将中西人物进行比较，其中之一，是以尧、舜比拟华盛顿，指“华盛顿当八年血战之后，脱英人势力范围之轭，定美洲共和民主之局，联合十三州，制定宪法，于是民政之基础日渐巩固，迄今组织益密，遂为世界第一完全无缺之共和国”。本来是大地诸强国中最后进的美国，土地新辟不过数百年，国家新建不过二百年，其政治组织与法律制度皆新创造而无成例旧轨可循，“然而立宪法建共和政体，使欧西诸国闻风震动，争起而蹑其后。……彼华盛顿者，亦世界之骄子也”。将美国后来居上完全归功于华盛顿创建共和新制。中国的尧舜与美洲华盛顿的时代不同，“立今日共和民主之世界，而上溯贵族君主混合之政体，其点质之不相融合，虽入一炉以冶之，而不能溶”。尽管如此，“尧、舜者，帝政初发达之时代之最要素之人物也，华盛顿者，民政初发达之时代之最要素之人物也。中国无尧、舜，帝政必不能确立，美洲无华盛顿，民政必不能开辟。必祖尧、舜而黜华盛顿者，是谓旧学之奴隶，必翘华盛顿而抑尧、舜者，

[1] 中季子：《孟子之政治主义》，《政法学报》癸卯年第一期，1903 年 4 月 27 日，第 100—101 页，“杂纂 · 他山集”。

是谓新学之奴隶，必附会尧、舜与华盛顿者，是谓奴隶之奴隶”[1]。虽然时代有别，制度各异，但以华盛顿比中国理想时代的圣明君主，已是对共和民主的高度推崇。

1903年初，梁启超离开日本赴美洲考察，《新民丛报》的激进倾向有所减弱。不过有人仍然坚持言革，继续鼓吹共和。马君武以“法国人那盖（Naquet）著《共和原理》，以鼓吹共和主义，中多明白痛快之论，截译其论秩序者一节”，刊于报端，借由译文明白宣布：“天下最危险之国，莫若专制国者，天下最安宁之国，莫若共和国者。共和国既有天然之秩序，其国民各以己意择职业，国中之行政者，皆代行民意者也。故共和国之根基最完固，不可破坏，不可动摇。而专制之国，常借兵力以维其人为之秩序，一旦力绌，则人民得起而覆之，异族可入而服之，故世界上最危险之政府，莫专制国之政府若，世界上最危险之人民，莫专制国之人民若。”有鉴于此，“吾敢决一言于此曰：天然之秩序者，惟国民有主权之共和国乃有之，而断非专制君主国之所能有也。共和国之政府由民意立，共和国之法律由民意出，其兵力以保卫人民而非以防制人民也。专制之国反是。然原夫专制政体之所由生，则因其国民之至愚，故国民一日不愚，则专制之政一日不能存”。“共和国之国民，必须受普通之公教育。玛志尼曰：吾侪以重造意大利国为天职，以建立共和国为目的，以革命为手段，以破坏为宗旨。虽然，吾侪不可不谨记一言曰：教育与破坏并行，无教育之破坏，乃野蛮之破坏，而非文明之破坏也。若是，则吾侪建立共和国之目的，将永世而不可达。”[2]这些话语虽然译自西书，却是马君武本人的心声流露。

像马君武这样正面鼓吹共和的文字，此时在《新民丛报》上已

[1] 黄式苏：《中西人物比较·尧舜华盛顿》（续第四期），《新世界学报》壬寅第六期，1902年11月14日，第6—7、11—12页，“史学”。

[2] 马君武：《欧学之片影·天然之秩序与人为之秩序》，《新民丛报》第28号，1903年3月27日，第2、4—5页，“丛录门·谈丛”。

不多见，可是各省留日学界的报刊陆续创刊，接续了梁启超等人共和革命的理念和宣传，并开始探讨共和制的利弊得失，看法也有类似梁启超之处。如《江苏》载文论政体进化，指“政体之种类，可大别之为二，曰少数政体，曰多数政体。前者之政权，或在一君，或在贵族，或君与民共之。幸福所被，至为隘狭者也。后者之政权，或在民，或君与民共之，幸福之范围亦广被多数人者也。孰优孰劣，虽因时而异，世运既进之后，则自以后者为优。何也？后者能发达多数人之智识、道德及活动力而利用之也”。

所谓多数政体，不论是民主还是君民共主，民皆有参政权。作为多数政体之一的民主政体，包括共和政体（如法、美）和民主专制政体。后者“委一人为大统领，界[畀]以权力，使治国家，而不以议会为代表国民主权之主要机关者也。立共和政体而民智民德有所不足者，每易变而为此。何也？专制之国，国家与社会分，国权在君主，其弊在以贵凌贱。共和之国，国家与社会合，国权公诸人民，社会各级因利冲突，无策调和，惟以人数众寡决胜负，而议会中占多数者常在贱民，故其弊又在以贱凌贵。……理之曲直，[初]不得以人数多寡颠倒之。……当下流人民刻剥中流以上人民之利益，或恃众要求，欲行所谓共产主义国家劳动主义之时，中流以上之民必早夜协谋，求有以变之，而下流人民虽多数，亦不能保持纯粹之共和政”，贵贱相凌，各有偏蔽。

专制、共和之外，还有立君共和政体。“以民意立君主，使议会监督之而行政者也。共和其精神也，立君其形式也。共和国民之意也，立君外界之势使之不得不然也。”比利时即为此种政体。[1] 立君共和政体的概念，使得与帝制对立的共和可以与君主共存，成为辛亥之际试图调和帝制与共和的学理凭借。

尽管作者对于共和政体的弊端有所指摘，却并非倾向于君主立

---

[1] 竞盦：《政体进化论》，《江苏》第1期，1903年4月27日，“学说·政法”，第29—37页。

宪政体，他在专门论述立宪君主政体时明确宣称：“就世界之政体以言，惟民主政体庶几平等之旨，若立宪君主政体，虽较专制政体超胜万倍，方之平等之旨，则相去犹甚远也。……故立宪君主政体之存乎今日，亦不过一时小康之现象，未必能长与终古也。”实行君主立宪政体的英、德、日三国当中，英与民主国无异，德次之，日又次之，因此，国人不应崇拜日本政体。

在第四节“论民主政体与立宪君主政体之差异”中，作者详细列举对比了两种政体的优劣：一、国家与宪法之关系。民主国以革命扫除君权，由人民主权定宪法，宪法以外无国家。立宪君主国仍延续君权于主权之中。二、权力之所在。立宪君主国宪法以外权力归君主，民主国全由民意。三、统治权之分合。立宪君主国国家权力仍属君主，其委任机关不过施行之事务，统治权绝不分离。民主国统治权分属数机关，间有统治权委之一人者。四、宪法之改正。立宪君主国君主有改动及采用与否的全权。民主国全由民意，即使立有君主，亦不敢是非之。五、议会之地位。立宪君主国议会为从属机关，是被统治者，民主国为统治者。六、意思之自由。民主国以民意立国，议会代表国民，议会之意思即国家之意思。立宪君主国则相反。逐条对比之下，得出的结论是：“统观以上各条，则民主政体与立宪君主政体之优劣，可以想见。世之君子欲改革政体者，其亦当知所适从矣。”

基于上述分析，作者在第五节总结道：“吾望吾国之政体，不十年一跃而列于吾上所罗列之诸类，吾又望其一跃而至诸类中之最胜者。诸类虽同为多数政体，君权民权犹有强弱大小之不齐也。”具体而言，“幸哉吾国！吾国实有由专制而变为民主之大希望者也。如吾前所举民主政体成立之四因，吾国实有其三焉：（一）十八省得天然之地势，远胜美之十三州，以地理论可独立而为民主也。（二）专制之毒受之独久，反动力当独强，以物理论可独立而为民主也。（三）同胞四亿万，同文同风同利害，群策群力，何事不成，以民族论尤可独立而为民主也。要之，具此三因，旧染之污必去之净尽，而新国既立，人皆平等，更无人敢出而独揽大权。二十世纪中，必现出一完全无缺之民族的共和国耳。”并且大声疾呼：“呜呼，建民族之国家，立共和之宪章，凡我同胞，其矢斯志。”[1]这样的呼声，与邹容的《革命军》形成相互激荡呼应之势。

有的文章以答疑的方式阐述破除专制与建设共和的关系：“或者曰：组织民族的国家，建设新政府，为强立中国之基础，为保存汉种之本根，是固然矣。然凡一国之内，同时不能并立两政府，专制政体之下必无共和政体出，旧政府之下必无新政府立。故东西爱国之士，欲开共和政体，必先破专制政体，欲立新政府，必先倒旧政府，是不得不然之阶级也。今吾国专制政体未破而遽嘐嘐然言共和政体，旧政府未倒而骤皇皇然言新政府，无乃太早计为。”其答案是：“非我先有共和政体之精神，何能破专制政体；非我先有新政府之摸[模]范，何能倒旧政府。故吾扬共和政体之精神，即为破坏专制政体之先声;我树新政府之模范，即为倾倒旧政府之根基。”新政府应为国民政府，“一、政府必由全国国民所组织，而以全国国民为政府之实体；一、政府必为全国国民之机关，而以全国公共事务为政府之职掌；一、政府必以全国国民为范围，而专谋全社会幸福为目的。具此三义始得合政府之性质。故一国家一民族所有之政府，实行此三义者，其国家必强，其民族必荣。苟缺其一二，或竟非其国家其民族之所有，则虽有政府不如其无之之为愈。国之蠹也,民之敌也,国民否认之可也,改革之可也。盖背此三定义之政府，非我国家民族所有之政府，固不得认为国民全体之政府”[2]。

《湖北学生界》载文承认共和与立宪本质无异：“立宪国可与

---

[1]　竞盦:《政体进化论》,《江苏》第3期，1903年6月25日，“学说·政法”，第39—53页。

[2]　汉驹:《新政府之建设》,《江苏》第5期，1903年8月23日，第5—6页；第6期，1903年9月21日，第9页，均“学说·政法”。

共和国较优劣，专制国决不可与立宪国角胜败，何则？立宪国与共和国之国民同，专制国与立宪国之国民异也。今之时代，共和立宪几遍全球，专制国之国民触之立败，盖亦天然之真理维持主宰于无形。……然则欲不为今时代之立宪国与共和国之国民所支配所宰割，其必自为立宪或共和而后可。”话虽如此，中国仍然没有立宪的可能，原因就在于“满清政府不可与言立宪也，以彼抱宁送邻邦断不肯落家奴手之宗旨，其尚能与我国民一时安耶？呜呼，我国民宜速持定主义，破坏倒灭满清之政府，而自建政府，毋待今时代之立宪国与共和国之支配之宰割纷纷而来乃始悟也”[1]。所以《国民日日报》认为：“政治之进化也，由专制以进于立宪，由立宪以进于共和，则是共和者，专制之对敌乎？吾为之说曰：专制者，共和之母也。”[2]

第三节　新的共和先驱

王学庄和李恭忠先后注意到，共和概念从思想到政纲，成为辛亥时期反清革命政治诉求的经典口号，邹容的《革命军》起到关键作用。《革命军》借资取材于梁启超等人的著述甚多，通篇的重点在于鼓吹革命，只是结尾处提出革命的政治目标是变更政体，建中央政府，各省投票公举一总议员，由各省总议员中投票公举一人为暂行大总统，为全国之代表人，又举一人为副总统，各州县府举议员若干。新政府的国家“一、定名中华共和国。一、中华共和国为自由独立之国。一、自由独立国中，所有宣战、议和、订盟、通商及独立国一切应为之事，俱有十分权利与各大国平等。一、立宪法悉照美国宪法，参照中国性质立定。一、自治之法律，悉照美国自

[1] 《日俄之战争如何·日俄两国之政体及国民如何》，《汉声》七、八月分合册（即《湖北学生界》第7、8期），1903年9月21日，第23—24页，“外事”。

[2] 《近四十年世风之变态》，《国民日日报汇编》第3集，第31页，“社说”。该文初发表于1903年10月21日。

治法律。一、凡关全体个人之事，及交涉之事，及设官分职，国家上之事，悉准美国办理”。并且高呼口号：“中华共和国万岁！中华共和国四万万同胞的自由万岁！”[1]

《革命军》大声疾呼的“中华共和国”，排除所有关于共和的学理歧义，简捷明快地提出了适合民众运动的最大公约化口号，同时解决了革命的正当性及其目标的鲜明性两大难题，美国式的共和理想蓝图成为革命天经地义的精神支柱和制度支撑。正是在《革命军》迅速传播的背景下，孙中山于1903年12月13日在檀香山的两次演说中，将共和与民国联系起来，宣称：“我们必要倾覆满州政府，建设民国。革命成功之日，效法美国选举总统，废除专制，实行共和。”“观于昏昧之清朝，断难行其君主立宪政体，故非实行革命、建立共和国家不可也。”[2]

在此之前，孙中山的中文概念从来不用共和来表达其政治制度的追求。李恭忠进而推论，甲午前后有关孙中山“共和”表述的记载，都是日本人留下的，当时日文“共和政治”一词既可对应英文republic，也可对应federal government，孙中山的理解，可能更偏重于“联邦主义（Federalism）”、联邦建国，而不是“共和主义（Republicanism）”，民权宪政。戊戌之后的几年里，随着抨击君主专制、力倡民权共和思潮的兴起，孙中山从中吸取思想营养，对“共和”的理解乃逐渐偏重于“民权”方面。

---

[1] 邹容：《革命军》，中国史学会主编：《中国近代史资料丛刊·辛亥革命》（1），上海：上海人民出版社，1957年版，第361—364页。

[2] 《在檀香山正埠荷梯厘街戏院的演说》（1903年12月13日）、《在檀香山正埠利利霞街戏院的演说》（1903年12月13日），广东省社会科学院历史研究室、中国社会科学院近代史研究所中华民国史研究室、中山大学历史系孙中山研究室合编：《孙中山全集》第1卷，北京：中华书局，1981年版，第226—227页。

孙中山的 republic 无疑包含着联邦主义[1],创立合众政府的说法就是明证。此前孙中山与宫崎寅藏的笔谈，也有类似思想。其时他与日本、英国、法国驻亚洲外交官及殖民当局接洽，均表示要在南方成立独立的共和国，再联合十八省为一大联邦共和国。可是因此怀疑孙中山缺少民权思想，却依据不足。严复就以合众作为国民为政的同义表述，其对应的西文词汇并不是 republic，而是“德谟格拉时”。孙中山不使用汉语的“共和”，恰好是因为汉语“共和”存在较多的歧义，不能充分准确地表达其民权观念。熟悉西文和西书的孙中山，更加不必受梁启超等人转自东文的宣传，才接受民权思想。

依照时间顺序全面梳理孙中山早期的民权思想，并非难事。其合众政府明确反对专制，伦敦蒙难后的一系列表态又强调学习欧美文明，主张自治，建立贤能政府，都不可能没有民权仅仅是恢复汉人政权就能够实现。重返日本后,他与宫崎寅藏等人的谈话表示“以人群自治为政治之极则，故于政治之精神，执共和主义”。并且批评“共和政体不适支那之野蛮国”的说法为“不谅情势之言”,认为“共和者，我国治世之神髓，先哲之遗业也”，其主要依据，就是中国多自治自议自理之民。

这段话原意出自 1902 年出版的白浪庵滔天（宫崎寅藏）著《三十三年の夢》,中文则系黄中黄（章士钊）翻译的《孙逸仙》(1903 年《荡虏丛书》)，与目前留存的在此期间孙中山与宫崎寅藏等人笔谈的手稿相比较，找不到直接相关的内容（笔谈稿可能是残稿），因而仍有时间、语境变化，以及能否准确还原的问题。不过，从前后相关言行看，其意思的确与孙中山的思想一脉相承。

---

[1] 参见桑兵《民国开国的歧见、新说与本相》，台北：“国史馆”编辑出版：《近代国家的型塑：中华民国建国一百年国际学术讨论会论文集》上册，2013 年 6 月，第 83—106 页。作者 2011 至 2012 年在海峡两岸分别召开的相关研讨会上的发言及提交的论文，已分别提请注意孙中山共和观的联邦色彩。

1900 年孙中山致书港督卜力，提出平治章程，要求各省成立自治政府，由省议会公举本省官员。1901 年春与美国《展望》（*The Outlook*）杂志记者林奇（G.Lynch）会谈，后者确切了解到："以联邦或共和政体来代替帝政统治，这是孙逸仙的愿望。"[1] 同年发表《支那保全分割合论》，关于如何筹划东亚治安之策的问题，虽然以秘密婉拒回答，仍坚决表示："惟有听之支那国民，因其势顺其情而自立之，再造一新支那而已。"[2]1902 年 8 月为宫崎寅藏著《三十三年の夢》作序，对于后者"闻吾人有再造支那之谋，创兴共和之举，不远千里，相来订交"的义举大加赞赏。[3]

除联邦主义的意涵外，孙中山的共和，归根结底还是与民权相关。他的联邦论其实包括两方面考虑，其一，破解欧洲列强联手制我，万一不幸如此，"必先分立各省为自主之国，各请欧洲一国为保护，以散其盟；彼盟一散，然后我从而复合之。……内治一定，则以一中华亦足以衡天下矣"[4]。其二，革命之际各地自立，要防止豪强割据称雄，陷入长期战乱。因此，中国革命必须迅雷不及掩耳，同时以联邦共和的中央政府驾驭各地英雄，避免野蛮割据的纷扰不已。这也就是革命程序论的初步设想。后人论及革命程序论，受后来时势变化的影响，着重于批评训政的非民主，殊不知孙中山的初衷，恰好是要解决由军政过渡到民政，防止趁乱而起的豪强怀抱帝王思想，割据称雄，帝制自为。早在 1902 年，他就对留日学生戢

[1] 《附：与林奇谈话的报道》（1901 年春），广东省社会科学院历史研究室、中国社会科学院近代史研究所中华民国史研究室、中山大学历史系孙中山研究室合编：《孙中山全集》第 1 卷，第 211 页。

[2] 孙文逸仙稿：《支那分割保全合论》，《东邦协会会报》第 82 号，1901 年 12 月 20 日。

[3] 《〈三十三年之梦〉序》（1902 年 8 月），广东省社会科学院历史研究室、中国社会科学院近代史研究所中华民国史研究室、中山大学历史系孙中山研究室合编：《孙中山全集》第 1 卷，第 216 页。

[4] 《与宫崎寅藏等笔谈》（1897 年 8 月至 1898 年 8 月间），广东省社会科学院历史研究室、中国社会科学院近代史研究所中华民国史研究室、中山大学历史系孙中山研究室合编：《孙中山全集》第 1 卷，第 181—182 页。

元丞等人谈及：

> □□之政府易覆，外人之干涉不惧，所可虑者，吾中国人具帝王之资格，即人怀帝王之思想，同党操戈，外族窥衅，亡吾祖国之先兆也。吾细思数年，厥有一法：夫拿破仑非不欲为民主也，其势不能不为皇帝，使华盛顿处之亦皇帝矣。华盛顿非必欲为民主也，其势不能不为民主，使拿破仑当之亦民主矣。中国数十行省之大，欲囊括而恢复之，必有数统帅，各将大军数十百万，各据战地，呜叱往来。即使诸统帅慕共和之治，让权于民，为其旧部者，人人推戴新皇，各建伟业，咸有大者王小者侯之思，陈桥之变所由来也。欲救其弊，莫若于军法地方自治法间，绾以约法。军法者，军政府之法也。军事初起，所过境界人民，必以军法部署，积弱易振也。地方既下，且远战地，则以军政府约地方自治。地方有人任之，则受军政府节制，无则由军政府简人任之，约以五年，还地方完全自治，废军政府干涉。所约如地方应设学校、警察、道路诸政如何，每县出兵前敌若干，饷项若干。五年程度不及者，军政府再干涉之，如约则解。此军政府约地方自治者也。地方出兵若干，饷若干，每县连环会议，约于军政府，有战事则各出兵饷赴前敌，战毕除留屯外，退兵各地方。军帅有异志，则撤其兵饷，地方有不出兵饷者，军政府可会和各地方以惩之。此地方自治约军政府者也。军政府所过，地方自治即成，而以约法为过渡绾合之用，虽有抱帝王政策者，谅亦无所施其计矣。[1]

孙中山这段话的意思再清楚不过，其联邦主义的主要考量，正是中国如何通过革命达到民权。

---

[1] 《孙文之言》,《大陆报》第2年第9号,1904年10月28日,第55—56页,“谭丛·如是我闻”。

在汉语表述中不使用“共和”概念，并非因为孙中山缺少民权思想，恰恰相反，是由于孙中山觉得“共和”受古代贵族共和以及共和专制的牵扯，不能准确表达民权民主的观念。他在《驳保皇报书》中反驳该报主笔“立宪者，过渡之时代也；共和者，最后之结果也”的说辞，“推彼之意，必当先经立宪君主，而后可成立宪民主，乃合进化之次序也。……今彼以君主立宪为过渡之时代，以民主立宪为最终之结果，是要行二次之破坏，而始得至于民主之域也”[1]。孙中山反对阶段论，主张一劳永逸，为众所熟知；而他用民主立宪代替共和的表述，尤具深意，却一直被学界所忽视。后来革保双方论战，汪精卫等人对此有所说明，他在《驳〈新民丛报〉最近之非革命论》一文中就“民权立宪”的概念特意解释道：“所以不云共和立宪者，以共和一语，有广狭二义，其广义则贵族政治，亦包含在内，故不用之。”[2]论战中凡是涉及学理的部分，汪精卫等人坚持用民主立宪或民权立宪作为“共和”的正式表达，当源自孙中山的认识。

正因为孙中山的思想与今义的共和一脉相通，尽管其政治主张的表述概念开始并非共和，还是被鼓吹共和的国人视为共和的先驱。柳亚子编撰《中国灭亡小史》，其第四章《民族主义之风潮》丁《孙佚仙》，依据《三十三年之梦》叙述孙中山的生平事迹，称：“人虐天饕，英才尽矣，独佚仙热心共和，舍身民族，虽遭蹉跌，志不稍懈，十年磨剑，树独立之旌旗；九世复仇，理不平于种族。他日驱除异类，光复旧疆，扬自由革命之潮流，为东大陆之华、拿，其在斯人欤？其在斯人欤？”[3]

[1] 《驳保皇报书》（1904 年 1 月），广东省社会科学院历史研究室、中国社会科学院近代史研究所中华民国史研究室、中山大学历史系孙中山研究室合编：《孙中山全集》第 1 卷，第 236 页。

[2] 精卫：《驳〈新民丛报〉最近之非革命论》，《民报》第 4 号，1906 年 5 月 1 日，第 1—37 页。

[3] 中国少年之少年编：《中国灭亡小史 · 第四章之续》，《复报》第 8 期，1907 年 1 月 30 日，第 17 页，“历史”。

具有上海中国教育会机关报性质的《警钟日报》，在1904年12月连续刊出一批“共和”志士呼应孙中山思想和推崇孙中山本人的文章。8日至10日，该报连载署名“共和复汉生”的《论中国民族主义》，12月20日，又刊登“共和”来稿《〈孙逸仙〉书后》，其中说：

> 今天下救时之彦，爱国之儒，万喙一辞，众声同应，莫不曰民族主义哉！民权主义哉！奔走呼号，欷歔太息。独立之谈，喧阗于学校，共和之议，哄动于市朝，宜若可以挫异族之凶锋，倒专制之弊政矣。……夫逸仙，粤党之魁杰，西学之巨擘，固夙倡导民权自由之说，而最富民族思想者也，生平执持民族主义，欲挈两广为根据，以光复祖国，建设共和政府，以与世界列强相竞争。……夫中国民族精神之销亡久矣，甲午乙未之变，文恬武嬉，举世熙熙皞皞，歌舞太平，狗苟蝇营，以奔竞富贵禄利之私，偃息于异族专制羁勒之下。而孙君观察世变，独抱殷忧，倡革命于举世不言之中，不惜其头颅性命，以救国民而图自立。事虽不成，而其识量之大，气魄之雄，固已迈绝等伦矣。……夫士当热心任事时，志大气锐，视天下无不可为，及一旦失败，则乃心灰气沮，嗒然而丧其所守者，往往有之。而能奋进不止，力自振起，以前奔者盖鲜。逸仙虽暂屈伏，所志未就，然方如行星初出，其成败尚不可测，而其志趣实力则固方驾华、拿，并驱加、玛，而非常人所能及矣。韪乎某氏有云：孙逸仙者，非一氏之私号，而新中国新发现之名词也，有孙逸仙而中国始可为。

有鉴于此，作者无限期待“二十世纪新中国之人物，超越前古，而必悬孙以为之的。第一之孙起，当有无量之孙以应之”，使得“皇皇汉族，庶有复兴之一日”[1]。

24 日，该报再刊登“新中国主人”的《论共和政体》，又说：

共和政体者，专制政体之反动力也，有专制政体，而后有共和政体，未闻有共和政体而后能生专制政体也。故夫共和者，由专制而发达，专制者，由共和而消灭者也。盖专制者，人群所必经之阶级，若无此专制之压力以激起其反动力，则民情不奋，民情不奋，则共和政体亦无由而生。猛虎之择肉而食，人人所惧者也，久之，则人类皆为其所灭矣。于是计无所出，不得不出死力以斗之。究其极也，猛虎卒退避于山林，而人类乃发达于世界。此其故何也，彼众人确知猛虎之势既炽，而吾辈无数之性命必无辜也，故不如群策群力以御外侮，以购他日无量数之幸福。所谓人者能群之动物也。此共和政体之所以成立也。

呜呼，吾念及此，吾不得不为专制政体之可危，又不得不为共和政体之可恃，且国民既尚共和，则爱国之热血厚，而团结之力量足，故彼二国（按即法美两国）之民，皆能自治其地方，自强其国家。盖彼以为国家者，我之国家也，非他人之国家也，既为我之国家，则我宜保护之而勿使之亡，爱国之热血由此而日以厚，国民者，我之国民也，非他人之国民也，既为我之国民，则我宜爱怜之而勿使之散，团结之力量由此而日以足，国势骎骎乎日上，立于竞争之场，莫之敢侮。呜呼，非共和政体之功，效不至此。

中国国民深受独夫民贼、贵族、官吏以及至秽至贱之官侍宫妾的压制。“然未尝有一共和政体之组织者，何也，一则以中国民气衰弱，比之法英等国相去远甚，故其受压制而不知不觉，蠕蠕然度数十载寒暑而已。若语之以共和政体，则彼非特骇然惊异，且目之为大逆不道矣。一则无共和政体之资格，故虽有影响而不能组织。”其时国人分为立宪主义和共和主义两派，前者以共和政体难免流血

---

[1]　共和来稿：《〈孙逸仙〉书后》，《警钟日报》1904 年 12 月 20 日，“征文”。

惨祸，后者以君主、贵族梗阻其间，国民不能进化。中国君不能分权与民，民欲得立宪政体，仍须演革命惨剧。既然土地、金钱都为国民所有，应当自治自理，不必让与民贼。民贼的根据地本在满洲，与中国无涉。此三百年中之所以受其荼毒，不过因当时一二之卖国奸贼贪利媚外，与夫民之不勇而已。如今强邻环伺，民贼无力保中国，且非中国人，不爱吾中国，黄帝子孙不能任由民贼奉之外人，必须革命，实行共和政体，结大团体，养成共和国民资格。[1]

一面推崇孙中山为共和先驱，一面以共和为政治极则，二者相辅相成，一般不大使用“共和”一词的孙中山，很快就被拥戴为中国共和革命的北斗旗帜。

[1] 新中国主人：《论共和政体》，《警钟日报》1904 年 12 月 24 日，“外论”。

第三章　革保论战与共和观念的演进

清季革命党与康梁一派的论战，历来是辛亥革命研究的要项重点，已有成果甚多，以至于一般不再被视为可以进一步探究的对象。不过，仔细梳理相关材料，斟酌论战各方各种文本的完整意涵，至少在以下两方面仍然存在空间：其一，摘取片断材料形成的论据，未必契合前人的本意，以及支撑后认的论点，以偏概全甚至误读错解之处所在多有。其二，由于相关学理准备不够，对于双方争执不下的关键问题如共和的历史意见有些隔膜，从特定立场出发的时代意见进行是非正误的判断，存在简单化现象。有针对性的解决办法，当为认真倾听当事各方的主张和道理，将思想还原为历史，以求认识更上层楼。

第一节　众说纷纭的选择

就汉字概念而言，梁启超应是倡导传播“共和”观念的前驱，孙中山则担心与中国固有“共和”相牵混，更多使用“合众”。不过，梁启超无奈告别共和与孙中山顺势高揭“共和”在时间点上几乎重合，这使前者得到国内士绅的赞同，却失去青年学生的拥护，而后者则成为中国革新者中最具代表性的共和先驱。与此同时，清廷迫于内外压力，尤其是日俄战争日胜俄败的无情事实，有意采取君主立宪政体，派员赴各国考察。尽管梁启超否认自己是要转而主张君主立宪，但在革命党乃至一般趋新者看来，其转向则不无为清廷的预备立宪鸣锣开道之嫌，从而坐实了孙中山此前对梁启超的揭露批判。

伴随着立宪呼声的日渐高涨，国内各报纷纷响应，竞相鼓吹。《大公报》举办了“振兴中国何者为当务之急”的征文活动，其中采用何种政体的问题成为议论的焦点。所评选出来列为一等的文章，署名“史彬”者称：宪法为全国之法典和利益之所在，君民共享其成，无偏无倚。“全球政体，不外三种，曰专制，曰共和，曰立宪。专制者君权过尊而民情不免壅塞，共和者民权太重而政柄未免下移，独以君主之国，而行立宪之法，则有利无弊，推诸万世而可行。”

署名“效灵”者则说：“世界之政体有三，大别曰君主专制政体，曰君主立宪政体，曰民主立宪政体（即共和政体）。今世之强国十数，除俄罗斯为专制政体，美、法为民主立宪政体外，自余皆君主立宪政体也。然则君主立宪者，政体之完全无缺者也。中国不幸而为专制政体，自十余年前志士即以变政倡言于下，无如执政者以为不利于己，必多方遏之。自癸卯、甲辰间执政者知专制之不可终其位也，于是立宪之机始渐露于上矣。终狃于俄强之故，遂渐以息。今自日俄交战以来，日屡胜俄屡北，且内乱迭兴，是胜负之数，实寓于政体之中，虽结果不可逆料，然俄必至一蹶而不起。殆至俄蹶，而我政府始翻然改计，不亦晚乎。今为政府告曰：今之世界，实专制立宪两政体嬗代之时代也。征之列国，知世界必同归于立宪而后已。”[1]

[1] 史彬：《振兴中国何者为当务之急》、效灵：《振兴中国何者为当务之急》，《大公报》千号增刊，1905年4月13日，第3、4版。

应征者大体掌握了政体的基本原理，明确反对专制，也不以共和为然，而主张立宪，名为各抒己见，其实显然反映了《大公报》的立场态度。

与君主立宪大张旗鼓地造势相对，共和的潜流在学界却是暗潮汹涌。各地学界风潮风起云涌，令人慨叹："小孩能知共和主义，可畏哉！"[1] 有人趁机对坊间理想化共和的情形进行针砭："近来误解共和意义者，以为共和国人人对于职权上立于对等地位，此最足以误事。究之共和国之总统，其范围内之行政权力，绝对不受束缚，不过执行之次序，后议院一步而已。"[2] 模糊共和与专制的差异，以降低共和追求的热度。

也有人附和梁启超的主张，对于以共和、君宪为救世良方均不以为然，"吾中国之政教，可以一语蔽之曰：寡人专制。近今以来，国势日绌，欧美文明，递相输灌。魁垒之士，率以激切之言辞，昌言于众，辄曰谋多数治安，立共和政体。等而下之，则曰共和之制，去中国过远，宜降格以求之，取彼开明，破吾积习，则莫如立宪。于是嘐嘐之声，遍于草野，莫不曰，定国是！定国是！立宪而后中国可兴也。……吾虑其说之必不能行，即行矣，亦必不能奏效"。进而提出："吾欲以一言易之，谓中国兴而后可立宪。兴之奈何？则莫如即专制之政教，而因以为功。其最初之术，则以专制之力，行强迫教育之制，其次若工业，若路矿，若官制，若服色，其不适于生存者，一以专制之力划绝之，其有合于强国者，一以专制之力提倡之。至若民风习俗，万不能以专制政令易之者，则以专制之教间接而行之。方针划然，操之自我，自上而下，雷厉风行，不出十年，中国其庶乎可立宪矣。"[3] 也就是说，立宪可以作为理想的目标，而

[1] 皮锡瑞：《师伏堂日记》（第6册）1905年3月28日，第33—34页。

[2] 佛苏：《论主张竞争者当知法制》，《新民丛报》第72号，1906年1月9日，第8页，"论说"。

[3] 谷生：《利用中国之政教论》（本社撰稿），《东方杂志》第2年第4期，1905年5月28日，第80—81页，"社说"。

不宜作为即时的现策。利用专制之力进行改革，可以事半功倍。问题是，专制若能主动改革，则立宪变得可有可无，而专制又何必进行于己不利的改革。这正是稍后革命党和保皇派论战的焦点之一。

1905年，清廷派员到与中国有约之国考察政治，载泽与戴鸿慈赴英、俄、日、意、奥、比、荷兰、瑞典、西班牙、土耳其、丹麦、葡萄牙等国，徐世昌与端方赴法、美、德、瑞士、墨西哥、巴西、秘鲁等国，“凡属君主立宪、共和立宪之政，皆一一考查，以为实行立宪地步”[1]。此举意味着清廷有意变政，但是具体依照哪种蓝本，选取何种政体，尚无定论。这使得关注朝廷动向的各方争相发表意见，试图对决策取舍施加影响。

在朝野上下热议立宪的时趋之下，关于共和、立宪、专制以及国体政体的问题，再度成为讨论的热点。反对立宪者，一般而言更加反对共和，所据与告别共和的梁启超有所关联。其主要理据就是无论何种国体政体，总以适合本国国情为宜。附和政体无所谓好坏唯以适合与否为准之说者不在少数，指各种国体政体虽有不同，却各有利弊，中国历史上“当闭关之世，不知国家之政体，有所谓专制、立宪、共和种种之分也，但以己国所行者为不二之理，非此即不能合群立国而已”[2]。

从国体政体的角度考察，君主制与共和制的对立远不像政治宣传中专制与共和那样优劣分明，因为“君权国之权力自君主一人握之，虽名为一人，实则有数人以干涉之、辅助之，而法律上执权之名词，则惟国君一人而已。君权与共和之别，即别之于握国权者之人数，君权国以少数人握国权，无论直接、间接皆然，而共和民权国以总数人民握国权，无论直接、间接皆然。所谓总数、少数，皆本体之一部分，非国家之主体，不过为国家之机关而已”。颇有罪

[1] 《考查政治分途纪实》,《大公报》1905年7月30日，第3版，“时事要闻”。
[2] 《论日胜为宪政之兆》,《中外日报》，1905年5月21日，第1版，“论说”。

恶感的君主专制，与共和不过是程度有别，而非根本有异。

世界上国家的种类“有共和者，有君权者，如美之合众国，纯粹之共和，德之联邦，含有君主共和两国体”。而历史上名义与实质未必始终一致。“拿破仑既即位之三年，变成终身大统领制度，又三年，其国体则为共和民权国，其政体则为共和君权国。自法理言之，以拿破仑一人专制之手段代表共和国，自事实上言之，拿破仑实为开明专制君主。”[1] 由此反观中国“开国数千年，唐虞三代时虽集权于中央，而主圣臣贤，无不以国民为重。有庠序之制，则民知教育，有井田之制，则民知急公，有悬书读法之制，则民知奉法。至于国有大政，则谋及庶人，选举人才，则始于乡里。即曰统治于一君之下，实俨然如宪政共和之政体也”[2]。

围绕立宪与否以及采取何种立宪体制的争议，暴露出国人政治学说的浅薄，有人慨叹：“交通亘数十年，而国人犹茫然于若者为共和，若者为立宪，若者为专制政治，若者为立宪政治也。”[3] 于是新一波的政治学常识普及就此展开，之前已经反复论道的新学理重新被刊诸报端，告诉人们：“泰西国体，向分三种，曰满那弃者，君主为政之制，即今之专制而无宪法，若土若俄是也；曰德谟格拉时者（一名公产，又名合众），民主为政之制，即今之共和而立宪法，若法若美是也；曰巫理斯托格拉时者，君民共主为政之制，即今之君主而立宪法，若德若英若义若美是也。然专制之政体，下情或壅于上闻，而共和之政体，上轻而不免于下重，均不能有利无弊。”[4] 虽然是旧调重弹，但从前大都是非法宣传，如今是合法鼓吹，对于

---

[1] 罗杰编辑：《国法学》，《法政粹编》第 2 种，东京并木活版所，1905 年，第 64、77、114 页。

[2] 《论国民宜攻究政法》（录自《顺天时报》），《时事采新汇选》光绪乙巳年十一月，第 4 卷，1905 年 12 月 12 日，第 1 页。

[3] 卢弼：《译宪法篇自叙》，《直隶教育杂志》第 2 年第 8 期，1906 年 6 月 6 日，第 1 页，“别录”。

[4] 《论君主立宪政体之性质》（录丙午第一期《北洋学报》），《东方杂志》第 3 年第 4 期，1906 年 5 月 18 日，第 81 页，“内务”。

普通民众的影响作用当然不同往昔。

更为重要的是，之前无论保皇派还是革命党，传输学理或隐或显都有改造国家甚至反清的意向，因而偏重于倾覆清廷的共和，如今则多少有些奉旨行事的意味，取舍也要顾及朝廷的旨意，国体政体的选项需要平衡君与民的利害。“国于环球上者以百数计，苟其具独立之资格、有平等之权力者，则必有一定之国体，或为君主，或为共和。因其国体之不同，遂有政体之区别，政体在统治之权力动作于形式上者是也。统治权之所在各异，故其政体亦异，约分之，有三种焉。统治权之在于人民全体者谓之共和政体，在于数人者谓之寡人政体，在于一人者谓之君主政体。”而君主立宪政体最适于中国。[1] 这不仅因为适合中国的情势，也符合世界的潮流。载泽等人考察法国的结果，就发现“而后知之其立国之体虽有共和之称，其统治之权实具帝国之制，其条规则整齐画一，其精神则固结流通，遗其粗而撷其精，其可以甄采之处良非鲜少”[2]。以共和媲美帝国，则帝国本身更具优势。

有人对比中西政治，认为“今日中国，虽为纯然专制君主国，历代主权者，均以绝体专制政治施于人民，自有史以来，未曾一行共和政治，又未曾一立宪法以限制君权，数千年之历史，不啻为人民服从君主之日记。……然又由一方观之，如西洋诸国，于某时代社会上特种阶级占势力，专权纵恣，压抑人民，则亦中国之所未睹”[3]。此说指出中国古代政治的特色，意在模糊与西洋的差别。

有人进而认为，中国古代未必没有共和、立宪的历史基因，“中国一专制国也，然夷考其初，固未尝以专制始。唐虞之世，人君出自选举，则俨然一共和之时代。夏商之世，询谋及于刍荛，则俨然

[1] 《新编立宪纲要》,《时事采新汇选》光绪丙午年九月，第4卷，1906年11月2日，第6—8页。

[2] 《出洋考察政治大臣泽公等奏陈在法考察大概情形折》,《东方杂志》第3年第8期，1906年9月13日，第181页，“内务”。

[3] 《中国与立宪政治》,《大陆》第3年第22号，1906年1月4日，第1页，“社说”。

一立宪时代，特其时尚未著有共和、立宪诸名称耳。嬴秦暴兴，古制尽废，汉唐以来，文纲日密，而君民上下之分遂判若霄壤，而专制政体乃日严而日备，举古昔所有共和、立宪之美意荡然无复少存”[1]。

还有人鉴于“今日谈革命者主张共和，削夺君权，既偏宕而不切事情，而研究立宪者又拘之于君权之不可旁落，驯至阻遏其宪政，此中消息，关系甚巨”，专门著文讨论古代中国并无重君权之大义，力图化解双方的执拗。[2]

有比较才有鉴别，有人“就君主立宪与民主立宪二大义为我国人解释如左：（甲）君主立宪，开国会，予国人参政权，举议员，定法律，监督行政，而主权仍属之君主;（乙）民主立宪，国人公议，建设共和政府，举大统领为代表，而主权全属于国人”。并进而据学理为宣言，“更敬告我国人曰：中国之立宪为完全无缺之君主立宪，大权统于朝廷，庶政公诸舆论”[3]。也有人在欢呼中国之立宪“蓬勃哉”、“容易哉”的同时，意识到“立宪者，专制与共和之调和政体也。君主立宪者，迫于时势之风潮，不得不出于此，以为乱党之盾也”。动机已经可议，加上“国体不同，政术亦异”[4]，实现起来不可能轻而易举。

凡此种种，都使得专制、立宪与共和的政体选择，成为朝野各方视线聚集的重大问题。而众说纷纭，莫衷一是，亟待从学理和情势各层面辨析清楚。

---

[1] 《论中国人民宜为立宪预备》(录自《顺天时报》),《时事采新汇选》光绪丙午年六月，第6卷，1906年8月18日，第7页。

[2] 《述古无重君权之大义》,《申报》1906年8月26日，第2版。

[3] 《以报辟报》,《大公报》1906年9月28日，第5版，“时事·本埠”。

[4] 《万国无和平之立宪论》(来稿),《申报》1906年11月6日，第2版。

第二节　大论战的前哨战

正是在舆论不言共和甚至非议立宪的背景下，同盟会机关报《民报》一发刊，就将批评的矛头指向梁启超。汪兆铭的《民族的国民》指梁启超前后反复，“尤可笑者，不敢言民族主义，乃至不敢言共和，鼠目寸光，一读波伦哈克之《国家论》，即颤声长号曰：‘共和，共和，吾与汝长别矣’”，并大声宣言：中国“欲颠覆二百六十年来之贵族政治，当建民族主义；欲颠覆六千年来之君权专制政治，当建国民主义”。国民是构成国家之分子，以自由平等博爱相结合，并本此精神，以为国法。“法者，国民之总意也。政府者，国法所委托者也。故曰‘法治国’，故曰‘立宪政体’。”立宪政体有君权立宪、民权立宪二种，君权立宪为政府与人民相调和。“立宪君权国之宪法，其中根据事实而不合法理之污点，皆国民所未尝以血涤而去之者也。我民族而持民族主义与国民主义以向于吾国之前途也，则其结果，必为民权立宪政体，可预决也。”而君权民权转移的关键，按照孙逸仙所说，在于实施约法。[1]

汪兆铭用民权立宪政体作为共和的理论表述概念，当源自孙中山的认识。后者觉得“共和”容易与中外古代的贵族共和以及民权专制相牵混，所以相当长的时期里汉语表述不使用“共和”一词。在《驳保皇报书》中，他反驳该报“必当先经立宪君主，而后可成立宪民主，乃合进化之次序”的意思，主张跳过君主立宪的过渡时代，不必二次破坏，直达民主立宪的最终目的。[2] 与此相应，他用

[1] 精卫：《民族的国民》，《民报》第1号，1905年11月26日，第30页；第2号，1905年11月26日，第18—22页。《民报》第2号出版的时间，据影印本封面，与第1号相同；而据《宋教仁日记》（湖南省哲学社会科学研究所古代近代史研究室校注，长沙：湖南人民出版社，1980年版，第117—124页），实际出刊应在1906年1月22日前后。

[2] 《驳保皇报书》（1904年1月），广东省社会科学院历史研究室、中国社会科学院近代史研究所中华民国史研究室、中山大学历史系孙中山研究室合编：《孙中山全集》第1卷，第236页。

“民主立宪”代替“共和”的表述，旨在强调既然立宪，不必非经君主不可的道理，尤具深意。可惜这一重要表述迄未受到应有的重视。革保论战之际，汪精卫、胡汉民等坚持用民主立宪或民权立宪作为“共和”的正式表达，在后续的论述和论战中，还有进一步阐释，并且成为具有严格意义的正式概念。

同样在《民报》第一号刊出的陈天华的《论中国宜改创民主政体》，一方面断言：“幕不倾则日本不能有今日，满不去则中国不能以复兴。此吾侪之所以不欲如日本之君主立宪，而必主张民主立宪者，实中国之势宜尔也。中国舍改民主之外，其亦更有良策以自立乎？”另一方面却声称：“欲救中国惟有兴民权改民主，而入手之方，则先之以开明专制，以为兴民权改民主之预备，最初之手段则革命也。”[1] 此言颇为费解，不仅让梁启超以为抓到把柄，也令汪兆铭等人相当困惑。然而，尽管陈天华没有详细阐明其开明专制究竟何所指，从他所说以倒满为前提，民主为目标看，由革命而行的开明专制，与孙中山革命程序论的军法阶段不无相似，而与梁启超主张的要求清朝施行开明专制完全不同。

《民报》第二号汪东的《论支那立宪必先以革命》，着重反驳了“方今不欲革命而主立宪论者”的两大苦心，即“怵杀人流血之惨”和“惧列强之干预”。他认为，中国命悬旦夕，拯救之道，舍革命无由，“而革命与立宪，要非绝对的名词也。夫立宪为专制改良的政体，而革命者，即所以求此政体之具也。求共和立宪以革命，求君主立宪亦以革命”。主张立宪论者声称，自下而上的改革会激发暴力革命，而自上而下的改革则能免于杀人流血之暴祸。中国要避免杀人流血之惨，“毋宁以其改革之权，奉之于上。而所以持极端的革命论，谓必并满人而斥之者，为卜其必非真爱国者之论也”。其实各国立宪，皆成于革命，连白种之间争自由独立立宪，也必须战争，黄种同此

[1] 思黄：《论中国宜改创民主政体》，《民报》第1号，第49页。

道理。满人不可能推诚布公地进行改革，改革之权，必操之于下。革命之际，列强一起而攫之，一必走而挠之，只有革命，才能免于瓜分之祸。况且列强不愿中国改革，无论立宪革命，都会予以反对。[1]

《民报》第三号，胡汉民撰文阐释《民报之六大主义》，第二条即“建设共和政体”。他认为，清政府为异族所有，固当倾覆，而数千年君主专制，亦必同时改造，而后可以保种而竞存。二十世纪要创设新政体，必思彻底涤除专制。中国前此屡起革命，无大良果，均以政体不能改造。与君主专制相反者为共和，“共和政体，广义有三：曰贵族政体，曰民权政体，曰民权立宪政体。兹之所云，盖指民权立宪之政，非独不同于贵族，亦与民权专制者亦大有别也”。各国立宪之难，在于须以平民战胜君主、贵族两阶级。而中国的贵族阶级自秦汉以来已经绝灭。最新法学者称立宪之前，必有开明专制，君主以植民权为目的，训练其民有立宪国民资格。中国汉唐即为开明专制，所以容易共和立宪。而革命后立宪，应求至公至良之政体，无须留改革遗憾。君主立宪有等差，易生阶级，排满立国，不可保留治人治于人的阶级分别。至于革命之际兵权与民权的转换，则由约法。[2]

此时梁启超仍然继续其俄罗斯之梦，从1906年1月至3月，他在《新民丛报》连载长文《开明专制论》，其第八章“论开明专制适用于今日之中国”，着重论述了中国何以既不能共和也不能立宪，而要开明专制。“本章论纲凡三，一曰中国今日万不能行共和立宪制之理由，二曰中国今日尚未能行君主立宪制之理由，三曰中国今日当以开明专制为立宪制之预备。前二排妄，后一显真。”

关于第一点，梁启超说：“中国今日，固号称专制君主国也。于此而欲易以共和立宪制，则必先以革命。然革命决非能得共和而反以得专制。此其理，德人波伦哈克之说，最能为确实的证明。”

---

[1] 寄生（汪东）：《论支那立宪必先以革命》，《民报》第2号，第1—6页。

[2] 汉民：《民报之六大主义》，《民报》第3号，1906年4月5日，第9—11页。

波伦哈克的理论，梁启超前此已经详细叙述，为了增强说服力，他不避骈枝，再度引述。其主要观点，就是共和国于人民之上别无独立的国权者，所以调和各种利害的责任，只能由人民自己。如果没有自治习惯和团体公益心，势必内部纷争不已。在上无调节平衡力的情况下，容易导致民主专制政体。结论是："凡因习惯而得共和政体者常安，因革命而得共和政体者常危。"

这时梁启超对于波伦哈克的学说极为崇信，在他看来，"波氏之说，就论理的方面观之，其壁垒之森严也如此，就历史的方面观之，其左证之确凿也如彼，虽有苏张之舌，吾信其决不能难也。故持革命论者，如其毋假共和立宪之美名以为护符，简易直捷以号于众曰：吾欲为刘邦，吾欲为朱元璋。则吾犹壮其志服其胆，而嘉其主义之可以一贯也。而必曰共和焉共和焉，苟非欺人，必其未尝学问者也"。为刘邦、朱元璋，还可能缘此而得纯良的开明专制。否则"与其共和，不如君主立宪，与其君主立宪，又不如开明专制"。

梁启超的这番辩辞，如今听来颇有些强词夺理，似乎无论如何，中国都难逃专制的宿命。可是考虑到中国历史上只有易姓的革命，则其所说又并非强辩那样简单。对于孙中山试图解决专制循环的革命程序论设想，梁启超极不以为然，认为其言虽辩，无奈发动革命者及其佐命者，不可能有此优美高尚的人格。首难以后，万一群雄中有人破坏约法，则军政府的信用坠落，很难以道德责任加以约束。"发难以来陶冶成共和国民资格"一语，梁启超尤为反对，认定必须先有资格，才能建设共和政府，而中国人不可能先行具备共和国民资格。

何谓共和国民的资格，梁启超的解释是："共和立宪国既终必归于议院政治，吾于是得一前提焉，曰凡国民有可以行议院政治之能力者，即其有可以为共和国民之资格者也。"而议院政治的要件第一是大多数人具有批判政治得失的常识，第二是有发达完备的政党。中国若采法国制，则浃旬之间，内阁可以更迭十次。若采美国制，则政策歧出，令大统领无所适从，否则相持而一事不能办，一律不能颁。如此，“吾不知政府复成何政府，而国家复成何国家也。吾于是复得一前提曰：今日中国国民未有可以行议院政治之能力者也。吾于是敢毅然下一断案曰：故今日中国国民非有可以为共和国民之资格者也，今日中国政治非可采用共和立宪制者也”。用如此简单的逻辑推理判断复杂的政治情事，难怪梁启超的说理越来越难以令青年学生信服。

此外，梁启超还反驳陈天华所称中国国民事实上已有为共和国民之能力的论断，又指“吾国今日所谓地方自治，其性质及其方法，与当世法治国所谓地方自治者，截然殊科也。抑尤当知地方自治与中央共和，其性质又自有不同。盖中央共和，最高主权在国民（最高主权在国家，而国民即代国家行使主权者，故亦可谓之在国民），此外并无他机关焉，超然于国民自身之上者，则调和其利害冲突也甚难。地方自治，则别有掌握最高主权之中央政府以临其上，则调和其利害冲突也较易。故能为中央共和者，必能为地方自治，而能为地方自治者，未必能为中央共和”。说来说去，又回到起点：“一言蔽之，则其已能行议院多数政治者，其已有共和国民之资格者也。而吾国民前此未尝能行议院多数政治，故吾认吾国民前此实未尝有共和国民之资格者也。既未有焉，则今所研究者，为能否发生之问题，而非能否回复之问题也。”要想养成国民的共和资格，“以日本为例，则益知开明专制者，最良之速成教法也”。

对于《民报》所刊各文论点的相互矛盾之处，梁启超相当敏感，在他看来，陈天华主张由革命而开明专制再实行共和，与汪兆铭引述孙中山的军法、约法、宪法三程序论，“即其极矛盾者也。一谓军事倥偬中，即可以养成共和国民资格，一谓须经一度开明专制然后养成，其矛盾一也。一谓倒中央政府后即解兵柄，一谓建设后仍行军政，其矛盾二也”。并且语带讥讽地挑衅道：“两说者皆脆而易破之论理。今持乙说者，其人既已辞此世间矣，彼继续主持某报之人，能并代彼赐答辩否耶？”

显然，梁启超不无自得地以为抓住了革命党的破绽和软肋，于是敢于挑战同盟会的政纲，反对《民报》论者及其所戴首领乃至其党派人士“并张种族革命、政治革命、社会革命之三帆”，认为同盟会将社会革命与普通革命并提，目的是博一般下等社会之同情，“冀赌徒、光棍、大盗、小偷、乞丐、流氓、狱囚之悉为我用，惧赤眉、黄巾之不滋蔓，而复从而煽之，其必无成而徒荼毒一方”。所以他“大声疾呼曰：敢有言以社会革命（即土地国有制）与他种革命同时并行者，其人即黄帝之逆子，中国之罪人也，虽与四万万人共诛之可也。”种族革命旨在复仇，与政治革命相冲突：“欲为种族革命者，宜主专制而勿主共和。欲为政治革命者，宜以要求而勿以暴动。”[1]

紧接着，梁启超又发表了《申论种族革命与政治革命之得失》的长文，借陈天华之死及解读其遗书内容的机会，指种族革命与政治革命彼此不相凿枘，种族革命只能以君主专制为目的，而政治革命则以立宪、共和为目的。

梁启超如此推论，道理在于：“政治革命者，革专制而成立宪之谓也。无论为君主立宪，为共和立宪，皆谓之政治革命。苟不能得立宪，无论其朝廷及政府之基础生若何变动，而或因仍君主专制，或变为共和专制，皆不得谓之政治革命。”而“种族革命者，民间以武力而颠覆异族的中央政府之谓也。盖苟非诉于武力，而欲得种族上之政权嬗代，则必其现掌政权者，三揖三让以致诸我然后可。然此必无之事也”。共和立宪必须本于国民总意，其统治形式必须三权分立，而实际上很难形成国民总意，变成国民多数说。即使三权分立，真正自由意志的多数，也不易形成。尤其在中国，如1905年东京留学界罢课退学，本来没有多数之实，却能造成多数之形，原因就在于发表公意的机关及方法，未尝公平自由，而是加以有形

[1]　饮冰:《开明专制论》,《新民丛报》第75号，1906年2月23日，第1—48页，“论著一”。

的干涉，使得众人完全失去意志之自由，随波逐流。此事可以视为中国实行政治革命的表征，显示结果与共和的初衷相悖。种族革命之后实行共和，如有不同意见，势必以共和专制相加。因此新政府最终只能体现少数人的意志。

梁启超认为，历史上久困于君主专制的国家，一旦以武力颠覆中央政府，唯有继续实行专制，并且要加倍专制，才能安定国本。三权分立，为最高主权在国民的政治。久困专制骤获自由之民，革命后新建共和政府之时，要么不能长期坚持此政体而消亡，要么返于共和专制或君主专制。

在该文的附言部分，梁启超又将矛头指向汪东的《论支那立宪必先以革命》，并对《民报》的六大主义逐条批驳，放言关于第二条建设共和政体“则吾此文及开明专制论第八章，已令彼之此主义无复立锥地”。还进一步讨论种族革命与政治革命的关系，主张满洲于我，不能谓为纯粹的异民族。更将其所说立宪与朝野流行的立宪加以分别：

> 吾之言立宪，非犹夫流俗人之言立宪也。流俗人之言立宪，则欲其动机发自君主，而国民为受动者。吾之言立宪，则欲其动机发自国民，而君主为受动者。流俗人之言立宪，则但求得一钦定宪法，而遂以自安，其宪法之内容若何，不及问也。吾之言立宪，虽不妨为钦定宪法，而发布之时，万不能如日本之单纯的钦定之形式。若其宪法之内容若何，则在所必争也。故流俗人之言立宪，见夫朝廷派大臣出洋考察政治，则欣然色喜，谓中国立宪，将在此役。吾之言立宪，则认此等举动，与立宪前途，殆无关系，即有之，而殊不足以充吾辈之希望，或且反于吾辈之希望。而所谓真正之立宪政治，非俟吾民之要求，不能得之。故流俗人之言立宪，欲今日言之，明日行焉。吾之言立宪，则以立宪为究竟目的，而此目的之达，期诸十年二十年以后。质

而言之，则如流俗人所言，立宪不立宪之权操诸人，我惟祷祀以求而已。如吾所言，则立宪不立宪之权操诸我，我苟抱定此目的，终可操券而获也。

梁启超自信其关键断语滴水不漏，一以贯之，而革命党的意见破绽百出，前后反复。为此，他不惜现身说法，自认也是“一多血多泪之人，每读《扬州十日记》《嘉定屠城纪略》，未尝不热血溢涌。故数年前主张排满论，虽师友督责日至，曾不肯自变其说。即至今日而此种思想蟠结胸中，每当酒酣耳热，犹时或间发而不能自制。苟使有道焉可以救国而并可以复仇者，鄙人虽木石，宁能无歆焉。其奈此二者决不能相容，复仇则必出于暴动革命，暴动革命，则必继以不完全的共和，不完全的共和，则必至于亡国。故两者比较，吾宁含垢忍痛，而必不愿为亡祖国之罪人也”。

不仅如此，梁启超还坦言自己曾经是排满共和的鼓动者：“若谓倡此论者为有功也，则鄙人不能谓无微劳，若谓倡此论者为有罪也，则鄙人不得不负重戾。盖鄙人于数年前实此派中之一人，且其关系甚不薄也，鄙人宁不欲护其前说。其奈今所研究，确见其与救国之义不相容。吾将爱吾国耶？吾将爱吾前说耶？吾良知于此两者之间，必知所择矣，故决然舍旃而无复留恋也。”

文末梁启超“更缀数言”，希望当世有识者对其文有所教诲：“盖真理以辨而始明，况吾之浅识，岂敢谓所言之必当也。”不过，他同时声明：“有赐教者，苟依正当之论理，则鄙人深愿更相攻错。而或于其根本大端，不能箴膏肓起废疾，而惟摭拾一二词句间之讹缪以相诋諆，则考据家之碎义逃难耳。甚或为嬉笑怒骂之言，深文周纳以相责，则村妪之角口耳，酷吏之舞文耳，凡此皆无相与攻错之价值，则恕其不报焉可也。”[1]这不啻为公开向同盟会下挑战书，

[1] 饮冰：《申论种族革命与政治革命之得失》，《新民丛报》第76号，1906年3月9日，第6—73页，“论著一”。

而且划下道来，使《民报》不能不起而应战。

第三节 民权立宪政体

1906年3月，《新民丛报》将梁启超的《开明专制论》《申论种族革命与政治革命之得失》合刊为《中国存亡一大问题》单行本，进一步加强攻势。《民报》迅速做出反应，“以为中国存亡诚一大问题，然使如《新民丛报》所云，则可以立亡中国。故自第四期以下，分类辩驳，期与我国民解决此大问题”。并拟定辩驳的十二条纲领，作为《民报》第三号的号外刊发，开宗明义第一条就是：“《民报》主共和；《新民丛报》主专制。”共和与专制的对垒，成为双方论战的核心问题，论纲的其余各条，均围绕这一核心逐级展开，如第二条“《民报》望国民以民权立宪；《新民丛报》望政府以开明专制”。第三条“《民报》以政府恶劣，故望国民之革命；《新民丛报》以国民恶劣，故望政府以专制”。第四条“《民报》望国民以民权立宪，故鼓吹教育与革命，以求达其目的；《新民丛报》望政府以开明专制，不知如何方副其希望”。第十一条“《民报》以为革命所以求共和；《新民丛报》以为革命反以得专制”。[1] 大论战的帷幕就此正式拉开。

关于论战的详情，前人讨论已多，但是如以共和的概念及其解释应用为枢纽，仍有未尽之意。汪兆铭的《驳〈新民丛报〉最近之非革命论》，直指《开明专制论》第八章论纲，针对所谓中国今日万不能行共和立宪制的论点逻辑，首先要破波伦哈克革命不得共和反得专制之妄，其次须破中国革命不得共和反得专制之妄。梁启超指《民报》的《论中国宜改创共和政体》和《民族的国民》两文相互矛盾，且由美洲归来而梦俄罗斯者，皆由于波伦哈克。而波氏立说根据在于“共和国者，于人民之上，别无独立之国权者也，故调

---

[1] 《民报与〈新民丛报〉辩驳之纲领》，《民报》第3号，号外。

和各种利害之责任，不得不还求之于人民自己之中”。自力不能调和，则势必酿成民主专制。波氏的国家论，以君主为国家统治之主体，以领土臣民为客体。人民利益相争，君主超乎其上，所以能以平衡的正义，调和社会各种利害关系的冲突。而共和政体为人民之集合体，与国家自体为同一，人民的关系错综复杂，不能自我调和。所以共和政治较君主制调节困难，会导致不断革命。

关于第一点，汪兆铭全面探究国家学说的各种观点，指出，国家学说关于国家性质，有客体说、人格说两种，前者又分为二，一以领土臣民为国家，君主为权利主体，国家为其客体。一即波氏所倡，以领土臣民为国家之客体，君主即国家。二说均以君主为统治权主体，国家为客体。人格说则相反，以国家为人格者，自为统治权之主体。客体说源于欧洲中世纪家长国思想，已为大多数学者所抛弃，因为君主非即国家，只是发动国家意力的最高总揽机关。君位继承，前后人格不同。国民为权利义务主体，非国家统治权之目的物。国会无论是否国民代表，均足以调和人民的利益竞争。

关于第二点，汪兆铭认为，立宪必经政治革命、种族革命，革命为建立宪制的唯一手段。革命后已无异族政府，只有一般国民，所以必为民权立宪。在此问题上，梁启超混淆了国法学与政治学，以中国国民必不能具有共和国民之资格，由是而非难革命，并且希望政府开明专制。若国民能力不足以革命，而独可立宪，意即立宪时一人圣明于上，天下皆生番野蛮。他也不赞成陈天华所说革命后先以开明专制，尤其反对以清政府为开明专制，因为异族政府只会与国民为敌。“故吾不以改革之事望诸政府，而专望之国民。国民既能改革矣，则民权立宪，当然之结果也。”

值得注意的是，汪兆铭于“民权立宪”特意解释道：“所以不云共和立宪者，以共和一语，有广狭二义，其广义则贵族政治，亦包含在内，故不用之。”并结论道：“吾之目的，欲我民族的国民，创立民权立宪政体（普通谓之民主立宪政体）者也。故非政治革命、种族革命，不能达其目的（各国革命，有至君主立宪而止者，而我国今日为异族专制，故必不能望君主立宪）。惟有民权乃能革命，惟革命乃能民权立宪，而我国民之能力，若葆有精进，则实足以举之。”[1] 也就是说，虽然《民报》六大主义以及论战的十二纲领都采用了通行的共和与专制对立的说法，但在学理论辨的层面，还是尽可能严谨，不随意从俗。用民权立宪政体取代共和、民主，就是重要体现。

接下来，双方进入你来我往、针锋相对的攻防战。梁启超看到《民报》号外和十二纲领，觉得“虽其词意之牵强者甚多，然以为彼既敢于强辩，则必能将本报重要之论点，难倒一二，殷殷然引领愿听。而不意见彼报第四号，乃使我大失望也。何也？彼文皆毛举细故，或枝蔓于论点之外，而本报所以难彼说者，于根本上无一能解答也”。所谓第四号，主要即指汪兆铭的《驳新民丛报最近之非革命论》，梁启超于是撰写了《答某报第四号对于本报之驳论》的长文，重申：

> 本报论文最要之点，曰今日中国万不能行共和立宪制，而所以下此断案者，曰未有共和国民之资格。欲论共和国民之有无，则必先取“共和国民资格”之标准而确定之，然后按诸中国现象，视其与此标准相应或不相应，则其已有此资格与否，较然易见。共和国民之资格不一端，或非吾之学所能悉知，或非吾之文所能悉举，然吾檃括言之，吾所认为最重要者，则曰“有能行议院政治之能力者，斯有可以为共和国民之资格”。

梁启超进而声称：如果论者要辩难上述说法，必须首先对其所定标准表示承认与否，若承认，则要指出中国现象与此是否相应，

[1] 精卫：《驳〈新民丛报〉最近之非革命论》，《民报》第4号，1906年5月1日，第1—37页。

不合则梁说破。若不承认，则只要说明其标准不正确之理由，其说亦破。若能另行定出标准，检验是否具有共和国民之资格，并以中国现象进行验证，则其说益破。可是《民报》的论者完全回避梁启超的前提标准，“惟悍然下一断案曰：‘吾之意以为中国国民，必能有为共和国民之资格者也。’推其意，似不承认吾之此前提者也，而不能说明所以不承认之理由”。梁启超因而断言论者殆极不欲承认，却又不得所以不承认之方法；声称中国国民有能为共和国民之资格，却不能指出共和资格之概念及要件，“于是不得不支离焉遁而之他，毛举一二小节以混耳目”。

梁启超反复强调：“吾说最重之根据，则一曰未有共和资格之国民，不能行共和立宪；二曰今日中国国民，实未有共和资格；三曰共和资格非可以短期之岁月养成；四曰革命军倥偬骚扰时代，必不适于养成共和资格。此四者，皆非凭假定以立论，而事实上有必至之符者也。”纯就学理而言，梁启超所说并非毫无道理，可是其办法和标准，却很难令人信服。例如他主张通过开明专制养成国民资格，无论如何长篇大论，总觉得有些缘木求鱼，南辕北辙。他不仅认为中国国民没有共和资格，就连大革命时期甚至今日的法国国民，也不具备共和资格，则共和制几乎没有现实性可言。他断言中国国民数十年内不能养成共和资格，即使数十年后养成，也须在开明专制或君主立宪时代，可是如何才能实现开明专制或君主立宪，本身就成为难以逾越障碍。加之他根本否认革命可以养成共和资格，一口咬定革命反而导致专制，则共和制在中国只能束之高阁。

不仅如此，开明专制和君主立宪，同样需要相应的国民资格，按照梁启超的逻辑，大概惟有君主专制适合中国的国民程度。然而，既然连梁启超本人也在讨论变革，则中国国民并不满意于君主专制，希望改成其他政体，也是不容否认的事实。至于指责汪兆铭避而不谈共和国民资格的标准，也有曲解的故意。汪兆铭认为，国民既然能改革，就可以实行民权立宪，否则假定前提是只有君主愿意改革，这恰恰严重背离事实。

不过，接下来梁启超的说理就非但不是毫无道理，而且可以说一定程度上切中了更深层次的问题。他说：

> 共和之真精神，在自治秩序而富于公益心（所以能行议院政治者专恃此）。国民心理而能如是者，则共和不期成而自成，美国是也。或且无共和之名而有其实，英国是也。苟不能如是，而惟嚣嚣然求自由求平等，是未形成国家以前原始社会之心理，而决不可谓为今世共和国民之心理也（自由平等固共和精神之一部分，然必与自治心公益心相和合，乃成完全之共和心理。苟为离自治心公益心而独立之自由平等，则正共和精神之反对也）。而乐自由爱平等之心理可以煽动力而骤致之，重秩序尊公益之心理，非养之以岁月而万难成就。

在梁启超看来，《民报》所谓今方滔滔汩汩而进行者，为乐自由爱平等之心理。至于重秩序尊公益之心理，则反而退步，所以更加断言其与共和之心理适成反比，万不能相容。《民报》论者自命为忠于共和主义，所认为的共和心理却不适于共和，其余闻共和而好之的附和者，但求共和能给予自由平等，不问必须付出的代价，一旦实行共和而索其代价，则与彼心理大相拂戾。实则中国缺少与共和相适应的自治心公益心，是文化差异而非国民程度有别所致，更不可能由专制养成。

国家有各种机关，其上还有最高机关。“此最高机关，其在君主立宪国，当然属于君主，其在共和立宪国，当然属于国民。故国民全体为一国最高机关，实一般共和国共通之原则也。然近世之共和国有三种，一曰国民直接的共和国，二曰代议制度的共和国，三曰直接代议参用的共和国。……夫既以国民全体为最高机关，其在实行合议制度之共和国，此机关于法律上有万能力无论矣，即在行代议制度之共和国，其政治上之趋势，所谓被作成之代表机关，亦往往仰此原始的最高机关之鼻息，又势之不可避者也。”以缺乏共和真精神的国民心理，而行之于共和制的国家机关，非但不能有效，而且难免变质。

有鉴于此，梁启超认为 ：“我国民对于现政府所当行者，本有两大方针，一曰劝告，二曰要求。……所劝告者在开明专制，而所要求者在立宪。”劝告是因为自己“确信共和立宪之万不能行，行之则必至于亡国，而又信君主立宪之未能遽行，行之则弊余于利，而徒渎宪政之神圣。然则为今日计，舍开明专制外，更有何途之从”。照他的判断，君主立宪乃至革命共和，非十年乃至二十年以后不能实行。当此欲立宪而未能立宪欲革命而未能革命之时，一国之主权如须行动，“则政府之现象，无论如何，而必出于专制，此事实之不可争者也”。所以他坚称 ：“劝告现政府之开明专制，实今日独一无二之法门。”并引述日本法政学者筧克彦的话作为论据 ：“开明专制，以发达人民为目的者也。”即使以共和为最终理想，而共和必须普选，“一日不行开明专制，一日不行政治革命，则教育一日不普及，而人民一日不能得共和之程度”。

重点答复完毕，梁启超还总结式地将《民报》失败的八个方面列表显示，作为这一回合彼此胜负的战果报告，声称，只要将《民报》《新民丛报》两报论辩的原文合读，“则禹鼎铸奸，无复遁形矣”[1]。

看到 1906 年 7 月 25 日《民报》第 6 号汪兆铭的《驳革命可以召瓜分说》，梁启超觉得“其言若甚辩，而不知实自隐其缺点，以自欺而欺人也”。于是撰写了《暴动与外国干涉》，强调“所以认暴动主义为足以亡中国而深怵之者，全以其破坏之后，必不能建设。吾所以断其必不能建设者，以其所倡者为共和政体。而共和政体，

[1] 饮冰 ：《答某报第四号对于本报之驳论（附录某报原文）》，《新民丛报》第 79 号，1906 年 4 月 24 日，第 1—71 页，“批评”。

则吾绝对的认为不可行于今日之中国者也。共和政体，为历史上之产物，必其人民具若干种之资格，乃能实行。而不然者，强欲效颦，徒增扰乱。此征诸法国及中美南美诸共和国，覆辙相寻，皆历历可为殷鉴者。而吾中国今日之国民程度，决无以远优于彼等。加以我幅员之辽廓，各省之利害不相一致，故实行共和，视彼等尤为困难”。

不仅如此，“无论今代古代之共和政体，其所以能发生成立者，恒由小国”。美国实由四十余小国结合而成，而百年前法国革命共和，酿成惨剧。至于中南美诸国，或历代大统领难得善终，或独立仅四十年，而大小革命五十余次。每当总统选举，辄杀人盈野，流血成河。“盖每三年或四五年，必起一度革命以为恒。凡此皆不适于共和而强行共和之所致也。”

前车可鉴，梁启超进而为中国的共和革命前景描绘了一幅黑暗末世图，“我国若于暴动后贸贸然欲建设此政体，则由攘夺政权所生之惨剧，必至不可思议”。军人与人民争，劳动者与上流社会争，党与党争，省与省争，纠纷错杂，随时生乱。由于国民未惯法治，讧争之结果，必诉诸武力以求解决。“大统领为一国最高政权所在，苟大统领以四年改选者，则每四年全国当起一次大革命。苟以三年或五年改选者，则每三年或五年当起一次大革命。不宁惟是，以我国幅员之辽廓，我之一省，足当人一国，故省之总督，其政权亦庞大而可为争夺之媒。苟总督而由民选者，则每当改选之时，其省之起革命也亦如之，又不惟于大统领及总督改选时为然耳。即在平日，任一事件之发生，而皆可以促政权之更迭，酿全国之骚扰，抢抢攘攘，国无宁时。”

上述还是仅就建设后而言，而最危险的时刻，是新破坏而未建设之际，“中央旧政府既倒，而新共和政府不能成立，或暂成立而旋起冲突，中央纷如乱麻。而各省新经兵燹之后，人民生计憔悴，加以乱机已动，人人以好乱为第二之天性，自然的暴动陆续起。而政府所有有限之军队，不能遍镇压此无垠之广土，于是秩序一破，不可回复，而外国之干涉乃起”。开始一二国欲趁机独占非常利益，“他国嫉之，谋所以相牵掣。相嫉相掣之结果，不得已而出于协商。协商奈何，则惟有拥旧王统以为傀儡，而共监督之”。从此，傀儡政权的废置“一惟外国人之意，而中国遂永成埃及矣”。革命本欲革满洲王统，结果却不过易为傀儡王统而已。[1]

梁启超详细罗列《民报》失败之点后，自认为已经大获全胜，可以就此结束论争，而《民报》方面却继续火力全开。汪兆铭又连载长文《再驳〈新民丛报〉之政治革命论》，指国民由专制变为立宪，系乎能力，专制国与立宪国人民的能力固有不同，但是“既能由专制而变为立宪矣，则其为君主立宪，抑为民主立宪，视其事实而已，非谓民主立宪国之人民，其能力必当较君主立宪国之人民为优也”。《新民丛报》“信满人不信汉人，信政府不信国民”，所以认为君主立宪以政府开明专制致之，民主立宪则以国民革命致之。

《新民丛报》的重要论点之一，是君主立宪人民只要能为监督补助机关即可，而共和立宪则人民须为指挥主动机关，二者程度深浅不一，难易有别。但君主立宪国为指挥主动机关者亦国民之一人，没有一人可胜任，二人以上反而不能胜任之理。“夫在君主立宪国，其当指挥主动机关之任者，君主也，若民主立宪国，则惟议会。前者曰单独制，后者曰合议制。单独制之利为敏活，而其弊为偏倚；合议制之利为周详，而其弊为迟复。然此言制度得失耳，非能力所由判也。若夫语能力，则君主之能力必不如议院之能力，明甚。”因为君主为世袭，议员由民选，前者的智力、人品、作为，只能听之任之，后者则受制于选民。所以君主可为，议会不可为之说，绝不成立。其他如选举制，无论普通、制限和等级，只是制限的宽窄程度有别，并非共和制的要求必须高于君宪制。

---

[1] 饮冰：《暴动与外国干涉》，《新民丛报》第82号，1906年7月6日（实际发刊在《民报》第6号之后），第1—9页，“论著二”。

《新民丛报》断言中国国民无共和国民之资格，主要理由是没有议院政治之能力。而议院政治实行于共和政体建设之后，此前是否有能力，应视有无自由平等博爱之精神。《新民丛报》以自由平等必与自治心、公益心相合，才是完全的共和心理，否则与共和精神正相反对。实则自治心、公益心与自由平等为同一物。

汪兆铭的反驳，旨在破除国人对于国体政体进化的一大误解，即将君主专制、君主立宪、民主共和视为程度不同的三个阶段，而共和的资质要求明显高于立宪，因此只能循序渐进，不能躐等。实则君主专制与民主立宪的资质要求确有差别，但是君权立宪与民权立宪的国民资格却没有根本不同。孙中山说民主共和优于君主立宪，是就后者保留专制遗留君主而言，并非指国民程度及制度难易有别而论。所以汪兆铭最后“一语以括之曰：当负政治革命之责任者，惟我国民，有负此责任之能力者，亦惟我国民。所谓政治革命者，颠覆专制，而为立宪之谓也。若能以国民之力，达政治革命之目的，则民主立宪政体，必可终获”[1]。《民报》一开始就用民权立宪取代共和，除了历史上的共和以及共和专制未必民主之外，就是要明确君权立宪与民权立宪并无程度之别阶段之分，共和不仅为理想远景，更具备现实可行性。

不久，汪兆铭又写了《驳革命可以生内乱说》，以革命论者的建设目的为民族的国家、民主立宪政体和国家民生主义，“斯三者，其共同之精神，曰自由、平等、博爱而已。”《新民丛报》认为共和政体绝对不可行于今日之中国，也有人谓满洲政府不可不除，但革命后宜建君主立宪政体。汪兆铭则认为，中国革命之后，万不可更奉君主，否则历史上群雄相争之事将重现。民主立宪政体三权分立，与民主专制政体不同，不会由一机关专断，且实行代议制，并非全

---

[1] 精卫：《再驳〈新民丛报〉之政治革命论》，《民报》第6号，1906年7月25日；第7号，1906年9月5日，第21—29页。

国人民均直接干预政事。民主政体的机关组织，与君主立宪政体相较，并无难行之处。[1]

第四节　胜负分明的结局

接下来事情出现了戏剧性变化。《新民丛报》第 83 号刊登了徐佛苏的《劝告停止驳论意见书》，作者的“旨趣说明”坦言自己为主张立宪之人，不敢同情于《民报》，也不能对《民报》置喙，只能劝告《新民丛报》休战，使《民报》失去论战对象。概括其分述各点，之所以出面调停，无非两方面原因，其一，双方论文已累计数百万言，足以发明各自目的，唤起他人研求，即使极力推演，也不能多构新义。而且《民报》的驳文，多逸出常轨之外，进行人身攻击，导致感情衰裂，彼此没有调和的机会。其二，革命论之所以盛行，是由于政府过于腐败，倘政治上今后有圆满改革，革命论者自然气折，可以正常竞争。同时现在立宪大有动机，当群其精力于立法事业，虽反对者或亦渐可引为臂助。倘犹党见纷歧，恐宪法上反多遗恨。说白了，就是不要让论战干扰影响了立宪大业。

徐佛苏虽然自称中立，作为立宪派一员，自然不会赞同《民报》的论点。但是，作为旁观者，他高度肯定论争将各自的学说推阐尽致，“足以开我国数千年政治学案上之一新纪元”，使得新学新党甚至粗解法政学理者，读之“如身入宝山，光彩夺睛，而不知其蕴玉含珠之真穴”。若中国五六十年前有此学说，可执世界牛耳，二三十年前有此学说，亦可称霸东亚。而且尽管立场偏向梁启超，他还是不得不承认，《新民丛报》以监督政府、维持政府为主要论点，革命党以倾覆政府、改造政府为主要论点，“而现政府之腐败，则实无受监督维持之资格，而将有受倾覆改造之趋势”，与《新民丛报》

[1] 精卫：《驳革命可以生内乱说》，《民报》第 9 号，1906 年 11 月 15 日，第 9—14 页。

的期待正相反对。“现政府被倾覆改造之后，我国民之程度，实不能组织新政府使之绝续旧政府之主权，又适与贵报本来救国之目的，立于正反对之地位者也。呜呼，贵报所主张之政论狼狈如此，既不能扶助他党以扑灭政府，复不能扶助政府以扑灭他党，更不能任彼此之两败俱伤。试问将何所挟持，何所援据，以挽救此呼吸存亡朝夕变幻之国运耶？”[1]

关于这场论战，虽然曾经一面倒地判定革命党取得压倒性胜利，其实革保双方事后各自宣称大获全胜，研究者感到莫衷一是，难做结论，只能说当事双方认识不一。[2] 但如果按照徐佛苏的看法，梁启超和《新民丛报》可谓惨败。来自同道同党的评判，对于颇为自信的梁启超不啻为当头棒喝。《新民丛报》很快就退出战阵，与其说是听从劝告而鸣金收兵，不如说是看了宣判而偃旗息鼓。徐佛苏的确触到了梁启超的痛点甚至死穴，关键不在于梁启超混淆了国法学与政治学，而是混淆了政治与政治学，他与《民报》的论战，完全是书生式的纸上谈兵。所依据的学理和事实，几乎全都照搬西洋，再削足适履地裁量中国的实情。无论道理多么深奥，逻辑多么严密，无奈与实际不符，论战起来势必大败亏输。好在梁启超毕竟聪明，一旦千虑一失被一语道破，就知道没有必要垂死挣扎，继续缠斗下去。

徐佛苏只是单方面劝告《新民丛报》休战，他自知以立宪派的身份无法向《民报》进言，而后者也不可能买他的账。看到这份意见书，汪兆铭写了一封私信给徐佛苏，指责其言行表里不一。因为此前彼此通函，徐佛苏曾经表示抱持民族主义和国民主义，如今又公然声称主张立宪，相信可以由立宪消融种族不平等，达到民族主

[1] 佛公：《劝告停止驳论意见书》，《新民丛报》第 83 号，1906 年 7 月 21 日（实际出版应在 1907 年 1 月），第 1—10 页，“杂录”。

[2] 武昌辛亥革命研究中心组编，严昌洪主编，左松涛编：《辛亥革命史事长编》第 5 册，武汉：武汉出版社，2011 年版，第 28 页。

义的目的。如若不行，才转而赞成革命。可是立宪必须具备两个前提，一是以国民事实上之权力为要素，二是政府能否共事，能则君主立宪，不能则民主立宪。满清政府绝无真心立宪的可能，所以只能通过革命实现民主立宪。因为事关《民报》的宗旨，而且新近来稿中不乏与佛公观点类似之人，所以编辑将汪兆铭的私函刊发，以代答辞。[1]不但如此，《民报》还针锋相对地发表了“弹佛”的《驳劝告停止驳论意见书》，从署名到标题，都有几分得理得势的咄咄逼人。该书驳斥佛公貌似中立，实则为新民同党，所谓息两党之争，不过是模糊是非，帮《新民丛报》的忙。论战应该继续，直到分清是非，决出胜负。[2]

此后论战并未停止，却转移了主题中心，梁启超有意避开于己不利的论题，《民报》也不再穷追猛打，论战实际上已近尾声。至于海外各地，除南洋外，交锋较为零星，很难说构成论战。既往研究或指论战历时两年，并将杨度和《中国新报》的加入当成新一波论战的内容。其实，杨度等人提出以开国会为验证，正是为了检验双方的理据是否成立，尤其是梁启超指望清廷开明是否具有现实性。结果尽管立宪派再三隐忍，清廷仍然拒绝立开国会，只好抛弃立宪转而革命，接受共和。在同盟会与国内立宪派之间，并没有发生针锋相对的论战。就此而言，虽然《民报》拒绝休战，无奈对方已经偃旗息鼓，以共和为主题的论战告一段落。

以“共和”为中心考查清季《民报》与《新民丛报》的论战，可以进一步把握当时的学理以及双方论争的意涵。在清廷有意变政和朝野关于国体政体选择莫衷一是的情势下，《民报》旗帜鲜明地主张民权立宪政体，不仅与古代的共和相区分，而且避免与共和专制相牵混，防止造成立宪与共和为政体演进不同阶段的假象。而从

[1]　精卫：《与佛公书》，《民报》第9号，1906年11月15日，第1—5页，“附录”。
[2]　弹佛：《驳劝告停止驳论意见书》，《民报》第10号，1906年12月20日，第1—10页，“来稿”。

鼓吹共和一步退到开明专制的梁启超，依据波伦哈克的理论，根本否认中国国民具备共和资格，希望由开明专制养成。其纯由逻辑推理论辩，无法绕过清廷不愿开明革新的现实，不战而败。

第四章　国体政体的争辩

清季以来，关于国体政体的分别与联系一直是困扰国人的一大难题，尤其是在朝野不约而同地谋求政治变革的背景下，中国应该取法仿效东西各国的何种政治体制，成为各界各方必须认真面对的迫切现实问题。而国体政体之说，直接关系到所选择政治体制的优劣高下，以及究竟何种体制适合中国国情的问题。虽然后来关于国体政体有了权威定义，可是如果直接套用于清季民元的思想界，则与当时众说纷纭的观念差异很大，甚至截然相反，不免削足适履之嫌。迄今为止，试图解开中国近代国体政体概念纠结缠绕的努力，从定义出发则捉襟见肘，以事实为据则无所适从，其症结已成顽疾，令高明也望而生畏。由于今人习惯于先分清概念再解读材料，而当时各说各话，还没有约定俗成，即便回到历史现场，拿出直接证据，也还是剪不断理还乱的一团乱麻。有鉴于此，必须另辟蹊径，通过呈现历史以把握概念的方式，才有可能贯通厘清。因为要梳理清楚历史上的国体政体，恰好是呈现因时因人而异的言人人殊，而不能拿后出外来的概念生搬硬套。国体政体学说的历史发展与国人引进接受国体政体学说的顺序不相一致，以后者为据而兼顾前者，可以大体了解近代中国的国体政体观念演进史。

第一节 《国家论》《国法学》与国体政体之分

国体政体观念在清季随着欧洲国家学说的引进传入中国，国家学说的理论不一，国体政体的辨析因而有所不同。如果说《清议报》和《新民丛报》前期，国体政体之说主要是围绕《国家论》展开，接下来则转到以《国法学》为主轴。

呼应梁启超等人的办报和宣传，一批中文报刊也从不同角度介绍各国国体政体的类型异同，其中日本的影响同样至为关键。

庚子事变前，《台湾协会会报》刊载日本人写的《一国之政体》，指政体因国体有别而自有异同："既有国君亲裁万机者，又有常谋国民然后行政治者，或有不设国君，国民合同相谋以治一国者，是因国体易其政者也。而国君独裁者，名称君主专制政体；君民相议施政者，名称君民同治政体；设无国君，人民合议选出主裁者而治国者，名称民主政体。"俄国、清国、土耳其等，均为君主自裁政体。后来国君治国不再一人专政，而是广采民意，进化为立宪政体。"又有民主政体，一名共和政体，即无君主，国民相互选择名望学识之人，约定年限，总裁国政，名称大统领（即民主国），美国、法国，均为民主国。而有益国家，有福人民之国政，是为立宪政体（君民同治）。"[1]

留日学生的《译书汇编》介绍孟德斯鸠的《万法精理》，与梁启超异曲同工，也将"万国政府之形质"概括为"共和政治""立君政治""专制政治"三大别，具体分别则侧重不同："举人民之全部，或人民之一部，而掌握政权者，共和政治也。置一君而立有一定之宪法以限制之，立君政治也。以一人之喜怒，裁决政务，不受法律

[1] 《一国之政体》，《台湾协会会报》第20号，1900年5月20日，第79页，"政治法律谈"。

之节制，而唯所欲为者，专制政治也。”共和政治又有二类：“举人民之全部，而掌握政权，共议政务者，民主政治也。举人民之一部，而执其政权者，贵族政治也。民主政治，其国民有身为君主以治人者有之，或身为臣民以治于人者有之。”“凡民主之国，皆分其人民而定其品级族类，分之得其道，则立法者垂令名于不朽，而共和之祚以长，分之不得其道则反是，诚不可以不慎也。”共和政治的流弊隐患在于，“若有一人崛起而掌握无限之大权者，则其势必一转而为立君政治，其变之极，且酿成暴虐政治。盖立君政治，犹有一定宪法，或有适合于国体之法则，且其政体之元气，足以抑制君主之专横，而使之不能逞”[1]。

特别值得注意的，是1902年由译书汇编社出版的岸崎昌、中村孝著，章宗祥译的《国法学》，作为《政法丛书》第1编的重头戏，该书将此前相当混淆的国体政体概念清晰划界，并据以区分各种类型的国体政体。据此，国体分类法主要有二：一是“国体分为三种，君主国体、民主国体、君民同治国体是也。主权在君，名曰君主国体；主权在民，名曰民主国体；主权在君与民，名曰君民同治国体”；二是“分为二种，曰君主国体、共和国体是也。所谓共和国体者，指主权之全部或一部存乎人民，合民主与君民同治而为一类者也”。《国法学》以第二种分类法立说，国体为国家组织之名，“国家之如何组织，此国家成立之时，基于国民之观念沿革上之问题也”。政体则为统治方法之名，“与国体不相关系，而自然区别者也”。

按照这样的标准，“今之欧洲国家，皆由部落国家而发达者，本乎主权在团体而君主治团体之观念组织而成者也，故其国体皆共和国体，即有称王称帝者，不过政治上之尊号而已，就法理上而言，其地位与称大统领无以异也”。而“日本国体异是，国家组织之法

---

[1]　[法]孟德斯鸠：《万法精理卷之二·论诸法以政府之形质而异》，《译书汇编》第1期，1900年12月6日，第41、44、49页。

基于家族制度，同国人种，统一于同一始祖威力之下。据历史所载，皇统为国民先祖之代表，故皇位之于国民，代祖先而统治之也。皇位与统治权合为一体，此日本国体之特质也。故同曰君主，全与欧洲不同，君主者，非机关之谓，而统治之主体也。欧洲诸国及其他各国，皆共和国体，纯然之君主国体，地球上惟日本一国也”。译者于此特加按语：“此说不过一家之言，日本学者反对者甚多，读者不可执一而论也。”

尽管如此，清季国体政体之分的确因此而起，日本皇统的特殊性对于国体政体的分别问题可谓大有关系。“欧洲诸学者不言国体之区别者，单就欧洲国家之组织而言。盖欧洲各国，君主与大统领均为国家团体之一机关，其主权常在团体，而国家为统治之主体，故其国体皆共和国体也。虽然，国法学者，非以欧洲为限，世界各国通行之国法学也。欧洲国体之外，别有所谓君主国体者，于是国体之区别与政体之区别，不得不分言之矣。”照此说法，原来欧洲的国家学说并不强调国体政体的分别，区分国体与政体，主要是因为日本的国体与政体相分离，与欧洲各国的国体政体基本一致的情形全然不同，导致国体政体必须加以区分。

政体由于统治方法不一，本来已经有所分别。而统治方法的区别，是因为标准各异，所以种类甚多。如格立司的分类法，以国家元首之组织及其地位为标准，“国家之元首者何也，统辖国家施政之机关也。国家之生活，无一日可息，又其利害得失，随宜以处，不可无执中调和之人，是以国家常置首长，曰帝，曰王，曰大统领，曰联邦参议院，皆是也。由其组织地位，统治之方法异，政体之区别亦随之而异焉”。

据此标准区分政体，“由元首一人而成者曰独任政体，由数人合议而成者曰合议政体。二政体中又别为二，元首无责任者曰君主政体，元首有责任者曰共和政体。更细别之，则为立宪、专制二种。立宪政体者，元首与其他国家机关分其权限而统治者也，其权限不分者，专制政体也”。

至于政体与国体的联系及分别，大体为：“政体区别之名目，往往与国体相符合，然国体自国体，政体自政体，二者各有独立之观念也。故有同一政体而国体异者，有同一国体而政体异者，此皆事实之所有，而与理论不相妨者也。”例如日本、英国、普鲁士，均是立宪独任君主政体：“其为君主，日本与其他二国均无以异也。英、普之王，均是国家之元首，以元首一人为君主，故曰君主政体，统治之主体在国家，故曰共和国体，所谓共和国体而君主政体也。反之，日本之天皇，为国家之元首，又为统治之主体，以元首一人为君主，故曰君主政体，而统治之主体亦在君主，故曰君主国体，所谓君主国体而君主政体也。由是观之，国体、政体观念之区别，可以知之矣。”由于各国政治的实情有别，“欧洲国法学者，言政体而不及国体者，由彼等所见国家之组织，同为共和国体故也。故辨国体之异同者，自日本始”。

国体政体的分别因缘明治日本国体与政体相分离，对于解开长期困扰国人的纠结至关重要。即使如此，清季的国体政体仍然依据各自的学理不一而分别各异，必须具体问题具体分析，不能一概而论。“无论何种国体，统治主体无以一身统治之理。譬如君主国体，无论立宪政体与专制政体，君主以一身行其政治，此事实上之所不能，故必设机关以行之。其设备机关，立宪政体与专制政体固无以异也，且君主国体与共和国体亦未始不同，惟其宪法上之精神，则随政体而异而已。专制政体，苟为君主之意，无论其由机关与否，终有效力，其事实上必由机关者，不过为便利计而已。立宪政体反是，一定之统治权，必由一定之统治机关以行之，此为宪法上之要款，非仅事实上便利计也。”

就君主制而论，“君主有二义，其名则一，其实则二。同一君主国，有君主国体国与君主政体国之别，君主国体与共和国体相对待，不以人民之集合体为统治权之所在，而以唯一之君主为统治之主权者是也。此种国体，所谓君主者，即国家也，亦即统治权也，君主与统治权合为一体者也。君主政体与共和政体相对，不以元首为法律上之责任，而以元首为在无责任之地位者也。此种政体，所谓君主者，谓政府之首长也，君主非主权者，而为行使主权之一机关是也”。由此而论，日本为君主国体，欧洲各国则是君主政体。

基于是理，《国法学》论国家机关之组织，“所谓君主者，专指君主政体国之政府首长而言也”。在这样的君主制之下，“其君主与其他君主国同为国家之元首，而于国会不过有主权之一部，故所谓主权者，并存于君主、国会者也。概而言之，主权者，存乎国会而已。此特别国会之地位，自上古部落国家以国民会为主权者之观念沿袭而来者也。主权在国民集合之国会，故其国体称之为共和国体，亦无不可。然分析言之，君主于国会，亦有主权之一部，故称之为君民同治国体，最为适当。君民同治国体者，共和国体之一种也。欲知英国国体与其他共和国不同之所以，不可不明其特别国会之地位也”[1]。也就是说，国体不仅要看其名，还要看君主与国会实际的地位及权力。

《国法学》的这一套概念理论，详尽而系统，对于迫切希望了解认识国体政体问题的国人很有吸引力，自1902年3月初版，7月即脱销再版。虽然引起不少争议，却影响近代中国的国体政体观念相当深远。当时全社会政治势力几乎都在思考选择中国政治体制变革的适宜形式，这一套国体政体理论，为各自带来各取所需的理据以及不小的解释空间，因而取向各异甚至相对的朝野革保各方，差不多都依据这一理论，做出了有利于己的申说，并据以制订出变革的蓝图。

---

[1] 章宗祥译：《国法学》，译书汇编社，1902年版，第23—26、52、57—58、99页。

第二节　共和立宪之选与国体政体之论

这一时期的各种译文期刊上，日本法政学者的相关论著占了较大比重。尽管说法不一，大体不出上述范围。如《翻译世界》刊登永井惟直的《政治泛论》,将政治组织“大别为三种:(一)君主政治，主权在一人。(二)贵族政治，主权在少数之贵族。(三)民主政治(即共和政治)，则为多数之合议制，设民选议院，国家政令，一依于多数国民之意志。自社会进化之理观察之，民主国盖为政治之极端主义。然近世国家之趋势,多统治于一主权者”[1]。而《政学原论》将近代国家组织分为王政主义、贵族制主义、民政主义，王政主义有君主专制、立宪王政、统领共和政三种。[2]

熊谷直太的《法律泛论》则称："主权所属，则各因其团体而异，辄以国家之起原发达之历史释之。(一)君主独裁之国，主权专属于君主。(二)君民同治之国，君主与人民共有主权。(三)共和国，主权在于人民之全体。是三者之外，或谓人民相互之契约，其物为主权，而非出于君与民者也；或谓国家为有机体，以独立之目的而生存，故有人格，以为主权；或谓国家为一法人，譬如社会，其权利之主体，不在社会之各员，而在于物，当以国家自身为主权者。盖国体不同，而主权所在亦异，固其理也。如德国上古部落会议，凡决议关于部落之大事，其会员虽有多少之制限，皆由一般之人民而成，君主不过其会议之役员之进化者，往往取此以为主权在于人民之总意。然一校之日本国体，则大相背反，盖主权存于万世一系之天皇也。”[3]所谓天皇万世一系，其实是后来建构出来的一套世系，日本法政学者刻意分别国体政体的原理，不过是为了让编造

[1]　[日]永井惟直:《政治泛论》,《翻译世界》第1期,1902年11月30日,第2—3页,“政治”。
[2]　《政学原论》(续),《翻译世界》第4期，1903年2月27日，第30—36页，“政治”。
[3]　[日]熊谷直太:《法律泛论》,《翻译世界》第1期,1902年11月30日,第14页,“法律”。

的神话显得合理。

《译书汇编》也刊登了一系列日本人士的论著，从各自国体政体的观念进行概括解释。《欧美日本政体通览》断言：“盖不知政体者，不足以语政治组织之故也。盖立宪、共和、专制，皆因政体而别，此法制之外形也。而政治之组织，每因历史之异，国情之不同，而等差也。各国皆有特别之历史，故有名同而实异者，或实同而名异者。”又指“法兰西纯然一共和国体，主权全存于民权间，大统领仅总括行政之机关，未尝握尺寸之主权”[1]。

日系《顺天时报》刊登的清朝官员说帖，据吾妻兵治译《国家学》，“于专制即君权、共和即民权、立宪即君民共权三种政体殷殷申论，而归重于立宪政体，凡君权之专制、民权之共和均不以为然”。《顺天时报》谓为公而不偏，正而不激，“洵属知言”。进而推阐强权进化之理，“谓专制政体为过渡时代不可缺之点，至由野蛮而半教，由半教而文明，而宪法于是成立。盖环球万国之中，有立宪而不共和者，无共和而不立宪者。民主也，君民共主也，皆统乎一宪法之轭下者也，皆民权自由之理大昌，而乃有此一日也”[2]。

《经济丛编》的《各国宪法异同论》，沿袭了“专制政体（旧译为君主之国），立宪政体（旧译为君官共主之国），共和政体（旧译为民主之国）”的说法，而指今日各国政体“不外君主国与共和国之二大类而已。其中于君主国之内，又分为专制君主、立宪君主之二小类。但就其名而言之，则共和国不与立宪国同类，就其实而言之，则今日之共和国皆有议院之国也，通称之为立宪政体无不可也”[3]。

---

[1] 《欧美日本政体通览》，《译书汇编》第2年第5期，1902年7月25日，第1页；第2年第6期，1902年7月31日，第66页。

[2] 《尹彦鉌说帖书后》（录自《顺天时报》），《选报》第17期，1902年5月28日，第10—11页，“论说”。

[3] 《各国宪法异同论》，《经济丛编》第2册，1902年4月7日，第1页，“法律”；第3册，1902年4月22日，第5页，“法律”。

《游学译编》根据政治学史和理学沿革史介绍历史上的政治学说，称希腊的阿里斯多德（Aristotle）分政体为三，“观其最高之权力存于一人、存于少数、存于多数而别之。真正之政体，无论为一人为少数者为多数者，皆所以谋公共之利益。若专谋私利，则政体之堕落者也。故政体有正与不正之别，合之可为六种。一王政或君主制，此一人为公共利益之政体也。二贵族政，治者在一人以上，然非国之多数也。贵族制之治者，皆含善良之人之意，皆为国家及市民谋幸福者也。三共和制，多数之人主政，谋公共之利益者也。多数之人民之中，或有秀于一德者，德之种类甚多，故人民不得而兼之”。至于不正者，“一僭主制（君主政之堕落者），专图君主一人之利益。二寡头制（贵族制之堕落者），专谋富者之利益。三僭民制（共和制之堕落者），市民中最贫困之多数者为政，专图贫民之利益”[1]。

通过上述译介，国人获得的知识信息是，国体政体的分合异同，因缘各国政治的实情，学理则是依据各式各样的实情做出各不相同的解释；欧洲各国的国体政体虽然各异，但一国之内国体政体大概一致，一般不必加以区分；决定国体政体的差异，大体依据最高权力之所在，具体解读则五花八门；日本的天皇制使得国体政体相分离，因此之故，区分不同的国体政体以及分别不同的国体政体关系，变得异常复杂。

引进吸收，成为国人认识国体政体问题的凭借，翻译介绍之外，国人开始对国体政体与中国的关系问题发表意见，主要有相互关联的两个层面，其一，国体政体的一般原理能否恰当说明中国的历史和现状；其二，中国变革应取何种国体政体为适宜。既然国体政体的分辨缘于国家学说的一般原理并不适用于日本，因而必须加以调

[1] 《政治学说》（参据政治学史及理学沿革史）（续前），《游学译编》第 6 册，1903 年 4 月 12 日，第 12—13 页，“学说”。

整补充，那么中日虽然同文同种，也不可简单地一概而论。如《支那化成论》辨析清朝皇权道：“所谓帝皇者，名为专制君主，而其实则非，彼之不能行其权也，与立宪之君主，共和之总统，亦复何择？盖帝皇高拱九重，不过日俟大臣所奏，而为之判决可否而已。如发号施令，权固在君，而行之不力，帝亦无可何者也。且军国大事，不得不与内阁及军机处相商，是亦以官制要君已也。……由是言之，支那之国体，将谓之君主政体乎，则有民主之制存焉，谓之共和政体乎，则疆臣黜涉，唯帝皇之爱憎是从，求之泰西政体，又未见其所当也。”[1]

正因为基于泰西各国历史和政治制度的国体政体理论不符合中国实情的判断，导致选择何种体制适合中国的问题变得复杂起来，身份地位不同，态度理据各异，观念大相径庭。《选报》刊载的论说，大体沿袭梁启超的思路：

> 吾闻今名于地球者八十余国，其政体二，其分权三。所谓政体二者，一曰君主，一曰民主，共和尚矣（共和，民主之称）。君主之政体亦有二，一曰立宪，一曰专制。今地球上共和者某某国，立宪者某某国，若专制则只亚洲之俄与中韩三国而已。俄国已立议院，韩则垂亡，中且濒灭，今并专制亦只徒有其名耳。所谓分权三者，立法、行政、司法三者而已。大抵共和政体，君由民举，法由民立，君非世及，数年一任，任满再举，如美、法诸国是也。立宪政体，君虽世及，而法由民立，君民共守之，如英、德及日本等国是也。故立宪政体，又谓之为君民共主者。专制政体，法由君立，君权无限，君虽世及，而革命易姓之事，多则数百年，少则数十年，置君如弈棋，而生灵为之涂炭矣。……

[1] 立法学士解说：《支那化成论》，《译书汇编》第2年第5期，1902年7月25日，第6—7页。

> 统地球八十余国观之，盖专制时代已过矣，宪政党亦可谓之革政党，革政所以挽革命，政不能革，命必革之，我不革之，而人亦必革之，革于我而我可自立，革于人而我瓜分，而我亡矣。[1]

创办《国粹学报》的邓实等人，一面鼓吹国学，一面以《政艺通报》传播西学。邓实的《政治通论》，肯定“今而泰西立宪共和政体主义之潮流渐警动，吾君民上下之耳目之脑筋，乃始现光明之一线”。他将世界上的君主国分为君主权盛、君主权次盛、君主权衰、君主权分、君主权附属五等，将民主国分为民主权盛、民主权次盛、民主权次衰、民主权衰四等，又将君民共主国分为共主帝国、共主王国、共主权弱、共主存政和共主殖民五等[2]，认为“就世界现状征之，则所谓君主一人之专制政体已如风卷败箨，销声匿迹于大地，而所谓民主多数之共和政体，亦烟销云过，仅留残影。然则今日最适存于二十世纪世界者，立宪政体而已。夫立宪政体之所以良者，以其集合皇室、贵族、平民而成一团体之法人，以共组织一完全之政治，无专制一人滥用政权之害，无共和多数紊乱秩序之虞，其政体于地球上诚有鸿益而无小弊者也。呜呼，十九世纪之上半，专制仆而共和兴，当十九世纪之下半，立宪兴而共和又将仆”。他还以法、美为共和典型，而两国内部仍不如立宪，且法国经历流血惨剧为据，以示共和不如立宪的旨意。[3]

《大公报》举办了“振兴中国何者为当务之急”的征文活动，其中采用何种政体的问题成为议论的焦点。所评选出来列为一等的文章，署名“史彬”者称：“且夫宪法者，全国之法典之所在，即全国之利益所在，君与民实共享其成而无偏无倚者也。况乎全球政

---

[1] 《延陵君家书》,《选报》第 20 期，1902 年 6 月 26 日，第 2—4 页，“论说”。

[2] 邓实：《政治通论》外篇卷一,《政艺通报》壬寅第 3 期，1902 年 4 月 8 日。

[3] 邓实译著：《政治学述》(续),《政艺通报》壬寅第 14 期，1902 年 9 月 16 日，第 7—8 页，“政学文编”。

体，不外三种，曰专制，曰共和，曰立宪。专制者君权过尊而民情不免壅塞，共和者民权太重而政柄未免下移，独以君主之国，而行立宪之法，则有利无弊，推诸万世而可行。”署名“效灵”的则说：“世界之政体有三，大别曰君主专制政体，曰君主立宪政体，曰民主立宪政体（即共和政体）。今世之强国十数，除俄罗斯为专制政体，美、法为民主立宪政体外，自余皆君主立宪政体也。然则君主立宪者，政体之完全无缺者也。中国不幸而为专制政体，自十余年前志士即以变政倡言于下，无如执政者以为不利于己，必多方遏之。自癸卯、甲辰间执政者知专制之不可终其位也，于是立宪之机始渐露于上矣。终狃于俄强之故，遂渐以息。今自日俄交战以来，日屡胜俄屡北，且内乱迭兴，是胜负之数，实寓于政体之中，虽结果不可逆料，然俄必至一蹶而不起。殆至俄蹶，而我政府始翻然改计，不亦晚乎。今为政府告曰：今之世界，实专制立宪两政体嬗代之时代也。征之列国，知世界必同归于立宪而后已。”[1] 应征者大体掌握了政体的相关原理，明确反对专制，也不以共和为然，而主张立宪，名为各抒已见，其实基本反映了《大公报》的立场态度。

在朝野上下鼓动立宪的时趋之下，关于共和、立宪、专制以及国体政体的问题，开始了新一轮讨论。反对立宪者，一般而言更加反对共和，其主要理据与告别共和的梁启超相似，就是无论何种国体政体，总以适合本国国情为宜。有人认为，应该分别本末，提纲挈领，追根寻源，一般人指“方今之大病而不可救药者，不过一言以蔽之曰专制，欲药专制，莫如为共和与立宪。吾中国即不能为法、美之共和，而固能为英、日之立宪。共和也，立宪也，诚吾中国生死肉骨之良剂也”。然而，“中国或能终有共和与立宪之一日，吾不敢言，若以今日之中国而论，则吾有以决其必不能也”。因为共和、

[1] 史彬：《振兴中国何者为当务之急》，《大公报》千号增刊，1905 年 4 月 13 日，第 3 版；效灵：《振兴中国何者为当务之急》，《大公报》千号增刊，1905 年 4 月 13 日，第 4 版。

立宪必开议院，必树政党，必推行商会与学会，而这些都未必可行。知而不能言，言而不能行，则不如勿知勿言。“吾是以虽言专制，而其实专制而非专制，虽不言共和与立宪，而其实非共和而共和，非立宪而立宪。”就算世人罪其为伪维新，亦不敢辞，希望当轴诸公能如其所言。[1]

附和政体无所谓好坏唯以适合与否为准之说者不在少数，认为各种国体政体不同，各有利弊，中国历史上“当闭关之世，不知国家之政体有所谓专制、立宪、共和种种之分也，但以己国所行者为不二之理，非此即不能合群立国而已”[2]。从不同的国体政体角度考察，君主制与共和制的对立远不像政治宣传中专制与共和那样优劣分明，因为“君权国之权力自君主一人握之，虽名为一人，实则有数人以干涉之、辅助之，而法律上执权之名词，则惟国君一人而已。君权与共和之别，即别之于握国权者之人数，君权国以少数人握国权，无论直接、间接皆然，而共和民权国以总数人民握国权，无论直接、间接皆然。所谓总数、少数，皆本体之一部分，非国家之主体，不过为国家之机关而已”。颇有罪恶感的君主专制，与共和也不过是程度有别，而非根本有异。

就时空两面而论，世界上国家的种类“有共和者，有君权者，如美之合众国，纯粹之共和，德之联邦，含有君主共和两国体”。而历史上名义与实质因时而变，“拿破仑既即位之三年，变成终身大统领制度，又三年，其国体则为共和民权国，其政体则为共和君权国。自法理言之，以拿破仑一人专制之手段代表共和国，自事实上言之，拿破仑实为开明专制君主”[3]。由此反观中国，“开国数千年，唐虞三代时虽集权于中央，而主圣臣贤，无不以国民为重。有

[1] 杞忧子：《振兴中国何者为当务之急》，《大公报》，1905 年 4 月 26 日。

[2] 《论日胜为宪政之兆》（录乙巳四月十八日《中外日报》），《东方杂志》第 2 年第 6 期，1905 年 7 月 27 日，第 115 页，“社说”。

[3] 罗杰编辑：《国法学》，《法政粹编》第 2 种，东京并木活版所，1905 年，第 64、77、114 页。

庠序之制，则民知教育，有井田之制，则民知急公，有悬书读法之制，则民知奉法。至于国有大政，则谋及庶人，选举人才，则始于乡里。即曰统治于一君之下，实俨然如宪政共和之政体也”[1]。

围绕立宪与否以及采取何种立宪体制的争议，暴露出国人对于政治学说的浅薄无知，有人慨叹：“交通亘数十年，而国人犹茫然于若者为共和，若者为立宪，若者为专制政治，若者为立宪政治也。”[2]于是新一波的政治学常识普及就此展开，“泰西国体，向分三种，曰满那弃者，君主为政之制，即今之专制而无宪法，若土若俄是也；曰德谟格拉时者（一名公产，又名合众），民主为政之制，即今之共和而立宪法，若法若美是也；曰巫理斯托格拉时者，君民共主为政之制，即今之君主而立宪法，若德若英若义若美是也。然专制之政体，下情或壅于上闻，而共和之政体，上轻而不免于下重，均不能有利无弊”[3]。虽然学理的部分是旧调重弹，但从前大都是非法宣传，如今是合法鼓吹，对于普通民众的影响作用当然有所不同。只是国体政体依然缠绕，令专门家以外的一般人难以捉摸。

更为重要的是，之前无论保皇派还是革命党，传输学理或隐或显都有改造国家甚至反清的意向，因而偏重于倾覆清廷的共和，如今则多少有些奉旨行事的意味，取舍也要顾及朝廷的旨意，国体政体的选项需要平衡君与民的利害。“国于环球上者以百数计，苟其具独立之资格、有平等之权力者，则必有一定之国体，或为君主，或为共和。因其国体之不同，遂有政体之区别，政体在统治之权力动作于形式上者是也。统治权之所在各异，故其政体亦异，约分之，有三种焉。统治权之在于人民全体者谓之共和政体，在于数人者谓

[1] 《论国民宜攻究政法》（录《顺天时报》），《时事采新汇选》光绪乙巳年十一月，第4卷，1905年12月12日，第1页。

[2] 卢弼：《译宪法篇自叙》，《直隶教育杂志》第2年第8期，1906年6月6日，第1页，“别录”。

[3] 《论君主立宪政体之性质》（录丙午第一期《北洋学报》），《东方杂志》第3年第4期，1906年5月18日，第81页，“内务”。

之寡人政体，在于一人者谓之君主政体。”而君主立宪政体最适于中国。[1]这不仅因为适合中国的情势，也符合世界的时趋。载泽等人考察法国的结果，就发现“而后知其立国之体虽有共和之称，其统治之权实具帝国之制，其条规则整齐画一，其精神则固结流通，遗其粗而撷其精，其可以甄采之处良非鲜少”[2]。

第三节　开国会重启国体政体之争

《民报》与《新民丛报》的论战，虽然双方各自认为全胜，实际上坚持开明专制的梁启超无法解决清廷是否愿意开明的问题。徐佛苏为梁启超摆脱困境所献计策，是预备实力，以赞助立宪政治，只要促使清政府按照国民公意实行立宪，革命排满就会不攻自破。鉴于“此次立宪结果之美恶，即国家存亡、满汉和战、党派分合之一绝大关键”，《新民丛报》应当停止驳论，蓄其精力于事实上之进行，否则徒增彼此恶感，扰乱民心，阻碍改革进步，影响救亡大业。[3]也就是说，只要清廷愿意立宪，革保论战便胜负立见。

随着清廷宣布预备立宪，以及革保论战的白热化，关于国体政体问题的研究讨论持续升温。为了进一步弄清楚相关问题，首先还是加大学理输入的力度，译介海外尤其是日本的国家学著述，再次成为重点。而要认识各种立宪的异同，尤其是作为君主立宪政体的比较，共和政体也以参照物而受到关注。末冈精一著，周珍译述的《国宪泛论》称：“共和国之国家全权，虽亦由一人之元首，或以数人组成之会议体统一总揽之，然其国家元首之所以能掌握此权者，由

[1] 《新编立宪纲要》，《时事采新汇选》光绪丙午年九月，第4卷，1906年11月2日，第6—8页。

[2] 《出洋考察政治大臣泽公等奏陈在法考察大概情形折》，《东方杂志》第3年第8期，1906年9月13日，第181页，“内务”。

[3] 佛公：《劝告停止驳论意见书》，《新民丛报》第4年第11号（原第83号），1906年7月21日，第15—19页，“杂录”。

于国民或国民中之占有特别地位者之委任，非纯粹立宪君主国之君主自能掌握此权，以遂其完全自由之总揽统一者比也，此共和国与立宪君主国差异之要点也。”[1]

在引进学理方面，拥有众多中国门生的日本国法学权威筧克彦的著作最受关注，汪兆铭与梁启超的笔战，双方都不时引述其学说作为自己论点的理论支撑。筧克彦讲述，陈时夏编辑的《国法学》说：“君权国者，以一人为国权之代表，掌握国权者也。……若夫共和国即不同，共和国可分贵族、民权两种。民权国者，乃其国民全体掌握国权，其各个人仍臣民也。贵族国，全体掌握国权，其各个贵族亦仍臣民也。君主国不然，君主一人掌握国权，其余全国民皆臣民也，惟君主非臣民也，故曰其人格不可分也。”[2]

按照筧克彦的说法，共和立宪制本来不设君主，可是共和国不仅民权立宪，所以共和国又与君主制扯上关系。“君权国者，其国权掌于一人，而有数人以干涉之辅助之，惟法律上之名词，则惟国君一人而已。君权国与共和国之别，即别于掌国权者之人数。且共和国之君主，有二人格，其为国君时为一人格，期满则复为人民，而又一人格。君权国之君主，只一人格，非有灭亡，终其身为国君。又共和国之国君，于法律上有负责任者，有不负责任者；君权国之国君，于法律上全不负责任，惟于道德上负责任耳。”[3] 这样的说法，为君主与共和相互容纳留下空间，成为后来虚君共和、帝制共和等奇说的凭借。

一般学理之外，各国国体政体的实情也是关注的重要方面。继五大臣出洋考察宪政之后，清廷又陆续派员分赴世界各国进行考察，

---

[1] ［日］末冈精一著，周珍译述：《国宪泛论》，《新译界》第3号，1907年1月14日，第5页，“政法”。

[2] ［日］筧克彦讲述，陈时夏编辑：《国法学》，上海：商务印书馆，1907年初版，第85页。

[3] ［日］筧克彦讲，吴兴让译：《国法学（续）》，《北洋法政学报》第27册第50页、第28册第51页，1907年6月。

尤其是着重考察君主立宪政体。“寡头国体，近世罕有闻，东西洋之国体，大概分为君主国体及民主国体，如中国、日本、俄罗斯、德意志、义大利、希腊、西班牙、葡萄牙、和兰、比利时、瑞典、脑威、奥大利、匈牙利、土耳其、丹马、暹罗、韩国，是皆君主国体也，如美利坚合众国、法兰西、瑞士、墨西哥、智利、秘鲁、亚尔然丁，及其他共和国，是皆民主政体也。”[1]而“世界各国国体确守帝国立宪制者，除奥匈以外，惟日、英、德三国，政府欲以帝国君主制改为立宪制，其势自不能采用共和制与王国立宪制，而主张采用帝国立宪制，采用帝国立宪制舍日、英、德将何取法焉”[2]。

三国的政体形似而实不同，“德意志联邦中之多数国为君主国之宪法，而德意志则实为共和国之宪法也”。“英国则不然，不独立法须得议会之协赞，即法律之公布亦必以君主与议会之名共同行之，实含共和国之意义。即此立法一项，已足见英君主之权之狭，而日本君主之权之广矣。”[3]由此可见，清廷变政，优先考虑的并非立宪，而是如何最大限度地维护甚至强化君权。考察各国的重点不在宪制的优劣，而在君权的大小广狭。这样的取向，令立宪派官绅大失所望，也坐实了革命党的揭露与抨击。

从特定视角看，清廷派员考察各国可以说是一场目的性极强的政治秀，既然不得不立宪，如何最大限度地保障皇权的绝对权威，就成为其权衡取舍的主要砝码。“顾立宪国之中，实分二种，一君主立宪国，一共和立宪国，而君主立宪国之中，又分二种，一君权重之立宪国，一民权重之立宪国。是之差别，各依其本国历史而不

---

[1] [日]葛冈信虎讲述，直隶留学日本速成师范生笔记：《法制学讲义》，《直隶教育杂志》第1年第5期，1905年4月19日，第45—46页，“学术”。

[2] 还：《论新简日英德考察宪政大臣》，《申报》1907年9月11日，第3版，“论说”。

[3] 沙：《再论达、于、汪三使分赴日、英、德考察宪政》(续)，《申报》1907年9月15日，第2版，“论说”。

同，未易议其优劣。而日本则君主立宪中，又偏重君权之立宪国也。”[1]洞察当道的用心，有人揭示到：“中国与日本，既系同文同种，于风俗习惯上，尤多相近者，仿效日本以存君主之大权，今日政府所注意者，或在于是，但取法日本不如取法英、德，固天下人之公言也。”[2]仅就政体仿效对象国的选择而言，清廷与包括立宪派官绅在内的天下人就存在严重分歧甚至对立。

借鉴模仿的目的在于本国选择国体政体，“国于环球上者以百数计，苟其具独立之资格，有平等之权力者，则必有一定之国体，或为君主，或为共和。因其国体之不同，遂有政体之区别。政体者，统治之权力动作于形式上者是也，统治权之所在各异，故其政体亦异。约分之有三种焉，统治权之在于人民全体者谓之共和政体，在于数人者谓之寡人政体，在于一人者谓之君主政体”[3]。“政体者，自政治运用之体式以为之别者也。通例别为三：曰专制，则以一人而总揽一国之政权，立法、司法、行政，皆握自一君主者之手，所谓独裁国者是也；曰君主立宪，戴一君以为治，更为之立宪法焉以限制之，俾不得专恣一己之意以从事，欧洲诸立宪国是也；曰共和立宪，不置君主，专依宪法以为之，如美法诸共和国是也。”[4]政体各异，却无所谓好坏，惟有视所对待者之何物，而审所宜出。

“国家自治，广义则不论国体如何，皆为自治，狭义则只有共和国可以当之。”[5]虽然主张立宪的中外人士不断强调：“若夫立宪国与共和国之分，在一有君主之名，一无君主之名，其实际无殊也。

---

[1] 《日本宪法疏证提要》，《政治官报》第1号，1907年10月26日，第19—20页，“外事类·译书类提要”。

[2] 沙：《再论达、于、汪三使分赴日、英、德考察宪政》（续），《申报》1907年9月15日，第2版，“论说”。

[3] 《立宪纲要·述政体》（续），《北洋法政学报》第31册，1907年7月，第11页，“编辑类”。

[4] 胡茂如：《中国今世最宜之政体论》，《中国新报》第1年第3号，1907年3月20日，第13—14、19页，“论说二”。

[5] 齐树楷：《自治制》，《北洋法政学报》第19册，1907年3月，第1—2页。

全国之政治在两议院之掌握，而两议院又为人民所公举公选者，此亦何必无君主名而后为佳乎？矧有宪法则人民之权利证书必自明定而使完全无缺，无共和、立宪之分别则有利人民者，此矣。”[1]可是具体而言，并非如此简单，政体的差异不仅分别显著，而且至关重要，“君主国体之宪法不可以行之君民共主之国体，君民共主之宪法亦不可行之民主共和之国家，而共和之宪法虽至高，亦不可遽行于上二种国体之内。匪特此也，即同一君主、同一君民共主、同一民主共和，国体同而宪法亦不能尽强使同”[2]。

国体决定于国权，“国权者何？一国最高权力之谓也。据最高之机关，行使其最高之权力，故虽有他机关与之分峙对立，而国家活动之中心点，仍掌握于最高机关之自然人，而他之机关不可不受其权力之支配，是可谓之国权统一也。大抵君主立宪国之最高机关，其统一之权多属君主，共和立宪国之最高机关，其统一之权多在议会，故政体之区别根于国体之区别而生。观于近世文明国家，殆无不然，此殆一般国权统一之趋势也”[3]。

有鉴于此，虽然有人对于急激之士“不审时势，空言公理，心醉共和”的言行不甚谓然[4]，却也无法否认清廷的选择未必合乎公意。“夫立宪之政体有三，有民主，有君主，有共和，欲知何者为合宜于中国，要当视国民之程度若何，原有之政体若何，历代之沿革若何。……即以君主立宪之制言之，德国政体，于政治上观之，殆如立宪君主国，而其实立法、司法、行政之权，尽在于联邦参议院，立法则有该定之权，有发例令之权，议案经国会议后，则送之

---

[1] [美]林乐知著，范祎述：《立宪为中国安危存亡之本》，《万国公报》第217册，1907年2月，第7页，“社说”。

[2] 梁积樟：《论中国宪法应如何制定》（录自《顺天时报》），《时事采新汇选》光绪丙午年十一月，第5卷，1907年1月8日，第2页。

[3] 《论近日国权统一之趋势》（录丁未三月十一日《时报》），《东方杂志》第4年第5期，1907年7月5日，第183页，“内务”。

[4] 胡炳熊：《原政》，《东方杂志》第4年第8期，1907年10月2日，第400页，“内务”。

参议院，以俟其裁决，俨然一共和之制也。”总括数说：“既曰立宪，则君权必不能无限，而吾国所最宝贵、最注重者，惟此无限之君权，则其欲以立宪为名，而以巩固君权其实，势有必至，理有固然。故无论倡民权共和之说者谓之谬说，谓之歧途，谓之淆乱国是，即倡实行立宪，建责任内阁，开上下议院，亦恐大拂政府之本心也。”[1]就此而论，自上而下的改革，选择何种政体仿效哪一国家的关键，取决于清廷，而清廷以巩固君权为目的，必然与国民的选择相歧相悖。主张君主立宪者正是在这一问题上，面临难以逾越的极大障碍。

梁启超后来将杨度等人列为论战的同党，以显示自己对于《民报》的压倒性优势。其实，论战时梁启超持开明专制论，连君主立宪也认为不能实行。而杨度虽然主张君主立宪，不以民主共和为然，理据却与梁启超以及其他立宪派有所不同。

杨度认为，中国不能实行民主主义的理由，是汉人不能独立，满蒙回藏不能与汉分离，否则为内部瓜分之原因，而得外部瓜分之结果。梁启超称这不如说是中国不能言民族主义的理由，而中国不能为民主立宪，仍在人民程度与历史事实问题，满蒙回藏程度不足，也是中国国民程度不足的一部分。杨度同意民族主义不可行以五族不能分为据，“惟余之论民主主义不可行，亦即以此为惟一之原因，而不别立理由者，盖余实不承认今日汉人有所谓民族主义”。民主立宪党不过取此为一手段，“其所以必取民族主义为其手段者，实由其以民主主义为其目的之故。欲行共和政治共同选举之法，则不能不取蒙回藏之人而去之”。而去君主与民族主义无关，可以行君主立宪，即可行民主立宪。欧洲各君宪制国家的国民程度或高于民宪制国家的国民程度，政治体制并不因此而改变，因其国民认为不必改，而非不可改。

至于中国的蒙回藏人，无论民宪君宪，皆程度未足，汉满则皆

---

[1] 塞：《念三日上谕谨注》（其二），《申报》1907 年 10 月 3 日，第 2—3 版，“论说”。

无不足之虑。他日立宪后，蒙回藏实行特别制度，促其程度增高，使与汉满同等，而收蒙回同化之效。但合满汉人民成一共和国，仅有事势上之不可，而无程度上之不能。因事势不可，所以反对民宪，主张君宪，并非由于共和国民程度足否。梁启超未尝明言中国国民是否已有君主立宪程度，既然主张君宪，反对民宪，实认为前者已足，后者未足。如果国民程度已足君主立宪，则问题已经解决，应进而谋所以成君宪之方法。杨度进而提出，君主立宪成否，应自要求开国会始，不仅具体明了，且可以测试政府是否有心立宪，成则宪政可期，不成则政府无所遁形。[1]

于是，开国会很快就成为立宪派的政治纲领和号召，《中国新报》提出：今日中国的救亡之道，首在改革政体。欲谋政体改革，不可不从根本上着手。根本解决，枝节问题即迎刃而解。“夫所谓根本上之着手者何也？亦曰使政府之负责任焉耳。而责任政府之所以能产生者，实由有民选议院之故。故吾人所宜奔走号呼，与吾国民相将致力者，惟在开设国会而已。”[2]

无论徐佛苏还是杨度乃至梁启超，都没有根本否认共和制，而是将开国会作为测试清廷是否愿意立宪的衡鉴。一旦结果否定，主张君主立宪者就失去了所有固执己见的论据，道理上和事实上就只能走向共和，或者说舍民主共和之外别无他途。

杨度一派自称主张国民的立宪，与梁启超的开明专制及其他立宪派的君主立宪有所不同，所谓“国民的立宪，乃就国体立言，非就政体立言也。中国国家欲存在于现世界，必变为民权国体乃能立国，决非君权国体之所能济。若就政体而论，则中国今日以对外问题，有不必行民主立宪之趋势，以蒙、回、藏畔立问题，有不可行

[1] 杨度：《致新民丛报记者》，《中国新报》第 1 年第 4 号，1907 年 4 月 19 日，第 1—7 页，“杂著”。

[2] 熊范舆：《国会与地方自治》，《中国新报》第 1 年第 5 号，1907 年 5 月 20 日，第 1 页，“论说四”。

民主立宪之理由，则中国政体，宜为君主立宪也无疑。盖余固谋中国政治之改良也，君主之贤愚非所过问。故属望于国民者，欲其群起而争参政权也，非欲其群起而争君主；欲其群起而谋国家之幸福，因以增长个人之幸福也，非欲其群起而谋个人之富贵，以危及国家”。

国民参政，就要组织国会，“何谓国会，即国民参政权汇萃之中心点也。国会之意思，即为国民意思；国会之行为，即为国民行为。今国民欲解决政治上之问题，则当从国会着手，庶不致蹈枝枝节节而为之弊矣”。既然主张国民的立宪，所以注意力当集中于召开国会。“利用国民多数之中立，而因以便其私图，此反对派与怀疑派之所由成立也。反对派为谁？现政府与革命党是也。夫与国会有实际利害之冲突者，莫若现政府与革命党。何也？现政府所持者为放任主义，而国会则决不令其放任；革命党所持者为改易君主主义，而国会则专重改造政府而不重改易君主。是故与现政府谋开国会，犹之与狐谋皮，与革命党言开国会，犹之与虎狼言博爱，实大愚大惑之事也。”

在杨度一派看来，“盖专制与共和，无论如何之大法律家，不得谓其非一种政体，则国家何必不专制、何必不共和？然试起中国汉、满、蒙、回、藏、苗之四百兆大国民而问之，彼果谓专制政体及共和政体果可行于今日之中国也，则余将从此不言”[1]。也就是说，选择民权国体和君主立宪政体，恰是中国各族国民的共同愿望，而非一己私见。

将国体政体问题牵入专制、君宪、共和的讨论，在学理和事实方面都增加了新的变数。有人据以论道：“欧洲之国法上及其历史上所称为皇帝，未必即为法理上之主权者，在彼土之文字中，皇帝之意与主权之意，各不相同，彼土之所谓皇帝者，不过如共和国大

[1] 李庆芳：《中国国会议》，《中国新报》第1年第9号，1908年1月12日，第16—22页，“论说四”。

统领，代国民而行国家之权力已耳。然而共和国之主权，在乎国民，非在乎大统领也。”欧洲的君主“其发达自中世之诸侯而来，故其名虽曰君主，而其实古代之民主精神，犹未艾也。若法、若美、若瑞西者，共和民主之义，皆表白于天下，固无论已，即所谓立宪君主国者，大半以民主主义为其宪法之精神。比利时者，立宪君主也，彼州人士，所称赞为宪法模范之邦者也，而主权在民之一语，大书特书于宪法之中。大英帝国，宪法之母也，若但自外貌以观之，则君位之尊严，与东方或无稍异。若自法理以论之，则其国权之主体亦不在君而在民。无他，彼土之历史，与东洋之历史之不同使然耳。然则彼之所谓君主国体，名而已矣，其实则与民主国体大同小异者也。而吾之所谓君主国体者，别有说在。……或者不察，有谓立宪政体为实行民主主义之政体者。噫！其昧于事实而疏于法理，莫甚于此。古代之日耳曼，共和国也，古代之罗马，亦共和国也，共和国之见诸历史也，岂止一二，然未闻有称古代之共和国为立宪政体者。日本之国体固纯粹之君主主义，而日本之政体，则采用立宪主义，岂可因其政体为立宪主义，而亦谓日本之国体为民主主义耶？据是则立宪政体之特色非为民主主义，不待辨而知其然者也”[1]。所以，单就立宪与否而论，并不能直接认定国体政体是否民主。

有人进一步探究：“以事实观之，行使国家之权力者，无论为君主为大统领，皆自然人也，此自然人所行使之权力，非自然人之所有，实国家之所有。故行使此权力者有变更（如君主大统领易位），而国家不变更，因行使此权力而施之政体有变更（如专制变共和，或共和变专制），而国家不变更。以例言之，佛兰西当十八九世之间，由共和变专制，由专制变共和，风诡云幻，变迁极矣，而国家不为中断。”

[1] 陈治安：《国体与政体之区别》，《学海》（甲编）第1年第1号，1908年2月29日，第5、9、14—15页，“法律学界”。

今世学者，知原有分类不当，“乃又分为君主政、共和政之二种，而以共和政统括一切之贵族政、民主政”。“君主政与共和政之别，由学者之言曰，个人掌握国权者为君主政，多数人挡〔掌〕握国权者为共和政。此亦不正当之论也。何则？君主专制国，固可认国家之权力，挡〔掌〕握于个人，而不可概之立宪君主国。……今之立宪君主国皆非以个人掌握国权者，即宜皆谓之共和政矣，此不可通者也。”

那么君主政与共和政究竟如何区别？“曰是宜以国家机关之组织为前提，而以最高机关区别之。最高机关者，非国权之全部掌握于一机关之谓，乃国家之活动统一于一机关之谓也。国家之全权，不能合掌于一机关，国家之活动，不可不统一于一机关，此统一之机关，为国家机关活动之本源。……以个人组织此最高机关者为君主政，以多数人组织此最高机关者为共和政。”[1]这些探幽索隐的辨析，一方面极大地丰富了中国人的国家学知识，另一方面，也使得许多人对于五花八门、莫衷一是的学理感到多少有些无所适从。

1907 年 9 月，清廷设立资政院，梁启超等人仿佛看到了实现君主立宪的希望，组织成立政闻社，在梁启超撰写的《政闻社宣言书》中，借着形势的变化，再度将各派政见的分别抬上桌面，声称中国内乱外患，都因政府造成，必须改造政府，才能将恶根拔去，恶果消除。现政府不能自行改造，要改变为责任政府，主动力为君主和国民。而二者相较，国民为有力一方。因为所谓责任，是对国民负责任，而非对君主负责任。“故立宪政治，必以君主无责任为原则，君主纯超然于政府之外，然后政府乃无复可逃责任之余地。”有一派认为，现在政府腐败，实由君主卵翼导致，欲改造政府，必须先颠覆君统。其中又分为二小派，其一绝对不承认君主，谓必为共和国体，然后良政府可以发生。其他则以种族问题搀入其间，谓在现

---

[1] 刘鸿翔：《比较宪法学》，《北洋法政学报》第 59 册，1908 年 4 月，第 7—10 页，“编辑类”。

君主统治之下，决无术以得良政府。前者以英、德、日本之现状反诘之，则其说立破。后者君主虽然欲保皇位，也希望得到良政府，但如果不是国民运动达到极盛，断不肯毅然改造政府。

梁启超将君主与政府分别，而将国民作为改造政府的主动力，所以政闻社所持主义有四纲，一曰实行国会制度，建设责任政府。“故吾党所主张，惟在速开国会，以证明立宪之诏，非为具文。吾党主张立宪政体，同时主张君主国体。”二曰厘订法律，巩固司法权之独立。三曰确立地方自治，正中央地方之权限。四曰慎重外交，保持对等权利。并以第一条为根本主义。也就是说，其完整的政治表述是君主国体和立宪政体。

有人问道：政闻社俨然为政治团体，中国素以结党为大戒，时主且悬为厉禁，“以政闻社置诸国中，其安从生存。政府摧萌拉蘖，一举手之劳耳。且国中贤才，虽与政闻社有同一之政见者，其毋亦有所惮而不敢公然表同情也”。梁启超对此不以为然，认为“政闻社所执之方法，常以秩序的行动，为正当之要求。其对于皇室，绝无干犯尊严之心。其对于国家，绝无扰紊治安之举。此今世立宪国国民所常履之迹，匪有异也。今立宪之明诏既屡降，而集会结社之自由，则各国所咸认为国民公权，而规定之于宪法中者也。岂其倏忽反汗，对于政治团体而能仇之。若政府官吏不奉诏，悍然敢为此种反背立宪之行为，则非惟对于国民而不负责任，抑先已对于君主而不负责任。若兹之政府，更岂能一日容其存在以殃国家”[1]。可惜这不过是一厢情愿，仅仅一年，政闻社就遭到封禁，所有的自信，都不幸成了谶语。

政闻社被查禁，并没有浇灭立宪派的希望与热情，他们继续将目标锁定在争取开国会之上。因为只有开国会，才能改专制为立宪政体，救亡图强，同时避免革命的惨剧和实行共和的纷争。有人考

[1]　宪民：《政闻社宣言书》，《政论》第1号，1907年10月7日，第1—17页。

查世界立宪各国，只有美利坚本无君主，自然创为共和政体，“而欧洲各国则皆固有君主，而其君主又皆手握大权，专制之体裁，且甚于泰东诸国。乃何以自十七世纪之末，法兰西首发其难，而其影响遂遍于全欧，其君民愈争而愈剧，其世局愈演而愈奇。其政府具有深识远虑，善为操纵者，则因势利导，改革其政体，转以收群策群力之功，所谓君主立宪是也；其不善为操纵，则国体亦因之动摇矣”[1]。这与其说是在讲述欧洲的历史，不如说是在警告摇摆不定的清廷。

为了说明立宪的必要，先要分清不同的国体。“国体既因主权之所在而分，而主权所在之异，乃根据于历史。故就历史上最显著之事例观之，则有二种区别，曰君主国体，曰共和团［国］体。……共和团［国］体者，即以二人以上之自然人而组织一合议体，以为统治权之总揽者也。共和团［国］体更分二种，一曰贵族国体，即基于以国民中之一部，属于优族少数之人，而为统治权之总揽者之思想也，又谓之寡人国体。此等国体，今日无其实例。二曰民主国体，即以人民之全体为统治权之总揽者也。此国体又分为直接民主国及代议民主国二种。”[2]

当然，也有人从国权不能统一的角度，断言国体政体不宜分离：“共和国以多数人掌握国权，未尝另立君主，专制国以个人掌握国权，未尝别立议会。倘使议会之旁复有君主，则议会之权不能统一，君主之旁复有议会，则君主之权亦不能统一。国权不可不统一，以此见立宪君权国之非美利也。”[3] 此说无异于看低混合政体的价值。

由于“君主国与共和国之区别，学说纷纷，莫衷一是，虽在今日，

[1] 《度支部郎中刘次源主张三年召集国会呈请都察院代奏书》，《申报》1908年7月21日，第1张第3版，“代论”。

[2] 贞民：《论创设简字学校之关系》（再续），《南洋总汇新报》，1909年4月29日，第1版，“论说”。

[3] 《国法学》（续），《四川教育官报》戊申第七册，1908年8月，第46页，“教材”。

尚存疑问，而未得一定之标准”，有人进而讨论君主国的性质及种类，“盖同一君主国，而君主之地位随国情而各有不同，即在同一之国家，亦且与时代而相为变迁焉。试略言之，有以国权之全体悉属于君主一人者，有君主仅拥虚位而政权旁落者，有世袭之君主，有选举之君主，有君主负责任者，有君主绝不负责任者。甚矣，君主之地位有如是之种种不同也。于此而欲求共通之标准，岂非困难之事哉”。尽管如此，君主国也有共同的特质，即“在于君主为国家最高意思之源泉而已矣。国权之发动也，其原动力由君主与之，国家之活动，要惟以君主一人之意思为依归。此君主国与共和国区别之要点也”。“君主之实权，其范围虽极狭小，然要无停止之一日。苟其不然，以君主而停止其实权之施行，则国家将失其活动力而陷于无政府之状态矣。纵不至是，君主之为君主，既并其范围至狭之实权而亦失之，虽君主之尊号犹存，自法律上之意义言之，则其国家因早已非君主国而为共和国矣。”[1]

立宪政体，首先就要制宪。“试观列国成例，无论其国体之为君主、民主，政体之为共和、联邦，莫不有宪法为治理之标准。即我国现今之哓哓者，盖亦知时之不可以已也。有诘之者曰：立宪文明之事，以国民为政治之本体者也，共和、联邦之国有之固其宜矣，至于专制之国，吾未闻其有宪法也。”[2] 而国体不同，原动力各异，首先就表现在制宪的主动权有别。“制定宪法之权，在有国之主权者操之。然各国为主权者不同，故宪法制定权之所在亦异，君主国以君主为主权者，故君主制定宪法，共和国以国民为主权者，故议院制定宪法。”[3]

---

[1] 钟赓言：《君主国之性质及种类》，《学海》（甲编）第1年第3号，1908年4月28日，第12—13、15页，“法律学界”。

[2] 高朔来稿：《读日本宪法感言》，《大公报》1908年9月25日，第3版，“言论”。

[3] 穗積八束解答，唐宝锷质问：《宪法访问录》，《北洋法政学报》第68册，1908年7月，第18页，“附录”。

革命党对于借由开国会否定共和的时流感到愤慨，坚决予以反击，以维护共和革命的正当性。他们驳斥《政闻社宣言书》所谓革命党的共和国体可以发生良政府的主张以英、德、日之现状反诘则立破的说法，指其“未能解决种族问题而欲解决君主与共和问题，已属放饭流啜而问无齿决矣，况英、德二国，君民皆经几许冲突而后相安。至日本则政权向在幕府，君主不过备位而已，故覆幕即与覆君统无异”[1]。

关于国体变迁，历来政治学者罕有发明，日本万世一系，国体惟一君主制，美国则合众共和，国体惟一民主制。意大利的马基雅维利以君主国与共和国对立，遂为后来国体二分说之前驱。“而于共和国体中又分贵族共和国与民主共和国。变迁之范围无论君主变为贵族，贵族变为民主，皆必限于本国人之自相禅让征诛。若被他国他种之兼并、占据、侵入、夺取，则为国家之灭亡，非仅属于国体之变迁也。……然环球万国，自古及今，其国体之变迁，不必尽顺此次第。有君主变为贵族，贵族变为君主，而君主即变为民主共和，共和复变为君主者，如英国是也。”[2] 国体变迁无常，国体演进的顺序说及不可躐等说便不攻自破。

有人直指问题的核心：现今之政体何种最宜？贵族政体不必论；君主专制一味压抑民权，被人唾弃；民主专制国家效果不良，未见其善；故而“今日之所亟欲研究者，惟君权民权之立宪而已。吾因得而断之曰：将来之中国当为民权立宪，不当为君权立宪。何则？破坏之后，则现在之君主既归于消灭，是他日之政体自当为民主，而不当为君主。然或有碍于时机，迫于事势，或竟因仍现在君主之旧，或另立他族之君，世袭相承，以保其位。然不过国家之一机关，

[1] 龙腾：《驳〈政闻社宣言书〉》（四续），《中兴日报》1907年12月6日，第2版，“论说”。
[2] 侠少：《国民的国家》，中国社会科学院近代史研究所《近代史资料》编译室主编：《云南杂志选辑》，北京：知识产权出版社，2013年版，第141—142页。

又岂能再付以大权而重施今日之专制，以成为非平民之政府乎？况乎君权立宪必君主善良而后能行立宪之实，今之君主固非善良，他日之君主又岂能保其又善良乎？故将来中国，君权立宪既万不可行，如或行焉，亦与专制无以异耳”[1]。

与梁启超、杨度以及立宪派官绅的态度迥异，“今日之顽固老朽，与此世界将离别者也可无论，其少年有志之士，无不以共和政治为世界最完全之政治，盖神游梦想者久矣”。有人质疑道：“共和政治既为最美善之政体，何以君主国反多于民主？岂世界各国人之见识，皆出中国革命党之下乎？曰否否。凡事物由粗而精，由野蛮而文明，此自然之理也。数百年前，欧美各国无所谓君主立宪、民主立宪也，唯人类进化，公理日明，遂由革命而进为君主立宪、民主立宪。……夫共和政治，固现世最完全美备之政体，而喜高务远之士，犹以为未足，乃倡社会革命之说。”[2] 虽然革命党追求民主共和，但也深知共和制决不是政治的终极形式，提倡社会革命社会主义，正是为了百尺竿头更进一步。

有人从议会的性质地位论证国民与国会的关系，揭露要求开国会者居心不良：“近世各文明国之政治，无论君权立宪国、民权立宪国，皆议会政治也。议会政治者何？谓以国会为国家政治之中坚也，国家活动之心髓也。惟民权立宪国之国会，为国民全体代表之机关；君权立宪国之国会，为各阶级代表之机关。……若国法上国会之性质，则均为国民全体代表之机关。凡国民利害之调和，权义之平均，国会皆负其责。故国会与国民前途之关系最密切，而最重大者也。”据此，则“今日之提倡立宪、要求国会者，皆欲利用国民者也，非代表国民者也”。由恶政府实行立宪，较君主独裁更加

[1] 鸿飞（张锺瑞）：《对于要求开设国会者之感喟》，《河南》第4期，1908年5月4日，第22—23页，“论著”。个别文字据《辛亥革命前十年间时论选集》校订。

[2] 卢信：《革命真理——敬告中国人》，章开沅、罗福惠、严昌洪主编：《辛亥革命史资料新编》第1卷，武汉：湖北人民出版社，2006年版，第14、16页。

专制，“专制之时代，中央则君主独裁之政治也，地方则暴官污吏之政治也。将来立宪之时代，中央则君主暨贵族专制之政治也，地方则官吏与劣绅土豪之政治也。故吾人谓：君主专制政体，只一重之专制，而今之立宪政体，反加数重之专制。世之崇拜国会论、迷信国会论者，其亦知所返耶！”[1]。此说似乎预示了民初政局乱象的根源，尤其是科举制刚刚停罢，即预见官吏加土豪劣绅的地方政治，可谓卓识。

在批评开国会之时，主持《民报》的章太炎甚至连代议制也予以否定。议会被普遍认为是民权的代表，否定议会，不禁令人质疑其此前主张共和政体，是否自相矛盾。章太炎的答复是：“昔者，吾党以为革命既成，必不容大君世胙，惟建置大总统为无害，而又慕说美利坚人哀思窈窕，为我好仇，故联想及于共和政体。不悟置大总统则公，举代议士则戾，且未尝推校丁口，与他国相稽也。”中国地广人众，不分联州，议员多选少选均不宜；分为联州，则彼此争斗，导致彼此分离。章氏甚至公然宣称：“余固非执守共和政体者，故以为选举总统则是，陈列议院则非。……君主之国有代议，则贵贱不相齿；民主之国有代议，则贫富不相齿。横于无阶级中增之阶级，使中国清风素气因以摧伤，虽得宰制全球，犹弗为也！”恢廓民权，限制元首，有多种办法，“如上所述，此政体者，谓之共和，斯谛实之共和矣；谓之专制，亦奇觚之专制矣。共和之名不足多，专制之名不足讳，任他人与之称号耳”[2]。

第四节　共和与国体政体之辨

革命党的反对和批判，并不能阻止立宪派要求开国会的强烈意

[1] 侠少（吕志伊）：《国会问题之真相》，《云南》第16期，1909年1月。

[2] 太炎：《代议然否论》，《民报》第24期，1908年10月10日，第8—10、18页。

愿，而随着要求行动的逐步升级，相关问题的探讨也逐层深入，并且由于清廷取向的掺入，产生了诸多变数。在学理和事实上，主要集中于此前已经发端的三个相互关联的方面，一是国体变迁，二是国会性质，三是立宪依据。三者均涉及国家主体与国权统一的根本。

关于国体变迁，主要是历史上各种国体兴替的历程。“古今东西，立国甚多，欲求一变化无极之国体，如近世之法国者，罕见其匹。夫专政王制，立宪王制，各种之共和制，拿破仑一世之帝制，旧王统之复古的立宪王制，新王统之中级民的立宪王制，第二共和制，拿破仑三世之帝制，第三共和制等，非皆十八世纪末叶以降法国国体之变迁乎？”[1] 国体变迁的多样性，牵扯出来的就是国体政体组合的多变性和复杂化，这对于判断和确定国家主体及国会等机关的性质地位至关重要。当时通行的国法学就认为：“因国体、政体配合之差异，国家有四种，如左：一、君主专制政体；二、民主专制政体；三、君主立宪政体；四、民主立宪政体（共和国）。学说上分四种政体，事实上不止此数。君民共主之国谓之贵族政体，如英吉利是。”[2]

关于国会的性质，此前论战各方虽然意见分歧甚至截然对立，无论君主立宪还是民主立宪，大都承认国会为国民国家的主体，议会为国家主权的代表。正因为此，立宪派才会全力要求开国会，并视为解决一切问题的关键。可是，在此过程中，国会的性质却出现不同的说法，认为依国体政体的不同，国会的性质也有根本的差异。有人指国会为立法权之主体说不当，“然在君主立宪国之国会，非共和立宪国之国会所可同论，故此说断不能援用于君主立宪。盖在君主立宪国之国会，非有为立法权主体之资格，不过有参与立法之权限而已矣”[3]。如果此说成立，则国会的地位大幅度降低，召开国

[1] 徐家驹译：《欧洲现代立宪政况》（续），《北洋法政学报》第 101 册，1909 年 5 月，第 28 页，“译汇”。

[2] 熊元翰编辑：《国法学》（上），《法律丛书》第 3 期，安徽法学社 1911 年初版，第 44 页。

[3] 惠：《论国会之性质》，《南洋总汇新报》1910 年 1 月 20 日，第 2 版，“论说”。

会的作用和意义也会相应减少。

关于制宪依据，清廷早就倾向于仿效日本，自达寿考察回国后，即派李家驹着重就近考察日本政治。李家驹回京奉召奏对，对摄政王说:“按日本宪法与各国宪法不同，日本天皇之权甚尊，宪法所载，凡臣民皆不可侵犯。而各国宪法或官主政体，或共和政体，皇上权力甚少。日本能采取各国所长合成宪法，较君主共和政体尽善尽美，所有军国大政，悉由君上自裁，中国立宪犹宜采取”。摄政王闻言“甚为嘉悦”[1]。从此前围绕国体政体的政治学理的引进传播看，此说即便不是刻意逢迎，除了当朝执政，也很难得到普遍认同。

世界各国虽然采取君主立宪的不在少数，可是欧洲各君主立宪国与民主立宪国并无本质不同，所以可用专制与立宪加以区分。但是，日本的君主立宪与之有绝大差别，皇权占据绝对权力，议会只有辅助资格。正因为日本式君主立宪的存在，使得原来专制与立宪的划分变得复杂，民主立宪与君主立宪的差异乃至对立大幅度增加。君主立宪向着专制的方向倾斜，民主与专制的冲突变成共和与帝制的对立，而君主立宪也是帝制的一种形式。

这样的变化，极大地影响了人们的学理和事实认知，尤其是在国家主体与国权统一的问题上，君主的地位与作用被大幅度提升。有人说:“近世文明诸国皆作宪法之成典，彰统治权之本体，其本体之动机，分立法、行政、司法三作用，其名实皆以表彰立宪政治之主旨，故有立宪政体、专制政体、君主国体、共和国体之分，不但其名异，而其实亦殊。此惟因主权之所在与主权之运用如何而为区别者。至主权之本体与国家统治权之本质，本无区别存于其间。彼主权者，以其意思，加限制于其无限之权力，而誓率由宪法之规条者，非加变更于统治权之本质，不过加制限于统治权行使之方法

[1] 《李钦使尊重君权之奏对》,《广益丛报》第7年第23号(原第215号),1909年10月23日，第1—2页，“纪闻·中国部·京师”。

而已。”[1] 有人将如此复杂的辨析概括得简单清晰:“现今各国之政体与国体皆不尽同，然大抵君主立宪国之最高机关，其统一之权多属之君主，共和立宪国之最高机关，其统一之权多在议会，故政体之区别根于国体之区别而生。观于近世立宪国家，殆无不然，此国权统一一般之趋势也。”“其第一义，必先定国权之统一也。凡无论君主共和国，莫不有一国最高之机关为国家活动之原动力，现世君主立宪国之最高机关在君主，即以君主为统一机关。”[2] 这与之前将立宪与共和大概一视同仁出现明显差异。而将君主立宪制下君主的权力地位抬高，显然与欧洲各国的情形不相吻合。

国家主体说的学理变化，显然与清廷的预备立宪相互呼应，受到清廷集中选取日本官方色彩显著的学说的影响。“国家机关说只可用以解释共和国大统领之地位，以共和国无一系相传之大统领，且大统领不过被选举以执行其国权之若干部分，非得总揽国权之全体也。”“以共和国家成立之要素为人民、土地、权力是也，而君主为国家成立之要素，以君主立宪国家成立之要素为人民、土地与国权主体是也。”[3]

国家主体的复杂化，使得原来许多简单明了的问题变得模糊起来，从而增加了清廷和立宪派的论据或解释空间:“既惟君主为有此权，则必惟君主有主权而国家无有也，信如是也，则无君主之国，其主权又将安丽? 既认君主国之主权在君主，则亦不得不言共和国之主权在全体人民(非在人民之个人,而在其全体)。如彼之说，惟有主权者能提出改正案，则共和国不将非得人民全体之同意不能提出耶? ”[4]

---

[1] 唐宝锷:《司法访问录》,《北洋法政学报》第143册，1910年7月，第7—8页，“编辑类”。

[2] 韬庵:《论国权统一与三权分立》,《南洋总汇新报》,1910年2月3、18日，第2版，“论说”。

[3] 保廷梁:《大清宪法论·国权主体》，上海，模范书局、江左书林1910年版，第60—61页。

[4] 沧江:《中国国会制度私议》(续),《国风报》第1年第19号，1910年8月15日，第12页，“著译”。

其实，诸如此类的新说即使在日本乃至国际学界也是各执一词，没有统一定论。美濃部達吉称：“夫国家主体说者，盖立宪与非立宪之标准也。向于此点者，正确之国家也，背于此点者，不正确之国家也。何则？苟实行国家主体说，则虽无成文之宪法，而国家之精神亦必得之，否则，非绝对的共和国，则无限的专制国也，非今日之所谓国家也。”纵观世界政治史，“彼简单的家族制之专制国，及一时的组合制之共和国，其不能永久成立者无论已，苟欲以国家的人格而列于国际，国体则不可不先自成为人格的国家，欲成为人格的国家，则不可不以国家为主体。有主体，而后宪法发生焉。盖宪法者，一面所以自治其人格，一面亦即以所自治之国家人格，而表现于世界。”

所谓国体，“就国家机关之组织，而称国家之种类也。自亚里斯多德以来，通常分国体为君主政治国、贵族政治国及民主政治国之三种。近则由马楷倍利氏说之影响，而易此三种为‘君主国’与‘共和国’之二种，其常例矣。盖贵族政治与民主政治之区别，全国民为国家之最高机关，与国民中有特权之少数者为其最高机关两事，虽可以为标准，而其实民主政治之国，得与闻政治者，仅国民中之一部分”。需要注意的是，“君主国与共和国之区别，非如旧时学者之思想，因统治权主体之如何而为区别也。夫统治权之主体，常属国家，不问国体之如何也。就君主国言，以君主为统治权之主体者，误也，而就共和国言，以国民为统治权之主体者，亦误也。何则？君主国也，共和国也，非本乎统治权之总揽者而得区别也。虽今日学者有谓君主国者，一人总揽统治权之国也，共和国者，多数人总揽统治权之国也，其实非也。立宪君主国，不可认为君主一人总揽统治权，其理已如前述矣。盖国体之区别，惟视乎国家最高机关之如何而已。最高机关以一人之自然人而成者，君主国也，其一人总揽统治权之全部乎？或受他机关之制限，而与他机关共行统治权乎？非所问也，皆君主国也。若夫最高机关以多数自然人之集合而成者，则其团[国]体必为共和国矣”[1]。

河上肇对东西方历来的各种国体政体说做了总结式的梳理和批评，他将政体分为专制国与共和国，而不赞成将君主国作为共和国的相对物，因为君主国的国权为“一个自然人之固有”，共和国的国权为“多数人之固有”的观点，误解了国权是多数人意思结合的结果，不可能“属于一个自然人之固有”，不过“偶然籍自然人之意思而发表之”。按照国权的归属来定义君主国与共和国，则全部国家都是共和国。专制国也不是相对于立宪国而言，所谓“国家机关之行动，悉依于宪法者，谓之立宪国，国家机关之行动，不依于宪法而出于专断者，谓之专制国”，关键不但是有无宪法，还要看宪法是否“国权维持者意思发表之方法，又规定机关之根本法也”，以及能否“依国权维持者意思发表之结果，而得以更迭其国权行使之最高机关之人”。以此为准，同为君主立宪的英国实质是共和国，而日本却是专制国。以自由国与专制国相对亦不当，一方面自由难以界定，另一方面自由国的真义即可“依国民之意思，而有更迭其国家最高机关之制度”，还是等同于共和国。

此外，河上肇对于依据亚里士多德分别君主国、贵族国、民主国的理论而将国家分为君主国和民主国的看法也不以为然，“以一人为国权之总揽者，君主国也，二人以上为国权之总揽者，民主国也”，虽有法学界定，却是以统治者人数为标准，与现今的政情并不吻合。因为国家政治实际上是多数人集合参与，同时国家也可以以特定的个人掌握大部分国权，如美国的大统领就比英、德皇帝更有实权。

在全面总结批判的基础上，河上肇根据学理和时势，提出新的分类标准，将国家分为“个人各自行使国权一部分”的个人政治国

---

[1] [日]美濃部達吉著、金泯瀾编译：《国法学讲义》，上海：商务印书馆1910年版，第2—3、105—107页。

和“个人相集而组织会议体，依多数决而行政治”的集会政治国。

由于欧西各国都属于同一国体，学者讨论国家的分类时，不以国体而以政体为标准。虽然希腊的亚里士多德和意大利的马基雅维利先后提出国体政体问题，但实际上，国体政体的纠结不已，说到底是一个日本式的问题，所以河上肇也承认，要厘清并说明国体、政体问题，应从日本开始。可是，日本学者对此意见并不一致。穗積八束博士定义国体“由主权所在而定”，政体“由主权行动之形式而分”。小野塚喜平次博士认为国体“由于最高机关之组织而区别”，政体“由其活动之形式而区别”。上杉慎吉博士认为“君主国体者，以一人构成国家在法律上之人格，而为统治权之总揽者，反是则为共和国体”。河上肇则认为国体是“依政治之目的而定”，政体是“依政治之方法而定”。各国的政治目的不同，或在国家主义，或在个人主义，前者是国主国，后者是民主国，所以民主国并不是共和国，与民主国相对的也不是君主国，而是国主国。除日本为国主国外，西洋各国都是民主国。[1] 由此可见，国体政体之辨，其实是由于日本式的君主立宪形式上立宪，实际上专制，使得国体与政体相分离所导致。清廷欲仿效日本式君主立宪，国体政体的纷争旨在掩饰其借立宪之名行专制之实，以达到坚持帝制的目的。

国体政体之说，在国人中造成相当大的困扰，由此衍生出来的各种说辞，说到底，都是为了彰显君主权力的广泛性和正当性。有人说：“议会与内阁，对峙独立，不相统属，君主对于议会，无命令之权之说，多为学者所倡道。但是以鄙意度之，君主对于议会之议案无命令可决、否决之权则可，如某某议案，君主命令议会，谓此案汝等可决，此案汝等否决，君主实无此权，因为议案交议会议决，所为察民人的意向，若是由君主命令可否，岂不与察民意向的大旨

[1] [日]河上肇著、王嘉榘译：《政体与国体》，《法政杂志》(上海)第1年第2期，1911年4月23日，第45—59页，“资料”。

反背么？至于君主命令议会，凡不关议案之事，皆可命令之，如命令开会、停会、展会、休会，皆由君主命令。君主对于议案，虽无命令之权，则有裁可之权。君主若无裁可权，则与共和国大统领无异。议会若听君主命令否决，则为君主之顾问机关，不成为宪法上独立机关。凡讲宪法学的，于此点不可不知。”[1] 此说意在防弊于未然，立宪之下，既要防止君主滥权，也要避免议会擅权。

也有人察觉到日本国家学说的异样另类，告诫国人勿为所惑：

> 宪法者，国家之根本法也，故当以国家为主体。自日本以君权无限之国，采用立宪政体，学者清水澄辈，始主张国家无人格，遂谓共和国家，其宪法之主体为人民，君主国家，其宪法之主体为君主。而君主机关之论，遂腾于人口，其致误微而为弊深矣。我国立宪在迩，国俗人情，多与日近，将必袭用其说，以定宪法之宗旨乎？吾恐效颦难似，徒以滋弊耳。古人云：天生民而立之君，以为民也，而天生民非为王也。传有之：民之所好好之，民之所恶恶之，此之谓民之父母。此中儒评论君主地位之说也。德儒哈特巴氏云：立宪国之君主，即世袭之大统领，共和国之大统领，即有期之君主。德儒倍鲁拉溪克氏云：统治国家之职，君主得以固有之权利就之。以统治国家为君主之职，非机关而何。虽中外情形有异，不可一概而论，然以世界之公理衡之，君主之地位可知矣。然君主主体说固行之日本而无弊焉，何也？曰此一时事实上结果，非法理上明验。使国家而皆能明良共济，若明治君臣然，则不独立宪强，即不立宪亦未必不强，又何论乎宪法主体之用何主义乎。然而此固几几不可必得之数也。使一旦继承君位者不能复如明治，为弊必难胜言。国家根本法律，宜为永久计，不宜为一时计。故我国今日之立宪，当

[1] 《宪法 · 国体与政体之种别》,《法政浅说报》第 5 期，1911 年 6 月 7 日，第 24 页。

取泰西各立宪君主国之宪法为标准，不当取日本之宪法为标准。泰西各国，无论君主共和，其宪法皆以国家为主体。盖积家成国，分国即家。国家者，统上下一体之词。人生不能无群，群不能无争，安内御外，莫如国家。此国家存在论之根本理由也。自个人的方面言之，国家之目的，在教养人民而谋其利益。自社会的方面言之，国家之目的，在捍卫本群而绝其妨害。为达此种种目的之故，而强制组织生焉，而治者被治者之关系出焉。被治者何，人民是也。治者何，君主、大统领及其一切官吏皆是也。宪法为定此组织之根本法，则谓宪法之主体非国家，其安可得。谓君主人民之关系，非为国家之生存而生，又安可得。况国家之在法律上既得有公法人资格，则谓国家无人格，不足为宪法主体，其误自不待辩矣。

至于有人认为“以君主为机关，则与其他司法立法行政各机关无异，似伤君主之尊严”，又有人说“君主若非主体，即不得为国家之主权所在，是世界国体分类中，止有共和国，并无君主国”。这些质疑其实都不对。“君主为统治机关，本世界各国所同认，即爱宜涅克所谓国家直接机关是也。其他立法司法行政各机关，即爱氏所谓间接机关，实可谓之分治机关，统治分治安可相提并论？无论何种国家，皆不能不有统治机关。其在君主国为君主，其在共和国为大统领，又或为国民总会，皆所以总握一国之主权。如必以君主为一国主权所在，遂谓宪法之主体不在国家而在君主，则于共和国之主权在大统领及国民总会者，将谓宪法之主体又不在国家而在大统领抑国民总会乎？总握主权者，固不必即为宪法之主体，而君主统治全国，自有其尊严，亦不以为宪法之主体与否而有所损益。国体分类既以主权所在而别，则主权在君主者，即为君主国，亦与为宪法之主体与否无涉，又何得以宪法主体在国家之故，遂谓国体分类中无君主国乎？”

历史上君主地位其实为国民所委托，“如昔日耳曼部落政治，凡有争战之事，始推选将军一人为领袖。后以战事频繁，将军遂为常职，是为王制之滥觞，则其为人民所付托国家之机关最为显著。他国君主之制，其起源虽不可考，要必为利国家者安，害国家者危，可以断言，谓不立于国家之客位不可得也。即各国宪法之规定论之，无论何国宪法，必明定君主及臣民之权利义务，君主臣民对待而言，同受宪法之支配，则其不得为宪法之主体尤明”。不仅法理如此，就实际而言，“以国家为主体，则三权不能丝毫混，欲为议院政治易，欲为政党内阁易，欲使君主不负责任以安固其地位亦易。以君主为主体，则三权之作用均不能不干涉以大权，其结果必至使内阁议院皆对君主负责任，而不能收互相监督之效，势不至置君主于至危之地不止，欲收立宪之效，不亦难乎？今国家立宪在即，不独政府所当注意，即国民之真心爱国者尤当注意”[1]。

有人专论皇统与皇权问题，针对举国上下仿效日本的潮流倾向，痛切指陈：“此等思想，万无可以移植于中国之理，此等宪法，亦万无可以抄袭之理。此犹巨人不适侚偻之衣，海国不适垦牧之美，钟吕不适下里之音，不待论也。以中国共和思想自治思想之发达，而又富于尊君爱国之精神，正宜发皇光大，取真正立宪主义。奈何欲涂附假面，而植立于崇信无鬼论者之前也。”“欲辨中日国体之不同，此一言可定，但问中国是否有万世一系之事实足矣。欲问中国是否共和思想夙已发达，一言可定，但知吾中国相传古语，有所谓民为贵社稷为轻及天下者天下之天下非一人之天下云云者足矣。”[2] 日本的万世一系为后来制造，中国的民贵君轻与民主思想也相去甚远，如此说法，旨在强调中国更适合真正立宪主义，反对用

[1] 张树声：《论立宪当先知宪法之主体》，《申报》1911 年 1 月 22 日，第 1 张第 2—3 版，“论说”。

[2] 选：《皇统与皇权》，《申报》1911 年 6 月 6 日、6 月 8 日，第 1 张第 3—4 版、第 1 张第 3 版，“论说”。

日式的虚假立宪进行粉饰。

对于当政者选择性的预备立宪，连转向立宪的梁启超也相当不满，他痛斥“我国朝野上下，竞言宪政，亦既有年，而国中大多数人，实全不解宪政为何物者。其在官吏社会，盖梦梦更甚”。鉴于“多人之怀彼理想者，虽强半出于怀禄之私，而其坐不解宪政之真相以生迷惑者，亦未始无之。夫今日之立宪，开数千年未有之创局，稽诸经典，则仅有其意而无其法。征诸史乘，则非直乏其例，而且阙其名。而今者遍国中号称谋新之士，或未治国闻故，虽有他技，而不足以语于治道。即有妙解斯义者，亦未尝思所以广宣之，以喻诸庸众，则民听易惑，固其所也”。所以梁启超举宪政最重要之特质，且为国人最易生迷执者，概要敷陈，以正告天下。他说：

> 学者言宪政之所以示别于非宪政者有三，民选议院其一也，责任内阁其二也，司法独立其三也。然司法之事，与政治别为系统，其关系于政体变迁者非甚密切。故语宪政之特色，实惟前二义。而议院与内阁，又必相倚而始为用，二义实一义也。夫宪政有君主立宪与共和立宪之异，共和立宪，非我国所宜效，不必论矣。所谓君主立宪之异乎君主专制者，其在专制之国，则立宪与行政两大权，皆由君主独断而躬行之。立宪国不尔，立法权则君主待议院协赞而行之，行政权则君主命大臣负责任而行之。质言之，则专制国之君权，无限制者也；立宪国之君权，有限制者也。立宪之与专制，所争只此一点。而我国人士所最苦于索解者，亦即在此一点。盖我国数千年来之视君权应无限制，几若天经地义，故一闻限制君权之说，即疑与侵犯君权同义，此最不可不辩也。[1]

[1] 沧江：《敬告国人之误解宪政者》，《国风报》第2年第1号，1911年2月9日，第1—3页，“论说”。

真立宪其实就是要限制君权，一旦做到这一层，立宪就是民主，与共和大同小异。所以有人说:“夫以国体言，或为君主，或为共和，岂不有间。然民权骎骎之势，则无往而不同也，是亦可以英国证之。夫英国法律上之形式，伊古以来，宁得谓非君主国，至于政治上之意义，则久矣。夫主权在民，若更离却法律，单言政治，即谓英国为纯粹之民主国，亦无不可。”[1] 民主若能兼容君主，则共和与君主也可以相安无事。辛亥鼎革之际出现虚君共和、帝制共和，确有其学理渊源。

国体政体之辨影响帝制共和之争，一直持续到洪宪时期。“持帝制之说者曰：国体未定，民心未固，改帝制，所以定国体也。持反对之说者曰：吾之国体既为共和，所宜争者，立宪政体耳，复兴帝制，是直将根本之国体而摧毁之，又何言乎定国体哉？”李剑农不知双方的国体之义究竟何所指，对此正反二说，无从表示赞否，遂借此话题阐述国体政体分别的理据。据其所忆，“浮田博士于早稻田大学讲演政治学有曰：国体言国家主权之所在，政体言主权行使之方法。日本诸学者之说，大都类是。谓日本帝国主权在天皇，故为君主国体，其他诸国，主权不在君主一人者，为共和国体”。而欧洲大陆的学者如孟德斯鸠并未辨析国体政体，“但分政府为三种，曰共和，曰君主，曰专制”。

由于“此多数学者虽不以政府为国家，而不为国体、政体各别之分类，言某国为何种国体，即言某国之政府为何种体制。有就其最高权能所托之机关而分类者，有仅即其元首之或为选举，或为世袭而分类者。元首世袭者称为君主国，选举者称为共和国，皆仅就其政府一机关之形体言之，与真正国家盾乎宪法之后者无关。盖国若达乎立宪，则选举元首之共和，与世袭元首之君主，实际无大差别，

[1] 明水：《最近欧美各国立宪政治之趋势》，《国风报》第 2 年第 10 号，1911 年 5 月 9 日，第 9 页，“著译”。

所差者仅权能行使、分配之程度耳”。帝制也好，共和也罢，目的“在于政治良、党争调、真立宪，而君主、共和皆不得为政治良、党争调、真立宪之条件。反之，三者实为君主、共和共通必要之条件。然则予辈求不乱而免于亡，亦惟求政治良、党争调、真立宪耳”[1]。若果如此，则不仅国体政体之辨只是形式，就是帝制共和之争，亦也不过条件，根本须依存于政治是否清明、党争消弭、立宪纯粹，方有价值可言。

[1] 剑农：《国体与政治》（篇上），《新中华》第1卷第4号，1916年1月，第1—6、11页，“社说”。

第五章　帝制与共和的缠绕

在后来的历史认识中，帝制与共和是专制与民主的相应体现，二者如同冰炭水火，根本对立，绝不相容。然而，在国体政体的复杂辨析之下，共和与民主并不一定相等，而共和与君主却出现兼容并存的可能。受此影响，各省光复之际，眼看共和一路高歌猛进，一些拥清人士试图调和帝制与共和的紧张，以保留君位。其重要理据是担忧共和制导致内部纷争和外部干预，使得国家分崩离析。即使未必一定保得住大清，也要力求保留君位以凌驾于各派政治势力之上，缓冲调节，同时有助于羁縻藩部。于是君主与共和的关系变得有些微妙，让袁世凯得以上下其手，居间取利。

第一节　康有为的虚君共和论

武昌的枪声响起，民主共和与君主立宪之争很快就由事实做出了结论。尽管清廷被迫应允英国式的宪政，可是已经人心尽失，被彻底排除于一切政治安排之外。南北和谈的前提，就是废除帝制，实行共和。虽然谈判进程中双方一度同意由国民大会来取决国体政体，实际上彼此都心知肚明，清王朝已经失去实质性存在的任何可能，沦为他人讨价还价的砝码。列强当然并不希望中国实行共和，因为他们觉得中国的国民素质远远不够，可是一方面被留学生和华侨高涨的共和热情所震撼，一方面担心自己的在华利益受到损害，以英国为首的列强不肯对清廷和民党冲突的政治抉择表示任何倾向性意见或态度，而主张交由中国人自己解决。只有日本出于担心影响本国民权运动等等的考量，总想出手干涉，而碍于英国的反对，也不敢单独行动。

立宪派在皇族内阁出台后，对清廷彻底绝望，一旦局势风云突变，他们纷纷顺势转而推动各地独立，并表态支持共和，只不过他们口中心里的共和，与革命党的理想总有些差别。11 月 19 日，张謇致电清内阁，力辞江苏宣慰使和农工商大臣，并最后进言忠告：“与其殄生灵以锋镝交争之惨，毋宁纳民族于共和主义之中，必如是，乃稍为皇室留百世　祀之爱根，乃不为人民遗二次革命之种子。”[1]共和成了避免革命接二连三的主要选项。张謇还表示，君主立宪最宜于国小而血统纯一之民族如日本，民主共和最宜于国土辽阔，种族不一，风俗各殊之民族，如瑞士、美国。[2]言下之意，地广人众的中国反而更加适宜共和。只是其共和的指向，主要是五族共和与联邦主义。

大势所趋之下，一时间举国竞相言说的共和，无形中失去了共同的认定，甚至坚持帝制者，也试图在皇权与共和之间搭建桥梁，想方设法使之共存。可以说，在异口同声之下的共和主张实则五花八门，众口一词的共和遭遇了有史以来最为复杂的认同危机。如果说此前的争议主要集中于共和是否可行，那么现在则是共和的外延究竟可以拉伸到何种程度仍然保持其内涵的基本要素，

[1] 《中国革命消息 · 张謇复袁世凯电文》，《时报》1911 年 11 月 21 日，第 2 版，“专电”。

[2] 《张季子九录 · 政闻录》第 3 卷，上海：中华书局，1931 年版，第 41—42 页。

而不至于全然变味。

武昌枪响刚刚一月，战事正酣之际，康有为就致函黎元洪、黄兴、汤化龙等，一方面声称自己早在《大同书》中就专门发明共和之义，只是因为时尚未至，所以先言立宪，一方面则说共和有古义六（周召共和、人皇九头、希腊雅典贤人议会、斯巴达二王并立、罗马三头之治及世袭总统），今义四（瑞士、葡萄牙的议长共和，不设总统；美、法及美洲各国的总统共和，总统权力大小不一；加拿大、澳洲、波兰、匈牙利的虚属共和，国会完全自治，英皇、奥皇虚领；英国、比利时、罗马尼亚、保加利亚、挪威的君主共和，权在国会，君主无实权），共有十体，关键在于如何取舍从违。“夫各国政体，各有其历史风俗，各不相师。强而合之，必有乖谬，则足以致败者矣。”自清廷颁布十九信条，“君主虚位，同于让皇，满洲已亡”。中国包括满、汉、蒙、回、藏，否则不全。而满、蒙、回、藏地方比内地多三倍，如果断弃旧朝，则蒙、回、藏不可收，中国不能保。

在康有为看来，君主共和国与虚属共和国，国会实有全权，“故欧人言法理者，以英为共和王国，实为万国宪政之祖，而政体之至善者也”。中国积四千年君主之俗，只有采用虚君共和政体，“尚突出于英、比与加拿大、澳洲之上，尽有共和之利而无其争乱之弊，岂非最为法良意美者乎？天佑中国，事变最后，乃忽得此奇妙之政体，岂非厚幸耶”。其具体做法是，去君主纪年而用黄帝纪年，以清为朝号而改中华为国号，君主只留虚位，如同木偶，实权在国会及其所举之人（名义未定）。如此，则可以息内争，保疆域，避外患。而虚君的人选，一是清朝旧主，一是孔子后人。相较而言，尤其是考虑到保疆域的问题，留旧主更加有利。

康有为的设想，如今大部分国人听来颇有几分异想天开，但他当时却是郑重其事的，所留下来的多份函稿，显示他千方百计试图说服万里之外的武汉民党：“总统共和与君主共和之制，其民权同，其国会、内阁同，其总理大臣事权与总统同，名位虽殊，皆代君主者也。……夫立总统，不过为国民之代理而已，乃为一代理而死国民无算,其害大矣。则反不如有虚君而不乱之为良法也。”在他看来，十九条颁布后，一切国权，皆在国会，内阁、上议院员皆举自国会，君主绝无用人、行政、立法权；国会限制内兵，君主并无兵权；提议改正宪法律令，皆由国会议定，而君主奉行之，不能解散否决。“故九月十三日后之中国,可谓之虚君之共和国。夫虚君之共和国者，虽异于瑞士、美、法，而与加拿大、澳洲、波国、匈牙利无异。彼大国之君主，且在远有威；吾国虚君主，在近更无威权也。日本人亦谓吾今为共和国，盖法理实然，可谓共和之新制矣。”

康有为此说，颇有混淆虚君共和与君主立宪之嫌，等于说当时清朝的体制已经与虚君共和并无二致。如此，则所谓改行虚君共和，不过一套说辞而已。而且康梁一派此前的政治选项，并非英国式的君主立宪。当此关键时刻提出虚君共和说，显然意在阻止革命，保留清帝。

康有为声称：革命党人所求者革命，“今则专制之君主与立宪之君主皆革矣，是数千年之大革命，不止一朝之革命，则革命亦告成功矣。公等所欲者共和也，今虚君之衔，实同无君，共和又已告成功矣。公等所力持者民族，今满人将改姓，实同归化，大臣皆易汉人，虽有达寿，亦不任藩部，其地又非汉人故物也。今高丽、安南亡后，归化者犹且容之，况满、蒙乎？普大地万国，未有不纳异族归化者也。然则君等之民族主义，又已成功矣。公等举兵一月，所求皆得，所欲皆应，亦又何求？此后求中国之完全，求民生之治安，乃方今之急务。若尚不止，进而过求，则召乱矣，召干涉矣”。既然革命的目的已经完全达到，还要继续革命不已，就是过分要求，只会召乱，引发外国干涉。

总而言之，“为今中国大势计，莫善于行虚君共和策，因旧朝而共和之，以安全中国，上策也；尊奉衍圣公以收中国，中策也；不得已而行议长共和，下策。若行总统共和以召乱，是谓无策。公等图之”[1]。翻来覆去，无非是想说保留清帝即为虚君共和的上上之选。

与此同时，康有为又遍发致党内公启，声称宪法十九信条颁布，则旧朝君权已经禅让。“考各国政体，国权出于国会者，谓之共和。……故日本人谓今之中国已变为共和帝国，今名之为虚君共和国。吾辈日夜期望之君主立宪国，今已进行至君主共和国矣。君主虽有而如无，则革无可革；满洲已改归汉籍，亦革无可革。夫宪政有三，有君主宪政，有民主宪政，亦有虚君宪政。吾党专以言宪政为目的者也，无论如何，变法实为吾党宗旨，无论实君虚君，皆为帝国，英国称共和王国是也，仍含吾党之名义。今国内纷乱，争议虚君共和与总统共和孰为得失。武汉之党，主总统共和者也，国民平和者，主虚君共和者也。今南北以兵相持，终难解决，必赖有第三团出而和定之。顷与全国志士欲开国民大会，决议中国政体，吾党则力主虚君共和者也。今旧朝禅让，实同于无矣。吾党无论旧朝如何，即有变动，吾党欲戴孔衍圣公为虚君。孔衍圣公者，孔子之后而汉人者也。”也就是说，即使上策不行，也要确保中策，务必维系君位帝制。

之所以非保留虚君不可，是因为总统共和制将引发内乱外患，而虚君共和所争者只在总理大臣，前者必然兵戈相见，后者只需口笔之争，所以，“今吾党竭力欲保中国统一，其宗旨非虚君共和制不可；其下手，非开国民大议会兼纠合军队不可”[2]。这无异于新形势下该党的正式行动纲领。

---

[1] 《与黎元洪、黄兴、汤化龙书》（1911 年 11 月 9 日），康有为撰，姜义华、张荣华编校：《康有为全集》第 9 集，北京：中国人民大学出版社，2007 年版，第 202—217 页。所录几封信虽然内容详略不同，文字有异，但写作时间、对象、意思大体一致，当为同一信函的不同底稿。

[2] 《致党内公启》（1911 年 11 月），康有为撰，姜义华、张荣华编校：《康有为全集》第 9 集，第 218—219 页。

为了应对时局，阐明虚君共和的理据，康有为专门撰写了《救亡论》，他坚称革命将导致国家危亡，共和政体不能行于中国，而将虚君共和视为化解革命所造成的危机的唯一途径。后来他回忆道：“辛亥八九月之间，举国行大革命。吾惴惴恐慄，惧中国之亡也，横览万国，竖穷千古，考事变，计得失，怵祸患，作《救亡论》以告邦人，寄之上海。是时革命之大势，若卷潮倒河，人皆畏避，无敢刊者，即强印之，亦无敢购读者，遂匿藏焉。”两年后政局的发展变化使其言得到印证，才刊行出版。虽然文章全面而详细，关于虚君共和的论说，并未较前述各文增加多少内容，无非是强调十九信条之后，君主只剩虚名，政体与共和无异，留此冷庙土偶，“而其效用可以弭乱，而令外人不干涉，后则不至岁易总统以相争杀”。总而言之，有百利而无一害。[1]

紧接着，康有为又写了《共和论》《安新中国议》《汉族宜忧外分勿内争论》等文，不厌其烦地反复阐述虚君共和的主张。《共和论》又名《共和政体论》，文中将共和今义增加到六种，即将法国和葡萄牙分别单列，前者为上下国会合选代表王之总统共和，总统代表王者，有任期无实权，政府由宰相行政；后者为上下国会合选之总统不代表王之共和，国会公举总统，无宰相有任期。与美国共和的区别在于总统由国民选举还是由国会选举。“议长共和制者，太平大同之制也，非今中国据乱世所能骤至也。”“自美、法以外，妄立美共和政体者，未有不大乱无已者也。”

康有为坚决反对总统而主张君主，主要是考虑到总统出于选举，人人可以觊觎，而君主由于世袭，一般人不作非分之想。况且君主有名无实，争之无用。这正是针对民主共和的弊端最有效的形式。其好处之一，“虚君之用，以门地不以人才，以迎立不以选举，

[1] 《救亡论》(1911 年 11 月)，康有为撰，姜义华、张荣华编校：《康有为全集》第 9 集，第 222、238 页。

以贵贵不以尊贤。夫两雄必不并立，才与才遇则必争，故立虚君者，不欲其有才也，不欲其有党也，然后冢宰总百官以行政，乃得专行其志，而无掣肘之患”。

其二，“夫立宪之法，必以国会主之，以政党争之。若无虚君而立总统，则两党争总统时，其上无一极尊重之人以镇国人，则陷于无政府之祸，危恐孰甚。故虚君之为用，必以世袭，乃为久确而坚固。又必禁由于公选，乃无大党，而不必有才，乃不与宰相争权，而后内阁乃得行政，而后国乃可强。欧洲数百年历试而得之，故明知君主之无用无才，而必立之者，赖其无才无用以为用也”。英国、比利时、罗马尼亚、保加利亚、挪威、希腊等国必立君主而不立民主，“恐公选者之必才，而世袭者未必才也，宁迎外国异族人为王，而不立本国人者，为其无党也。其苦心委曲，以成就此虚君之法者，皆所以免争总统时陷于无政府之祸也”。

康有为一再声明自己与清廷本系宿仇，想出这一办法，完全出于爱国救亡的真心，“夫欲明君主共和新制之妙理，则观于立宪之君主而可恍然矣。立宪各国，政体虽有不同，而权在国会内阁则一也，与共和国无少异也。夫既全权在国会，由国会政党之大者组织内阁，故其君主毫无用人行政之权，故宪法大义曰君主无责任，曰君主不为恶，曰国会监督，曰大臣代受责任。夫在天谓之为命，在人谓之为责任，在下接之谓之为代受，在上去之谓之为革。然则代受责任乎，禅让乎，革命乎，名体虽微不同，其实一也”。说来说去，虚君共和无非君主立宪的变相。

有意思的是，康有为指责国人变法事事师法欧美，其实往往一知半解，所以大败。“欧美政艺，一切皆经试验实测而来，皆经百千败绩，乃改良而得之，各国各有其历史风俗，易地则败。今吾国人皆慕欧美人之良法，而无其百试之经验，万一误而蹉跌，则五千年文明之古国，岂可为试验场乎？”希望海内同胞慎择熟讲而后行之。他自认为虚君共和就是经过深思熟虑而来的发明创造，以君主论，专制与立宪相近，以民权论，则立宪与共和相近，虽有君主，却与专制政体截然相反。“共和之君主，其虚名为君主虽同，而实体则全为共和。夫凡物各有主体，专制君主，以君主为主体，而专制为从体；立宪君主，以立宪为主体，而君主为从体；虚君共和，以共和为主体，而虚君为从体。故立宪犹可无君主，而共和不妨有君主。既有此新制，则欧人立宪、共和二政体，不能名定之，只得为定新名曰虚君共和也。此真共和之一新体也。”明明是君主制的变种，偏要说成共和之新体。

康有为不但对自己的创新颇为自信，而且不无自得，他认为，名从义生，“欧人多生出之新名者，欲精切其体也。今空名之君主者，只能编入共和制，而不能编入立宪君主制也。天下古今之义必出于三，孔子之言三统三世是也。若以君主言之，既有专制之君主，有立宪之君主，自应有共和之虚君；以立宪言之，有立宪之民主，有立宪之君主，自应有立宪之虚君主；以共和言之，有议长之共和，有总统之共和，自应有虚君之共和。其义一也，未发其义则忘之耳”。人天生必有争心，没有机会条件就不会泛滥。“盖虚君共和之制，实非君主也，不过共尊一土偶之神耳。以总理大臣代君主之权，特令人只争总理大臣焉。所以大导国人之争心入于政党，争政党多者，得为总理大臣，而争政党者，只以口舌笔墨，所以暗销争总统之干戈。发其伏流，俾行轨道，虽有洪水乎，有河道则不泛滥滔天矣，是所以为绝妙之良法美意也。”这样法良意美的政体，甚至超越英、比与加拿大、澳洲之上，尽有共和之利而无其争乱之弊，实堪称最，“天佑中国，事变最后，乃忽得奇妙之政体，岂非厚幸耶！”[1] 不仅虚君共和的政体非同寻常，必出于三的论证方式也是异想天开。只是共和制的总统也未必掌握实权，责任内阁制之下，总统不过名义上的最高元首，不一定非要保留君位才能免于相争不已。

---

[1] 《共和政体论》(1911 年 12 月)，康有为撰，姜义华、张荣华编校:《康有为全集》第 9 集，第 241—250 页。

在《汉族宜忧外分勿内争论》中，康有为坚持强调中国已是民主立宪，不必继续争论不已，连召开国民大会决定国体政体也是多此一举，应当立即停止内部争斗，以免招致瓜分惨祸。[1]

不过，尽管康有为喋喋不休，其主张虚君共和的主要目的，无疑还是保留清朝的名分。他指十九条之后已是虚君共和，甚至断言没有摄政，连虚君共和也不是，“只能谓之候补袭帝之总统共和国”。为了平息各方围绕是否君主立宪持续展开的纷争，他建言“用资政院上奏辩明此义，发一懿旨，共和已定，则争君主立宪者，亦无所措辞矣，亦可以解求共和者之怒心矣。更有无上最要者，今日怒心全由民族，必定国号、去纪元，乃可以隐销其兵气。……请资政院与内阁各上一奏，亟下懿旨，改国号为中国，用孔子纪年。细思国号必当有‘中华’二字，不必回避，以为统一之基，令南方难自分异，又可得民心。全国皆为中国人，禁不得称满、汉字，后与帝及百官皆仿英例，临资政院宣誓，与新贵共入中国籍，即改汉姓，诸满人并尽赐汉姓。如此一举，令国民攻满者无所措辞”[2]。可是，康有为的一厢情愿非但不能取信于南方，连清廷也不买账，康党屡次电请，均未得到清廷的正面回应。

第二节　梁启超的尴尬

梁启超在虚君共和的问题上对康有为亦步亦趋，他写了《新中国建设问题》，其下篇《虚君共和政体与民主共和政体之问题》，几乎照本宣科地重复了康有为关于虚君共和的全套说法，即虽然承认新中国当采用共和政体，但现行的共和政体多不适宜，尤其是美、

---

[1] 《汉族宜忧外分勿内争论》(1912 年 1 月)，康有为撰，姜义华、张荣华编校 :《康有为全集》第 9 集，第 257—272 页。

[2] 《致某君书》(1911 年底)，康有为撰，姜义华、张荣华编校 :《康有为全集》第 9 集，第 251 页。

法式共和政体，惟有虚戴君主的共和政体，“虽未敢称为最良之政体，而就现行诸种政体比较，则圆妙无出其右者矣”。虚君共和制滥觞英国，全由习惯积渐而成。其后比利时著成文宪法，遂为全欧列邦的模范。“其为制也，有一世袭君主称尊号于兆民之上，与专制君主国无异也。而政无大小皆自内阁出，内阁则必得国会多数信任于始成立者也。国会则由人民公举，代表国民总意者也。其实际与美法等国之主权在民者丝毫无异，故言国法学者，或以编入共和政体之列。独其所以异者，则戴一世袭之大爵主为装饰品，国民待以殊礼，且岁供皇室费若干以豢养之而已。夫欧人果何取乎此装饰品，而全国人屈己以礼之，且出其血汗金钱以豢之也，以其可以杜内争而定民志也。……是故十九世纪欧洲诸国，无国不经革命。夫革命固未有不与君主为敌者矣，及其成功也，则仍莫不虚戴一君主。其尤取巧者，则不戴本国人为君主，迎一异国异种之人而立之，但使之宣誓入籍宣誓守宪而已。”

借由国体政体的分别，将虚君共和与君主立宪相混淆，不过自欺欺人而已。尽管梁启超跟着康有为鼓吹虚君共和国会权重，政府强力，为政体极轨，但是对于是否能在中国实行，与康有为的认识却有一定的差距。尤其是满人皇帝能否被国人接受，不无疑虑。他说：

> 吾中国大不幸，乃三百年间戴异族为君主，久施虐政，屡失信于民。逮于今日，而令此事殆成绝望，贻我国民以极难解决之一问题也。吾十余年来，日夜竭其力所能逮以与恶政治奋斗，而皇室实为恶政治所从出，于是皇室乃大憾我，所以僇辱窘逐之者，无所不用其极。虽然，吾之奋斗，犹专向政府，而不肯以皇室为射鹄。国中一部分人士，或以吾为有所畏，有所媚，讪笑之，辱骂之，而吾不改吾度。盖吾畴昔确信美法之民主共和制，决不适于中国。欲跻国于治安，宜效英之存虚君。而事势之最顺者，似莫如就现皇统而虚存之。十年来之所以慎于发言，

> 意即在是。吾行吾所信，故知我罪我，俱非所计也。虽然，吾盖误矣。今之皇室，乃饮鸩以祈速死，甘自取亡而更贻我中国以难题。使彼数年以来，稍有分毫交让精神，稍能布诚以待吾民，使所谓十九条信条者，能于一年数月前发布其一二，则吾民虽长戴此装饰品，视之如希腊、那威等国之迎立异族耳，吾知吾民当不屑断断与较者。而无如始终不寤，直至人心尽去，举国皆敌，然后迫于要盟，以冀偷活，而既晚矣。夫国家之建设组织，必以民众意向为归，民之所厌，虽与之天下，岂能一朝居。呜呼，以万国经验最良之虚君共和制，吾国民熟知之，而今日殆无道以适用之，谁之罪也，是真可为长太息也。

不仅如此，即使清皇室改从汉姓，以人心怨毒如此之甚，国民也未必许其尸居虚位。虽然宪法信条已经誓庙公布，可是事定之后，清朝未必甘心长此退让，而不谋所以恢复其权力。“窃以为若万不得已而戴旧朝以行虚君共和制，则迁都实为一最重要之条件。诚能南迁，则民权之确立，庶可期矣。且京师久为首恶之区，非离却之，则政治之改革，终末由奏效也。”只是此事未必办得到，即能办到，国民也未必满意。至于奉衍圣公为皇帝，亦有三疑，一是清室未必禅让，则外国不易承认；二是孔子为一教主，拥戴其嗣为一国元首，不无政教混合之嫌，而启他教教徒之疑忌；三是于蒙回藏的内附缺少维系作用。所以，“同是戴虚君，而衍圣公不如现皇室……现皇室既不能戴，则我国行虚君共和制之望殆绝也”。以迁都相制衡，与孙中山约束袁世凯如出一辙。但前提是国民允许皇室存在。

相较于康有为一口咬定非虚君共和不可，梁启超只是表示虽然如此最好，可惜时势不合，未必可行。“夫民主共和制之种种不可行也既如彼，虚君共和制之种种不能行也又如此，于是乎吾新中国建设之良法殆穷。夫吾国民终不能以其穷焉而弃不建设也，必当思所以通之者。吾思之思之，既竭吾才矣，而迄未能断也。吾只能尽举其所见，胪陈利病于国民之前，求全国民之慎思审择而已。夫决定一国建设之大问题，惟全国民能有此权，决非一私人所能为役也。”[1] 面对进退两难的局面，虽然梁启超声称要再三苦思，却是江郎才尽，有心无力，束手无策了。

尽管内心不以为然，梁启超还是不能违背康有为的意旨，行动上不得不积极与国内各方面接洽联系，推行虚君共和的主张。11 月 26 日，梁启超致函潘博（若海），表示愿意与袁世凯相互配合，稳定局势，转移国民心理，而不就袁内阁法律副大臣之位，正是为了说话有力。他说：

> 鄙人既确信共和政体为万不可行于中国，始终抱定君主立宪宗旨；欲求此宗旨之实现，端赖项城，然则，鄙人不助项城，更复助谁？……吾自信，项城若能与我推心握手，天下事大有可为。虽然，今当举国中风狂走之时，急激派之所最忌者，惟吾二人，骤然相合，则是并为一的，以待万矢之集，是所谓以名妨实也。吾自问，对于图治方针，可以献替于项城者不少；然为今日计，则拨乱实为第一义，而图治不过第二义。以拨乱论，项城坐镇于上，理财治兵，此其所长也。鄙人则以言论转移国民心理，使多数人由急激而趋于中立，由中立而趋于温和，此其所长也。分途赴功，交相为用。而鄙人既以此自任，则必

[1] 梁启超：《新中国建设问题》，《饮冰室合集》文集之二十七，第 43—46 页。关于《新中国建设问题》的写作及发表情况，赵波的《“虚君共和”说和辛亥年康梁一派的应变举措——新中国建设问题解析》（清华大学 2001 年硕士论文）进行了梳理，对李国俊等指为 1911 年 11 月作，当时以单行本发行之说存疑，认为没有提供具体凭据及合理解释。同时依据著者自识和文章内容，判断应写于 11 月 26 日以后，完成的下限当在 12 月初中旬（第 7 页注 19）。梁启超此文是响应康有为或被命题作文，开始写作的时间当早于 11 月 26 日。至于发表，分别于 1911 年 12 月 28 日至 1912 年 1 月 10 日连载于天津《大公报》，宣统三年十一月二十一日（1912 年 1 月 9 日）至十二月初九日（1 月 27 日）连载于《盛京时报》，宣统三年十一月二十一日（1912 年 1 月 10 日）《法政浅说报》第 27 期亦开始刊载。（感谢邓华莹提供刊载情况的资料。）

> 与政府断绝关系，庶可冀国民之渐见听纳。若就此虚位，所能补于项城者几何？而鄙人则无复发言之余地矣。此所谓弃长用短也。……共和之病，今已见端，不出三月，国民必将厌破坏事业若蛇蝎，渴思所以治之。其时，则我辈主义获伸之时也。而此三月之中，最要者需保京师无恙，其下手在调和亲贵，支持财政，项城当优为之。次则因势利导，转变舆论，鄙人不敏，窃以自任。鄙人无他长处，然察国民心理之微，发言抓着痒处，使人移情于不觉，窃谓举国中无人能逮我者。今所为文已成者不少，惟当分先后，择时然后布之。[1]

此函向袁世凯交心的同时，自暴虚君共和不过君主立宪的幌子。12 月 22 日，罗惇曧（瘿公）来函报告与袁世凯接洽的情形："昨谒项城，备达尊恉，……因询公对于时局之议论，略以相告。渠言：我总抱定十九条宗旨；我自出山即抱定君主立宪，此时亦无可改变。答言：按十九条，便非立宪，纯是共和，南军既要求共和，我当允其共和，但当仍留君位，可名为君位共和。渠言：我主张系君主立宪共和政体。当下不便驳之，但答云：不如君位共和之直捷了当，君主无否决之权，无调海陆军之权，但当名为君位耳。渠颔之而已。"同时还力图通过和谈代表影响民党，"晚已电告蜕，将尊意见书及北江致黄兴速录送唐大臣，并将尊意见电告唐，由燕孙发出。今日又告燕孙，请其将君位共和名义电告唐，私向彼党密商，谓君主不过装饰品，何必流无数血以争此虚名。我既承认共和，彼许留虚君，则和成矣。燕颇韪此言，已允电唐矣。唐已与黄兴晤谈甚久，黄持

[1] 中国历史博物馆通史研究室编《历史与文物》第一期《梁启超复杨度亲笔信》，丁文江、赵丰田编：《梁启超年谱长编》，第 569—570 页。

甚坚，谓正式会议时，各人必致大冲突，当大决裂云”[1]。黄兴等人坚决反对虚君位之说。

通过唐绍仪影响民党之外，梁启超还派盛先觉到上海探听革命党的口风，据说章太炎有将满洲交与清帝使之自立之议，“觉以询之，章曰：‘昔诚有此议，今已知其不可而作罢矣。’觉又闻章曾有共和政府成立之后，首立清帝为大总领，后再黜而竟废之之议，以询章，章曰：‘昔亦诚有是，然今大势已粗定，清廷万无能为力，且革命党势甚嚣嚣，再作此言必大受辱。吾今亦不敢妄谈矣。’次及觉此次路经须磨，面谒南海及先生事，并略述南海及先生意。章曰：‘今也，两先生心迹盖昭昭然于天下矣，吾何慊焉。’觉因进先生所托之书焉，章阅毕曰：‘曩余致书任公，盖未知其隐衷故尔，今知之矣。’觉乃略道虚君共和主义，章求其详，觉因出先生所属携长书示之，章请俟三数日略行研究而后相答，觉许之，并历述南海及先生之苦心孤诣，且求其善为研究焉”。

此事看似大有希望，以至于来人作出判断，“由是观之，章之难能主张虚君共和，盖可想见，而似默然许可也。何则？觉先进言中国现情，不称共和，章聆而深然之故也”[2]。可是“研究”的结果，令其大失所望，章复函谓：

> 清帝犹在，而蒙古已宣告独立，是虽存清帝之号，未足羁制蒙古也。况清帝若无实权，则非蒙古所惮；若有实权，则是一国二君，其祸甚于蒙古背叛。若只戴清帝为元首，而欲汉人柄政，此非袁世凯辈不作此妄言。蒙古果叛，中国本部遂不足

[1] 宣统三年十月三日罗瘿公《致任公先生书》，丁文江、赵丰田编：《梁启超年谱长编》，第567—568页。以上两函的收信人及时间，《梁启超年谱长编》有误，据李永胜《清帝退位前夕梁启超与袁世凯关系》（《历史研究》2000年第6期）订正。

[2] 宣统三年十月十七日盛先觉《致任公先生书》，丁文江、赵丰田编：《梁启超年谱长编》，第571页。

> 自立耶？此亦不然。本部之地大于日本七倍有余，日本犹足以自强，况中国本部乎？要之，兵强财盛，本部足以雄视世界，兵孱财尽，虽有无数外藩，亦何所益耶！徒以地之广狭论国之强弱，谓外藩一失，中国遂不能自持，此亦愚者之见。共和政体既就，蒙古必无恶感。往所见蒙古人，其恨满人至于衔骨，其对汉人犹有同舟共济之意，所患者俄人诱之耳。然即清帝不退，能使俄人无蚕食之心耶？俄人能运动蒙古人，汉人亦能运动蒙古，岂在持清帝之虚名以招致之乎？[1]

看过复函，来者终于明白："要之，革党万不能就虚君共和之策，较温和如章太炎者，所说犹然，况其余乎？黄兴专注北伐，似不可动，可动者其宋教仁乎？惜未能相见也"[2]。在举国倾向共和的大势所趋之下，指望革命党人接受清帝继续在位，实在是痴人说梦。

章太炎的观点，在1912年1月4日《大共和日报》发刊辞作了正面表述，在他看来，"民主立宪、君主立宪、君主专制，此为政体高下之分，而非政事美恶之别。专制非无良规，共和非无秕政"。中华国民所望于共和者，"在元首不世及，人民无贵贱"，"非欲尽效法兰西、美利加之治也。议院之权过高，则受贿鬻言，莫可禁制；联邦之形既建，故布政施法，多不整齐。臧吏遍于市朝，土豪恣其兼并，美之弊政，既如此矣；法人稍能统一，而根本过误，在一意主自由。民德已偷，习俗淫靡，莠言不塞，奇邪莫制，在位者无能改革，相与因循，其政虽齐，无救于亡国灭种之兆。中国效是二者，则朝夕崩离耳"。政治法律，皆依习惯而成，不能横取照搬他国成法。而光复宗国，和宁兆民，为势所必然，"近见之徒，复欲拥戴虏廷，

---

[1] 宣统三年十月章太炎《复梁任公书》，丁文江、赵丰田编：《梁启超年谱长编》，第574—575页。

[2] 宣统三年十月章太炎《复梁任公书跋》，丁文江、赵丰田编：《梁启超年谱长编》，第574—575页。

以持秩序，云共和不可行于中国，是孰尸其咎哉”[1]。他虽仍然批评美法的弊政，却断言共和大势不可逆转，而且几乎是指名批评康梁拥戴虏廷反对共和的谬论。

12 月 15 日，罗惇曧再度来函报告南北各方对“虚君共和”主张的态度。其时议和移席上海，时论称君主一层，大有希望，而梁士诒表示不过有三成把握而已。南方各省代表多系宪友会人，如浙省陈敬第（江苏为雷奋）来函，谓大势已趋共和，君位一层，开口即遭诟詈，恐不能不并入共和。将来解决民主，必举袁世凯为总统，杨度则谓袁仍可为拿破仑。各报均言唐绍仪力主共和，梁士诒表示绝无其事。“梁征问公议论，略以相告，梁谓君位共和，项城与唐均同此旨，嘱将尊恉隐括简言由梁电告唐，资其议和之材料。即已电蜕将尊意见书暨北江致黄书，并录送唐阅，或可资其采择。惟深察南中情形，似非民主不可，若决定民主，则项城不知如何处置。”[2]后来获悉，唐绍仪将所谓虚君共和之制提出与南方商议，而伍廷芳“仍执不允”[3]。

到 1912 年 1 月 27 日，罗惇曧总算认识到：“项城之心，千孔百窍，外人无从捉摸，日日言君位，至今尚未改口，特松缓耳。而其左右自唐氏明赞共和外，如梁如赵如杨皙子及其余，皆均持共和（见所措置），均向共和一边进行。”据此，不仅“足以断定项城之主共和也”，而且可以判断，“此时虚君共和字样，京中久已消灭矣。至改中华国从汉姓一层，杨士琦提议不从，至今则无及矣。当派议和代表时，即行此策，撤去众射之的，犹可及，今则时已过矣”[4]。这等

[1] 章太炎：《〈大共和日报〉发刊辞》，《大共和日报》1912 年 1 月 4 日，第一版。

[2] 宣统三年十月二十五日罗瘿公《致任公先生书》，丁文江、赵丰田编：《梁启超年谱长编》，第 578 页。

[3] 宣统三年十一月廿二日罗瘿公《致任公先生书》，丁文江、赵丰田编：《梁启超年谱长编》，第 587 页。

[4] 宣统三年十二月九日罗瘿公《致任公先生书》，丁文江、赵丰田编：《梁启超年谱长编》，第 589 页。

于承认虚君共和已经胎死腹中。

2月5日，罗惇曧再度来函，告以："日来共和政体已决定，君主议论已渐灭无余，京中报馆并改变言论，所尚持君主论者，仅资政院议员所开《民视报》耳，仅数百纸，不足轻重也。"康有为创制的"虚君共和"名称，"成为一种议论，责辞罥析，竟以此名词入告，已奇矣。近日报中常发现'虚君共和'字样，谓将来发表为虚君共和。其字面则同，其内容绝非，盖宣布共和后，仍留此虚君号以存旧君名义耳，非虚君共和政体也。不意长者费多少心血，供他人涂饰耳目之用，至可叹也"[1]。袁世凯借用虚君共和名义，旨在与南方讨价还价，实际上不过以退位换优待的名义。就此而论，戊戌以来康梁一派一系列的政治主张及其与各方论争，可以说均由事实给出了无情的结论。

第三节　虚君共和的反响

康有为苦思冥想出来的奇招妙法，最终落得个被寄予厚望者利用来涂饰耳目的下场，真是情何以堪。不过，虚君共和的主张还是留下了历史印迹，尤其是《大公报》连篇累牍地讨论政体问题，兼采帝制与共和的主张甚嚣尘上。有人附和其说，并且公开上书江浙军政府，声称直接闻于英、美、德、法、日、俄、奥各使者的意见是："中国行省较多，领土亦广，向无组织，势难一致，骤言共和，必召内乱，又言民主、君主，在实权不在虚名，苟民主政体，总统权重，又无国务裁判良法，往往任期未满，即起纷争，如南美、中美各国，屡见流血之事，可为前车之鉴。倘君主政体，君上权轻，则君上仅拥虚名，而实权尽在国会，如英之宪法，实斟酌尽善，于中国现状，

[1] 宣统三年十二月十八日罗瘿公《致任公先生书》，丁文江、赵丰田编：《梁启超年谱长编》，第590—591页。

尤最为合宜”。而“信条十九条，虽存君主立宪之虚名，已握民主共和之实权，总理由国会公举，已与民主选举总统无异，朝廷有颁布而无否认，更与共和取决议院无异，是中国之君主立宪，视各国之民主共和，相去仅一间耳”[1]。有人则说：“中国此次所颁之宪法信条，纯系脱胎英制，虽袭君主之名，已具有民主之实”。从中国情势的各方面考查，仍有保留君位的必要。[2]

还有人借评论国事共济会将君主、民主取决于全国人民一事，表示自己也是国民一分子，也要对君民共主之说表达意见。“所谓君民共主者，非故为模棱，意在调停也。吾国各省本非列邦，则内容当如美利坚之联合各州，采取共和制度；吾国蒙、回、藏各部本有王公，则表面当如德意志之拥戴一尊，采取帝国制度。如此则内民主而外君主，由合而分者亦由分而合，于世界国家联合及联合国家外别开一新例，以为我中华联邦帝国光，则鄙言其庶几愚者一得乎？”其所创制，就是“斟酌于德、美二国之间，使各省为民主之联邦，而中央仍不失为君主之帝国也”[3]。这些话，不但意思，连文字也与康有为各文如出一辙。

不过，即使在北方，此时公开反对虚君共和的也不乏其人。有人直截了当地予以痛批，指清人入主华夏，为中外最不平之政，“凡关于禄俸爵赏升迁调补，则旗优于汉，及刑罚则旗独轻于汉，贵贱之相悬，刑罚之不中，罄竹难书。盖不平之毒怨，积之数百年矣。今欲平此不平，舍速建共和，别无二法。而况四百兆民意，齐注于共和”。正如清内阁全权议和大臣唐绍仪所言：“大势所趋，已往莫遏，

---

[1] 《许鼎霖致苏州大都督程、上海外交长伍、民政长李书》（续），《大公报》1911 年 11 月 27 日，第 2 版，“代论”。

[2] 第三者：《君主、民主立宪问题之解决》，《大公报》1911 年 12 月 5、6 日，均第 2—3 版，“征文发表”。

[3] 徐士瀛：《读大公报论中国今日政体上之解决书后》，《大公报》1911 年 11 月 29、30 日，均第 2 张第 3 版，“来稿”。

尚何容有再事调停，徐徐商榷之余地也。”恰在此时，大名鼎鼎的康梁师徒提出《共和政体论》和《新中国建设问题》，“各以其灿花之笔，翻莲之舌，演绎数千言至万余言，约其要，不过以中国建设共和之难为前提，以虚君共和为归纳，引证之宏，给辩之巧，在主观未确定者，或虑为此客观之所惑，是不可以不辩”。

作者之前曾撰文论君主民主问题，列举现在民心趋向共和的种种事实。在他看来，康有为的初衷在保皇，梁启超的初衷在开明专制，眼看大势趋于共和，“不敢以一二小己之私心，甘冒天下之大不韪，与四百兆同胞宣正式之战，而乃出其魑魅魍魉之技，以虚君共和，滔滔辩难，如项庄舞剑，意在沛公，为维持君位之计，貌似天花乱坠矣”。康梁明知“天所废之，谁能兴之”，“人心尽去，举国皆敌”，仍不惜与举国为敌，逆流而动。“果其真因建设共和之难，而出此调停之计，曷不请清廷降一级，为爱新觉罗王，升衍圣公一级，为汉王，改活佛为藏卫王，以与蒙古王、拜城回王，平列为五王，代表汉满蒙回藏五大种族之众，另举大总统以为共和之主，以内阁总理负责任，岂不名正而言顺哉。”鉴于康梁意在欺世，“怀已往之私恩，谋将来之利达”，作者不顾老病衰残，“大声疾呼于我最尊贵最亲爱之暗杀健儿实行委员之前曰：康有为梁启超者，我四万万同胞之公敌也，警醒警醒，注意注意”[1]。

1911 年 12 月 16 日，针对“十九信条”，《民立报》刊登奉天某报所载南北议和二十二条，据称是经清内阁会议决定、清廷批准，作为唐绍仪南下议和的条款，其中直接涉及君主与共和关系的就有二十条：一、大清帝国改号中华联邦共和国。二、大清皇帝改号中华联邦共和国王。三、各省改为中华联邦，组织共和政府；蒙古、青海、西藏在内。四、由各省选举议员组织上、下两院，公选大总

[1] 《驳康梁虚君共和说》(录稿)，《爱国报》第 1840、1841、1844 号，1912 年 1 月 28、29 日，2 月 1 日，第六页。

统作行政机关。五、国王及大总统之岁俸由国会议定，但其额务从优厚。七、行政权统归大总统总揽，国王属宪法上特别地位，不得干预政事。九、国王例为世袭，但大总统以四年为任期。十、国王及大总统之待遇共为同等。十一、国王所自使用之人得由国王任用，惟此项人员与政事无关系。十二、国王为万世一系。十三、如有加害于国王或谋危害国王者，皆处死刑。十四、除大总统外，所有国民皆为臣民。十五、国王及大总统均受同等之尊称。十六、凡与国王为敌之国家及其君主或大总统，吾大总统亦视之为仇敌。十七、国会为立法机关，无论大总统及国王均不得干预。十八、司法机关为独立，归裁判所管辖。十九、宣战、媾和及缔结国际条约并颁布法律等权，操自大总统。二十、宪法及关于国王权限事宜之改订，须候国王同意。二十一、宪法改订专由国会决议。二十二、除以上各款外，资政院已表决的信条均予采用。[1]

此说看似荒诞，实非空穴来风，盖事出有因，坊间媒体的相关消息时有所闻。12 月，汉口议和大臣及各省代表陆续出发赴沪，据说“有某君提议将来宪法可仿比利时纂拟，比国虽系君主政体，其国会之权利甚伟，民权亦较英、德甚大，实不啻君主共和国，中国此时颇宜采仿，袁内阁已颇赞同，议和大纲即以此为标准。并闻英使之意亦拟定中国政体为君位共和立宪国，君位之下，另举总统办理国政，此为中国特创，各国所无云”[2]。另有消息称：“闻当唐大臣赴沪议和临行时，曾请取项城意见，今探得其内容如下：一、虽夺

[1] 《唐绍仪媾和策》，《民立报》1911 年 12 月 16 日，第 4 页，“新闻一”；中国国家博物馆编，劳祖德整理：《郑孝胥日记》第 3 册，北京：中华书局，1993 年版，第 1370—1372 页。经清内阁会议决定，由清廷批准等信息来自郑孝胥日记，所以两注一并给出。《民立报》还称此“恐系传闻之词，姑照录之”。关于二十二条，两处内容大体一致，文字略有不同，其中第二十条意思不同，《民立报》为“宪法及关于国王权限事宜”，《郑孝胥日记》为“宪法上关于国王权限事宜”。另外，《民立报》本页还有一篇《所谓议和之条件》评论此事，对此方案不满，称“既为共和国矣，何以复有国王”。

[2] 《研究政体之种种问题》，《大公报》1911 年 12 月 13 日，第 3 版，“要闻”。

君主实权，但须仍拥立之；二、总理大臣应由民选，须附以与共和国大统领同一之权限；三、另置上下两院；四、各省采美国制度，自为政治。并以民军果否承认皇帝存续尚未可知，若民军坚执意见，则再行协商，惟须达到和平解决之目的。又闻唐大臣昨又电致袁内阁，略谓现在民军所主张之议和条件四大纲：一、改大清帝国为中华帝国；二、黄帝纪元与宣统年号并列；三、摄政王改用汉员；四、地方行政官准人选举。”[1]

和谈陷入僵局，唐绍仪“电请袁内阁指示迁就办法，而袁之复电略以君主如实不能成议，则应改为联邦共和政体或君主名义之共和政体，即取消皇帝名号，另改名称均无不可，倘必欲废弃皇室，断难办到云”[2]。南北和议搁浅之际，内阁又有人透露：“在前数日唐大臣连次密电请示退让办法，袁内阁已有允认共和之意，惟于共和中必须仍保全皇室，方能承认，如君主名义之共和政体及君主名义之联邦政体等办法。”[3]

实情是否如此，另当别论，此事当与康梁等人的主张及活动不无关联。即使是袁世凯一方故意放话，渊源还是可以追溯到康有为的虚君共和主张。

与中华联邦共和国的想法如出一辙，还有人提出了“帝国共和主义”的理念和具体建置方案。宣统三年十一月，全国联合进行会代表张琴、李离，临时国民公会代表朱通儒、刘振源，宪政实进会代表宋育仁、于邦华等呈文内阁总理大臣袁世凯，认为南北和议因为君主立宪、共和立宪政体有待国会公决而面临破裂，甚属非计，要求宣布帝国共和，以巩固皇室。在他们看来，南北虽然都有和平解决之心，可是政治学说不明，无法摆脱君主共和非此即彼的取舍

[1] 《关于和议之紧要消息》，《大公报》1911 年 12 月 23 日，第 4 版，“要闻”。
[2] 《关于议和之紧要消息》，《大公报》1911 年 12 月 25 日，第 4 版，“要闻”。
[3] 《袁内阁对于和议之政见》，《大公报》1911 年 12 月 27 日，第 4 版，“要闻”。

抉择。“夫大权操之于一人，是谓君主立宪，日本、俄罗斯是也。大权操于议会，是谓共和立宪，德意志、英吉利是也。至于法兰西、美利坚二国，近人译曰民主，曰合众，谓为共和政体之一种则可，谓为共和政体之概则，则不可。若但言共和二字，则不在有世袭之君位与无世袭之君位明矣。此从法理上解释而绝无疑义者也。”

清季国人好以个人所知局部片段的西学知识为一般通则，由于各自所本不同，因而凡事要在是非曲直上争个输赢。上述号称绝无疑义的解释，当然也是不无可议，甚至在一些人看来简直就是胡言乱语。可是这样的说法是否合乎法理通则，另当别论，至少反映出一个事实，即所谓深入人心的“共和”观念或思想，其实还是一个各自表述的概念，而且所表述的意思言人人殊。

本着调和帝制与共和在观念和制度上截然对立的主旨，呈文者中有人“尝旁考列邦政体，原本信条，折衷乎英法之间，提倡帝国共和主义。拟尊皇帝为大圣皇，宣布共和政体，召集国会，公举大统领，草拟宪法，实行共和立宪，以冀早定国体而息政争”。

从法理、领土、国教、种族、党派、文义等六方面，呈文者详细阐述了实行帝国共和主义既适合于中国当时情势、又有助于学理发展和体制设置的重大理由，宣称：“此六大问题既完全解决，其余纪元问题、国号问题、首都问题，皆可以国会公意决之。总之，此帝国共和四字，成一完全独立主义，各方面均弥满无憾，非迁就两可之间为调停计也。”例如从法理上看，君主立宪政体有三原则，一、君主不负责任；二、君主神圣不可侵犯；三、君主不能为恶。可是颁布法令概以君主名义，不可说绝对无责任。所谓由国务大臣代负责任，不知是对君主还是人民负责。若对君主，则行政失当，君主亦有责任；若对人民，则拒绝副署，又未免侵犯神圣。“学者于此等理论苦无确当定义。今以政权完全付之大统领，则元首不过以一特别阶级，为全国瞻望。而一切宗教、典祀、封号皆以至高之元首为之，可以为善，不能为恶。将来政体上发明最简当之定义，我国政治史有特别光荣矣。”[1]

可是，即使拥清者，对于这样的主张也视同无理取闹。已经赋闲的恽毓鼎虽然对宣统朝局极不以为然，清朝和帝制危在旦夕还是令他五内俱焚，并与各省志存皇室者组织了同志联合会。1912 年 1 月 28 日，他至同志会，“知大事已去，无可挽回，痛恨欲哭，而闽人张知庐编修犹登台长篇大论演解帝国共和政体，余不能再坐，惘惘而出”[2]。

与此相似，康梁的虚君共和在政坛社会上不无影响，本会内部却鲜有赞同者，很多人还直接表示异议。11 月党禁初开，就有人主张赞成共和，徐勤致函康有为，直言不讳道：“顷十八省已尽行独立，上海已有各省代表齐集，组织新政府及民主宪法。满人气运已绝，若复抗舆论，存皇族，必为全国之公敌矣。美洲则人心更主共和主义，乞切勿再倡存皇族以失人心，而散会事。”[3] 吴贯因（即吴冠英）致函梁启超，也认为既不宜附和民主共和，也不能仍标榜君主立宪：“夫在一年以前，此说固有最强之理由，今则立言不易矣。盖昔所以主张君主立宪者，谓欲避杀人流血之惨也，今则已杀人矣，已流血矣。将士之暴骨沙场者，不知其几千百，人民之失所流离者，不知其几千万，问其原因何在，则皆由皇室无道所致耳。夫因一人一姓之无道，遂使举国涂炭，今仍欲倡议保全其皇位，其势实不顺。”十年以来，一国青年有为之士为政府官吏所杀者，无虑数万人。“今者怨毒之气，已弥满全国，若不使其得一泄，而欲以术或以力钳止之，

[1] 故宫档案馆编：《关于南北议和的清方档案 · 宣统三年十一月□□日全国联合进行会代表张琴等致内阁袁世凯呈》，中国史学会主编：《中国近代史资料丛刊 · 辛亥革命》（8），第 161—166 页。关于此事及张琴，参见李冬木、[日]佐藤亘、[日]吉田富夫《帝国共和：从“清皇”到“大圣皇”——关于“袁世凯加笔民国宪法草案”》，《文史哲》2016 年第 1 期，第 128—142 页。

[2] 恽毓鼎著，史晓风整理：《恽毓鼎澄斋日记》，第 573 页。

[3] 宣统三年九月二十四日徐君勉《致南海夫子书》，丁文江、赵丰田编：《梁启超年谱长编》，第 592—593 页。

纵或能弥缝一时，而怨毒既深，他日仍必大爆发。故今日皇室之可否保存，只可听之革命之良心，此则俟袁世凯与之交涉可也，非吾党所宜代为之言也。”[1]

不仅如此，在同党看来，非但不能继续主张虚君共和，保留清室，而且应该设法与之切割，以自证清白。有同党致梁启超函称：“自武昌肇事以来，足下政见未经发表于世，有之则仅一《新中国建设问题论》，其时所持论仍是虚君共和制。若有机不出，则人将疑足下仍有故清系恋，他日若有宗社党余孽煽惑，且诬足下以恶名，虽有百喙将何从而辨之。”总之，“吾党处现在时局，既已屡次失机，如袁果有援引之意，万不可错过，否则一年之后，政党林立，人才辈出，他日将无容吾辈跕足地矣”[2]。虚君共和在世人眼中，已经与拥清保皇脱不了干系。

在民主共和的大势所趋下，虚君共和的确不合时宜。其时南北舆论大都倾向民主共和：“惟前代之革命战争，无非因争夺王位权而起，盖专制相承之国，其国民间初未有立宪共和之观念，故革命之起，无不以王位为其目的物，故革命之名词，亦仅为易姓改物时之所专用。自欧美之政治思想输入以来，久苦于专制之国民，乃勃起而欢迎之，革命之声，渐流布于薄海内外，而革命之意义，亦大变其本来，几若专为推翻专制政府，改建立宪共和政体之标志。故自今以后，我中国革命战争之兴起，不可不以转移统治权为目的，若复有觊觎王位、专窃政权之举，则固为我国民族之所决不能容者也。”也就是说，真正转移统治权的革命，恰好是防止争权夺利的有力保障。

辛亥革命即体现了真正革命的作用。“此次我国革命军之起，

---

[1] 宣统三年十月廿四日吴冠英《致任公先生书》，丁文江、赵丰田编：《梁启超年谱长编》，第 595 页。

[2] 宣统三年十二月二十九日冯翼年、梁炳光《致孟远先生书》，丁文江、赵丰田编：《梁启超年谱长编》，第 602 页。

其宣示于我国民者，一为政治革命非种族革命，是无人种战争之意味，……一为建设民国、创立共和政体，是无争夺统治权之性质。故此次战争，纯乎为转移统治权之政治战争，一改历代革命战争之面目，实为我革命民族中一种之异彩。不特大多数国民倾向于此主义，即清政府中亦已承认此主义而不惜让步于国民。虽实行宪政与创立共和，主张各异，而转移统治权之主义，实已确立而不可移。我国民今日所当兢兢注意者，即在维持此主义，不使稍有所动摇，以免他主义之阑入。”[1] 这的确是“形势比人强”的典型表现。

有人进而概括宣称：“夫国体有二，曰君王，曰民主。政体有二，曰专制，曰立宪。民主立宪者，诚现今最良之政治，亦我同胞四万万人所公认之题目也。故共和政体，实中华民国必不可易之政体。”[2] 正因为共和不可阻挡，任何可能威胁共和实现的言行都会遭到强烈反对。“今各省军政府成立，共和政府亦将出现，其于君主政体已有不能并立之势。乃政府欲为调停之计，劝谕各省公举代表晋京与资政院议员组织临时国会，以解决君主、民主问题。不知召集之诏甫下，反对之电已来，则将来国会之能否召集，不烦言而已决。”[3]

对于试图调和君主与共和的努力，康有为自诩是创新的“神来之笔”，可是连持论偏向北方的《大公报》也发表评论讽刺道：“自君主、民主问题争持不解，于是居间人于无可调停之中幻造一调停之法，曰君主共和立宪国。予初以为外人之恶谑，特用以调侃吾国之君民两党者，乃征诸近日所闻，则骎骎乎将有实行之势。既有君主，何云共和，既云共和，何有君主，子矛子盾，尚复成何政体？既有皇帝，何用总统，既有总统，何用皇帝，并妻匹嫡，尚复成何

[1] 伧父：《革命战争》，《东方杂志》第8卷第9号，1911年11月15日，第3页。
[2] 朴庵：《建设共和政府之研究》，《民国报》第1号，1911年11月21日，第1页，“论说”。
[3] 梦幻：《对于召集临时国会之感言》，《大公报》1911年11月22日，第3版，“言论”。

国体？是真于君主、民主、联邦、合众诸种国家之外，别创一新奇之格，宜称之曰骑墙国。”[1]

日系的《泰东日报》连载评论《无意识之虚君共和政》，认为虚君共和为无意识之举，因为大概有两种情况需要虚君，一是群雄割据之时，希望宪政的国民为了统一民心，公推一位有德的贵胄为皇帝，免其一切政权与义务，只在各种典礼上为神圣的元首；二是当国民政治思想十分发达，以自由讨论评决国家要政为是之时，由国君特委国民代表以统政的权利及义务，而国君则自就闲散之地而独守其神圣，其视国民如赤子，国民视君如父母。考察革命党起义的理想和清廷对革命党的真意，绝不可能将昨日的虏酋视为父母，或将昨日的匪类视作赤子。袁、孙若以此为敷衍手段，不仅欺天，还会为百年国体留下永无断绝的祸根。

虚君位之妙，在于国君自卸其精神的责任，或国民愿代国君负担责任，毫不含有限制君权之意。好比孝子持家，揽权负责，同时标榜老父代表门户。如果精神上的根据有瑕疵，则与虚君位原理不符。清帝与中国国民之间，本来就隔膜甚大，经过公开冲突，被迫下台，更难协调。或谓清帝有利于绥抚蒙藏回部，共和政府则难以做到这点；实则清帝退位后并非如罗马教皇为教界元首，而清朝统一蒙藏也不是由于宗教精神的凝聚。如果需要对蒙藏的教皇，则清帝还不如活佛。况且二十二省也不能视清帝为神圣教皇。清人入主中国，即使盛世帝王，也不得国人爱戴，被迫退位的清帝，更没有虚君的资格，虚君共和或帝国共和，都是妄说。[2]

不过，由于南北君民之争久拖不决，战事延续的危机始终笼罩，且时有波折回澜，尤其是北方的一些报纸，不时发出怀疑的声调，制造悲观的气氛。有人质疑：“中国既不能法美国之共和制，又不

---

[1] 无妄：《闲评二》，《大公报》1911 年 12 月 24 日，第 2 张第 1 版。

[2] 《无意识之虚君共和政》，《泰东日报》1912 年 2 月 9—15 日，(一)，“如是我观”。

能使独立各省复归统一，然则果何道以从乎？”[1] 也有人模棱两可，一方面指责“于是忧时爱国之士各抱政治主义立说，上书指陈得失，或主张君主立宪，或主张民主共和，议论纷纭，言各成理，何去何从，几令同胞莫衷一是。不知君主、民主者，国体之区别也，立宪、共和者，政体之关系也，苟国体徒易其虚名，而政体罕收其实效，夫亦何取而为此无意识、无价值之革命也哉？且立宪、共和所异者，只此名号之分，而实在之精神为国民求权利者，则一也”。另一方面又断言：“旷观世界大势，由专制而进于立宪，由立宪而进于共和，此为一定之阶级，而不容稍越者也，使共和政体行之而不善焉，则易开衅隙之端，将仍归专制之下，此又天演物竞之理，势所必至者也。”[2]

对于“政体之递嬗而演进也，率由专制而趋立宪，由立宪而转共和，故如我国今日之急进，人亦有以躐等为言，以为自后政争将无宁岁者”的说法，有人不以为然，表示：“殊不知此亦视国民之道德心何如，共和国民应有之道德，我国民果无不完且备也，则彼殆适成其为杞忧之见。”[3]

与躐等说相伴，君主的存废及其作用再度成为议论的话题。有的只是就具体事务或区域而言，如“今更进言吾目前最危最急之祸，非存君主不能解免者，莫财政若。此次兵争，财政上之丧失，无虑巨万金，公私交困。……如取共和之实而仍君主之名，则政体改而国体未改，关税即可收回，贷款不难成立”[4]。中国幅员辽阔，区域差异很大，“君主、共和，双方并峙，彼亦一是非，此亦一是非，谁欤能下真实之判断者？以程度言，则边僻地方，尚以开明专制为

[1] 卢剑秋：《君主、民主立宪问题之解决》（续），《大公报》1911 年 12 月 19 日，第 3 版，“征文发表”。

[2] 止岐氏：《对于同胞之忠告》，《大公报》1912 年 1 月 3 日，第 2 张第 2 版，“来稿”。

[3] 《论共和政体成立之有望》，《盛京时报》1911 年 12 月 31 日，第 1 版，“论说”。

[4] 许士熊：《解决现局平议》（续），《大公报》1912 年 1 月 6 日，第 2 张第 4 版，“来稿”。

最宜，去君主立宪，尚觉倜乎其远，而奚论共和也。以东南各省之趋势言之，则受君主之酷毒也已久，人心殆无不倾向共和一方面，语以君主立宪，格格乎其不相入也”[1]。国体政体取决于国民程度，而国民程度因地而异，不可一概而论，所以要因地制宜。

有的则涉及整个政治体制的建制，或者承认“共和国体，为世界立宪国家最优最美最良最善无疵之国体。凡其国国民教育，普及发达，程度智识，日新月异而岁不同者，无不以共和国体为所欲达之最上目的”。但是共和要从形式及精神两方面观察，“精神上共和者，其全国内一切立法、司法、行政之活动，及改革一政治，施行一政策，无不顺乎大多数国民之趋向与社会之心理。其发表于外部，而见诸实行者，恰与舆论相符合，此精神上共和也。如英、比等国，虽名为君主立宪国体，而实具共和之精神”。至于“形式上共和者，其国之性根本属专制，而又知专制之不足以立国，不足以服民心，不足以与世界列强齐驱而并驾也，乃一时的将国体上冠以共和之名义，为将来阴行专制手段之地步”[2]。必须名实相副，才是真共和；如果徒有其名，则与专制无异。

如果说上述还只是对民主共和表示怀疑，对君主立宪有所寄望，属于态度消极，那么有人就从当时各方争议不下的几大问题入手，提出调处的具体方案。而所提的方法，名为调处，其实正是虚君共和论的余绪。关于国体问题，其引马卡伯利的君主、共和两分法，虽然东南各省已群趋于共和主义之潮流，而唾弃君主二字，但共和有贵族、寡人、民主三种，贵族共和不宜于今日，“惟民主、寡人两主义颇有研究之价值。平心而论，吾国今日全体人民（合满、蒙、回、藏在内）果能及民主共和程度乎？未可知也。人民既无此程度而贸然行之，是犹强学步之婴孩以趋走也，鲜不偾仆者”。

---

[1] 《论中国之前途》,《盛京时报》1912年1月13日，第1版，“论说”。
[2] 《形式共和与精神共和》,《盛京时报》1912年1月14日，第1版，“代论”。

民主共和既不可行，余下的只有寡人共和。“吾国学识宏通，深明中外大局，贤达君子颇有其人，依宪法上之规定，以此项少数人行使政权，如历史上周召共和之例，与夫日耳曼联邦共和之制，稍为近似，实今日之便利也。至其组织之法，宜设大统领正副各一，代表君主行使中央政府最高权力，为国民担负责任。统领之下，设内阁一所，以内阁大臣数人组织之，不设总理，而统属于统领，仿佛美国元老院之制。其选任之法，大统领则由国会公推，内阁大臣则由大统领酌派，而必得议院之同意。又各部之部长及联董可以入充总统及内阁大臣之任，而内阁大臣及统领等又可出当部长及联董之职，犹之周代侯伯之出专征伐入辅王政之义。”

至于国际代表名义与国号，“民军之所求者在夫改良政体，而非欲帝制自为，政府之所争者在此空虚名义，而非欲大权独揽。夫政治之权力既为君主所甘让，民军已攫取之，帝号之名义为民军所不需要者，政府何妨仍用之，而何必为此两败俱伤之策，以自相残戮乎？为调和两方面以维持大局计，莫若仿春秋侯伯共戴周室，周召夹辅王政之义，政治行以共和，名号仍存君主，定现在帝室为国中一特别阶级，畀皇族懿亲以畿辅特有权利，庶为平允。若国号则两方面有调和之一法，黄帝纪元乃关民族全部分历史上之总纪念，现帝国号乃属一朝代统系之问题，二者不甚相牴牾，何妨双方采用，称黄帝纪元若干年第几朝代某国号某帝第几年较为便利。至各联部部长之职守，今帝之特权，由宪法上规定之，如是则君主、民主之纷争可以平息，满汉之意见可以融化，国势必蒸蒸日上矣”[1]。这样内外有别的苦心孤诣，正是虚君共和的变种，其目的同样是借着南北君民相持不下的机会，为清帝留下一线生机。

---

[1] 《致民军政府请速和平解决以维大局政见书》,《大公报》1912 年 1 月 17 日，第 2 张第 3 版；1 月 18 日，第 2 张第 4 版，均“录件”。

第四节　虚君共和与国体政体

君主与共和能否并存，因缘于国体政体的分别与联系，从而惹起国人对于国体政体问题的再度关注，连旗人也加入讨论。对于君主独裁，包括旗人在内的国人大都主张扬弃，“我国历史上的沿革，以国体而论，本是君主国体，以政体而论，本是专制政体，我们立国数千年，从来并没见史书上载着有民主共和这种名词。论起实际来，君主与人民并没有什么直接或间接的利害关系，只与政体上大有关系，政体良美，人民便能同蒙其利，政体恶劣，人民便能交受其害，这是中外哲人贤士久已考察出来一个历历不爽的道理。我们向来立国，全用的是专制政体，这个专制政体，乃是最不利于人民的一种物件，因为专制政体乃是一个君主独裁的政治”[1]。此言出自旗人之口，可见扫除君主专制确是人心所向。

就时势而论，共和无疑是大势所趋，而国体政体的论说为此推波助澜。“自国体问题发现，举国人心所以反对君主、倾向共和者，为人人欲得选举权、参政权，一扫数千年专制帝国之积弊，不使新中国留此污点也。盖帝国与民国，其政体迥不相同，君主与民主，其地位亦截然相反。今论者万口一辞，无不以共和为无上之政策，不但南省绅民出死力以相争，即北省绅民亦随声而附和。”[2] 正因为明了道理所在，才能万众一心，声应气求。

国体政体之分在日本原是为了论证其独特的君主立宪体制合法合理而生，移植中土，却成了民主共和思潮的一大推手。但是究竟采取何种政体为宜，仍然众说纷纭。因为“共和与专制二者，乃政

[1] 君主立宪维持会编辑部干事春治先来稿：《君主立宪与民主共和的利害》，《大公报》1912 年 1 月 23 日，第 2 张第 4 版，“白话”。

[2] 梦幻：《阅直、豫谘议局与民国总统来往两电书后》，《大公报》1912 年 1 月 24 日，第 2 版，“言论”。

体上之区别，而于政事之美恶，则另为一问题”[1]。尤其在尚未脱离清朝控制的北方各省，虽然知道民主共和已是大势所趋，对于国民程度是否适合仍然存在相当大的疑虑。有人就此论道：

> 国体者，一国主权所在之谓也，国民者，组织国家之要素，辅国体之进行，俾国家稳健坚固而不生危险之现象者也。国体程度高于国民程度，或二者相差过甚，则国家对内无以谋生存发达，对外无以团结势力，而竞争于世界大同之时代。国民程度高于国体程度，则其国民必厌恶政府，组织绝大政党而思所以改造国家，推倒政府，此自然之势也。共和国体为世界立宪国最优之国体，欲觇其国民之程度果与国体适合与否，须从其国内之各种社会、各种教育及农工商业发达之状况而定。所谓共和国民者，必其国内之大多数人民知识、学术及政治上之思想皆与国体相符合，而后国家基础益固定而不可以动摇。非然者，其国体中每生种种之变相，非渐流为少数专制，即渐趋于独裁政治，或酿成议院专制之结果，是皆国体之变态，其人民实力不足与国体相辅而行之流弊也。中国今日国体将确定为共和，一般国民皆休养生息于共和国体之下，然中国国体果与中国国民程度相合与否，为最有研究价格之问题。

作者希望政府“留意于增进国民之程度”[2]，以免各地国民程度不一，与共和国体不相适应，滋生种种弊端。所以，尽管大势潮流，多半倾向共和，君主已处于失败之地，却未必是民主优于君主的体现，“民主自民主，共和自共和，合而为一固可利国福民，离而为二仍不免革命流血，勿谓共和二字即民主之代名词也。知乎此者，

[1] 《论今后我民之天职》,《盛京时报》1912 年 1 月 24 日，第 1 版，“论说”。

[2] 选：《共和国体与共和国民》,《大公报》1912 年 1 月 28 日，第 2 版，“代论”。

乃可与言真共和”[1]。

也有人虽然承认“大道有经有权，有常有变，经与常固一定之规则，权与变则与世为转移”，也知道“欧西自契约说行，权利、义务各自分明，君主遂为人民之公仆，久之，世界渐趋于文明，程度日高，权力日涨，竞争愈烈，生存愈久，于是尽人皆有国家之观念，抱政治之思想，知以人民为国家之主体，弃君主而图共和”，可是却辩称：“合中外之治理、治法以参观，果能国利民福，虽开明专制也可，君主立宪也可，即民主共和也亦无不可。国体之解决不解决，在通人达士固无所谓争执也。”由此得出的结论是清廷统治甚好，非历朝历代专制可比，应当继续维系。[2]

形势比人强，在国体政体热议的纷纷攘攘之中，清廷终于决定退位，接受共和。可是关于此事的报道中，清帝退位享有优待不断被说成是虚君共和。2 月 4 日《大公报》的报道就说：“议决虚君共和国体各条件已纪昨报，兹闻以上各项现向南京枢府往返电商，此中一、二、三、八、十、十一、十三七项略经议定，其余六项现正电商之际，可望彼此一致，无所更动。但此等未决条项经民国赞同后即奏请懿旨确定，故公布之期尚须有待。又闻十四日御前会议后，皇太后业已承认虚君共和，南京亦表允从之意，惟目下尚有一般反对者，故宣布须少缓。”[3] 次日该报仍然声称：“虚君共和国体日前□御前会议已经决定，迭志本报”[4]。又援引来自内阁的消息说，近日驻京各公使连赴迎宾馆拜晤袁内阁，有秘密会商之要件，“闻其内容系关于解决国体后之各项问题，如内阁所提出之虚君位共和办法及取消南京政府等事，民军尚未承认，内阁抑或坚持，彼此又有互

[1] 梦幻：《闲评二》，《大公报》1912 年 2 月 1 日，第 2 张第 1 版。

[2] 《候选知县朱龙伯上袁内阁书》，《大公报》1912 年 1 月 31 日，第 2 张第 4 版，“来件”。

[3] 《国体问题宣布之慎重》，《大公报》1912 年 2 月 4 日，第 3 版，“要闻”。

[4] 《国体问题将完全解决》，《大公报》1912 年 2 月 5 日，第 3 版，“要闻”。

相纠葛之势，故各公使仍拟再为调停，以免终于决裂云”[1]。

也有人看到，和议迟迟无果，并非因为君主的存废，“或谓国体一日不定，和议一日不成，即战祸一日不息，不知国体问题早已迎刃而解，而今日所断断争执者，则为解决国体之外，另发生之一大问题也。盖未允共和以前，由种族问题发生政治问题，由政治问题发生国体问题，此今日议和之结果也。既认共和以后，由皇室问题发生国会问题，由国会问题发生政府问题，此今日议和之开端也。国体问题所争者在君主、民主，其名固不并存，政府问题所争者在南京、北京，其势亦不两立。然君主既两无所望，则国体之解决其事易。”如果和谈不成，重新宣战，“当认为孙、袁之宣战，而非君民之宣战，盖君主二字，无论虚君共和、民主共和，已于议和两月以来暗中消灭”[2]。这一判断，在北京方面大体不错，在南京方面则未必尽然。袁世凯并不代表君，孙中山则仍然代表民。

虚君共和虽然事实上没有可行性，舆论风传却始终不绝于耳。“内阁前日呈进要折一封，图一件，据个中人云：该图确系为虚君共和政系表，折中系解释君位与该政体之维系，并证明日前所拟十三条之种种关系。惟该表当日复由内廷发还内阁。”[3]“袁内阁于十五日呈递密折一件，其内容闻系详细解释虚君共和一切组织，其最关紧要之句为政权虽皆逊让，皇位仍旧存留，请毋滋生疑虑云。”[4]据说内阁还接到康梁二人联名来电一件，“其内容系表示赞成虚君共和之政体，并于内阁所拟各条款颇有指陈。袁已将种种不得已之苦衷电告康梁，并详述其委屈婉转保存君位之本意云”[5]。

罗惇曧指康有为的虚君共和为袁世凯所利用，最大的可能就是

[1] 《解决国体后仍待调停》,《大公报》，1912 年 2 月 5 日，第 4 版，“要闻”。

[2] 梦幻：《解决国体外之议和问题》,《大公报》1912 年 2 月 5 日，第 2 版，“言论”。

[3] 《呈进虚君共和政系表》,《大公报》1912 年 2 月 6 日，第 3—4 版，“要闻”。

[4] 《袁内阁密奏之内容》,《大公报》1912 年 2 月 6 日，第 4 版，“要闻”。

[5] 《康梁赞成虚君共和》,《大公报》1912 年 2 月 8 日，第 5 版，“要闻”。

后者将此与退位优待混为一谈，以便敷衍满蒙亲贵王公。《大公报》的相关报道可以佐证：“虚君共和政体已将规定，袁内阁特将所拟条款于十八日通告驻京各蒙古王公。兹闻该王公等对于所拟均极赞成，并无反对之意，日内即行公谒袁总理详筹一切。”[1]“虚君共和政体，内阁特将十九信条所定各节逐一比较，于日昨布告亲贵。兹闻各王公以政体虽改，而宗祀未湮，君位犹存，深感袁总理维持之苦心，故均无反对之意，虽恭邸亦表示赞同，刻均静候发表。”[2]

利用虚君共和，不单是为了安抚北方，也有增加与南方讨价还价筹码的用意。“共和诏旨一经发表，袁内阁即当首先将所抱宗旨刊布中外。兹探袁内阁对于此项刊布极为踌躇，偏于君主则与时势不合，偏于共和则招中外讪笑。近与各幕府屡次讨论，当商出一法，系对于君主及共和两方皆用虚写，其重要处即将此次出仕原属调停和局，并无他项奢望种种之苦衷叙明，大约将来即用此意。”[3]

南方对于所谓虚君共和的主张始终高度警惕，双方反复磋商的条款，都要清楚写明清帝退位或逊位，才能给予优待。一直关注报道此事的《大公报》对于双方所争的焦点心知肚明，在刊出新订条款后特加按语：“以上各款仍系逊位，并非辞政，不得谓之虚君共和，不知内阁如何磋议。”[4]其后续报道称：“内阁前次提出优待各条款，已由南京民军议决电复，袁内阁遂于二十一日特开阁议研究。闻袁意以各项条款虽多删改字义，尚无不可。惟其中最要者为甲类中皇帝尊号无相承不替字样，且以外国君主待遇，殊与内阁所拟虚君共和宗旨相悖……皆为关系至要问题，未便承认，议定后除电复伍代表外，并奏请皇太后钦核。”[5]

---

[1] 《蒙古王公与虚君共和》,《大公报》1912年2月8日，第4版，“要闻”。
[2] 《亲贵王公与虚君共和》,《大公报》1912年2月8日，第4—5版，“要闻”。
[3] 《袁内阁宣布宗旨之预闻》,《大公报》1912年2月8日，第4版，“要闻”。
[4] 《民军电复优待皇室条款》,《大公报》1912年2月10日，第4版，“要闻”。
[5] 《关于优待条款之阁议》,《大公报》1912年2月11日，第3版，“要闻”。

面对南京临时政府方面的坚持，袁世凯再次以武力相威胁，“冯、姜、段各军统对于虚君共和政体极表赞成，已联电伍廷芳，要求承认优待条件”。伍廷芳通电表示：此次袁内阁提出优待条件，已由参议院协定，并将修正案令全体议决，“惟清帝逊位字样必须标明，非是即不足巩固中华民国之基础，且含有虚君位之嫌疑。此次自武昌起义所流之血，聚集可成江河，国民之所希望者，惟在共和，故对于清帝逊位一事不能不始终坚持。而诸公欲保存旧帝之苦心，此间已为人所共谅。但以此事关太钜，不能含糊了事”。冯国璋接电后，“再联合各路军队复去一电，于逊位二字大为反对，力请撤销，否则死不认可”[1]。如此可见，南北暗中就是否虚君的博弈，其实相当激烈。民党唯恐稍有不慎，给清廷留下任何重掌权力的口实机会。

清帝退位诏书颁布之日，有人总结一年来的大变局，分为三个时期，最后“为君民议和时期，即专制消灭时期也。当此之时，言战则饷械俱穷，言抚则口舌无效，适因外交团之介绍，停战议和，于是由种族问题变为政治问题，更由政治问题变为国体问题，而君主、民主之争议起。其始政府坚持君主立宪之说，迨一再展期，共和之潮流遂有一往莫遏之势。政府知非改建共和不足以挽回人心，保全领土，皇太后亦力顾大局，不忍以一姓之尊荣陷生灵于涂炭，慨然允行虚君共和国体，以政权让之国民。有施必有报，民军遂提出优待皇室条件，以表其酬报之忱，此今日议和之终局也”[2]。有意无意间仍然将退位优待混同于虚君共和。

虚君共和的主张能否成立，是否如康有为所自诩为奇妙政体，可以从当时中外人士关于国体政体的辨析大致反映出来。有人主张：

共和为国体之一，而或以为政体者，此不明国体与政体之

---

[1] 《各军统关于逊位之电争》，《大公报》1912 年 2 月 12 日，第 5 版，“要闻”。

[2] 梦幻：《辛亥年回顾录》，《大公报》1912 年 2 月 13 日，第 3 版，“言论”。

> 区别者也。国体与政体之区别，极易混淆。虽欧美积学之士，犹复龂龂致辩，莫衷一是。然苟就统治权以立论，则二者之区别，初不甚难。……国体所以定统治权所在之问题者，政体所以定统治权作用之问题者，由统治权所在以定国体，则有君主国与共和国之分。而共和国，实兼贵族国与民主国而言，即一人而占国家最高地位者，为君主国，少数人而占国家最高地位者，为贵族国，一般人民而占国家最高地位者，为民主国。更由统治权之作用，以定政体，则有立宪国与专制国之分，即立法、司法、行政三者。各设分任机关以运行之者，曰立宪；其不分任者，曰专制。然则共和乃国体之一，其与政体，固若风马牛之不相及，乃不明此义者，犹复以之为政体。一若政体之中，于立宪、专制外，更有共和政体之一种，与立宪、专制，鼎足而三，是则非但不合于学理，亦且有背乎事实。何则，共和国家，未有不立宪者，若以共和为政体之一，而立宪又为政体之一，岂非一国而有两种政体乎？……不宁惟是，若以共和为政体，则政治而善，将唯共和贪其功；政治而不善，亦将唯共和尸其咎矣。不知共和乃国体，其优胜之点，即在元首不世及。夫元首不世及，则不患无治人。至于政治之善恶，又当视其政体以为转移。此所以共和国家，未有不立宪者，盖必立宪而后不患无治法。由是以观，则不患无治人，为共和之力；不患无治法，为立宪之功。一为国体，一为政体，各有所长，莫能相掩。若直以共和为政体，而政治之善恶，其功其过，又悉归诸共和，是岂持平之论，焉得而不辩哉。[1]

按照此说，君主制与共和制同为国体，而同一国家不能有两种对立的国体，因此绝无并存兼容的可能。

---

[1] 浩如投稿：《论共和为国体之一》，《盛京时报》1912年2月15日，第1版，“选论”。

同样是依据国体政体的辨析，日本人士的看法有所不同，认为：

抑所谓君主国体、共和国体云者，固似正反对之国体，如水火之不相容，然此特为法理上之相违，国家之本质，则君主国体、共和国体实为同一。盖国家由主权而成立，所谓主权者，法理上绝对无制限，君主国之主权与共和国之主权，其本质为平等。惟主权之所在，或存于一人之君主，或存于国〔团〕体合议之意志，而别为君主国体及共和国体，其主权之性质，要为同一，何则？主权者之意志，即成法律，而既成法律以后，则为无论君主国与民主国，皆得向于其人民要求强制，使其绝对的服从法律，则无不同也。至于共和国体，虽又有贵族共和、民主共和之别，然此亦但因组织主权团体员数之多少，而无根本的差别。惟君主国体与共和国体，法理上似为全然正反对之二大制度。然在今日世界文明各国，无论为君主为共和，皆成立宪政体，故处今日而论国体，断无优劣之訾议。此何以故？昔之政体，君主、共和同为专制，故评论其优劣，研究其利害得失，有时谓当废君主国体而变为共和国体，有时谓当变共和体而改为君主制。若夫立宪政体，则政府之权限与人民之自由皆据宪法而确定，不能互相侵害，故君主国体与共和国体，其行政之实质内容均属同一，无变更国体之必要。立宪代议制之君主国，其国体虽为君主制，而政体实含共和制。单头大统领之共和国，其国体虽为共和制，而政体当仿君主制。要之，国体为君主制者，则其政府之组织（政体）宜调以共和制之要素，采共和制之所长，补君主制之所短，此至要之务也。[1]

[1]　高劳：《东洋最初之共和国》（节译日本《太阳杂志》），《东方杂志》第8卷第10号，1912年4月1日，第36—37页。

尽管二者各执一词，无法统一，只要不带成见，甚至别有用心，就学理而论，也无须统一。无论如何，帝制与共和，不可能作为国体而并存，但可以作为国体与政体而兼容。只是现实政治不容含糊其词，有所闪失。伍廷芳解释优待清室条件时，斩钉截铁地指出：“民国政府于赞成共和、自愿辞位之清帝虽可予以优待，然万不能于共和国体稍有妨碍，有蹈虚君位之嫌。”[1] 此言足以为针对民主共和的国体政体之争以及虚君共和主张画上句号。

第五节　结语

1912 年 10 月 22 日，梁启超在北京报界欢迎会上发表演说《鄙人对于言论界之过去及将来》,此文当年就做了《庸言》的代发刊词，而该刊是梁启超宣传进步党政见的主要阵地。这篇文字相当于梁回国后的宣言书，同时也是关于自己过去政见的辩解书，从中可见其共和心路历程的跌宕起伏，也相当程度反映了辛亥时期中国共和发展演化的轨迹，而国体政体之辨正是其辗转腾挪的学理凭借。

梁启超声称，自己的立言宗旨，“仍在浚牖民智，薰陶民德，发扬民力，务使养成共和法治国国民之资格。此则十八年来之初志，且将终身以之者也”。世论或以其曾主张君主立宪，如今在共和政体之下，不应有发言权，即欲有言，也应当先自引咎，以求恕于畴昔之革命党。甚至捏造谰言，“谓其不慊于共和希图破坏者”。即使同党同道中，也有人“疑于平昔所主张，与今日时势不相应，舍己从人，近于贬节，因嗫嚅而不敢尽言者”。梁启超以为，“此皆谵词也。无论前此吾党所尽力于共和主义者何如，即以近年所主张，对于国体主维持现状，对于政体则悬一理想以求必达，此志固可皎

[1] 《临时政府法令及来往公文 · 伍代表解释优待清帝条件》,《东方杂志》第 8 卷第 10 号，1912 年 4 月 1 日，第 26 页，“内外时报”。

然与天下共见”。

梁启超如此坦然自辩，理据就是“国体与政体本不相蒙，稍有政治常识者频能知之矣”。去年九月以前，君主存在还俨然为事实，而政治败坏已达极点，忧国之士，对于政界前途发展的方法，分为两派。一派希望政治现象日趋腐败，使得君主因民怨而自速灭亡，因而不再救正其失政，惟有从事秘密运动以加速其覆亡。一派则不忍生民涂炭，设法随事补救，“以立宪一名词，套在满政府头上，使不得不设种种之法定民选机关，为民权之武器，得凭藉以与一战”。两派所用手段虽有不同，却是相辅相成。武昌起义至今，无事不资两派人士相互协力，就是明证。既然前此曾言君主立宪者并未负于国民，则今日更不必因何嫌何疑而不敢为国宣力。

至于强诬前此立宪派为不慊于共和，更是无理取闹。立宪派人不争国体而争政体，对于国体主张维持现状，对于政体则求贯彻将来之理想。“夫于前此障碍极多之君主国体，犹以其为现存之事实而承认之，屈已以活动于此事实之下，岂有对于神圣高尚之共和国体而反挟异议者。夫破坏国体，惟革命党始出此手段耳，若立宪党则从未闻有以摇动国体为主义者也。故在今日，拥护共和国体，实行立宪政体，此自论理上必然之结果，而何有节操问题之可言耶。”前此所担忧的革命后种种险象，不幸而言中者十之八九，事实章章在目，不能隐讳。不能说中国今日已治已安，爱国志士的责任从此完成。“平心论之，现在之国势政局，为十余年来激烈温和两派人士之心力所协同构成，以云有功，则两俱有功，以云有罪，则两俱有罪。”既然欲将国家脱离厄区跻诸乐土，而今方泛中流，未达彼岸，其责任的艰巨十倍于前，更加不能推卸。

因此，梁启超理直气壮地宣称：

> 今激烈派中人，其一部分则谓吾既已为国家立大功成大业矣，畴昔为我尽义务之时期，今日为我享权利之时期，前此所

受窘逐戮辱于清政府者，今则欲取什伯倍之安富尊荣于民国以为偿。此种人自待太薄，既不复有责备之价值。其束身自好者，则谓吾前此亦既已尽一部分之责任，进国家于今日之地位矣，自今以往，吾其可以息肩，则翛然于事外而已。而所谓温和派者，忘却自己本来争政体不争国体，因国体变更，而自以为主张失败，甚乃生出节操问题。又忘却现在政治，绝未改良，自己畴昔所抱志愿，绝未贯彻，而自己觉得无话可说，则如斗败之鸡，垂头丧气，如新嫁之娘，扭扭捏捏。两方面之人，既皆如此，则国家之事，更有谁管。在已治已安之时，人人不管国事，尚且不可，况今日在危急存亡之交者哉。若谓前此曾言立宪之人，当共和国体成立后，即不许其容喙于政治，吾恐古往今来普天率土之共和国，无此法律。吾侪惟知中国为中国人之中国，尽人有分，而绝非一部分人所得私。前清政府，以国家为其私产，以政治为其私权，其所以迫害吾侪不使容喙于政治者，无所不用其极。吾侪未尝敢缘此自馁，而放弃责任也。况在今日共和国体之下，何至有此不祥之言。此鄙人所为欲赓续前业，常举其所信以言论与天下相见也。[1]

国体政体之辨，为梁启超找到脱困的空间，避免了一面倒的共和声势下今是昨非的尴尬。国体政体辨析的出现及其在近代中国的表现，表明因缘不同的社会文化创造出来的政治体制和政治学说，虽有一定的规律和一般的规则，却很难成为毫无例外的通则。以前所未有作为已所不能的依据，是行动力缺乏的表现。反之，以为可以一厢情愿地任意作为，迟早也会付出代价。其间的“度”因时因地因人而异，拿捏起来极为困难。政治学、国家学、法学之类的学

[1] 梁启超：《鄙人对于言论界之过去及将来》,《庸言》第1卷第1号，1912年12月1日，第5—7页，“讲演”。

科分际，其实是依据人类社会不同实体的历史和现状进行归纳和解释，并非放之四海而皆准的公理公例，梁启超等人书生意气，纸上谈兵，以为必须完全按照学理建政，只能是缘木求鱼。

可是，梁启超虽然惨败，革命党也并非完胜，各国的历史和现状，毕竟也是重要参照。参验民初的历史，康有为、梁启超关于共和之后的种种预言和描述，可以说有着惊人的相似。几年后，康有为将其辛亥之际的文字编辑成《不幸而言中不听则国亡》，表示当年的预言都不幸成了现实。中国人经历了艰苦卓绝的努力，承受了无数的苦难和牺牲，才终于摆脱了割据纷争以及专制独裁的困境，以至于民初不少人为何必当初悔恨不已。然而，这或许是浴火重生不得不付出的代价，即使历史可以从头来过，人们依然会毫不犹豫地做出选择。近年来或者提出回到康有为，显然对于辛亥民元康有为鼓吹虚君共和的别有用心及其到处碰壁的尴尬境遇不甚了然，至少所开出的方子无法根治所面对的症结。

近代中国的政治变革，必须取法域外，有所选择，取法是大势所趋，选择则要根据国情。而不同方面和人物的立场地位见识有别，取法选择自然有异。化为政治口号的共和，在辛亥革命的滚滚洪流裹挟下看似成为人心所向，只是这样的异口同声之下，各自心中的共和有着不同的含义和指向。如果各方都一味以各自的利害为考量取舍，冲突就难以避免。而模糊分歧的最大公约化，不过是暂缓了矛盾的爆发，并没有解决问题。究竟如何是好，还有待国人继续披荆斩棘，开拓进取。

汉奸篇

引言

“汉奸”一词，作为一类特定人物的专门指称，今人看来似乎不言而喻。尤其在网络世界，动辄以“汉奸”相称乃至对骂，已经成为流俗。尽管有人说叛国通敌当汉奸者以中国称最，可是，放眼中外，即使考虑到语言和翻译的差别，具有类似意识的国家、民族其实并不多见；纵观古今，有此概念并用于特指的历史也不算长，充其量就是近世才有的新名词，决非如坊间和媒体所误以为的是汉代以来的旧观念。

问题是，这一指称因为泛用而习以为常，很少有人注意其渊源流变。偶有提及者，也是望文生义地倒述。直到近年，才有识者发觉其非同寻常，予以关注并有所探讨。发其端者，首推神户大学文学部的王柯教授，他于 2004 年在《二十一世纪》第 6 号发表了《“汉奸”：想象中的单一民族国家话语》一文，用历史的方法对“汉奸”一词的起源流变进行了大致的梳理。该文经过补充增订，改题《“汉奸”考：一个拟制民族国家话语的诞生》，发表于岩波书店《思想》

第 981 期，并收入陈理、彭武麟主编的《中国近代民族史研究文选》（北京：社会科学文献出版社，2013 年版）。

在此基础上，中国人民大学博士生吴密发表了《清代官书档案所见汉奸一词指称及其变化》（《历史档案》2010 年第 1 期）、《“汉奸”考辩》（《清史研究》2010 年第 4 期）、《谁是“汉奸》（《中国图书评论》2012 年第 10 期）等文，并撰写了题为《民族和国家的边缘——清代“汉奸”名实关系及其变迁》的博士学位论文（2011 年），在王柯的基础上，将晚明至清亡的汉奸指称及其演化分时段予以呈现。作者显然不满于先入为主地认定“汉奸”为民族主义的主观臆造，不过基本架构仍是后设的民族与国家。

2012 年，复旦大学历史系博士后杨思机提交的出站报告《汉民族指称的形成与论争》，不仅探究了“汉族”这一特定专有名词概念形成演化的历史进程，为理解把握“汉奸”的演变提供了必需的历史文化背景，而且专章论述辛亥革命时期的“汉奸”问题。尤其值得一提的是，作者注意到王学庄发表于 1996 年《近代史资料》总 88 号的《〈驱满酋必先杀汉奸论〉作者辨》一文，已经考订出 1907 年 1 月 25 日在《汉帜》第 1 期发表《驱满酋必先杀汉奸论》的“锄非”，并非一般认为的刘道一，而是陈家鼎。[1] 此事一般难以想到和征实，虽然已被订正，可是前人失察，撰写专题论文于后，却继续以非为是，非经再度指示，很难避免以讹传讹。

经过上述努力，“汉奸”一词的缘起及其流变，大体梳理清楚，据此可知，“汉奸”并非古已有之，所谓历代汉奸，不过是用后来的观念指称前事；目前可以查实的“汉奸”一词，最早见于明末治理和经营西南土司地区的过程之中；清中叶以前，“汉奸”主要是清朝官方用于指称煽动拨弄少数族人反抗朝廷的不法汉人；鸦片战

[1] 详见王学庄：《〈驱满酋必先杀汉奸论〉作者辨》，近代史资料编辑部编：《近代史资料》总 88 号，北京：中国社会科学出版社，1996 年版，第 236—244 页。

争前后，在延续清中叶概念的同时，又转而指勾结外夷祸害中国的汉人之奸徒，使得汉奸的指称泛化；扩而大之，后来也指学习外洋、用夷变夏的国人，汉奸与卖国贼连为一体，并且涵盖范围扩大到非汉人群。辛亥时期，与清政府的“汉奸”指称相对，革命党的排满宣传衍生出新的“汉奸”意涵，替满人为虎作伥残害同胞的汉人谓之“汉奸”。

在王柯、吴密的论述前后，还有一些学人分别对清中叶西南地区、鸦片战争时期以及辛亥时期的“汉奸”问题做了专题研究，概念的把握未必自觉，所探讨的问题及所引述的材料史事，则与两位大体相同或基本不出所论范围。[1]

先行研究推进至此，看似已经剩义无多，可是相较于史事本相和前人本意的错综复杂，可以发掘解读的历史实情仍然所在多有。现有的研究，或着重于概念的意涵，所预设的架构及选取的例证，不免仍然以后来观念先入为主，不能展现史事发生演化的多种可能；或缺乏观念的自觉，于历史意见与时代意见的分别及联系模糊不清。尤其是关于辛亥时期汉奸概念的转义，大体虽然不错，具体则有笼统之嫌。吴密的博士论文全文近300页，涵盖整个清代，关于辛亥时期的汉奸问题，仅第五章第二节专门论述，只有15页。尽管作者清楚地认识到“对清末革命派‘汉奸’话语的构建及其所起的作用研究非常不足”，并且尽力搜集资料，试图重建相关史事，较前人的认识有所进展，尤其是关于辛亥武昌战事发生后的论述，为前人所未及，可是相较于材料与史事，不能不说仍然显得相当薄弱。

[1] 茅海建《天朝的崩溃——鸦片战争再研究》（北京：生活·读书·新知三联书店，1995年版）注意到鸦片战争时期汉奸问题的突出和复杂，略而不论。白纯《鸦片战争前后的汉奸问题初探》（《南京政治学院学报》2000年第3期）将鸦片战争前后的汉奸分为转卖鸦片者、接济逆夷者、煽惑百姓者、充作内应者、贿夷乞降者等五类，并归纳了清政府防范和处置汉奸的主要措施。王瑞成《晚清的基点——1840—1843年的汉奸恐慌》（北京：中国社会科学出版社，2012年版）认为鸦片战争时期的汉奸泛滥，与各级官员推卸战败的责任紧密相关，背后则是国家与沿海社会关系重构的冲突。

不仅文本史事的梳理解读尚有不尽如人意之处，就连已经学人考订的事实，也不免以讹传讹的一错再错。

杨思机的博士后出站报告专章论述辛亥时期的汉奸问题，篇幅有 20 页。关于武昌起义前的部分，征引稍多；武昌起义后的部分，与吴密的博士论文讨论的问题相近，征引的材料则各有侧重，杨文主要依据当时报刊的即时报道，吴文则依据《湖北军政府文献资料汇编》等资料集；此外，杨文还专节论述了革命期间“汉奸”含义的再次蜕变。

有鉴于此，拟在前人研究的基础上，以辛亥时期“汉奸”指称的转义及其使用为主题，进一步耙梳史料，重现史事，尽可能完整地呈现历史本相及发展进程，进而依据历史实事把握相关概念及其演化。其中一些重要的文本和史事，解读与前人有别，主要是正面阐述，而非对面驳论，识者自能辨别。

第六章　清季汉奸指称的转义与泛用

辛亥时期，汉奸由原指鼓动少数族人反清以及勾结外夷祸害中国的汉人，转而指替满人为虎作伥残害同胞的汉人。1901年孙中山的《支那保全分割合论》，是迄今所知转义最早的发端。戊戌之后梁启超等人倾向革命,为“汉奸”转义推波助澜。《汉奸辨》区分“真汉奸”与“正色汉奸”，明确“满忠”才是真汉奸，分界由与朝廷为敌变成与国民为敌。而陈家鼎的《驱满酋必先杀汉奸论》列举的六种汉奸，可归为清朝文武汉官、保皇立宪派及假新党三类，均有实指，在强化倒满锄奸的同时，也产生将对敌手段用于同道同党的副作用。随着锄奸言行的泛化，“汉奸”在作为对敌斗争利器，的同时，部分变成打击异己的政治标签。

第一节　“汉奸”新义

辛亥时期排满革命的“汉奸”话语究竟开始于何时，至今仍是一桩悬案。王柯将1903年《黄帝魂》一书所收《汉奸辨》，定为20世纪初叶，革命派为了打倒清王朝，开始对“汉奸”进行再定义的代表作，未提及此前是否已经出现再定义的先例。吴密也认为：“革命派最早什么时候开始用‘汉奸’来指称那些维护清朝统治镇压革命的汉人为汉奸难以考证。”不过明确提出：“但若说到比较早而且影响比较大的当推‘中国有史以来为共和革命而牺牲第一人’的陆皓东。”[1]这样的看法，为探究汉族及汉奸缘起的学人普遍持有，杨思机也基本承接了这一认识。

1895年10月，陆皓东因广州起义事泄被捕，11月7日（九月二十一日）被杀。其间遭受刑讯，在供词中陈述受孙文的影响倡行排满：“务求惊醒黄魂，光复汉族。”“要知今日非废灭满清，决不足以光复汉族，非诛除汉奸，又不足以废灭满清。故吾等尤欲诛一二狗官，以为我汉人当头一棒。”

陆皓东的供词，或者又称遗书，出自邹鲁所编《中国国民党史稿》第3篇（甲）第1章（658—659页），该书并未提供原件影本，也未注明来源根据。邹氏民国时负责征集有关国民党史的文献，或许此项文件在征集所得的资料之列。不过，除《中国国民党史稿》外，其他相关著述，包括后来编辑的资料，均未征引过这份文件的底本。在《中国国民党史稿》之前，也从未有任何官私文书或报刊披露过此项文件。可见，除了邹鲁外，这实际上是一份不知所据的文件，《中国国民党史稿》成了目前唯一可以依据的底本。

如果供词为征集国民党党史资料所得，可能的来源不外有三，其一，清方档案；其二，后人保存；其三，他人收藏。而文本形式亦有三种可能，一是原件，二是抄本，三是转述。这些重要信息，显然与判断供词的真伪是否以及可信度息息相关。可惜的是，关于上述各节，邹鲁并无只字交代供词的来源出处，其他方面对此也没有任何说辞。就此看来，似乎只有邹鲁是唯一的知情人。后来的引

[1] 吴密：《民族和国家的边缘——清代“汉奸”名实关系及其变迁》，中国人民大学2011年博士学位论文，第267页。

据者，因为没有其他材料可以佐证或质疑，无法对此进行必要的验证。

黄宇和在《三十岁前的孙中山：翠亨、檀岛、香港 1866——1895》一书中，专门探讨了存在很大问题的“所谓陆皓东供词”的真实性，他认为该供词有两种可能性，一是孙中山等革命党人为了鼓动反清而制作，二是南海县令为了堵住前来营救的美国驻广州领事的嘴而炮制。[1] 此说质疑供词的真实性，主要侧重于出自陆皓东本人还是其他当事方面，但没有完全否认其当时性。

从供词的遣词用字看，即便邹鲁确有所本，并非原本或经过改动的可能性也相当大。例如文中几处使用的“汉族”指称，现在虽然习以为常，当时却并非常用的专有名词。迄今为止的研究显示，汉族的概念 1897 年以后才开始出现，而且与汉人、汉种混用，20 世纪初年，才逐渐普及并且开始进入约定俗成的过程。至于为“汉奸”重新定义，此前几无先例，此后数年间也几乎没有响应者，显得过于突兀。因为造新词固然不易，旧词新用同样困难。在刑讯的特定场景下，创新或熟练使用非常用词，难以想象。况且，即使供词的确存在，在邹鲁编撰出版《中国国民党史稿》之前，也处于世人不知的秘藏状态，要以供词作为新义“汉奸”比较早的例证，在考订确实之前，还须慎之又慎。由于供词此前并未问世，“且影响比较大”的判断，更是无从谈起。这也在很大程度上使得革命党人为鼓动反清而制作的推测失去凭借。

质疑陆皓东供词的“汉奸”新义，并非否定“汉奸”的转义与革命党有关。从陆皓东的供词到 1903 年的《汉奸辨》，前后有八年时间。这在历史长河中或许显得短暂，可是世纪之交，恰是新名词开始涌入的时段，其间一些旧词也做了重新定义和解读，而最有可

[1] 黄宇和：《三十岁前的孙中山：翠亨、檀岛、香港 1866—1895》，北京：生活·读书·新知三联书店，2012 年版，第 572 页。

能最早对“汉奸”重新定义的，仍属孙中山一派的革命党。其关键的文本，则是孙中山本人撰写的《支那保全分割合论》。

在相当长的时间里，《支那保全分割合论》被认为最早发表于1903年9月21日出版的留日江苏同乡会主办的《江苏》杂志第6期，后来编辑《孙中山全集》第1卷（北京：中华书局1981年），即据此将此文的时间系于1903年。直到1995年，狭間直樹教授发表了《关于〈东邦协会会报〉刊登的〈支那保全分割合论〉》(《孙文研究》第18号)，并于次年在神户召开的纪念孙文诞生130周年国际学术研讨会上做了《关于〈支那保全分割合论〉的若干问题——孙文来日初期的革命活动的一个侧面》的报告，确证《江苏》所载《支那保全分割合论》，其实是两年前《东邦协会会报》刊登的同一文章的再度发表。[1]1901年12月20日，《东邦协会会报》第82号卷首发表了署名“孙文逸仙稿”的《支那保全分割合论》。虽然《江苏》刊本文字有所更动，尤其是原来的朝廷改满朝、清朝，清政府改虏朝、鞑靼，清改满、虏等，进一步凸显了反满的色彩，关于汉奸及其相关的用词则基本保持原样。

时间提前两年，不仅对了解文章的语境和解读孙中山的本意大有裨益，而且使得“汉奸”一词重新定义的起点有了新的证据。孙中山在文中明确说：

> 清廷常图自保以安反侧，防民之法加密，汉满之界尤严，其施政之策，务以灭绝汉种爱国之心，涣散汉种合群之志，是

[1] 《孙文和华侨——纪念孙中山先生诞生130周年国际学术讨论会论文集》，汲古书院1999年（该论文集的中文版1997年由神户孙中山纪念会印刷，非卖品）。该文后以《关于〈支那保全分割合论〉的若干考察——孙文访日初期革命活动的一个侧面》为题，收入林家有、李明主编《孙中山与世界》（长春：吉林人民出版社，2004年版）。几年后，狭間直樹教授又写了《关于孙文的〈支那保全分割合论〉》，发表于2001年《民国档案》第4期，进一步讨论孙中山的文章为何会再度刊载的问题。

事以刀锯绳忠义，以利禄诱奸邪。凡今汉人之所谓士大夫甘为虏朝之臣妾者，大都入此利禄之牢中，蹈于奸邪而不自觉者也。间有聪明才智之士，其识未尝不足以窥破之，而犹死心于清朝者，则其人必忘本性、昧天良者也。今之枢府重臣、封疆大吏殆其流亚，而支那爱国之士、忠义之民，则多以汉奸目之者也。策保全支那者，若欲借此种忘本性昧天良之汉奸而图之，是缘木求鱼也。[1]

据此，“汉奸”在满汉对立中，不再是指反对满清的汉人，而是士大夫当中帮助满清的“甘为虏朝之臣妾者”，是“忘本性、昧天良”的奸邪之徒，其中就包括枢府重臣和封疆大吏。这与此前的“汉奸”含义截然不同，而与辛亥时期革命党人排满话语系统中的“汉奸”指称基本一致。虽然不足以支持六年前陆皓东的供词，至少表明受孙中山影响而倡行排满的陆皓东供词的主旨与孙中山的思想一脉相通。

孙中山重新定义“汉奸”，排满以为根本改造的宗旨当为主要动因。而戊戌前后“汉奸”语境的若干变化，也有潜移默化的影响作用。这些变化主要体现于三个方面，

其一，“汉奸”之“汉”的范围由汉人扩大到华人。鸦片战争后“汉奸”一词出现频率最高的时期之一，是中日甲午战争期间，《申报》刊登《防奸续议》的论说，指出：“奸细有二，一为汉奸，一为倭奸，非汉奸则倭奸无所容身，非倭奸则汉奸亦不能传消息。”并进而提出防治办法：“窃以为防倭奸易，防汉奸难。倭奸虽改扮华人，终有破绽，若汉奸则本系华人中之无赖，惑于富贵功名之说，竟不知顺逆，觍颜事仇。其人本系华人，别无记号可以认识，其宅心之险恶，则更甚于倭奸。何以言之，倭奸虽为恶于我华，而其百计千方，

[1]　孙文逸仙稿：《支那保全分割合论》，《东邦协会会报》第82号，1901年12月20日。

暗中侦察，泄我秘要，以破我师，在日本人视之，尚不失为忠心耿耿。独华奸本系食毛践土，履厚戴高，尔祖尔宗，尽是圣清之黎庶，乃一旦心肠变易，将情输之于敌人。在我朝固罪无可逃，而敌人亦视为无足重轻，不过饵以重利甘言，驱之如牛羊犬豕耳。我故曰倭奸固宜防备，而汉奸益诛之，而罪不胜诛也。防之之道奈何，曰先严惩治汉奸之律，凡有华民之为倭人间谍者，获即斩首，略不稽留。即使幸脱网罗逃之海外，亦设法拘获，明正典刑。如是则倭奸无容顿之人，其计可以立破。”[1]

从汉到华，是清中叶以后文化认同的一种趋向，中古时的汉化，到了清代渐成华化。显例之一，如清中叶华侨指称的出现。这一变化具有复杂内涵，其中之一，当为汉的自我意识相对于满日渐清晰，但是相对于外夷或外洋，其内向的覆盖面有所不足。若汉特指固定人群，华的涵盖则要宽泛得多。华奸之类的说法后来未能通行，可是汉奸之汉与华侨之华却有所对应甚至互通。这成为清季中华民族概念应运而生的历史文化渊源，意味着这不仅仅是由于民族认同的紧张而生造的政治概念。尽管民族自觉实际上主要是由外来民族主义思想观念的传输刺激而生成。

由汉而华的另一潜在意向，显示汉与华本来均不是人种观念的分别，而是文化意识的差异，当汉可能与人种相关联而产生混淆时，只能以华取而代之，才能保持文化取向的本意。后来无论是满汉之争的汉族意识强化，还是针对这种取向的批判，都同样是误将汉视为同一种族，而有违所谓“汉”只不过是文化认同的历史存在本相。就此而论，汉与华本是一脉相通的，二者都具有来源各异的人群的文化混同性。须知今日所谓汉族，从未经过民族识别，就被视为当然的共同体。实则其来源的多样性几乎可以一望而知。

其二，按照清朝的正统观，“汉奸”已不仅指鼓动非汉群体反

---

[1] 《防奸续议》,《申报》1894 年 9 月 4 日，第 1 页。

清的汉人以及勾结外国出卖中国的奸邪，而是将一切反清之人均与“汉奸”相联系。这样的衍伸在媒体和士绅的意识言语中已经展现出来。戊戌政变后，《申报》刊登《慎防逆党煽惑海外华人说》，表示：“彼梁逆早存一败事后只身远遁之意于胸中，乃欲诱人背君去国，窥其肺腑，其毒盖更甚于洪秀全、杨秀清之流矣。原刻拟以汉奸龚孝拱等人，窃恐尚未情真罪当，其他种种狂妄之说，直与猘犬无殊。”[1]

1899 年 2 月，湖南曾子彦上书该省当道，提出：“自强邻逼处，削夺我藩篱，侵占我土地，因而内地匪徒，隐为汉奸，显肆猖獗，愚民易为所煽惑。”希望继续湖南创立保卫局开民团之先声的事业，各府厅州县陆续举办团练。[2] 是年四川余栋臣势大，扣押安定营统领周寿卿，官府剿抚未定，派王秉节前往处置。“初，地方绅董惧余匪之滋扰也，议定每日馈银二百两，按十日一付。及甲乙丙丁四绅董谒方伯，方伯面斥云：汝等既为余匪筹措银两，非汉奸而何，彼敢将朝廷二品大员扣留，岂非造反乎。”扬言要“先将汝等四人正法”，然后“进兵痛剿”。[3] 变法的梁启超、反教的余栋臣和盗匪一样被当成汉奸，则清廷眼中的“汉奸”在反清的时趋中势必转向正面。

其三，变法救亡思潮的兴起导致“汉奸”指向的转移。戊戌政变后流亡日本的梁启超撰写《戊戌政变记》，一方面批评自强改革，“以教育论之，但教方言以供翻译，不授政治之科，不修学艺之术，能养人材乎。科举不变，荣途不出，士夫之家，聪颖子弟皆以入学为耻，能得高才乎。如是则有学堂如无学堂。且也学堂之中，不事德育，不讲爱国，故堂中生徒，但染欧西下等人之恶风，不复知有本国，贤者则为洋佣以求衣食，不肖者且为汉奸以倾国基，如是则

[1] 《慎防逆党煽惑海外华人说》，《申报》1898 年 11 月 14 日，第 1 页。

[2] 《曾君子彦上湖南各当道论办团练书》，《申报》1899 年 2 月 21 日，第 3 页。

[3] 《详述蜀匪余蛮子就抚事》，《申报》1899 年 4 月 14 日，第 2 页。

有学堂反不如无学堂”，看似延续既有的“汉奸”指向，另一方面，又对以往将主张学西学谈救亡者目为“汉奸”表示强烈不满，“至于光绪甲申，又二十年，朝士皆耻言西学，有谈者诋为汉奸，不齿士类”。而大臣之中，“瞢然不知有所谓五洲者，告以外国之名，犹不相信，语以外患之危急，则曰此汉奸之危言悚听耳”[1]。

按照梁启超的逻辑，不是学习西学、呼吁救亡的人为汉奸，恰恰相反，不能变法图强，抵御外侮，才会导致汉奸的产生。这样的认识，为“汉奸”的转义铺平了道路。1899年底，翰林院编修沈鹏因天灾应诏上折直言，即沿袭这样的逻辑，指荣禄、刚毅、李莲英为三凶，主张诛杀之。他说："夫江南士民感戴皇上，纪诵圣德，闻中外之讹传，辄用怵惕，而忧疑其用情虽愚，其爱君则挚。刚毅必指为汉奸，摧夷挫辱。夫人一念爱君即为汉奸，则必仇视皇上，腹诽圣德，而后为大清之良民，中国之良士，是则率国人而叛皇上者，刚毅也，其设心于皇上为何如乎。此可虑者一也……此三人行事不同，而不利于皇上则同，且权势所在，人争趋之。今日凡旗员之掌有兵柄者，即职不隶荣禄，而亦荣禄之党援也，凡旗员之势位通显者，即悍不若刚毅，而亦刚毅之流亚也。而旗人汉奸之嗜进无耻者，日见随声附势而入于三人之党。时势至此，人心至此，可为痛哭流涕长太息。故窃谓不杀三凶以厉其余，则将来皇上之安危未可知也。”[2]

既然爱君反成“汉奸”，除了逼迫国人背叛皇上之外，也为反过来将附和“三凶”者认作“汉奸”提供了可能。庚子自立会起事，“熊锦堂、张鑫山与易敬臣等人误听康逆唆使，投入自立匪会，私售富有票，后得省悟，至驻扎日晖港之安字营投诚。某日，奉江南提督李大人及前任道宪余大人之命，往南通州一带劝令匪党曾国章等反正，途遇康党刘保林交付一信，嘱持往见曾。丈夫（即熊锦堂等）

[1] 梁启超：《戊戌政变记》，《饮冰室合集》专集之一，第83、21、69页。

[2] 《续沈编修应诏直言折》，《申报》1899年12月10日，第1页。

不知其诈，贸然前往，曾指为汉奸，立用洋枪击毙，并将尸骸剁分数段，易更被曾剖腹屠肠，抛尸丝鱼港内”[1]。此处的“汉奸”，是指投降官府的变节分子，与原来反对“满清”的本义截然相反，而与革命党排满话语的“汉奸”含义颇为近似。

此后，梁启超一面借用原来保守官绅对洋务官僚及其事业的抨击，指清廷未能提出并确定“合于今世文明国民所同向”的教育宗旨，前驻日公使李经方为日本东京中国公使馆中附立之学堂所题对联，“斯堂培翻译根基，请自我始；尔辈受朝廷教养，先比人优。此二语实代表吾中国数十年来之教育精神者也。舍翻译之外无学问，舍升官发财之外无思想，若此者，吾亦岂能谓其非宗旨耶。以此之宗旨，生此之结果，吾中国有学堂三十余年，而不免今日之腐败，所谓种瓜得瓜，种豆得豆，丝毫不容假借者也”。这样的教育宗旨实际上是“培汉奸之才”，“开奴隶之智”，“夫使一国增若干之学问智识，随即增若干有学问有智识之汉奸奴隶，则有之不如其无也”[2]。

另一方面，梁启超又针对刚毅所说“学堂为养汉奸之地”的言论敬告当道者：“夫学堂则何至养汉奸，然使诸君而真改革也，则学堂中人皆为诸君用；使诸君而伪改革也，则学堂中人皆为诸君敌焉矣。此乃刚毅所谓汉奸也。夫敌守旧，敌也，敌伪维新，亦敌也。刚毅知其将为敌而锄之，诸君不知其将为敌而养之，则诸君之智，不如刚毅远矣。然则诸君今日而师法刚毅可乎？曰：是惟诸君。虽然，吾有以知诸君之不敢，且有以知诸君之不能也。今者中国改革之动力，非发自内而发自外。自哥仑布开辟新陆以来，麦志伦周航全球以后，世界之风潮，由西而东，愈接愈厉，十八九世纪所演于欧美之壮剧，势必趋而集于亚东。天之所动，谁能静之。岂惟诸君，虽周公、管仲复起，其无奈此风潮何也。利而导之，则功成焉，名立

[1] 《沉冤求雪》，《申报》1901年1月17日，第3页。

[2] 梁启超：《论教育当定宗旨》，《饮冰室合集》文集之十，第54—55页。

焉，国家安焉；逆而拂之，则身败焉，名裂焉，国家危焉。刚毅之术，是见洪水之来而欲堙之搏之也，其势必横决而倒行。今者诸君之术，则筑短堤柔堤以障之也，其势非泛溢而出焉，则刷落而溃焉，其无救于时一也。呜呼，诸君诸君，可以择矣。”[1]

此处的“汉奸”，已经不是顺着顽固官僚对洋务官员及其事业的指责，而是刚毅之意的反说，不改革或伪改革，学堂中人势必群起与清廷为敌。其承接世界风潮推动改革的大势所趋，顺之者昌逆之者亡。虽然被刚毅之流视为“汉奸”敌人，其实是革新的动力。

时势的变化为汉奸转义提供了必要的语境，在江西南昌，新政前后的观念迥然不同。“华字各报省城统称之曰洋报，向来阅者甚少。上年拳匪乱起，更诬之为私通洋人，称曰汉奸。虽有一二通识者心知其非，亦不敢公然置辩。本年朝廷颁行新政，彼都人士方知报纸能益人见闻，争先购阅，从前闭塞气象，焕然改观，舍旧图新，机缄其在是欤。”[2] 原来的“汉奸”行为如今成了时趋，认识自然随之变更。

梁启超的观念变化在保皇会同仁中不乏同调，尤其是具有反满革命倾向的康门弟子，有的言辞较梁启超更加直截了当。1902 年，欧榘甲在《新广东》中就针对刚毅“学堂徒养汉奸而已，不能成人才，无用”，应将各省学堂悉数裁撤的主张，提出：“虽然，刚毅之所谓汉奸者，乃以恢复汉人之权利，不愿为满人之奴隶，故目之为奸耳，此真吾汉人独立之种子，不可不培养者也。”鉴于“满洲朝廷，既以学堂为养汉奸之大患，虽经议和赔款假行新政，以愚内外之心，三年以来，昏乱犹昔，欲其立学堂以培我民之自立，岂有是理哉？且即有学堂，亦不过以奴隶教育施之，直奴隶学堂耳，岂足望以自立哉？然则此事将如何而可？吾则曰：诸君不欲自立则已，若其欲

[1] 梁启超：《敬告当道者》，《饮冰室合集》文集之十一，第 29 页。

[2] 《赣水寒流》，《申报》1901 年 11 月 26 日，第 2 页。

自立也，岂无法以处此乎？”各省欲图自立，宜开自立学堂。[1] 清廷眼中的“汉奸”，在革新者看来就是汉人独立的种子，那么，“汉奸”的帽子应当转而戴到对立面的头上，“汉奸”的转义，也就呼之欲出了。

第二节　“汉奸辨”

几乎所有研究辛亥时期汉奸问题的学人，都注意到并且着重引述了1903年《黄帝魂》所收录的《汉奸辨》一文，可见此文在“汉奸”转义进程中的极端重要。可是，关于此文的相关信息，如作者、出处、撰写及发表时间等，存在诸多不确定性。王柯就没有直接认可作者是否章士钊，并特别在注释中写明：“该文章并没有明记作者与写作时间，有人以为是章士钊（1881—1973）所写。收录该文的《黄帝魂》(黄帝子孙之多数人著)是黄帝纪元四千六百十四(1903)年出版的民族主义作品。《黄帝魂》的编者说《黄帝魂》所收的文章都是‘最近十年来报刊杂志所选的文章以及新近作成的文章之精华’”[2]。

据张枬、王忍之编辑的《辛亥革命前十年间时论选集》第1卷所附“书刊介绍”，《黄帝魂》1903年初版本仅29篇，1911年再版，增至44篇。据章士钊说，最初出版的上海东大陆图书印刷局，便是为了印行该书而成立。可是这个29篇的初版本，迄今为止似无人见过。目前可见的29篇本，为“中华民国元年四月六日再版”，不过底本是“黄帝纪元四千六百零八年十一月一日初版”，可以认定为初版本的翻版。全书正文共218页，撰述者为“黄帝子孙之多

[1] 欧榘甲：《新广东》，张枬、王忍之编：《辛亥革命前十年间时论选集》第1卷上，北京：生活·读书·新知三联书店，1960年版，第289—293页。

[2] 参见王柯《“汉奸”考：一个拟制民族国家话语的诞生》，《思想》第981期。

数”，编辑者为“黄帝子孙之一个”。据章士钊的《疏〈黄帝魂〉》，前者指各篇有多个作者，后者则是黄藻。至于发行者和印刷者，均为“黄帝子孙”，也应该是黄藻自称。台湾由罗家伦主编、中国国民党中央委员会党史资料编纂委员会影印的《黄帝魂》，为45篇的增订本，正文共310页，为“黄帝纪元四千六百十四年十一月一日印刷，同年十二月六日出版”。不过，无论哪一版，版权页都没有上海东大陆图书印刷局的字样。初版本实为30篇，目录遗漏了“祝北京大学堂学生”一则，增订本同样遗漏此条，实为45篇。

关于《汉奸辨》的作者，据章士钊《疏〈黄帝魂〉》称：“此为吾在《苏报》所撰之文，为汉奸翻案，为汉奸寻觅出路。”[1] 不过，查阅台湾出版的两种《苏报》影印本，均未找到此文。《章士钊全集》据《疏〈黄帝魂〉》之说收录，也只能依据《黄帝魂》，当亦未发现《苏报》刊登的原本。所以，此文是否刊于《苏报》，以及是否出自章士钊之手，仍有疑问。由此连带出文章发表的时间问题，虽然30篇的初版本的确收录此文，但无法确证具体写于何时，如果是为《苏报》撰写，是否已经刊出。《苏报》1903年因报案被封之前，曾经两度改版，均与章士钊等学堂风潮的退学生密切相关。章士钊注疏之时，虽然是当事人，却也忽略或是忘记了版本和篇幅的分别，所疏实为后来的增订本。

《汉奸辨》在辛亥革命排满的历史进程中究竟产生了怎样的影响，研究汉奸史的学人虽然有所描述，却未能举出相关实例予以证明，这似乎也从侧面反映此文的问世及流行还须进一步深究。倒是其中关于汉奸的指称起于汉代之说，对时下的汉奸论影响深远。不少人将其说等同于历史事实，望文生义地相信“汉奸”一词的确始于汉代。因为胡汉相争，“由是汉人之名，汉奸之号称焉。汉人为

[1] 全国政协文史资料研究委员会编：《辛亥革命回忆录》第一集，北京：文史资料出版社，1981年版，第232页。

汉奸者有之，外人称汉人为汉奸者亦有之”。这样的说法不过是想当然耳，汉朝人并不会自称汉人，“汉奸”之号那时纯属子虚乌有，而汉人自称与外人他指之别，更是无从谈起。经过近代知识转型之后，用后来观念解读前人前事，已经习以为常。稍加留意，诸如此类的现象比比皆是。一般情况下，作为俗语或方便名词无伤大雅，作为严肃的历史认识，则有无汉人汉奸的概念，意味着汉与非汉的界限是否分明，一方的自我意识与另一方的非我意识相当强烈，以至于约定俗成用了相同相通的名称。就此而论，不仅汉代人没有这样的观念，汉代以后相当长的历史时期内，后来被指为汉人的那一大群人也没有这样的集合观念，或是虽然偶有，内涵外延却与今迥异。

《汉奸辨》的主旨的确如章士钊所说，是要为“汉奸”翻案，并为之找出路。作者认为，汉奸名号流传了二千年未有定评，因此往往有视爱同类为汉奸者，泾渭不分，殊堪痛叹。翻案的主要做法是区分“真汉奸”与“满洲人之所谓汉奸”。“所谓真汉奸者，助异种害同种之谓也。”又分为死生两类，前者为历朝历代的汉奸，包括扶清灭明的吴三桂等人以及助满洲歼灭太平王的曾国藩、左宗棠、李鸿章等，后者如谄媚那拉氏枉杀中国义士的张之洞，为清廷阻止游学生进步的蔡钧，助清官吏搜括中国货财孝敬满洲、承担各行的巨商劣绅等。至于满洲人所谓汉奸者，“乃汉族中之伟人硕士，即为爱同类之故，甘心戎首，虽牺牲其身而不顾”，包括汉武帝时誓杀匈奴的霍去病、卫青等，宋朝的岳飞，近代的太平王洪秀全、烈士唐才常、林述唐等，“乃如之人，诚汉奸中之卓卓者矣”。虽然这样的“正色汉奸”暂时不及“满忠”人多势大，后起者犹复无量。“吾敢决之曰：三年之内，胡虏朝廷，必亡于汉奸之手。”

为此，作者“敬告汉人，慎毋为害己之汉奸，当为爱己之汉奸，更愿今日之为汉奸者，各尽其才智力量，勇往向前，剿灭丑类，恢复三千余万里之山河，更新四百兆人之魂胆，立新中国于环球之上，汉奸之名，不将流芳于万世乎？不将传扬于地球乎？今日汉奸尚其勉之，不必以异族人之目我为汉奸，遂畏汉奸之名而为之讳也”[1]。

《汉奸辨》的思路以及所谓“正色汉奸”的概念乍看显得有些怪异，其实是假设从“满清”立场而言的反话，希望汉人不要畏惧清廷以“汉奸”的罪名相加。就翻案而言，该文进一步明确梁启超、欧榘甲等人将满人所指汉奸视为革新独立的正面形象的取向；就正名而言，将真汉奸定性为助异种害同种，两方面相辅相成，否定清的汉奸论与确定汉人立场的真汉奸属性，正是“汉奸”转义的一体两面。反清不仅反叛作乱，还有排满革新，结交外国也不仅是卖国求荣，还有学习振兴。昔日的“满忠”，如今转而变成真正的汉奸。

《汉奸辨》的观念和主张，不乏同调，陈天华在《警世钟》中就鼓吹“杀尽仇人”，“杀我累世的国仇，杀我新来的大敌，杀我媚外的汉奸”。前者指“满清”，中间为洋人，至于后者，吴密认为“不但包括投降洋人的汉奸，也包括谄媚满人的汉奸”，确有道理。

诚如研究者所论，辛亥时期排满革命话语中的“汉奸”，主要是指在满汉冲突中维护“满清”一方的汉人。具体所指，包括三类，其一，帮助外族侵害本国，如《汉奸辨》所列举的历朝历代直至清初的“死汉奸”。1903 年 12 月 13 日，孙中山在檀香山正埠利利霞街戏院演说中所提及：“汉人之失国，乃由不肖汉奸助满人入关，征服全国”，[2] 就是此类的典型。

其二，为虎作伥，残害同胞以维护异族统治，如《汉奸辨》列举的曾、左、李、张、蔡以及巨商劣绅。扩大而言，一切维护清朝统治的汉人官绅都在汉奸之列。其中既有已经故去的“死汉奸”，也有为数众多的“生汉奸”。由于晚清这类汉奸往往与丧权辱国、

---

[1] 章士钊：《汉奸辨》（1903 年），章含之、白吉庵主编：《章士钊全集》第 1 卷，上海：文汇出版社 2000 年版，第 158—159 页。

[2] 孙中山：《在檀香山正埠利利霞街戏院的演说》，广东省社会科学院历史研究室、中国社会科学院近代史研究所中华民国史研究室、中山大学历史系孙中山研究室合编：《孙中山全集》第 1 卷，第 226 页。

出卖利权相联系，故而又与卖国的汉奸相一致。而出卖中国的不仅是汉人，其他非汉人群有此类行为者，也可能被指称为“汉奸”。

其三，虽然主张在清朝的体制内进行改革，却反对或不赞成推翻清朝的革命。这类汉奸首先是指康梁等人的保皇会，继而扩大指向国内的立宪派。由杭州中学堂退学生在上海组织的《新世界学报》社，在《新世界学报》停刊后，于1903年6月创刊《经世文潮》，作为前者的继续，不满于行世的各种经世文编“支离缪盩，用其体例，变其精神”，专设人种之部，刊发讨论满汉问题的文章。[1] 该刊1903年9月21日第7期刊登的《满清毋庸立宪》一文，一面指斥“太平之役，头等汉奸胡、骆、曾、左、李之伦，率其犬羊之性，残同胞以保客帝江山”；一面预言刚刚开始热议的清朝立宪之说，“不过欲为满洲立万年之基业，为汉人下不脱之羁轭，其永远之奴隶性质，深于胡、骆、曾、左、李万万。如将此等人正名定谥，非加以‘头等特别汉奸’之徽号，不足以定其罪而蔽其辜也”。立宪声起，“于是满人防御汉族反侧之心，藉以稍慰，谓执持欧洲数册君主立宪之底稿，虽头等汉奸胡、骆、曾、左、李复生，不能有此制汉扶清之力也”[2]。

1903年，清廷尚未定议是否要采取立宪制，议论立宪的主要是部分官员和士绅，严格说来，还没有形成后来称之为立宪派的势力。《经世文潮》的笔锋所向，只是泛指倡议立宪的官绅。而在海外，主张保皇立宪的政治势力确实存在，并与革命党在华侨中展开激烈争夺。本来革命、保皇两党在庚子前后有所合作，尤其是以梁启超为首的部分倾向激进的康门弟子，愤于时势，背着康有为暗中与革命党、中国国会联系，准备合作以武力推翻当朝执政，实行民政。格于形势，计划流产，梁启超继续与革命党合作的愿望遭到康有为

[1] 《经世文潮叙例》，《经世文潮》第1期，1903年6月25日。
[2] 《满清毋庸立宪》，《经世文潮》第7期，1903年9月21日。

的强力压制，不得已退回保皇的立场，却仍然利用孙中山在美洲各埠华侨中的人脉，使得孙中山感到受骗上当，被迫严词揭露保皇派的言行不一。

同样在1903年，当国内有心排满革命者刚刚为“汉奸”正名之际，孙中山就在《檀山新报》发表《敬告同乡书》，断言革命与保皇决分二途，势不两立，康梁等人打着“名为保皇，实则革命”的旗号，骨子里志在扶满臣清；檀香山保皇会《新中国报》副主笔陈仪侃口谈革命，身入洪门，“实为保皇之中坚，汉族之奸细”。并且宣称：“古今来忘本性，昧天良，去同族而事异种，舍忠义而为汉奸者，不可胜计，非独康梁已也。满汉之间，忠奸立判，公等天良未昧，取舍从违，必能审定。”[1]明确指康梁保皇拥清为汉奸，希望华侨认清革保分界，速定趋向。如此一来，敌我与同道的联系及分别，在中国革命进程中变得相当复杂，开启了“不反对敌人之人也是敌人”的政治论述的先河。

第三节 驱满酋与杀汉奸

既然汉奸是排满革命的重要对象，革命之际如何处置汉奸就成为革命党的重要政治选项。1905年孙中山再度游历美洲大陆，为致公堂重新拟定新章，其中规定，必须“先清内奸而后除异种”，因为在他看来，中国“被满清灭亡二百六十余年”，本来不是满人能够做到，关键在于“因有汉奸以作虎伥，残同胞而媚异种。始有吴三桂、洪承畴以作俑，继有曾国藩、左宗棠以为厉。今又有所谓倡维新、谈立宪之汉奸以推波助澜，专尊满人以抑汉族，假公济私，骗财肥

[1] 孙中山：《敬告同乡书》，广东省社会科学院历史研究室、中国社会科学院近代史研究所中华民国史研究室、中山大学历史系孙中山研究室合编：《孙中山全集》第1卷，第231—232页。

己”[1]。所有三类汉奸都在必须清除之列。1906年所订《中国同盟会革命方略》特别规定，革命起义时，“其满洲汉军人等，如悔悟来降者，免其罪；敢有反抗，杀无赦！汉人有为满奴以作汉奸者，亦如之”。“驱除鞑虏之后，光复我民族的国家。敢有为石敬瑭、吴三桂之所为者，天下共击之！”先期发布这样的宣言，目的就是通过革命式的扫荡，“将使禹域之内无复汉奸之迹”[2]。

其他革命团体也将诛杀汉奸定为政治方针，光复会所订光复军“普告同胞檄”，就将“满贼汉奸”相并列。光复军告示明确宣布：义师所至，“与吾汉族诸父兄子弟共诛之”的不肖匪徒共有五类，“一、满人从不降者杀；一、反抗本军者杀；一、乘机打掠者杀；一、造谣生事妨害治安者杀；一、仍为汉奸者杀”[3]。

为了鼓吹杀汉奸的正当性，革命党人大造舆论。由于曾国藩、左宗棠等人为清代著名汉奸，而湘军屠杀同胞最多，湖南受到各省人士的同声指责，甚至形成排湘主义。湘人对此深刻反省。1906年10月，陈家鼎在《洞庭波》撰文指出，湖南有媚满性之圆足、合群性之缺乏、保皇性之愚谬、守旧性之固结、排外性之误看等五项“亡湖南之病根”，又针对性地提出速行悔过、首倡起义、力讲外交、公约自治、预备革命五项“医湖南之药石”的办法，希望湖南由戊戌以来为小日本，此后转为小法兰西，要从变法的渊薮，变成革命的摇篮。[4]

[1] 孙中山：《致公堂重订新章要义》，广东省社会科学院历史研究室、中国社会科学院近代史研究所中华民国史研究室、中山大学历史系孙中山研究室合编：《孙中山全集》第1卷，第261页。

[2] 《中国同盟会革命方略》，广东省社会科学院历史研究室、中国社会科学院近代史研究所中华民国史研究室、中山大学历史系孙中山研究室合编：《孙中山全集》第1卷，第297、314页。

[3] 陶成章：《浙案纪略》下卷附录·第一集《革党文告》，中国史学会主编：《中国近代史资料丛刊·辛亥革命》(3)，上海：上海人民出版社，1957年版，第77、79页。

[4] 铁郎(陈家鼎)：《二十世纪之湖南》，《洞庭波》第1期，1906年10月，第1—21页，“论著”。

如何实施上述方针，《洞庭波》同期发表了“屈魂”（宁调元）的《仇满横议》，提出实行最激进的破坏主义和最激进的破坏方法，主要有翦其羽翼和捣其巢穴两种，“前一策，则以歼满酋，除汉奸，排虏官”。汉奸历朝历代都有，到了清代，“其术日工，其徒亦日众。使满清三百年之祸水之鼓荡之泛滥，以淹没我如花似锦之山河，溶解我连绵不绝之帝统，沉溺我独立自由之男儿，至今日而尚未已，殆全出于若辈之手之泡制。……盖若辈其面则人，则心则兽。凡可以为异族用，即可以为吾同族仇。可以为吾同族仇，即当以待异族之法待之。彼施全之击秦桧，万福华之刺王之春，是其例也”[1]。此说的除汉奸，不仅在革命军兴之际，而且在革命未起之时，就要以暗杀行刺的方式，翦除助纣为虐的汉奸。

由于自责深，湖南人士对于指责湘人的他省之人有汉奸行为，也格外痛恨。《洞庭波》刊出湖南留日学生来稿《公致江苏学会书》，对江苏学会主张立宪予以严词抨击：“中国之亡也久矣，一亡于建虏之袭用汉制，再亡于湘军之助虏中兴，终且亡于保皇党之鼓吹立宪。夷狄用夏，汉人所以相视不惊；满祚中兴，汉家所以再志亡国。此范文程、洪承畴、曾国藩、李鸿章之所以可杀也。况当清廷恶劣腐败不绝如线之际，忽有人效其鹰犬，盗取各国议院之陈语，加以上下平和之美民〈名〉，以愚其民，以救其亡，而为清室立万年有道之基者，其罪更可胜诛乎。是故立宪者，满族之至幸，而汉族之至不幸者也。欢迎立宪者，对于满族之至忠，而对于汉族之至不忠者也。以不忠之人谋不幸之事，此其人之工于贩国，甘于为奴，直令天下人耻之辱之笑之骂之痛哭之，举国皆欲杀之者，而不料其出现于我学界上之江苏学会也。……自后有追咎汉奸者乎？吾不曰湖南，而曰江苏。”[2] 江浙人士抨击湘军残害同胞甚力，言词牵及一般

[1] 屈魂（宁调元）:《仇满横议》,《洞庭波》第 1 期，1906 年 10 月，第 43—45 页，“论著二”。
[2] 来稿 :《公致江苏学会书》,《洞庭波》第 1 期，1906 年 10 月，第 93—94 页，“附录”。

湘人，如今居然也为清廷作伥，难怪其愤愤不平。只是江苏学会并非学生团体，而是张謇等人的组织，他们本来就是主张立宪的中坚分子。

全面论述杀汉奸最详尽的，当属1907年1月25日出刊的《汉帜》第1期题为《驱满酋必先杀汉奸论》的长文。该刊由清国留日学生编辑，在日本出版，其实是《洞庭波》的续刊。由于《洞庭波》第1期出版后即遭封禁，主持编务且包办政论的陈家鼎、宁调元等人亡走日本，筹划复刊，几经周折，定名《汉帜》，所以《汉帜》第1期本是《洞庭波》的第2期。《仇满横议》论及除汉奸一节时提及："本报第二期有《驱满酋必先排汉奸》，专论于此，故不详述。"[1]

文章的作者署名"锄非"，长期以来，各种辛亥资料集想当然地确定其人为别署"锄非子"的刘道一。1996年，王学庄在《近代史资料》总88号发表《〈驱满酋必先杀汉奸论〉作者辨》，根据文本所提及的时事，以确凿无疑的严谨考订，证明作者绝不可能是1906年12月9日已经被捕入狱的刘道一，又根据《汉帜》的前身《洞庭波》的三位编者的人脉活动及其介入当时湖南学界新派中禹之谟、周震麟两派激斗的关联程度，力证作者应为陈家鼎。这不仅纠正了关于这一重要文献作者的误说，更为重要的是，为理解文本提供了可靠的凭借，不再望文生义地穿凿附会。可惜杨思机之前几位专论汉奸问题的作者均忽略了这一重要成果，使得文本的解读不知其能指所指，由后出外在的观念引申而来的种种揣测推论，难免隔靴搔痒。

王学庄独具慧眼，敏锐地看出《驱满酋必先杀汉奸论》的文风前后不一，前半关于历史上汉奸之害较纾缓，后面关于杀汉奸较激切。除了内容的约束外，可能的原因是后半部分为后来补写或改订，思想随时势有所变化。

---

[1]　屈魂（宁调元）:《仇满横议》,《洞庭波》第1期，1906年10月，第45页，"论著二"。

《驱满酋必先杀汉奸论》开章明义地提出：“乱中国者满人，亡中国者非满人也，汉人也。盖汉奸者，引入满人之媒介也。”并历数殷周以来历代汉奸之事，证明每次胡祸乱华，都是汉奸造成，而清代汉奸的危害尤甚。“今日汉奸界之怪现状，且百出而未已，魑魅魍魉，吾见亦多。欲宽宥此现在的汉奸而不杀，则过去的汉奸已可鉴，未来的汉奸更方长。同胞多一优容汉奸之日，即汉奸多一残食同胞之时。汉奸多一番得志之机，即满酋多一次横暴之力。汉奸与同胞，则极端为反对性也。满酋与汉奸，则天然的化合物也。是故今日之计，救同胞而不杀酋奸，是犹抱薪救火，薪不尽而火不灭也；逐满酋而不杀汉奸，是犹隔靴搔痒，靴不启而痒不止也。汉奸乎！汉奸乎！而可任其白日横行而不杀乎？国人皆曰：杀，杀，杀！”

在论述了杀汉奸与杀满酋同样甚至更加重要后，接下来文章列举了六种必杀的汉奸及其理由，这六种汉奸又可以归为三类，一是清朝的文武汉官，二是保皇立宪派，三是假新党。

清朝的汉官，也就是转义后最早认定的汉奸，陈家鼎共列举了三种，即张之洞，各官吏之暴者，各监督、兵官之妖者。张之洞也是汉官之一，之所以要单独提出，而且列为此类的首要，是因为“庚子之汉变之屠戮，今岁长江之饬拿，湘中之进剿，之洞之残汉媚胡，可谓不遗余力。现且侦骑四出，罗织党人，务欲尽取汉族思想家付之胡刀而后快。各督抚不久即更替，之洞独十数年而不换者，虏廷岂有爱于之洞哉，不过资其善杀汉人，以之坐镇上游，虽咸同间之官文驻鄂，尤不若此用家奴以防家贼之便。盖之洞者，满族之功臣，而杀同胞之上手也。吾辈不杀此老贼，终无以寒汉奸界之胆耳”。

所谓“庚子之汉变之屠戮”，当然是庚子镇压自立军的旧账，而“今岁长江之饬拿，湘中之进剿”，则指 1906 年 12 月中旬缉捕“孙文党”王胜等人事，以及派兵镇压萍浏醴会党起事。至于“现且侦骑四出，罗织党人，务欲尽取汉族思想家付之胡刀而后快”，为陆续拘捕朱子龙、胡瑛、刘静庵、梁钟汉、张难先、李亚东、季雨霖、吴贡三、殷子衡等九人而形成的武昌日知会要案。[1] 不仅如此，“若夫吕海寰之嗾成《苏报》案，庞鸿书之锻炼湘狱，岑春煊之横虐广东，丁振铎之断送云南，李盛铎、戴鸿慈之奔走宪政，严修、徐世昌之附和维新，皆获咎祖国最甚，必正以国民之天诛，而之洞不过其首座也。开花之弹，无烟之枪，我国民其试演于数贼之颈哉！”单列张之洞为一类，就是要将汉奸中罪大恶极并且继续作恶的官员作为锄奸行动的首选，意在敲山震虎，产生威慑作用。

“杀汉奸必杀各官吏之暴者”，是泛指一般官吏。为官即须作恶，“况寄宦异族之朝廷，尤非多杀民命，多削民脂，不足博虏廷之欢耶。‘廿年身世家何在，又报东胡设伪官。’胡虏不能自戕民之命也，则借官以戕之；胡虏不能自取民之产也，则借官以取之。官者，盖虏与民接之机关物也。环顾宦界，了知大义，不敢残民，迫于无可如何，以奴为隐，俟机待发者，亦有其人。至于豺狼成性，相将食人，借国民皮肉，为升官发财之券，日月谄事胡虏，以保我爵位勋阶者，比比皆是。枢臣则以囊括海内、专利中央为能；督抚则以镇压民气、摧抑革命军为能；州县以拿获会党、严刑威民为能；武员以扣减军饷、杀败国民兵为能。上而中堂、宫保，下而老爷、太爷，顶子之红色蓝色，无非血也；补服之禽形兽形，皆非人也。终日如阎罗夜叉，惟惧民死之不速。‘笑骂还他笑骂，好官任我为之’。是不啻为虏置千百猛兽于民上也。项羽起兵，先杀会稽守；洪军所过，先杀地方官；俄虚无党革命，惯杀将军宰相。驱满者之先杀此伪官也，必矣”。只有诛杀残民媚虏的满奴汉奸，才能翦除清朝的羽翼，顺利实现排满革命的大业。

专门将官吏中的“各监督、兵官之妖者”提出，是因为军队和学生为社会中具有天然组织形式的群体，成为革命社会动员的重点，

[1] 详见王学庄：《〈驱满酋必先杀汉奸论〉作者辨》，近代史资料编辑部编：《近代史资料》总 88 号，第 238 页。

同时也是官府防范的要害。“迩来民族主义日益传播，学生兵士大半有革命思想，而监督与兵官压之。种界非不知，大势非不晓，第以利禄主义所在，毋宁禁下而不为。今岁湖南内地学生，皆有独立资格，而监督则遏之，各省学界可概也。湖北之常备军赴湘倒戈，而兵官则禁之，各省之军界可概也。学生而欲革命乎？吾请从革监督之命起也。兵士而欲革命乎？吾请从革兵官之命起也。十九世纪以来之大革命，类皆学生兵士为之。第不先去学校军伍之汉奸，作直接的革命，而欲一跃颠覆政府，作间接的革命，难矣。学校最忌冲突，而破坏为虏作伥之奴圈，则冲突即其进步也。军界最讲服从，而上官杀百姓之命令，则不必服从也。学生谛思，兵士乎谛思。”辛亥武昌起事的历史进程显示，正是在军队、学堂深入进行有组织发动，成为首义取胜的决定性因素。

陈家鼎罗列的六种必杀的汉奸，顺序并非随意排列，而是有所讲究。上述三种，张之洞不过列在第二位，其余分列第四、五位。第二大类的保皇会康梁则列在第一位，庆祝立宪党也列在第三位。也就是说，在陈家鼎看来，保皇派和立宪党的危害犹在汉人官僚之上，因而诛杀最具紧迫性，成为杀汉奸行动的当务之急。“杀汉奸必杀康有为、梁启超。甲午以后，虏廷不绝如线，而康、梁以痛哭流涕之妾态，倡为维新之论，保皇之名。种族之历史不通，国民之原理不晓，惟鳃鳃鼓其开明专制、政治革命之丑论，以作君王怜妾之宫怨词，‘汉使若回凭寄语，黄金何日赎蛾眉’。身居海外，心在虏廷，周旋清公使五臣之前，惶恐用我孤臣之不速。报章则可进呈御览，宪法即为身之护符。左道诬民，此孔子之所以诛少正卯也。康、梁者，今日之少正卯。欲息邪说，正人心，不诛此两妖魁，不可得也。”康梁等人的维新保皇之说，蛊惑人心，混淆视听，成为排满革命的最大障碍，必须息邪说，正人心，才能祛除心魔，扫除障碍，为排满革命开辟通道。

所谓“庆祝立宪党”，并非专指立宪派，而是清廷下诏预备立宪后，“乃庆祝立宪会，倡之于学界，应之于政界、商界，创办于京师、上海，遍及于各省各郡各埠，龙旗耀日，演说如雷。美国之贺离英独立旗耶？日本之欢迎征露凯旋军耶？醉耶？梦耶？痴耶？迷耶？举国若狂，不可思议。盖非别有肺腑，必不至斯”。“以异族政府之得意处，即亡国遗民之伤心处也。……是必令各处有血男儿，各出其如热如火、如捷如神之手段，诛杀此贱奴而后可。否则我同胞如此丑举，不独见耻于同国，当亦见笑于虏中矣。”也就是说，凡是为预备立宪感到欢欣鼓舞并且喜形于色者，都在可杀该杀之列。

必杀之汉奸的最后一项，是“假新党”。假新党虽然列于各类汉奸的末位，重要性却不可小视。陈家鼎这样描述“假新党”：“所贵乎新党者，贵有道德也，贵有团体也，贵有高尚之品格也，贵有坚固不摇之性情也。乃迩来有假新党焉，今日遇革命党，则力主驱逐鞑胡；明日遇立宪党，则又主不分满汉矣。留东则演说场唱民族，归国则保和殿颂圣神矣。‘今朝新贵人，昨日革命党。’此其人之名托志士，实则死奴，其心已不可问，况又遇利之所在，不惜牺牲同类，以取快于贼中”。

如此看来，假新党属于见风使舵的墙头草似的政治投机分子。可是，陈家鼎并非泛称，而有实指，即所谓“龙〇〇本唐才常之同党也，而以事与唐不合，即导文廷式至武昌发其事。周〇〇本夙由口谈排满，挤刘某彭某之不革命，而钓得学界名位者也，乃忌禹之谟名出己上，以事不相能则迎合当途，而陷成禹之大狱。是其例也”。文章隐去名讳的实指，专论汉奸的各文均未予以指证。还是王学庄的论文具体指出，龙〇〇即龙泽厚，周〇〇即周震鳞。关于龙泽厚导文廷式举发自立军之事，其实为一桩聚讼纷纭的悬案，难以征实。而将周震鳞指为假新党，进而指为汉奸，却是革命党内讧的产物。

周震鳞曾与黄兴在武昌两湖书院同学，参加过华兴会，在明德学堂教过书，又任湖南高等学堂监督，是湖南教育界新派的领袖之一。同盟会成立后，黄兴命人携来委任状，委周震鳞为同盟会湖南主盟人。1907年《驱满酋必先杀汉奸论》一文发表后，周震鳞身份暴露，被迫亡走日本，由黄兴、刘揆一等人接待。由此可见，周震鳞不会是假新党，也没有首鼠两端，陈家鼎指名喊杀，另有原因。

1906年，湖南学生因公葬陈天华、姚宏业于岳麓山以及组织自治会等事，与当局发生冲突。关于如何处置事态，教育界新派以禹之谟为一方，以俞诰庆、周震鳞、罗永绍、陆鸿逵为另一方，形成严重对立。后一派多担任正式职务，自然不能公开支持学生的举动。由于双方各执己见，难以妥协，以致禹之谟被捕入狱。陈家鼎是护送陈、姚归湘的代表，并首倡公葬岳麓山，虽然他与周震鳞同龄，又是小同乡，且先后同学，甚至有人说黄兴给周震鳞的委任状还是由陈带到，可是在对立中坚决站在禹之谟一方，而且将禹之谟被捕入狱归咎于周震鳞等人。在他看来，双方的斗争甚至压倒了与旧派及清政府的斗争。[1]所以他在文章中指名痛斥：“若而人者，鬼鬼怪怪，妖状莫名，欲不革命，则又恐新政府之成立；欲不倾杀同人，则又虑满政府之牵连。嗟乎！新党可冒，民族实行主义亦可冒乎？人有恒言曰：‘与其为伪君子，不若为真小人。’吾亦曰：‘与其为伪新党，不若为真守旧也。’盖旧党之汉奸犹可防，新党而汉奸，则防无可防矣。害马者不去，则必败群。假新党而不杀，吾恐外患未至，而祸已伏于萧墙矣。”

周震鳞是否伪新党，是否汉奸，历史早有公论，陈家鼎的一时愤激也情有可原。可是，汉奸指称出现泛化，甚至不问青红皂白地乱指，且不惜加诸同党之身，却带来严重的副作用。指保皇会为汉奸，还有情非得已的时势以及破除迷茫的必要，将庆祝立宪者一概定为汉奸，打击面就显然过宽。而在革命党内部纷争时也互指对方为汉奸，无疑超越了必要的限度，成为打击不同意见者的手段。辛亥时

[1] 参见王学庄：《〈驱满酋必先杀汉奸论〉作者辨》，近代史资料编辑部编：《近代史资料》总88号，第236—244页。

期革命党乃至同盟会内部滥用“汉奸”互相指责的情况屡不一见，影响恶劣。民国以后，“汉奸”的乱骂转移到“反革命”的滥用之中，在20世纪中国革命史上留下难以抹去的消极影响。

“锄非”的文章最后总结道：

> 查清之乱华也，开十七史之奇变，比之周汉晋唐，无此得祸之惨；踞十八省之疆土，比之南北五季，无此占地之广；苟延二百六十五年之甲子，比之宋一代，无此猾夏之久。盖今世汉奸之术工于历代，则虏害亦大于历代；汉奸之运长于历代，则虏命亦寿于历代也。今日者，其胡人学汉之毕业期，今日之中国者，其汉人贩国之总卖办所乎？清康熙之谕旗营曰：“从古汉人叛乱，只用汉兵征讨，岂有满兵助剿？”噫，虏之为此言也，殆习见历代亡汉之历史，皆汉奸之历史欤？清廷向来衣钵，皆此驱汉人以杀汉人者，为秘密之方法。入关时无论矣，至平后三藩时，此方法一盛，平粤捻时，此方法又一盛。迨观最近之湘赣光复军起，调兵遍全国，而邻近易召之荆州驻防旗，曾不少动，此方法乃盛而又盛矣。数百年来，不废八旗一兵，不折索伦一骑，可端坐以观汉人之自戕，为圆明园下酒物也。古之中国，以夷攻夷。今之夷狄，以汉杀汉。以夷攻夷者，中国灭夷之上策。以汉杀汉者，非夷狄灭汉之奇术乎？狼无狈不立，狈无狼不行。满酋非汉奸无以至今日，汉奸非满酋无以终余生。汉奸既与满酋有密接之关系，则汉奸已同化于满。吾国民之杀汉奸，谓之杀汉奸可也，杀满人亦可也。如果内患扫除，不为胡用，则以彼辽沈巢穴已失、全国人心已去之虏，有不入吾掌握者，吾不之信也。嗟嗟！朔风怒号，白杨萧萧。失国之戚，与子同袍。憾之结兮，望帝魂之来兮，卢骚我邻。虚无党赠我以弹兮，我祖皇帝遗我以大刀。我誓悬虏首于太白兮，我先杀

此汉奸之不同胞。[1]

清代汉奸最盛，为害最大，清朝统治非汉奸不立，所以倒满必须先杀汉奸，内患扫除，则满酋必倒，这样的宣传对于鼓动排满革命风潮，使得武昌起事后全国形势有如摧枯拉朽，的确起到巨大作用。而汉奸等同于满虏，杀汉奸就等于杀满人的逻辑推论，在此后的中外冲突中一直被延续。

第四节　锄奸及其泛化

虽然革命党将杀汉奸列入政纲方略，主要还是指义师兴起后所到之处铲除继续忠清为敌者；而激进舆论鼓动对汉奸进行暗杀行刺，在产生巨大政治压力的同时，因打击的对象过于宽泛，真正实行的并不多见。

在辛亥前革命党举行的刺杀起义行动中，锄汉奸色彩相对鲜明的主要是相互关联的徐锡麟案和秋瑾案。

1907 年 7 月，皖浙两地的光复军拟联手举义，所发布的“光复军告示”，历数“满夷入关”后的种种暴政，以及立宪的虚伪，内忧外患，“推厥种种罪由，何莫非满政府愚黔首虐汉族所致”，为此，“共起义师，与我同胞，共复旧业，誓扫妖氛，重建新国，图共和之幸福，报往日之深仇。义兵所临，秋毫无犯，各安旧业。我汉族诸父兄子弟，各安生业，无庸惊疑。……至若有不肖匪徒，妄讥义师，结众抗衡，是甘为化外，自取罪戾，当表示天下，与吾汉族诸父兄子弟共诛之”。并宣布五条杀例：“一、满人从不降者杀；一、反抗本军者杀；一、乘机打掠者杀；一、造谣生事妨害治安者杀；

[1] 锄非：《驱满酋必先杀汉奸论》，《汉帜》第 1 期，1907 年 1 月 25 日，第 17—36 页，“论说”。

一、仍为汉奸者杀。”[1] 秋瑾亲笔所写“普告同胞檄”，也以“欧风美雨，澎湃齐来，满贼汉奸，网罗交至”，大声疾呼“用是张我旗鼓，歼彼丑奴，为天下创，义旗指处，是我汉族应表同情也”[2]。

革命党宣传上或有先杀汉奸以及打击面过宽的偏激，在实行的过程中，显然还是以排满为主要目标，自称“革命党大首领”的徐锡麟，在供词中就毫不掩饰地坦言“到安庆专为排满而来”，他说：

> 满人虐我汉族将近三百年矣。观其表面，立宪不过牢笼天下人心，实主中央集权，可以膨胀专制力量。满人妄想立宪便不能革命，殊不知中国人的程度不够立宪，以我理想，立宪是万万做不到的，革命是人人做得到的。若以中央集权为立宪，越立宪的快，越革命的快。我只拿定革命宗旨，一旦乘时而起，杀尽满人，自然汉人强盛，再图立宪不迟。我蓄志排满已十余年，今日始达目的，本拟杀恩铭后，再杀端方、铁良、良弼，为汉人复仇，乃竟于杀恩铭后，即被拿获，实难满意。我今日之意，仅欲杀恩铭与毓钟山耳，恩铭想已击死，可惜便宜了毓钟山，此外各员，均系误伤。惟顾松系汉奸，他说会办谋反，所以将他杀死。赵廷玺他要拿我，故我亦欲击之，惜被走脱。尔等言抚台是好官，待我甚厚，诚然。但我既以排满为宗旨，即不能问满人作官好坏。至于抚台厚我，系属个人私恩，我杀抚台，乃是排满公理。此举本拟缓图，因抚台近日稽查革命党甚严，他又当面教我拿革命党首领，恐遭其害，故先为同党报仇，且

[1] 陶成章：《浙案纪略》下卷附录·第一集《革党文告》，中国史学会主编：《中国近代史资料丛刊·辛亥革命》(3)，第76—77页。《申报》1907年7月30日第4版刊登的《革命军首领徐锡麟伪示》，文字略有不同。尤其是五条杀例：“一遇满人皆杀，一遇汉奸皆杀，一不听命者皆杀，一私自逃逸者杀，一扰害平民者杀。”

[2] 陶成章：《浙案纪略》下卷附录·第一集《革党文告》，中国史学会主编：《中国近代史资料丛刊·辛亥革命》(3)，第79—80页。《申报》1907年8月17日第10版《革命论说》的文字稍异。

> 要当大众将他打死，以表我名。只要打死了他，此外文武，不怕不降顺了。[1]

顾松为安庆巡警学堂收支委员，徐锡麟事先安排其等官员到齐即行关闭大门，而顾松阳奉阴违，致使事败，徐锡麟指为汉奸，罪有应得。而秋瑾案误传由胡道南告密，后来胡也被少年行刺身亡，却是冤案。

革命党的暗杀行动引起社会上一些担忧和困扰，章太炎特意撰写了《排满平议》，澄清排满与杀汉奸的关系，力证排满革命不是种族复仇。他说：“满人之与政府相系者，为汉族所当排；若汉族为彼政府用，身为汉奸，则排之亦与满人等。近世革命军兴，所诛将校，什九是汉人尔。游侠刺客之所为，复不以满人、汉人为别。徐锡麟以间谍官于安庆，适安徽巡抚为恩铭，故弹丸注于满人之腹，令汉人为巡抚，可得曲为赦宥耶？吴樾所刺，满人、汉人则相半。谁谓汉官之横暴者，吾侪当曲以相容乎？然而必以排满为名者，今之所排既在满州政府，虽诛夷汉吏，亦以其为满州政府所用而诛夷之，非泛以其为吏而诛夷之。是故诛夷汉吏，亦不出排满之域也。”[2]

按照章太炎的说法，锄奸还是服从于排满。尽管存在个别失误，总体看实行起来分寸把握较好，有效地避免了滥杀，同时宣传上的火力全开又使得对于清朝汉官的压力不断加强。连主张君主立宪的《中国新报》、《政论》、《牖报》，也都被主张“排满复仇主义”的蒙古人称为“汉奸”[3]。

---

[1] 《皖抚恩新帅被刺七志》，《申报》1907年7月17日，第4版，“紧要新闻”。文中端方等三人名字隐去，据陶成章《浙案纪略》补。《浙案纪略》所录徐锡麟供词，与《申报》所载稍异。

[2] 太炎：《排满平议》，《民报》第21号，1908年6月10日，第12页。

[3] 蒙裔之多分子：《蒙古与汉族结合共伸讨满复仇大义之宣言书》，《民报》第20号，1908年4月25日，第113—119页，“来稿”。

与排满革命话语的“汉奸”指称渐趋主导相辅相成，原有的汉奸概念并没有退出历史舞台。排满话语的“汉奸”毕竟只能在革命党的报刊上公开正式使用，至于国内的一般媒体，无论赞同与否，只能在报道如徐锡麟案时刊布包含相关语词的文件，而不能正面使用排满意义的汉奸指称。在这些媒体上，卖国求荣仍是汉奸指称的重要意涵，只是有时所指发生了变化。辛丑条约后，清廷量中华之物力，结与国之欢心，原来被视为个别官员的卖国行径，如今普遍化为清政府的集体行为。在此起彼伏的收回利权、抵制外货风潮中，清朝官员的畏缩避祸多被指为媚外的汉奸举动，连带有出卖利权之嫌的一些士绅也被认定为汉奸。

在汉奸转义到排满的话语系统之后，原有指称汉奸含义的情形依然存在，其主体又有官府和民间之别。前者如1909年苏抚奏上海道蔡乃煌漠视公款，玩忽纲纪，举止轻浮，存心叵测，办事本不可恃。元源钱庄倒欠案，因有厘局等存款，札饬蔡道追缴，数月未覆一字。欲提省审追，蔡道又狡猾袒护，谓厘局所存，并非公款，不便先追；又谓商人将图自尽，人命堪虞；又谓该商与洋人素有往来，恐其干预内地审判，一味恫吓。现仍饬提省审讯，能否追到，虽亦难必，然蔡乃煌竟露汉奸行迳，遇有重要交涉，必致贻害朝廷，断难容忍。请即革职。[1] 此事无论是否别有隐情，即使奏折所列罪状全部属实，充其量不过下属对上官有所不敬，以及对外微露怯意。清季在上海之类华洋杂处的地方为官，涉外之事极为棘手，拿捏不易也是事实，苏抚见微知著，但竟然联想到汉奸行径，则有欲加之罪何患无辞之嫌。

各地官府之外，清廷也时常面对处置汉奸的问题。1910年5月，各枢臣奉摄政王谕询处治汉奸赵郁卿办法。某枢臣拟请援照高某等

[1] 《申报》1909年4月19日，第1张第4版，“专电 · 电一（北京）”。

一案定罪。摄政王以情节重大，未便一再轻纵，谕令严惩。[1]

上述事件，朝廷官府均沿用原来的汉奸之义。不过，由于汉奸转义为排满话语，清廷及各级官员使用汉奸一词的频率有所下降，倒是民间社会，由于抵制外货、收回利权的风潮不断，而且没有与排满汉奸相牵混的顾忌，频繁使用汉奸的指称。早在中美工约抵制美货期间，厦门南洋工会所议抵约章程就规定：“如遇有汉奸在本国拐骗带领工人出洋者，即公禀地方官拿办，为自戕同种者戒。”[2]广东拒约总公所曾以赴港各员不照原议遽覆美商，海内外同胞多不承认，“日前总公所接各处来电云：迳复美商诸人，昏庸狡诈，陷害同胞，无不切齿。现事已至此，可奈何。且此中离奇，一言难尽，难保无汉奸从中运动，前途渺渺，后患何穷”[3]。

随着“汉奸”的语意逐渐宽泛，使用起来也出现随心所欲的趋向。如“台僧通慧和尚向在杭垣艮山门外某庵住持，于佛教经典颇得真解。旧岁创发宏愿，周游南洋群岛，极为华侨欢迎，慷慨布施，计得洋七八千金。回浙后，决拟创办孤儿院，教养兼施，逐渐推广。以二千金购得大街孩儿巷口基址，改建三层洋楼，预约年内落成。惟款项有限，深虑将来不济，故欲以慈善事业兼办营业性质，意欲仿制东洋药品如千金丹、清快丸、宝丹、胃活等类，而冠以中国名义，致一般社会咸疑其有洋股，而为汉奸。现该僧从某绅指教，慈善与营业分而为二，不相牵混，俾免谣诼”[4]。

如果说上述事件多少还有些汉奸的影子，那么绍兴萧山县清丈旗地一事，就很难说与汉奸有多少瓜葛。“自前抚奏请设局清丈以来，各沙民以为夺其生计，抵死抗拒，叠次聚众，毁局殴官。本年省委文总办拟联络就地士绅和衷商办，沙民等复迁怒各绅，指为汉

[1] 《申报》1910年5月16日，第1张第3版，“专电·电二（北京）”。

[2] 《南洋工会筹议抵制美约章程》（厦门），《申报》1905年9月3日，第2、3版。

[3] 《拒约总公所会议回覆美商事》（广东），《申报》1905年12月31日，第3版。

[4] 《方外组织孤儿院之热心》（杭州），《申报》1909年12月28日，第1张后幅第3版，“学务”。

奸，将戚绅住宅焚毁。前月又焚汪绅望庚房屋，全家什物细软书画图籍，概付一炬，并戕伤该绅幼孙，惨酷情形，闻者发指。增中丞以沙民悍顽梗化，拟饬宁绍台道带兵督丈，沙民等得此消息，愈激愈愤，竟歃血同盟，相约死抗，人心惶惶，谣言蜂起，殷实之户，纷纷挈眷避地者甚多。昨日署萧山余令专差密禀，以转瞬丝茧上市，洋商接踵，设或稍有疏防，非但酿成交涉，地方更不堪设想，拟请迅派重兵下县，藉资坐镇，当奉中丞批准。届时由县先行出示晓谕，禀请酌派省兵驻扎，以资镇慑。”[1]

在非排满话语系统中，汉奸的所指也有或隐或显的变化。变化之一，就是对外交涉不能维护国家利权的清朝官员，成为汉奸的重要指向。

1907 年 12 月，留东全浙代表陈时夏、章日致电北京盛宣怀：“草约公为祸首，今惑汉奸王某之言，意勿改。王皮肉寝食在即，公不晤□□先及公。”[2]1909 年 5 月，“凯约翰新拟铜官山合办合同，系驻英公使李伯行所运动，皖人愤极，议以江浙对付汪大燮法处置李伯行，以清汉奸”[3]。

指现任官员为汉奸，开始还有一定的政治风险，因而最先主要是用于相关绅商身上。1905 年 8 月，浙江同乡公鉴：“六月二十二日，浙江同乡会京官代表有卖矿之人，所举总理不由同乡投票公举，全浙商民不能公认。”

事件的详情，据浙人发布的具名公启，当天旅沪浙江同乡 170 余人在斜桥洋务局集议自办浙赣铁路，“原为杜绝卖国汉奸藉图私便而起，当如何慎选公明廉达之士，以为全省表率。乃有素无公德之汪康年，闻沪上有特开议会之举，跄踉南归，与张元济二人，口

[1]《沙民抗丈旗地之近状》(浙江)，《申报》1909 年 5 月 19 日，第 2 张第 2 版，“政界”。
[2]《留日学生代表致盛宫保电》，《申报》1907 年 12 月 18 日，第 1 张第 3 版，“路款要闻”。
[3]《申报》1909 年 5 月 24 日，第 1 张第 4 版，“专电 · 公电（安庆）”。

称奉同乡指派，并不将公函宣布。鄙人当日即知汪康年并非公正之人，曾致函发起人王、沈、严三君，略述斯意。不意当日果用野蛮专制手段，强压乡里，不由投票，擅自私举总理。偶有一二申辩者，即以厉声厉色凌辱之。此等举动，已令人愤懑。及阅廿六日《同文沪报》，有高尔伊致张叶一函，历举汪康年与白鼐思湘矿交涉一事，始知汪康年与高尔伊同一卖矿汉奸。乡人既屏绝高尔伊于前，亦岂能容忍汪康年于后。方今路政发轫之始，又当拒绝觊觎之时，此会实为防外患而发。汪康年卖矿证据落人手中，若不由我浙人鸣鼓而攻，公同屏斥，何以谢外人而杜口实，何以谢湘人而资惩劝。为此，刊布登报，广告大众，合请吾浙寓沪之同乡伯叔兄弟，于七月十九日下午三钟至六钟，在新闸徐园会议，别开同乡议会，撤退同乡代表字样，再行公举。此举关系全浙生命，商民体面，务请贲临为幸”[1]。

汪康年其人的历史地位自有定评，无论如何，指认他是汉奸，恐怕有些牵强。之所以每每将涉及路矿等利权的官绅指为汉奸，反映出在民众心中，清廷已经失去维护国家权益的能力和资格，而且对于官绅插手路矿等事高度警惕。山西平定州十七都开矿，就鉴于泽潞各矿引起交涉，决议自行开采，并议决清查民户三法：“一联络人心，以万众一心，人人知实行开采为宗旨。二申明约束，以保护善良，稽察汉奸为宗旨。三演说集股，以家喻户晓，多少不拘为宗旨。”[2]

不过，汪康年与“汉奸”似乎总也脱不了干系。1910 年冬，《申报》报道了旅京湘人特开矿事秘密会议一事，次年 2 月，事情有了新的进展。“兹探悉私卖湘矿者系湘人魏某、浙人汪某，串通某国商人，私立一合同，指定湘省数处矿业由外人自由开采，运动费之数共六千金。但合同内载明，如运动无效，六千金不能退还。旋魏

---

[1] 《浙江同乡公鉴》，《申报》1905 年 8 月 12 日，第 1 版。

[2] 《平定州开矿办法》（山西），《申报》1908 年 2 月 24 日，第 2 张第 3 版，“实业”。

某回湖南专任运动官绅事宜，而汪某则专司与洋商交涉之事。不意作事不密，被旅沪湘人侦悉。时魏某尚任上海某局总办，即迭次与之交涉，而魏某回信，谓家祖为湖南开通之先河（指魏默深），弟亦深悉外情，乃至谣诼横来，殊不可解云云。旅沪湘学会具函驳之，长至三十余页，魏始气丧，约会于飨明公司，携带合同，面开谈判。湘人乘其无备，起而夺其草合同，立刻禀报商部存案。此前事也，现闻洋商又向湘抚索开湘矿，湘人大惧，刻正筹议对付汉奸之法。”[1]虽然已是陈年旧事，还是与汪康年有所牵连。

文学作品中，汉奸成为重要的反面形象。《申报》连载时事小说《人面兽》，其中第五回“怒忠言臧祖鼋入党，做圈套方宫保回心”就借由书中人物说话，刻画出汉奸的嘴脸，“我想魔国人自己失信的事情，也用不出什么狠处来。只要我们中国没有汉奸去帮他们的忙就好了，天翁何苦定要去顶这汉奸的名儿呢。一场抢白，听得天戌恼羞成怒，红了脸，竖了眉毛，把茶碗略端了一端，喊一声：来！送客！立起身向里边就走”[2]。

革命党人的排满宣传，反复强调锄汉奸的重要性和必要性。其理据是：“夫世界之所以有竞争者，固首以种族为大关键，而国界次之。而其竞争对付之手段，又因种界之远近亲疏而分其猛毒之隆杀。”[3]“执一光复为宗旨，而百折不回其志，万变不离其宗。此固汉人所同具之观念（汉奸则异），而发自秉彝之良知者也。”[4]历史上“曾国藩、胡林翼诸汉奸，杀同胞，媚异族”[5]，固然可恨之极，现实中对抗革命的张人骏、张鸣岐，更是“汉奸之尤”[6]。

---

[1] 《盗卖湘矿之作俑者》（北京），《申报》1911 年 2 月 8 日，第 1 张第 4 版，“紧要新闻一”。

[2] 念一：《人面兽》，《申报》1907 年 12 月 30 日，第 3 张第 2 版，“小说”。

[3] 雷铁厓：《斥妖报征文问题》（1911 年 6 月 14 日至 8 月 16 日），唐文权编：《雷铁厓集》，武汉：华中师范大学出版社，1986 年版，第 296 页。

[4] 雷铁厓：《斥政党》（1911 年 4 月 28 日至 5 月 25 日），唐文权编：《雷铁厓集》，第 263 页。

[5] 雷铁厓：《可怜汉奸之子孙》（1911 年 3 月 28 日），唐文权编：《雷铁厓集》，第 239 页。

[6] 雷铁厓：《咄咄二张》（1911 年 11 月 7 日），唐文权编：《雷铁厓集》，第 380 页。

在答复来函质疑汉奸亦为同胞是否该杀如何分辨时，雷铁厓确切无疑地声言：“确为汉奸，必不相恕，疑似者置而不论。足下云不愿同胞为汉奸，而彼竟为汉奸以祸同胞，劝之不改，将如之何？”[1]并正式警告汉奸道：“夫汉奸之所以醉心者，胡官耳。……呜呼，汉奸！人生不易，杀生可畏。吾效如来说法以警惕尔辈，亦一片婆心。果始终不悟，亦自作之孽不可逭也。”[2]

为了彻底断绝汉奸的后路，雷铁厓还提出最终之锄满者即汉奸的命题，认为：“汉奸之在今日，用死力以扶满虏而杀同胞，在满人方面观之，汉奸真彼族之忠犬矣。……然则易一地以观，一旦革命成功，丑虏失势，汉奸对之当何如？曰：当必以死力杀同胞之心转而杀满人。是果何故耶？汉奸之心纯在利禄，固不问种族之为谁。满人有利禄则媚满而杀汉，汉人有利禄则媚汉而杀满耳。”[3]这番话一石二鸟，主观意愿是使满人与汉奸相互猜忌，客观上与历史的发展也大体吻合。

在鼓吹排满革命的同时，革命党人还对各种不同的观念意见有针对性地进行驳斥。1907年春，雷铁厓撰写了长文《中国已亡之铁案说》，批驳梁启超的“满洲非国”论和杨度的“中国不亡”论，他说：“革命者，《春秋》大义也，然吾恐彼保皇之人目盲心塞，终不解中国已亡而汉人革命为何事，更即其所抱持之宗旨而作为传，以提撕之并以告后世之史官，作为万世之定案。曰：皇者何？载湉也。载湉者何？满虏之酋也。保之者何？康梁也。康梁者何？汉奸也。曷为保之？保其永主中夏亡中国于万世也。”“我汉人何辜，而独遇此残酷之虏哉，而汉奸犹且怜彼贫焉。……以同胞之惨如是，而彼汉奸漠不关心，乃斤斤焉虑群虏之贫而若不胜怜惜者，亦何薄于同胞

[1] 雷铁厓：《再答木君》（1911年2月27日），唐文权编：《雷铁厓集》，第218页。
[2] 雷铁厓：《警汉奸》（1911年8月24日），唐文权编：《雷铁厓集》，第344—345页。
[3] 雷铁厓：《最终之锄满者何人》（1911年5月26日），唐文权编：《雷铁厓集》，第283页。

而厚于异种如是也。汉奸汉奸，扪心自问，于汝安乎？”[1]

对于无政府主义的主张，雷铁厓也不以为然，甚至指为与汉奸同样的清廷帮凶：“推无政府者之心，将以大同为圆满，而又无能力去各国政府，以使世界大同，则惟有于中国求大同。既曰大同，则无分夷夏，虽以逆胡之罪，亦将容之，不然则有悖大同之义。夫不去逆胡，能去满政府乎？不能去满政府，则无政府主义适以巩固满政府，非与汉奸同处乎？”[2]

革命党人在海外的宣传，锄汉奸也是重点之一，1908 年 8 月，新加坡星洲阅书报社延请胡汉民、汪精卫演说，“入社听讲者，约四百余人”。汪精卫主要阐述实行民族革命的必要，“人之有团体，本于爱人之心，由有爱人之心而生平等观念，以一少数民族为制于上，而多数大民族为所征服、压制者，即种族上之大不平等。吾辈言民族主义为革命者，即求汉满之平等也，发于爱人之心者也。人或以为请求满洲立宪，即可调和种族之不平，殊不知民族之既调和，而后可言宪法。犹之两军相对，既有休战之意，而后可提议讲和之条约。今若谓满人已迫于革命军之势力，而可休战讲和，相与订立条约者，则吾嫌其太早计矣”。

胡汉民则着重区分汉奸的种类以及指出除汉奸的迫切性，他说：“满人以少数蛮劣之民族，而能征服、压制汉人多数文明之民族者，以满人有团体，而汉人无团体之故。汉人无团体，而以有汉奸破坏之故。汉奸有二种，或显借满人之势力以行破坏之手段者，如清初之洪承畴、吴三桂辈，咸同以来曾、胡、左、李辈，现时之张之洞、袁世凯辈是也；或并无势力，惟思献媚于满人，造作邪说，欲以破坏汉人团体者，则一班言保皇、言乞求立宪者皆是，辛苦艰难，为

[1] 雷铁厓：《中国已亡之铁案说》（约 1917 年 3 至 5 月间），唐文权编：《雷铁厓集》，第 12、23 页。

[2] 雷铁厓：《政府说》（1907 年 10 月 25 日），唐文权编：《雷铁厓集》，第 36 页。

满人辩护，诪张多幻，而反对革命，彼实自离于汉人团体，而希冀附合于满人团体者也。故汉人欲求自由，谋光复，必先巩固我汉族团体，而除去败群之人，即自掊击一班言保皇、言乞求立宪者始”[1]。

对于汉奸指称的泛化殃及己身，梁启超觉得相当委屈，而对于指人为汉奸的逻辑，感到难以接受。只是碍于其威力太强，隐忍多时，不敢触其锋芒。1911 年，上海几家报纸因梁启超反对锦爱铁路和中美同盟，与自己政见不同，愤而连续数月进行攻击，“日日以捏造事实诬人名节为事”，梁启超隐忍再三，终于按捺不住，“为全国言论界之道德风纪起见”，致函各报馆主笔，进行申辩，其词涉及近代中国政争的许多潜规则，颇可玩味。

梁启超认为：“天下无论何种政策，莫不同时有利害之两方面，缘此而论治者，往往各有所主张，而中间容有辩论之余地，此各国之所同也。吾所主张，岂敢自谓其无误，特就其所见及者而论之耳。公等不以吾言为然，从而纠正之，此吾所最乐闻。公等所纠，而足以服吾之心，吾固不惮降心相从。若犹未也，则更相与往复其论，以求最后之真理。凡以言责自居者，不当如是耶。而公等徒以政见不同之故，而诬吾以受日本人指使，且日日闭门捏造新闻，此则吾所最为公等不取也。推公等之意，或良出于爱国热诚，以愤恨日本人之故，但使有政策可以排日本者，则虽加数倍之牺牲而不惜。而鄙人所主张，则谓我国数十年来以外交政策失宜之故，所牺牲者已不少，今良不愿更附益之。故于公等所主张，不敢漫然雷同。公等为感情所激，乃至以窃 之疑相加，即鄙人亦未尝不为公等谅。今更披肝沥胆，申明鄙人立论之根据，以释公等之疑，然后将鄙人历年来与日本人之交际，及其对于日本之态度，与夫吾之所自处者，据实直陈，愿公等平心听之。”

脱离具体语境，仅就梁启超这番陈词而论，可谓合情合理。近

[1] 《星洲阅书报社演说纪事》,《中兴日报》1908 年 8 月 6 日，第 4 版，“本坡”。

代政争过程中，肆意抹黑对手，成为常态。清季开启恶例，遗患无穷。只是梁启超的辩词，在他虽然自以为公正持平，别人却未必认可。他说：

鄙人素来持论，谓对外不恃空言，而恃实力。所谓实力者非他，即先设法求得一良政府，将内治整顿完备是也。故以为全国言论界惟宜合全力以攻击现在之恶政府，使之虽欲恋栈以败坏国事而有所不能。一方面则以稳健之智识灌输国人，使之有组织善良政府之能力。此著办到，然后对外乃有可议。而不然者，徒日日怒骂外国人之谋我，甚无谓也。夫国家之对于国家，谁则无野心者。如两军遇于战场，其磨刀霍霍以互欲相屠，固其所也。我怨骂彼，彼遂能因我言而辍其谋乎？若云以此警告国人，斯固宜然也。然警告之本意，固当使国人知现在时势如此其危急，尤当使之知所以致此危急之由，其原因皆在政府之失政。缘此而知改造政府之万不容已，则所警告者为有力矣。而不然者，虽四万万人人人皆瞋目切齿于外国之谋我，顾能以个人之力，各各持梃以抗之乎？盖人之谋我者，乃挟其国家之力以谋我，我欲与之抗，亦惟挟国家之力以与之抗。而司国家之总枢机者，实惟政府。故欲使国民敌忾心得有道以自效者，非先得一良政府以统率之于上，决无当也。彼外国之先觉者，固亦常借外交问题以鞭策其民矣。例如日本人因美舰入浦贺而奏勤王讨幕之功，因改正条约问题而数次推倒政府。其报馆之立言，虽借对外为题，而结论则未有不归于督责政府者也。而彼政府之欲自固其位者，则又往往导其民气使泄于对外，使无暇攻我，而因得以自即安。观于此，则国民对待恶政府之手段与夫对内对外先后缓急之次第，不从可察耶？今我国对内问题不解决，而徒日日鼓吹对外论，推其效果之所极，不过多发起几处国民军，多成立几个拒款会耳。夫此等宁得曰非佳事，

> 而试问能收分毫之实效否耶？能丝毫达其爱国敌忾之目的否耶。而全国报馆，一若以此为最大之天职，而见他人持论，其对外词锋稍缓者，辄指为汉奸，此吾所大不解也。[1]

近代中国的和战问题本即长久困扰，令人极为纠结，受此影响，对外不逞强就形同示弱，有汉奸之嫌。梁启超是清季舆论界能够呼风唤雨的有数人物，尚且不能承受“汉奸”千夫所指的重压，其余更是不问而知。由于排满话语系统的“汉奸”指称在当时语境下强势而有效，极具杀伤力，革命党人不仅用来进行社会动员，抨击清廷和保皇立宪，还会用作内部纷争的锐器。1909 年底，在同盟会与光复会的冲突中，瓜罗庇胯华商阅报所同志在《中兴日报》发表声明，反驳陶成章、章太炎等人的文函对孙中山的各种指控，就有意无意地将陶、章等人与汉奸相牵混。

该声明称：本社同仁及各埠于七月接到匿名书，“当时侨寓英法荷各属之人，皆知为陶成章与一曾在《中兴》败事开除者，由荷属荧惑一二不经事之教员所为”。此乃“汉奸者流，日防汉族有还魂之日，慫为反间构陷，而更助之为虐，固意破坏，不问可知。……能言不能行之人，其弊害势有所必至者。原其平日读书，皆富贵利禄有以逼之。今言革命，不过穷极无聊，随声附和，非真有种族、政治、民生思想发自良知者。今极力破败若此，其中翎顶铜臭之毒欤？毋亦汪公权之一派已矣”。匿名书自称为七省委派分驻英荷各属的办事之人，“何舍至公至正至善且至易办之法而不为，而必为汉奸之下策”[2]。

凡与己意不合就是汉奸，则“汉奸”无形中从对敌斗争的利器，部分转化成为打击异己的政治标签。

---

[1] 梁启超：《与上海某某等报馆主笔书》，《饮冰室合集》文集之二十七，第 47—48 页。

[2] 《复泗厘歪也再寄匿名谤书者》，《中兴日报》1909 年 12 月 8 日，第 1 版，“特件”。

第七章　首义之区的汉奸问题

作为辛亥首义之区的武汉是清革武力对决的关键地区。战事紧张之际，防奸锄奸成为当务之急。湖北军政府力求在确保军事胜利、政权稳固以及树立文明形象之间取得平衡，颁布相关的法律军规，由专门执法机构严格掌控汉奸的指认及其处置，有效地防止了滥捕乱杀，为光复各省提供了防奸锄奸的重要经验。只是战事失利的情况下，必须有人承担罪责，以便稳固军心民心，而坊间传闻和媒体报道不免道听途说，加上汉奸是政治指称而非法律罪名，加剧了汉奸如鲫的乱象，使得首义之区的汉奸问题极为凸显。先行研究中，存在过信报刊报道及当事人记述的偏颇，没有对证据进行必不可少的比勘验证，简单地以材料为事实，夸大了汉奸问题的严重和锄奸行动的流弊。

第一节　以间谍为汉奸

武昌起事后，随着局势的迅速变化，排满革命的话语从原来的非法状态迅速转身为高扬的政治旗帜，汉奸的指称在各种媒体上出现的频率显著增高，并且成为人们口中的时髦话流行语，应对汉奸的各式各样相关行事也逐渐展开。由于民军一度高扬逐满复汉的旗帜，以孤立清廷，汉奸理所当然地成为重点打击对象，并且收效显著。而汉奸并非法定罪名，界定不够严谨，革命党一直以来的政治宣传，又着重强调锄奸的重要与必要，所定范围不免较宽，虽然光复后处置力求谨慎，尽量避免复仇滥杀，但在清方顽固抵拒的形势下，对于继续与民国为敌者，仍然不得不保持高压态势，锄奸行动因而得到强力推行。

起义的枪声响起，为了唤起民众的支持以及坚定必胜的信念，民军有意识地凸显反满复汉的色彩，之前大力宣传的杀满贼除汉奸理所当然地列为首要任务，而且迅速以文告的形式公诸天下。起事的第二天即10月11日，就以“中华民国军政府鄂军都督黎”的名义颁发布告，宣称：“第一为民除害，与众戮力驱驰。所有汉奸民贼，不许残息久支。”[1]该文告不仅在武昌散发，还通过不同渠道流向其他城市，远在千里之外仍然处于清朝控制下的上海，10月27日城内各处墙上就忽然张贴出此项布告，令当地人感到“殊可诧异”[2]。

10月12日，武昌军政府又颁发《布告汉族同胞之为满洲将士文》，历数清代汉人杀汉人的历史，昭告“军政府提携义师，肃将天讨，期与四百兆人平等以尽国民之责，亦与昔之英雄割据有别，固将使禹域之内，无复汉奸之迹”[3]。同时还发出《鄂军都督致满政府书》，为武昌兵变正名定性：“是故慷慨激昂之士，仰观天象，俯察人事，咸欲殄灭满族，以雪乃祖乃宗之耻辱，诛戮汉奸，以登亿万生灵于衽席。……而义旗以立，而满奴以窜，而汉奸渠魁以潜逃，时八月

[1] 辛亥革命武昌起义纪念馆、政协湖北省委员会文史资料研究委员会合编：《湖北军政府文献资料汇编》，武汉：武汉大学出版社，1986年版，第3页。

[2] 《本埠之鄂乱观》，《申报》1911年10月28日，第1张第7版，“要闻一”。

[3] 辛亥革命武昌起义纪念馆、政协湖北省委员会文史资料研究委员会合编：《湖北军政府文献资料汇编》，第15页。

十九日事也。”[1]

消灭汉奸的任务还具体化到军政府的各项工作之上，其《略地规则》的“安民局之事务”第七条为“诘奸宄”，内容为：“如查有为□□作奸细及为妨害我军队之行为者，捕获送军前究办。”关于清方文武官员反正来附者也做了明确规定：“凡反正之官，必将其官印文书及具有永远降服誓表送到军队之前，始为反正之实据。”对于一般国民，则发布安民告示，如果有不肖之人，“私通□□或作奸细或作有害军队之行为，亦为贼害同胞，军政府查出实情，亦必尽法惩治”[2]。这些规则文告，为各类人群区分及认定是否汉奸，提供了必要的政治判断依据。

清军的反扑使得扫除汉奸很快就由政治宣传变成军事斗争的迫切需要。战事初期，“长江上下船中，均有汉奸，军政府侦探队布察严密，鲜有漏网者。武昌城中奸细极多，有图放火者，有探军情者，有谋刺者，有下毒药于井中者，但均为窥破，以军法从事者，日有数人”。以至于《时报》派往武昌的特派员用了“汉奸多于鲫”[3]这样醒目的标题。媒体固然不免夸张，但形势的确相当严峻。11 月 26 日，时任步队第五协统领的熊秉坤上书都督黎元洪就忧心忡忡地表示：“所可恃者，湘军一协而已，顾亦伤亡过半。现敌人狡诈百出，汉奸星散，防不胜防，诛不胜诛，其漫延于武、汉间者，没露无常。”[4]

依据各报的报道，首义之区的汉奸大致分为五种类型，一是通敌叛变、为清军做向导，或以散布谣言等形式破坏民军的军事部署，

[1] 辛亥革命武昌起义纪念馆、政协湖北省委员会文史资料研究委员会合编：《湖北军政府文献资料汇编》，第 19—20 页。

[2] 《辛亥革命始末记》，沈云龙编：《近代中国史料丛刊》(420)，台北：文海出版社，1969 年版，第 151、153、160—161 页。

[3] 《第三特派员亲往武昌记》，《时报》1911 年 11 月 11 日，第 1 版，“记事”。

[4] 熊秉坤：《熊秉坤事略》，中国人民政府协商会议湖北省暨武汉市委员会、中国社会科学院近代史研究所、湖北省博物馆、武汉市档案馆编：《武昌起义档案资料选编》下，武汉：湖北人民出版社 1983 年版，第 13 页。

导致民军作战失利。如10月13日杀汉奸刘赓藻以整军心[1]、阳夏之战后将周国斌及黑山炮台管带霍某正法等。周兄为张彪的差弁，阳夏之战，周国斌往汉阳，其中表与敌军排长相识，后者暗地贿使，于夜晚将汉阳防御阵地地雷引线割断，致使工事失守。[2]黑山炮台管带霍某被北军运动，于10月24日晚“忽命炮兵将炮口移向龟山，炮兵不允，霍以手枪伤之。傍一炮兵大呼，亦击以手枪。幸又来二人，大呼捉拿汉奸，始有多人奔集，将霍拿住，送往司令部，讯明实情”，25日即行正法。[3]有的汉奸化装成贫民，诱使民军统领过刘家庙，结果中了清军的埋伏身亡。[4]

阳夏战事十分惨烈，因为民军屡遭重挫，关于汉奸破坏的传闻不绝于耳，而战地局势纷乱，也给奸细散布谣言造成可乘之机。“初七早，外间谣传甚多，或谓黑山已夺去，有谓民军粮台亦被烧，或谓龟山、汉阳城均为旗军所得，由汉奸为向导，纷纷不一。”实则因为援鄂湘军“皆是老练精敏之才，富于革命思想，故临阵无不向前冲锋，而湖北兵之老练者大半派往南京或他处，防守汉阳城中所留新招之兵居多，该新兵等大都无甚学识，往往出兵湘军在前，鄂军从后，前军胜则该新兵思夺湘军之功，若前军稍退，后军即退走而逃。初七日上午，汉奸故散谣言，谓某处已失，湖北兵不知是计，闻此警信，不战自扰”[5]。谣传与实情显然有所不同，可是局势的混乱，导致谣言满天飞，致使人心惶惶，又加剧了战事的危机。

战局僵持阶段，原张彪旧部张朝禧、向安邦等先后为清军做向导，偷袭民军阵地，并将战地电网地雷引线割断，或调转炮口轰击

[1] 何锡蕃：《湖北起义战守实录》，中国人民政府协商会议湖北省暨武汉市委员会、中国社会科学院近代史研究所、湖北省博物馆、武汉市档案馆编：《武昌起义档案资料选编》上，武汉：湖北人民出版社1981年版，第38页。

[2] 军法处：《军法处事略》，《武昌起义档案资料汇编》上，第413页。

[3] 本馆第二特派员来函：《武汉最近之闻见》，《申报》1911年12月1日，第1张第5版，“要闻”。

[4] 《大革命之大风云》（廿五），《民立报》1911年11月4日，第3页，“新闻一”。

[5] 第二特派员来函：《汉口战报》，《申报》1911年12月2日，第1张第5版，“要闻”。

武昌，向安邦还试图潜回武昌为清军内应，被民军抓获正法。[1]

二是以投毒、暗杀等方式破坏社会治安和军政首脑机关。10月20日晨，便有汉奸二人在小朝街水井暗投毒药，被民军发现，搜出毒药数包，扭送执法处，经执法官讯明枭首，并派人沿各街道鸣锣警告，勿随便汲饮井水。[2]战事胶着之际，“武昌城内近有汉奸四五人暗投毒药于食水井中，前日业经拿获三名，枭首示众”[3]。武昌保安总社接到政事部函称：“稽查长报告，有民人窥见城中某处有汉奸细在井旁暗中投害硝强毒水，奸细未获，井旁遗落水瓶。为此通告各局所，一体防守。”[4]12月初，因为又有奸细于各水井投毒，水带绿色，入口即麻，军政府传知各保安会，通知所辖各户认真防范。[5]

湖北军政府首脑成为暗杀行刺的重点目标，仅1911年12月29日这一天，就先后发生了两起针对都督的暗杀事件。上午8时，“忽来口操北音者六人，往都督府进谒，据称系山东代表，检查部验明徽章并公文印信均完全，以为有此实在凭信，决无意外之虞。岂料其公文徽章全系伪造，盖假扮代表以实行暗杀主义者。由检查部带入，都督迎至客堂，宾主交谈，颇为欢洽。都督敬礼来使，款留早餐，食时都督亲与坐席。忽见一人伸手向身边摸索，仓皇四顾，若恐有人见之状。卫队见其形色有异，上前注意视察。该奸见卫队上前，疑已破露，急抽身起。都督见此情状，亦起而避之。卫队扭住搜查，六人之中有三人藏有炸弹五枚，当送执法讯问。据称均系河南人，受某某之付托而来者，公文徽章均系伪造。都督以此等奸细，并非有心破坏民国，实系受某人之愚，着先收入模范监狱，俟详细

[1] 《武汉战情轶录》，《民立报》1911年12月9日，第3—4页，“新闻一”。

[2] 《汉奸以药毒民》，《民立报》1911年10月27日，第3页，“新闻一”。

[3] 《武汉新纪事》，《申报》1911年11月13日，第1张第6版，“要闻一”。

[4] 《武昌保安总社特别之布告》，《辛亥革命始末记》，沈云龙编：《近代中国史料丛刊》(420)，第94页。

[5] 《武昌近事一班》，《顺天时报》1911年12月3日，第4版，“各省新闻 · 湖北”。

审讯后再行定罪”。

一波未平一波又起，当天下午 2 时，在武昌大东门外南湖军队大操场演习在沪新购飞艇，都督前往视察，“在场各兵士俱举枪致敬，都督答礼未毕，忽卫队中一人持枪向都督击射，连放三响，俱未获中。都督见枪声自卫队中发来，心知有异，遂策马前进，直入演武厅内。在场各兵队闻枪声，知卫队有贼，亦群来围捉”。鉴于卫队非都督旧部，即有妥保，均系毫无异志之人，行刺者必系奸细混入。而被拿获者着黑色军装，与民军无异，当即解交执法处讯供究竟如何混入[1]。据称其中一发子弹击中黎元洪的佩刀柄，刺客随即丢掉手枪，闪入人群避匿，卫队将其拿获，交执法处讯明，系河南人，俞姓，向在京营当兵，受某旗人指使来鄂，混入都督府当马夫，欲乘间行刺诸要人。已正法示众。[2]

三是勾结清方，提供情报，杀害革命党人。其时“武昌城内汉奸甚多，近因门禁森严，不能传达消息，遂有放鸽传书，以旗或灯代语者，均经查获不少，然其传送之法层出不穷，我军必宜加意防范也”[3]。鄂军军务部以奸细甚多，杀不胜杀，非将所有弊端严行禁止不可，特出告示：“两军对敌，凡属弊端，均宜禁止，以绝敌人与汉奸私通之害”，规定严禁放鸽、高悬旗章以及夜间高悬天灯等行为。[4]

武昌起事后，麻城素有革命思想的屈子厚鼓动县知事更换军政府印。防营管带刘金堂率队驻防麻城，勾结知事，暗与敌通。屈晓以大义，反被刘等设计冤杀。事为军务司长查觉，派人查拿，知事逃，

[1] 《武昌拿获奸人类志》（十一月廿六日国事新闻报），《辛亥革命始末记》，沈云龙编：《近代中国史料丛刊》（420），第 255—256 页。以上两则文字据《爱国报》第 1827 号第 3 页《黎元洪之遇险》有所校订。

[2] 《武汉最近大事记 · 汉奸讨死》，《时报》1912 年 1 月 7 日，第 3 版，“地方要闻”。

[3] 《武汉最近之闻见》（特别通信），《申报》1911 年 12 月 17 日，第 1 张第 6 版，“要闻”。

[4] 《武汉最近之报告》，《时报》1911 年 12 月 12 日，第 3 版，“地方要闻”。

刘解省，承认通敌。军法会议以其有显然汉奸确证，为民军军法所难恕，决定枪毙。[1]

四是暗中制造事端，破坏民军的形象声誉。“鄂省下薪河及凤凰山炮台，均可轰击汉口，讵每次炮击招商局、小关帝庙、签捐局等处之敌兵，其炮弹多射在英租界一码头一带，敌兵未有所伤。汉口英领屡次渡江诘问，黄总司令乃亲至炮台，试放三炮，皆中在招商局等处，方悉掌炮之兵系属汉奸。当讯出弁目四人，确受张彪之贿，有意酿成交涉。当将该汉奸枭首，以昭炯戒。故日来英界已不见有炮弹飞至矣。”[2]

五是为清军提供粮饷和武器弹药。如“三德里同济堂内有汉奸二人，携洋八万元，银四箱及子弹无数，意欲接济北军。前日被民军侦知，照会法国领事，将该汉奸等拿获，送入捕房，追讯问后，当将银洋子弹一概送交武昌”[3]。“汉奸欧阳鹤（湖南人，其叔欧阳利见，前任浙江提督）前为北军代办军械，现兼办粮台，十六日又将商家堆存货物偷买与洋商，意欲接济清军饷银，经该洋商以大义责之，乃抱头而逃。”另外“汉阳有项某者，冒充汉口商会司事，向礼记栈房购米二百余担，并付以现银，即欲出货。该栈司事详加盘诘，知为北军所派，乃谓须有汉口礼记帐房凭据，方可出货。项某以大言恫吓之，该司事仍不允，项乃悻悻而去”。报馆特派员不禁慨叹：“呜呼！何汉奸之多耶。”[4]

面对汉奸活动的猖獗，政府和军队之外，民众也有组织地参与防奸行动，有时还会主动采取措施，挫败清军的阴谋。“清军统领冯国璋贿通汉奸诱得汉阳后，大肆搜括，为接济军饷等用，不知该城库款子药早为民军搬空，粮台亦临时焚毁。现北军在城待款甚急，

[1] 军法处：《军法处事略》，《武昌起义档案资料汇编》上，第414—415页。

[2] 《汉口战报》，《申报》1911年12月5日，第1张第6版，“要闻”。

[3] 第二特派员函述：《武汉最近之闻见》，《申报》1911年12月14日，第1张第5版，“要闻”。

[4] 第二特派员来函：《武汉最近之闻见》，《申报》1911年12月11日，第1张第5版，“要闻”。

无法可想，又嘱某国侨民将众商人堆栈内盐麦荳米各货约计百余万金盗做押款，事已垂成，欲借驳船运货，为旅汉商人访知，急诉明各洋行大班，谓商等在汉设行经营，已被北军焚毁一空，现汉阳所屯之货，大半已售与洋商，因遇战事不能出货，若北军如此办法，不但商民受害无穷，即洋商处亦将无从交货云云。想各洋行深明大义，决不受该侨民之欺骗也。”[1]

第二节　第一、第二汉奸辨

在战事激烈的情况下，各种消息传闻满天飞，媒体很难查实，况且瞬息万变的战局中个别消息是否属实，对于媒体而言，也无关紧要，因而相关报道难免附会或夸张。典型事例就是有第一、第二汉奸之称的张云汉、张景良案。据称：汉口保卫战失利，汉奸张云汉、张景良等暗中破坏是重要原因。“十九事起，军政府即派张云汉领兵一千，乘车往守武胜关。不料张某非特未往守关，竟为敌军作伥。后为部下所执，送往武昌正法。此第一汉奸也。月杪大捷之后，军政府派张景良为汉镇总司令，张本素倡革命主义，而又久居湖北军界者，但其妹嫁某满贵人，故初七八之事，已有远因在焉。张于黄兴拜将之后，遂于武昌斩首示众，汉军之大受损失，汉镇之被焚，皆此第二汉奸所致也。”所谓初七八之事，即“初七八之失利，实以汉奸张景良故意少发子弹”[2]。

吴密相信上述报道属实，并引用《清史稿》等资料予以佐证。不过，这些案件的实情是否如报纸所说，以及能否定性为汉奸，目前所见资料存在不少相互牴牾之处，尚须进一步深究。

---

[1] 第二特派员来函:《武汉最近之闻见》,《申报》1911 年 12 月 11 日,第 1 张第 5 版,“要闻”。

[2] 《第三特派员亲往武昌记》,《时报》1911 年 11 月 11 日，第 1 版，“记事”。吴密的博士论文对于第一、第二汉奸案有所讨论，基本取信。只是关于张景良原来的政治态度征引了清革双方的部分说法。

据瑞澂八月二十九日（10 月 20 日）致清政府的密电，张云汉率领的步队两标，在瑞澂、张彪带领清军反扑武汉的战斗系列之中，驻守刘家庙。[1] 武昌起事后，革命党忙于巩固战果，直到八月二十二日即 10 月 13 日，才开会筹划抵抗北军。曾有多人分别在不同场合提出过固守武胜关、破坏隧道的建议，结果只派张永汉往守武胜关。[2] 张永汉为第 21 混成协第 42 标统带，“十九日夜，省城同志反正，比得本标统带张永汉命令戒严，出入不易”。幸有侦探因公报告，往还不绝，才能会议响应计划，联络布置。起事时，该协公举林翼支为营代表，队官以上各长官均潜匿无踪。“二十一日晨六时，奉鄂督黎命令，四十二标二营占领武胜关。林代表奉命即准备出发，先令赵君承武为前站，侦探队伍亦随发。行至大智门，有土人报告，豫军五十七、八标及鄂军步队辎重不下数千人，在刘家庙驻扎等情。林君当商于诸同志云：‘我军人数薄弱，寡不敌众，前进无济反害，不如折至汉阳兵工厂，协助一营固守兵工、钢药各最要地点为是。’众谋佥同，即折至汉阳占领大别山。……二十二日，奉鄂督黎命令，委任林翼支为第一混成协统领，并著仍回汉口驻扎”。该营在汉分途招募，三数日即成军一协有余。[3]

据此，张云汉应为镇压革命的清军将领，并未参与起事。第 42 标统带为张永汉，新军起事时，他进行压制防范，后来则逃匿。奉命带兵往守武胜关的，是该标二营代表林翼支。另据曹广生的《赵承武传》，八月十九晚起事后，“派多人遍觅统带管带，不得，乃公举林翼支以戴之。承武则偕同志数人暗夜奔至大智门，意欲阻止张永汉北上，未遇而返。复邀胡光瑞率数十人往毁铁道。至刘家庙，

[1] 《武昌首义后清方电报补抄》，《武昌起义档案资料选编》上，第 231—232 页。

[2] 《纪堪颐革命事略》，中国人民政府协商会议湖北省暨武汉市委员会、中国社会科学院近代史研究所、湖北省博物馆、武汉市档案馆编：《武昌起义档案资料选编》中，武汉：湖北人民出版社，1982 年版，第 422—423 页。

[3] 胡鹏举：《胡鹏举事略》，《武昌起义档案资料选编》中，第 539—540 页。

遇巡防营至，遂方针所指，处处皆迷。承武愤不欲生，将投江从屈子游，经同人再三泣挽乃止，叹曰：‘吾岂以个人之私意而出此哉！诚以汉奸北上，则民军之情况，满贼皆知，铁道未除，将武、汉作战场，生民涂炭，吾恐无面目对吾鄂父老耳’”[1]。照此说法，张永汉北上，并非带队据守武胜关，而是北上去投南下的清军。汉奸的罪名不错，案情却大不相同。

当然，也有另一种说法，10月13日参谋部开会，“共商预备抵抗北军南下方略。有请破广水铁道阻止敌人，蔡绍忠则请破坏黄河铁桥。按兵法所云，容易破坏，修理最难。如此研究，颇乏赞成者。故拟定派张永汉守武胜关而已”[2]。此说或为报纸报道的来源依据。《新闻报》就说：“民国军都统黎元洪侦知北军将到，派军至武胜关迎击。兹悉系派四十二标标统张永汉带领原标前往把守，闻该标健儿最勇敢善战。”[3] 上述多为当事人于事后不久的记述，却相互歧异冲突，要想取舍近真，还有待更多资料的发掘。

张景良的罪行，也与42标有关。10月17日，42标于黎明攻击刘家庙，因新兵过多，不识战术，无大胜负，三营管带赵承武等牺牲。19日，复攻刘家庙，杀敌无算，大获全胜，“失计者，未直追至三道桥以外驻扎堵截耳。其未追之由，实害于战时总司令张景良心怀叵测，一经战胜，即命令不准直追，各率队回营休息，致敌军得占三道桥优胜地势”[4]。

张景良原为湖北新军第29标标统，很早就是军政府军事领导的核心成员。或谓张景良起义之初投机革命，“欲得一指挥全权，以效忠清廷，乃伪为奋勇，以售其奸”。10月13日，被张振武查知，“独欲杀之。黎公与蔡济民保送执法处禁锢”。到10月27日，

---

[1] 曹广生：《赵承武列传》，《武昌起义档案资料选编》中，第551页。

[2] 蔡绍忠：《蔡绍忠革命功绩并历史》，《武昌起义档案资料选编》下，第30页。

[3] 《武昌革命军九志》，《新闻报》1911年10月20日，第1张第3页，“中外要事”。

[4] 胡鹏举：《胡鹏举事略》，《武昌起义档案资料选编》中，第540页。

因何锡蕃身负重伤，张景良被黎元洪任命为汉口战时总指挥官，“责其立功赎罪。汉贼罗家炎、刘锡祺、宋锡全等，参列战争，与张景良潜谋不轨，并私运子弹助敌军，以致我军失败”[1]。此说或有不实。10月14日（一说15日黎明）都督黎元洪召集军事会议商议应对北军之策，与会者为黎元洪、纪堪颐、杨开甲、蔡绍忠、张景良、萧祖汉等六人。16日午前会议，公举黎都督兼军令部总长，杜锡钧正长，孙武军务部正长（受伤未到会），蔡绍忠副长，杨开甲参谋部正长，张景良副长，汤化龙内务部正长。[2] 由此可见，张景良一直是重要的军事领导成员，临危受命，是从参谋部副长的位置接手汉口总指挥，并不是戴罪出征。

据何锡蕃的《湖北起义战守实录》，10月27日汉奸罗家炎私运子弹暗送敌军，指挥官张景良失败潜逃，刘锡祺助敌侦探，同时拿获交军政分府正法。[3] 则张景良并未故意少发子弹，其罪责是失败潜逃。据《民立报》号称的“最详最确之武汉战事谈”，是日革命军总指挥何锡蕃中弹落马时，刚好张景良受命前来接替指挥，“畏缩不前，兵退即一人拍马向北军直跑，其为汉奸无疑，众兵奔前擒之，拘于江汉关署内。至于罗嘉言管带运送子弹向北军直进被擒，押回武昌后，即在谘议局门首枪毙”。另据一位宋姓民军军官说：“近数日汉奸甚多，城门不易出入，盘诘甚严。前者汉奸放毒入井，当获而剖其腹而挖其心。汉军战夺武胜关，为罗某张某卖放，以致北军近胜。至刘家庙已获汉奸罗某等，挖出两目，枭首汉口示众。”[4]

罗家炎（嘉言）原为辎重营管带，据说民军起义以来，表面颇热心任事。10月26日，奉命管理弹药库。“罗心怀叵测，暗与北军

[1] 民史氏：《张振武之革命战史》，《武昌起义档案资料选编》中，第395—396页。

[2] 《纪堪颐革命事略》，《武昌起义档案资料选编》中，第423页；蔡绍忠：《蔡绍忠革命功绩并历史》，《武昌起义档案资料选编》下，第30—31页。

[3] 何锡蕃：《湖北起义战守实录》，《武昌起义档案资料选编》上，第41页。

[4] 《大革命之大风云》（廿五），《民立报》1911年11月4日，第3页，“新闻一”。

通消息，联络一气。初五夜发弹时，每兵只发两排。兵士请益，则答以子弹不足，明晨续发。及至子弹告罄，罗故作仓皇之色，连呼兵士速催子弹。兵士均希望子弹速来，未肯即退，讵罗已派心腹人将军需处送来接济之子弹中途拦阻，及战场派人来催，始知底蕴，然已无及矣。”此事被指为27日兵败的两大原因之一。“兵士知中罗计，大呼罗为汉奸。罗知奸计破露，策马直投北军。马队见其奔逃，上前追赶，卒被捉获，捆送军政府严讯，已正法矣。”[1]

关于张景良等人的为人、被捉、定罪与处刑，诸多亲历者的记载相歧相背，或情节相仿，人时地迥异。如涂维扬《蔡汉卿事略》记，10月12日，蔡汉卿任军政府总稽查部部长，“时府中参谋张景良，不事事，有去志。先生窥其隐，大言曰：‘瑞澂、张彪未获，若苟图富贵之心未忘，居位不任事，是包藏祸心，欲侦我情形，去以告敌也，不杀之，不足以劝来者。’遂调炮队同志百余人，整队于府前，亲至楼，欲促杀之。同事有怜其才者，请于都督，暂交执法处以观其后，乃释之，时二十六日事也。后张景良运弹清军，我师败绩，咸服公之先识焉”[2]。这与前引《张振武之革命战史》所说应为同一事，可是除了张景良外，人物、时间等均不相同。八月二十六日即10月17日，张景良刚刚担任参谋部副长，即使流露去志，蔡汉卿也不至于调兵抓人。情节如此离奇，背后当别有隐情。

关于张景良的罪责，众口一词都是通敌，指张景良任总指挥后，“与罗家炎、刘锡祺潜通北兵，私济子弹。……同志以汉口失

[1] 《辛亥中国革命史·战场归客谈》，《神州日报》1911年11月3日，第2页，“特别纪事”。1911年11月3日《时事新报》的《中国革命史八纪·汉报述初六战情》（第1张第2版“特别纪事”）称：“是战之负，非我军不勇，实由汉奸罗管带嘉言暗施毒计。据军界人云：昨晚因今日有战事，司令处特发炮弹九千，枪弹数十箱，交罗经管。讵罗暗与敌通，只肯发炮弹二十，枪弹每人两排。至枪空弹尽之时，彼即截断后面接济，迨我军溃退后，彼即单身前向，直投敌军，为我马军所见，上前捉获，已捆送军政府正法。”

[2] 涂维扬：《蔡汉卿事略》，《武昌起义档案资料选编》下，第24页。

败，胥由汉奸"[1]。至于具体情节，各说又有不小差异。有的较为含糊，只是说指挥不当，贻误战机，颇有可疑，如“阳夏烈战，张景良充临时总指挥，经（姜明经）充炮兵顾问。时，北军入关，已越两日，按兵未动。经献出奇前攻方略，悉中机宜，奈未实行。景良以奸疑伏诛，随派经充总指挥”[2]。有的则指其有意助敌，所谓“连战至九月初二，我军扼守华景街、歆生路一带。是役也，总指挥张景良有异志。兵士遥指敌曰：‘宜放枪。’张景良诒之曰：‘非敌也，是我军之另进者也。’并指挥大队趋敌火线，敌以十四生的大炮击我炮队，兵士伏于铁道轨旁，死伤不计其数。罗家炎掌军械，人发子弹二排。名交锋，实则束手待毙"[3]。还有的只是指其救援不力，临阵脱逃："初六日，我战不利，求援于总指挥张景良不应，败退于大智门。收拾残余，本部仅有兵三百余名。时，总指挥张景良已遁。”[4]

指认罪行已是众说纷纭，关于具体抓捕及处置之人，更是说法不一，具体而言，有下列各种：

方兴说。汉口之战，"我军猛烈异常，敌累战累却，乃多方设间，诱我总指挥张景良，遂纳款于敌，命军械官罗家炎押子弹，暗济敌。张景良益指挥前进，敌忽枪炮齐击，毙者不计其数，我军遂溃，二队队长马融死之。众军知为张景良所误，执而诛之。（方）兴遂命黄天骥、吴宗汉、罗维等缚罗家炎，磔之武昌。义士愤不泄，多剖取心肝食之”[5]。

李文辅说。"初六，七句半钟时开仗，战斗甚烈，敌军勇进，占据三道桥。我军拼死进攻，几退几上，不能取胜。血战至三句钟后，余随詹君飞马督战，大振军威，合攻前进，刘家庙已经夺回。不料

[1] 邓玉麟：《邓玉麟革命小史》，《武昌起义档案资料选编》中，第228页。

[2] 陶炬、周登瀛、黄兆奎：《姜明经传》，《武昌起义档案资料选编》中，第546—547页。

[3] 《胡襄革命事略》，《武昌起义档案资料选编》中，第542页。

[4] 熊秉坤：《熊秉坤事略》，《武昌起义档案资料选编》下，第8页。

[5] 方兴：《方兴革命事略》，《武昌起义档案资料选编》中，第207页。

指挥官张景亮（良）被敌人串活，掯弹不发，致阻锐气。众目所睹，汉奸无疑，于是当场将该奸捉获，送交分府收押，当请都督命令法办。”次日李即将三名汉奸斩首。[1]

周全胜说。“是役也，张景良为总指挥，罗家炎为军械官，以纳款于敌，由是张景良自误戎机，罗家炎暗运子弹以供敌用，全胜遂率十余人缚张景良于大智门，杀之江汉关，并与方兴、吴忠汉、黄天骥、罗维等缚罗家炎，诛死武昌。”[2]

彭士林说。彭起事后任军政分府卫队队长，“九月初六日，带队至大智门一带攻击，因张景良颠倒指挥，致我军败北。是日，去歆生路将张景良捉获，至军政分府执法处讯明，越日正法”[3]。“初六日，指挥官改授张景良。讵知张与罗嘉言（家炎）表里为奸，颠倒队伍，减发子弹，我军因以败绩。敌人直逼汉镇，林退至军政分府，而我军已寂无人声矣。幸获张景良、刘锡祺二人斩之。”[4]

上述各说，虽然都自称亲力亲为，而且撰写的时间就在事后不久，但是于抓捕、处决张景良等人的地点、时间以及顺序等等，均无法对应。诸如此类的记载还有，10 月 27 日民军第九标一营为右侧前锋，二营往右翼接济，三营堵截左翼宽阔地。二营距一营战地尚有数百米，江中发炮，二营兵士如鸟兽散。“忽右翼散兵奔报曰：‘兵等子弹放尽，汉奸罗家炎不接济军火，致兵等束手，无能为力，而又江中汉奸萨镇冰发炮横击之，以致胡队长死于前，管带亡于后。’忽左翼散兵奔报曰：‘敌人已逼近，汉奸张景良接（按）兵不绝力援助。’……下午，汉奸罗家炎获，解都督府斩决。闻者见者莫不切齿，欲脔食其肉。及晚，汉奸张景良又获，解送江汉关斩决。

[1] 李文辅：《李文辅事略》，《武昌起义档案资料选编》中，第 443 页。

[2] 周全胜：《周全胜革命事略》，《武昌起义档案资料选编》中，第 498 页。

[3] 彭士林：《彭士林事略》，《武昌起义档案资料选编》中，第 650 页。

[4] 周祖培：《周祖培事略》，《武昌起义档案资料选编》中，第 503—504 页。

闻见者如对待罗奸，不稍异。民气如是，虽败亦何惧！”[1]“初六日，在车站拿获汉奸罗家炎、张景良等，解省充办。”[2]

与各亲历者的自述言人人殊不同，具体负责审理案件的军法处显然参考比勘了各方的说词，进而查明实情。据《军法处事略》，其事详情为：汉口刘家庙前后屡战，民军总指挥官次第受伤，以张景良充任总指挥。九月初五（10月26日），以罗家炎熟悉军事、任事勇敢，派其充任全军输送子弹指挥官，预定初六拂晓开战。罗家炎奉命后于初五日中午至汉口民军司令处，进见总指挥官张景良，彼此未见，亦未接洽。罗所受任务，应于开战前将全军所需子弹数目计算概略，预计战前如何征发，战时如何补充，以及大小接济子弹的分配。罗未见张，既不复请接见，又不将难于按给理由报告军务部、参谋部，另图救济方法，也没有向汉口军政分府陈请补救，置任务于不顾，当晚偷闲至□□里安眠。致使初六晨拂晓战，全军兵士每人只有子弹一、二排，以致民军大挫，死伤及半。追审讯该员时，□□里并无该员亲朋，乃系在游戏场所住宿，放弃任务，贻误战机，同人多以兵挫难振引为啮齿，要求正法。当时亦以情节较重，军心要结，军法亦所难恕，故即正法。然当时有以罗之妻子为应死，要求惩办，势甚凶凶，难以理论。不得已禀请都督，为民国无死反妻孥之法，经都督允准，谕饬各军不得饬阻罗之妻子，并加抚恤及保证书，使罗之家属得回故里。[3]

军法处是具体承办此案的权威机构，事关定罪量刑的依据，对于案情的掌握较为准确，不像坊间传闻、媒体报道那样，可以道听途说，捕风捉影，也不能群情激愤地众口铄金。由此可知，不但张景良并非故意少发子弹，就连罗家炎也没有私运子弹暗送敌军。执

[1] 熊秉坤：《前工兵八营阵亡死难暨五旅部署阵亡各员事略》，《武昌起义档案资料选编》下，第54页。

[2] 熊秉坤：《前工兵八营革军各执事暨各会员事略》，《武昌起义档案资料选编》下，第105页。

[3] 军法处：《军法处事略》，《武昌起义档案资料选编》上，第411—412页。

法处所定罪名是输送子弹不力，贻误战机。张景良或有消极避战之心，却并无通敌之事。以惩办汉奸的名义将遭受败绩的责任军官正法，目的是为了固结军心民心。

自从清季练兵以来，湖北新军就不断被人拿来与北洋军进行比较，两强相争究竟鹿死谁手的话题，一直热议。辛亥两军武汉对阵，南下的北洋军是整建制，而以湖北新军为基础的民军，却是打乱原有建制重新扩编而成，不仅新兵多训练有素的老兵少，武器也不足，没有形成战力。加上军官严重短缺，临时提拔低级军官甚至士兵到高级指挥职位，没有作战指挥的能力和经验。所以，南北两军实际上是不对等作战，南军明显处于劣势，只能靠热情和信念支撑。张景良战败之前，10 月 20 日何锡蕃出战不利，从造纸厂、头道桥南横堤退守刘家庙，即失却地利。另一说在二道桥的支队长谢元恺主张退守刘家庙，三营营长彭纪麟因滠口左右依水，系绝道，易守难攻，力谏不听。[1] 而战斗过程中清海军兵舰突然从江中发炮横击，民军死伤惨重。清军又陆续增兵，并在机枪、野炮等重武器方面占有优势，这是民军战败的重要原因。10 月 26 日战于汉口水塔，虽有督战队，民军仍然不支退却。[2]

战局军情究竟如何，军政府的领导层应该十分清楚。可是民军失去汉口重镇，武昌岌岌可危，如果实情公告，等于承认民军无法战胜清军，势必导致军心民心的涣散甚至崩溃，局势将一发不可收拾。而如此重大的失利，也不能不追究责任。将败因归咎于“汉奸误事”[3]，以“汉奸”的罪名对战败的指挥官进行严惩，不仅有助于固结军心，警诫动摇分子，继续坚持作战，同时对于军队和民众也

[1] 熊秉坤：《五旅中级以上军官暨前工兵八营革军中执事之在下级各员事略》，《武昌起义档案资料选编》下，第 61、81 页。

[2] 熊秉坤：《五旅中级以上军官暨前工兵八营革军中执事之在下级各员事略》，《武昌起义档案资料选编》下，第 93 页。

[3] 任启珊：《王师事略》，《武昌起义档案资料选编》中，第 178 页。

算是有所交待，使得军民郁积的激愤情绪得到抒解。汉口汉阳失守后，军政府发布安民告示："汉口、汉阳之役，偶遭失败，睽厥究竟，非战之罪，实为汉奸之甘为奴隶，甘为牛马，于中惊扰，自相残杀。此等败类，昧于种族大义，徒知利禄熏心，深为痛恨。"[1]这对于安定民心稳定局势，的确起到重要作用。

话说回来，罗家炎贻误军机，罪无可恕，但如果真是汉奸资敌，对其妻子的处理必然有所不同。尽管民国废弃连坐，至少不会给予抚恤。由此可见，军政府对于事情的原委其实是心知肚明。

第三节　汉奸的指认与处置

由此连带产生的问题是，即便所犯通敌罪行属实，是否以汉奸罪论处，值得进一步深究。被指为汉奸的刘金堂临刑前哭诉道："吾所为处吾死刑，吾死无憾，惟憾吾不当因犯汉奸罪，九地之下，其将何面目见吾祖黄帝暨诸先烈之灵乎！"[2]刘金堂并未否定其通敌行为，抱憾的是被定为汉奸罪，无颜面对先祖先烈。在当时的语境下，一般而言，通敌即为汉奸，似无不妥，但认真追究，汉奸的罪名，其实并不存在于当时军政府的法律系统之中。

军政府成立后，清朝的旧法不能简单沿用，而仓促之间也不可能从容订立新法，虽然各地军政府没有明言，实际可行的做法是将既有成法略做增补删改加以利用，否则势必陷入无法可依的窘境。而清朝历史上虽然曾经将不少"汉奸"治罪，具体罪名却并非汉奸，况且如何定罪，多出于军政长官乃至清帝的意旨，军政府很难原样照搬。

不过，军政府处置汉奸，又有与清朝的旧惯相似之处，即汉奸

---

[1] 何锡蕃：《湖北起义战守实录》，《武昌起义档案资料选编》上，第 46 页。

[2] 军法处：《军法处事略》，《武昌起义档案资料选编》上，第 415 页。

并非一般刑事民事案件，而是属于军法的范畴。据江夏临时审判厅暂行条例第三条：“本所管理一切民事、刑事诉讼案件及存案注册等事，但属于军法者，不在此限。”[1]《鄂州约法》则规定，妨害治安可以秘密审判。而《中华民国鄂军都督示》公布的斩刑八条，分别为藏匿满人、藏匿侦探、买卖不平、伤害外人、扰乱商务、奸掳烧杀、邀约罢市、违抗义师。[2]鄂军军政府的军律分为杀、罪、罚三类共二十二种，其中罪三项，罚六项，杀十三项，与惩办汉奸相关的杀例为：二反奸者杀，三降敌被获者杀，四私通军情者杀，五泄露军情者杀，六临战退缩者杀，七临战逃溃者杀，八造谣者杀，九私逃者杀。[3]这些具有军法性质的文件当中，并没有汉奸罪一项。只有10月21日颁布的《中华民国军政府革命军鄂军都督黎示》明确声称：“设有汉奸傀儡，立即斩首不惜。”[4]据此看来，汉奸罪应是俗称或泛指，凡是与通敌或破坏民军相关的行为，均被视为汉奸行径，其行为的主体，都可以根据各种相关律条予以惩办。这也就是说，汉奸实际上是一项政治指控而非法律罪名。

由于法规律条没有订立“汉奸”的罪名罪状，只是按照常理和革命党的政治判断，凡是继续拥护清朝统治并与民军为敌的汉人官绅将士，都在汉奸之列，这在实际进行中存在诸多难以操作之处。尤其是在战事胶着的危急时刻，出于对敌方压力的预应性超强反弹，很容易导致扩大化。而军政府为了树立文明形象，防止被清廷和列强妖魔化，从一开始就十分注意防止出现种族复仇式的滥杀。武昌

[1] 辛亥革命武昌起义纪念馆、政协湖北省委员会文史资料研究委员会合编：《湖北军政府文献资料汇编》，第734页。

[2] 辛亥革命武昌起义纪念馆、政协湖北省委员会文史资料研究委员会合编：《湖北军政府文献资料汇编》，第24页。

[3] 《军政府与各处国民军之关系条件》（九月十三日经纬报），《辛亥革命始末记》，沈云龙编：《近代中国史料丛刊》（420），第147—148页。

[4] 辛亥革命武昌起义纪念馆、政协湖北省委员会文史资料研究委员会合编：《湖北军政府文献资料汇编》，第27页。

起事的次日晚，“经执法官程汉卿报告，请都督黎公与诸革命家张振武、高振霄、陈宏诰诸君商定，以义军举动，总宜文明，故不命令，不准私放枪声。即巡查军队，见有路遇间谍与旗民等，均不准擅杀戮，必须送交执法处审理处置”[1]。

尽管如此，起义初期，还是出现了锄奸过度的偏向，引起军政府的高度警惕。起事数日后，司法处的呈文称：“日来各分部、各稽查解来汉奸与满人以及迹近嫌疑并无确证之犯甚多，几有不容卑处详讯，迫令即予杀戮之势，甚至彼此在堂交斗，殊于司法裁决有碍。”为此，司法处“拟请此后无论何人交来案犯，如系汉奸嫌疑，均由卑处讯取确供，按罪定刑；如系满人，亦由卑处讯明后，收监呈候核夺施行。”鄂军都督府根据司法处的呈文向军令、参谋、军务三部发出关于陆军司法的通知，就此明确表示：“军政府兴师起义，原为伐罪救民，以人道为主义”，不能“妄肆杀戮”[2]。后来又以黎都督的名义发出布告：“设有满汉奸细，速报本督知音。”[3]此举一是便于最高统帅及时掌握相关情报，二是为了将汉奸的定罪权收紧，避免滥指误杀。

军政府时期，实行军事管制，一切案件归执法处负责审理，“以署内看守所区分为轻重禁闭两所。凡俘虏之旗民与汉奸、间谍，皆于重所锢之。凡关于他案人犯，则于轻所拘留之。……因执法科时有间谍、汉奸交讯，而此等案件情节，关于战机甚巨，故革命家高振霄、陈宏诰二君初任执法科调查，与科长程汉卿时于联络，遇有关于战机事宜，以便报告部长，而资准备”。该处慎重死刑，对间谍、放火、临战私逃各犯，情节重证据确凿者随时处决，其余禁闭。又将有悔意的年壮力强者重新编队助战。[4]

---

[1]　军法处：《军法处事略》，《武昌起义档案资料选编》上，第 410—413 页。

[2]　《都督府通知》，《民立报》1911 年 10 月 25 日，第 3 页，“新闻一”。

[3]　《武昌内政一斑》，《时报》1911 年 11 月 10 日，第 3 版，“地方要闻”。

[4]　军法处：《军法处事略》，《武昌起义档案资料选编》上，第 410—413 页。

严格掌控汉奸的指认及其处置，显示军政府主要将汉奸的范围限定在间谍、通敌、破坏等具体行为上，而不是将所有拥清的汉人官绅将士统统视为汉奸，即便这些人仍然处于与民军敌对的状态，只要没有采取上述各项具体行动，一般也不以汉奸论处。

尽管已经及时采取了预防措施，在激烈的对抗冲突中还是容易出现扩大化的倾向，尤其是在汉口、阳夏相继失利后，武昌“城内搜查汉奸极严，自初八日起至十二日止，获汉奸数百人，皆湖北籍，即标明罪状杀之”[1]。这样大规模的锄奸行动，很难逐一甄别，其中难免有误。据报：“近日武昌城内查诘汉奸，异常严密，二十五日，有汉口英文报访员在城内被汉兵获住，几至被杀。后盘诘再三，送至审判厅，复盘问三小时，始由某西人保出。”[2] 诸如此类的情形，在被处置的汉奸中恐怕并非绝无仅有。

杨思机已经注意到，湖北、江苏两省为民军控制的两大中心，关于通敌的汉奸的报道特别多。[3] 而多的情形，一是汉奸活动的实事多，二是关于汉奸的报道多。二者有所关联，但未必完全一致。至于多的具体原因，一是两地战事持续时间相对较长，战斗激烈，配合军事行动的谍报和破坏活动相应较为频繁；二是媒体和社会的视点集中，有关的传闻和新闻引起普遍关注。此外，武汉作为首义之区，对于战事失败势必导致清廷反攻倒算的担忧较其他地区更为强烈，这一方面使得当地军民抗击清军和推翻清朝的决心意志极为坚定，另一方面，也会造成过度防范的情形。

由于武汉战事进行之际，汉奸破坏导致军事失利的危害被凸显出来，光复各省吸取经验教训，借鉴首义之区的做法，再结合当地

[1] 《武汉最近之闻见·其二》（另一访员通信），《申报》1911年12月10日，第1张第5版，“要闻”。

[2] 本馆特派员来函：《武汉停战后近状·其二》，《申报》1911年11月20日，第1张第5版，“要闻”。

[3] 杨思机：《汉民族形成的指称与论争》，复旦大学博士后出站报告，第84—85页。

的实情，防奸锄奸之事受到特别重视。在军事冲突持续时间较短的地方，拥清势力只能暗中进行捣乱破坏，肃清残余、防奸锄奸则成为巩固新生政权的重中之重。总体而言，首义之区掌控防奸锄奸的尺度较为适当，既有力地打击震慑了清方，稳固了新生政权，为光复各省树立了典范，又使得革命者的形象很快得到国际舆论的正面肯定。

第八章　光复各省的防奸锄奸

——以沪军都督府为中心

辛亥各省光复，防奸锄奸成为重要任务。由于坊间传闻、媒体报道以及别有用心者的攻讦，加上汉奸罪是政治而非法律术语，使得在锄奸范围事实上大为缩小的同时，汉奸问题看似乱象纷呈。实则以沪军都督府为代表的各省军政权和南京临时政府都力求在确保政权稳固和树立文明形象之间取得平衡，分设侦缉和执法机构，相互制约，严格掌控汉奸的指认及其处置，有效地防止了滥捕乱杀。而政坛变幻波谲云诡，昔日的汉奸不断转身成为共和的元勋，判断汉奸的尺度差异，不但造成各地光复政权之间的裂痕，而且使得领袖与基层出现严重分歧，考验着革命党的政治伦理。

关于上海沪军都督府在防奸锄奸中的角色作用，由此引发的上海与苏浙两省其他军政权乃至南京临时政府的关系，以及城头变幻大王旗的翻云覆雨中，革命党领袖与基层围绕汉奸问题的政治伦理分歧，未尽之意甚多。

第一节　严厉打击

与首义之区武汉相似，以上海为中心的江浙一带，是光复各地汉奸问题十分突出的地区。杨思机已经注意到，湖北、江苏两省为民军控制的两大中心，关于“汉奸”通敌的报道特别多。[1] 至于多的原因，一是两地战事激烈且持续时间较长，配合军事行动的谍报和破坏活动相应较为频繁；二是媒体和社会的关注集中。武汉系首义之区，一度成为全国各方各界目光聚焦的中心，上海则是近代中国报馆最为集中之地，南京又是南北争夺的关键，后来更成为中华民国临时政府的所在地。而多的情形，一是汉奸活动的实事多，二是关于汉奸的报道多。二者有所关联，但未必完全一致。

光复各省吸取首义之区的经验教训并借鉴其做法，再结合当地的实情，防奸锄奸之事成为巩固新生政权的重中之重。光复后的上海虽然为民军所控制，仍是南北中外交通的汇聚之地，五方杂凑，又有实施治外法权的租界作为庇护，各方势力纷纷利用方便条件进行各种活动，以图达到各自的政治目的，这使得沪军都督府的防奸锄奸举措显得格外重要。

各地陆续光复，而战事依然胶着，民众对于整体局势忧喜参半，汉奸多便是隐忧之一，“东南半壁，以次恢复，可喜。然金陵未下，民贼未除，又可忧。各处旗人多有降服，可喜。然暗杀党汉奸多如鲫，又可忧”[2]。为了巩固新生政权，防范和惩治汉奸的事务受到特别重视。相比于武汉，各地的防奸锄奸虽有程度不同，汉奸的表现和军政府的处置办法则大同小异。

在江西，“九江马路巡警道马献忠初表同情，后将九江军政府

[1] 杨思机：《汉民族指称的形成与论争》，复旦大学博士后出站报告，第 84—85 页。

[2] 立三：《可喜又可忧》，《申报》1911 年 11 月 20 日，第 2 张后幅第 2 版，“自由谈”。

详情密报敌军，后以事泄，枭首示儆”[1]。“赣省近有汉奸在井放毒，业已严备，现经军队在洗马池药店拿获买毒之鄂人，解赴军政府，就近正法。闻系官场受张勋之指挥者。而二十六日又有三人在鄢家井放毒，被警拿获，搜出毒药数包，色白性猛，解往军政府严办，幸未毒毙多命。又有一股汉奸在北营坊演武厅侧井放药，因其井口盖锁被其破坏，察知放毒，水已变绿，以金簪试之，顿变白色，当经验明，遍告禁食云。”[2] 九江炮台统制徐世法与张彪密使五人合谋，运动军队降清，事为赣军政府谍报科侦悉，将六人拿获，徐世法永远监禁，其余五人即行枪决。[3] 此外，马献廷暗报军情，搜出报告铁证，作为汉奸间谍明正典刑。[4]1911 年 12 月 31 日，江西都督马毓宝致电孙中山及各都督，通告对汉奸李瑞齐的处置结果。据称：“前此战事失利，皆由张彪将我情实尽贡敌人，使其均操胜算，而张彪之所以昧于大义，不克幡然来归，而甘为彼族向导者，皆瑞齐一人作成。乞即行就地正法。”[5] 次年 1 月初，经执法部检查证据，讯供确实，宣布罪状，将该犯绑赴刑场正法。[6]

安徽独立后，局势反复不定，素以杀革命党为宗旨的汉奸刘国栋争都督之位不成，率无赖千余人围攻军政府，抢去都督印信，送与皖抚朱家宝，以致安庆局势糜烂。[7]

江浙一带，杭州光复时，“闻是日共计拿获汉奸十四名，均带凶器云”[8]。11 月 22 日，扬州“汉奸龙振仁冒充民军，混入敢死队营，

---

[1] 《第三特派员亲往武昌记》，《时报》1911 年 11 月 11 日，第 1 版，“记事”。

[2] 《赣省改举都督之新猷·汉奸放毒之戒备》，《申报》1911 年 11 月 27 日，第 1 张后幅第 3 版，“要闻”。

[3] 《辛亥中国革命史 · 汉奸徐世法之罪状》，《神州日报》1911 年 12 月 29 日，第 2 页，“特别纪事”。

[4] 《附录执法部枪毙汉奸之示谕》，《时事新报》1911 年 11 月 11 日，第 2 张第 2 版，“特别纪事”。

[5] 《民立报》1912 年 1 月 2 日，第 3 页，“沪军政府电报”。

[6] 《汉奸之结果》，《民立报》1912 年 1 月 10 日，第 5 页，“新闻二”。

[7] 《安庆糜烂始末记》，《民立报》1911 年 11 月 22 日，第 3 页，“新闻一”。

[8] 《杭州光复记（三）》，《申报》1911 年 11 月 9 日，第 1 张第 6 版，“要闻一”。

闯入边指挥振新卧房，意图行刺，幸即捕获，即由新军姚统领证实，该汉奸确为张勋兵士，当由边指挥传令押赴校场正法，并标以数语，甘心为贼死，擅入指挥房云云”[1]。扬州江北北伐军司令正长徐宝山通电各都督各报馆：“据泰州缉私营张管带报称，有汉奸二名来泰窥探虚实，擅自入营，勾通龚姓号兵，秘密商议。该管带以形迹可疑，当即拘讯。该汉奸供称：系小海一带定存营派出，与号兵串通，约会腊月初大队到来，一同起事，为刘凤朝报仇，以泰州为根据地，进攻扬州，并举张勋营兵通同一气，供认不讳。当由该管带将汉奸二名、号兵一名枪毙。”[2] 南京则拿获汉奸孙清泉，孙原为清朝侦探，偕同精制炸弹的外国人到宁，被宪兵查获看管，因其在上海颇多恶迹，电知陈其美派人提赴上海讯办。[3] 还发生过汉奸在贩卖的香烟中下毒之事，吸食者七孔流血而死。[4]

在湖南，据武昌防御使兼北面招讨使通报：12 月 11 日长沙来电，拿获汉奸文顺卿，供出同伙多人，驻武昌、湘阴、续巷、长河等地，用暗记暗号。[5] 具体详情是：12 月上旬，湘潭船抵汉，据美最时洋行伙友谈及，长沙城内于 6、7 两日“搜拿汉奸多名，现在该处各旅馆皆有满暗杀党”。8 日，“有一旅馆将门紧闭，经侦探队长连查数次，踢门进内，拿获少年五六人，并搜出炸弹二箱，一并拘送军法司讯究，并将旅馆发封，栈主拘押”[6]。文瑞卿系 12 月 10 日由军队拿获，于胁下搜出康熙钱暗记。随经都督讯明，饬即枭示，以昭炯戒。次日，又由岳州司令部解来北军间谍周小浓一名，亦经

[1] 《扬州最近闻见录》，《申报》1911 年 11 月 26 日，第 1 张后幅第 3 版，“要闻”。

[2] 《申报》1912 年 1 月 8 日，第 1 张第 3 版，“公电”。

[3] 《南京擒获汉奸记》，《时报》1912 年 1 月 23 日，第 4 版，“地方新闻”。

[4] 《南京要闻汇录》，《时事新报》1912 年 1 月 26 日，第 1 张第 2 版，“特别纪事”。

[5] 辛亥革命武昌起义纪念馆、政协湖北省委员会文史资料研究委员会合编：《湖北军政府文献资料汇编》，第 439 页。

[6] 第二特派员函述：《武汉最近之闻见》，《申报》1911 年 12 月 20 日，第 1 张后幅第 2 版，“要闻”。

都督讯明，饬令正法。几天前，在岳州拿获私运米石接济敌人之王慎堂等五名，随即斩决，将首级解至各关隘示众。[1]12月底，驻扎湘潭县的“第十三标吴统带于昨日拿获汉奸一名，供称袁金岳，系属张彪侦探，来湘探听军情，并相机采办军米，并谓同来者共有李生鸿等八人，均带有枪弹路银，日间以口号，晚间以铜钱为暗记等语。当经会同湘潭县余令、左路巡防队谢统领覆讯明确，即电禀都督，就地斩决示众，并由都督通电各省各属，一体严行防范”[2]。

当汉奸却不得满人善待，下场可悲，成为对汉奸的儆戒。在湖北沙市，“劣绅夏炳南自闻鄂军起义，甘为汉奸，即往荆州为满奴筹划防守策。满奴每每在沙市捐饷，必先令夏往沙市商会酌商，否则继以兵力。夏知商民积怨，恐家属被害，亦将家属搬入荆州城内，仗满奴保护。夏有女，年甫及笄，姿色颇佳，被清将军联魁闻知。一日晚，夏在将军处闲谈，将军言将娶夏女为妾，夏以他辞推诿”。将军“命人斩之，并书不听命令即应斩首八字，置在夏尸上”。报馆特加评语道：“呜呼！为汉奸者其鉴诸。”[3]

战局的犬牙交错为汉奸的跨地区活动提供了一定的空间，而内外勾结，增加了防奸的难度。“有人由段祺瑞处探得消息，前湖北候补道卞綍昌因我军起义逃往南京，后南京又被我军光复，卞闻汉阳适为贼据，遂又奔赴汉口，往谒段祺瑞，求委差使。段谓汝系张文襄之亲戚，民军办事者多张之门生故吏，汝可渡江探听民军虚实，再来报告，自有上赏。卞谓卑职旧日仆人尚住武昌，可得敌人消息，如亲赴武昌，尚须有确实可靠之人在民军中，始可前往。吁！卞綍昌竟自寻汉奸做耶！我军政府当慎防之，尤当调查卞贼仆人住处，一一逮捕，不使 泄我军秘密。”此外，“武昌军务部据侦探员报告，

[1] 《三湘七泽之近闻·拿获汉奸》，《申报》1911年12月27日，第1张后幅第3版，“要闻”。

[2] 《湘省军界近状·湘潭拿获汉奸》，《申报》1911年12月29日，第1张后幅第3版，“要闻”。

[3] 《沙市汉奸之结果》，《申报》1911年12月28日，第1张后幅第2、3版，“要闻”；《辛亥中国革命史·汉奸夏炳南之结果》，《神州日报》1912年1月6日，第2页，“特别纪事”。

汉奸张某遣暗杀党六人，已赴宁沪一带，均系西式装束”[1]。

鉴于防奸锄奸的重要，各地光复政权相继颁布了明确的赏罚条例。山东军政府成立后，颁布赏罚各条，其中就包括“泄漏军机及谣言惑众者斩”，“为满清作奸细者斩”，“反抗义师者斩”。与之相对，则有捉送汉奸者赏，报告敌情者赏，创练民团杀敌者赏，率众投诚者赏，暗杀敌人首要者赏。[2]沪军政府颁布了军律十条，赏例八条，惩罚令二十七款又附注七条，军械律十条，逃亡律八条，没有明确涉及惩办汉奸的条文，相关的为军律第三条奔投敌营及临阵脱逃，第五条泄漏军情及散布谣言摇惑军心，均处以死刑。[3]在定罪量刑方面，由于仓促间不易制定新法，根据司法部总长伍廷芳的呈请，南京中华民国临时政府规定，除第一次刑律关于帝室之罪全章以及关于内乱罪之死刑碍难适用外，暂时沿用前清各项新律。[4]

各地抓捕汉奸，主要是由军队或专门组织的侦缉队实行，而审讯及处置汉奸，则由军政府的相关部门负责，按照军法执行。上海的汉奸问题特别突出，为此专门设立了侦探队和谍报科（又称间谍科），进行明察暗访。侦探队的设立，始于清末，清政府主要是为了对付革命党日趋频繁的活动，并且在各界各类民众运动中侦察反清人士的动向，以图及时掌控，防止事态扩大。军政府设立侦探队，很大程度上是针锋相对地延续了清政府的做法。而专职防奸肃奸的侦探队、谍报科的设立及其运作，又使得汉奸问题更加凸显。

沪军都督府执法科科长由蔡冶民（名寅，以字行）担任，谍报科科长则由应桂馨担任。前者留日期间即加入同盟会，是老革命党人，后者原来是上海青帮成员，与陈其美结识，加入同盟会中部总会，

[1] 《武汉最近闻见录·其二》（特别通信），《申报》1911年12月31日，第1张第6版，“要闻”。

[2] 《山东军政府成立》，《申报》1912年1月31日，第6版，“要闻”。

[3] 《沪军政府新律令》，《民立报》1912年1月29日，第6页，“新闻三”。

[4] 《大总统据司法总长伍廷芳呈请适用民刑法律草案及民刑诉讼法咨参议院议决文》，《临时政府公报》第47号，1912年3月24日，第1页，“咨”。

参加了辛亥光复之役，得以任此要职。应桂馨后来一度担任中华民国临时大总统孙中山的卫队司令，临时政府解散后，又辗转与袁世凯的心腹洪述祖搭上关系，成了刺杀宋教仁的主凶。

应桂馨带领的谍报科与蔡冶民主持的执法科之间，由于职能不同，在防奸锄奸方面存在着相互配合又彼此制约的关系。谍报科主要负责侦察和抓捕，拿获得越多越好，而执法科则要对所捕获的嫌犯进行审讯甄别，根据人证物证还原案情，并据以定罪。两个部门的尺度掌握明显有所差异。

由于防范处于守势，情况复杂，对于事态的发展难以准确预判，只能尽量朝最坏的方面着想，力争做到万无一失。因此，来自谍报科的情报的确有汉奸多如鲫之势。为了严厉打击日益猖獗的汉奸活动，沪军都督府采取各种措施，加强防范，千方百计堵住一切漏洞。有消息称："汉奸挟带炸弹，图谋不轨，曾经在沪宁车站及各客栈缉获数名，解府严讯。""都督府又据侦探密报，谓汉奸党羽近因搜查严密，已相约不乘火车，不住客栈，假作避难商民，租住公馆，一谋施行暗杀，一作侦探机密，请饬四出搜查等情。故陈都督刻又添派精细人员，不动声色，分投踹缉。"[1] 听说万国红十字会发放护照较为宽松，谍报科特致函该会："闻某红十字会发给护照多张，内有政界中人，乘坐日清轮船赴汉接济，难免无满清侦探混迹其间。"认为一律发给护照，漫无限制，"商请改制徽章，分别办事徽章、捐款徽章，使人易于明了。照此办理，与贵会初无窒碍，敝处则裨益良多"[2]。

在严加防范的同时，还加大了侦办和镇压的力度。沪军都督陈其美"探得留东满族学生妄立敢死队名目，希图混入武昌，行刺

[1] 《汉奸之鬼鬼祟祟》，《申报》1911 年 11 月 20 日，第 2 张第 2 版，"本埠新闻"。

[2] 《间谍科防汉奸混迹》，《申报》1911 年 12 月 23 日，第 2 张第 2 版，"本埠新闻"；《都督府谍报科致红会函》，《时事新报》1911 年 12 月 23 日，第 2 张第 3 版，"本地时事"。

民军重要人物。兹查有满奴三名，随同汉奸多人到沪，行踪诡秘”。立即悬赏布线，“除派暗探密拿外，特布告同胞，如有拿获真凶押解来府者，每名给赏洋二千元；来府报密因而拿获者，每名给赏洋五百元”[1]。对于谍报科的情报，陈其美宁可信其有，屡屡据以发出通告，指派侦探查拿。如“沪军都督据谍报科员报告谓，近有汉奸多人，匿迹沪南新舞台后面某旅馆内。当即派令侦探会同市政厅包探往拿未获，除先回复陈都督外，并至附近各旅馆严密搜查，务获究惩”[2]。

响应沪军都督府的倡导，上海的一些准军事组织进一步加强戒备措施。南市商团公会司部“以本埠为华洋杂处之地，奸宄最易混迹，且迩来汉奸甚多，潜赴各处探听军情，行动颇为秘密，殊难防备。本司令部亦系办公重要之地，防范不得不严，是以每日严定口号，凡在陆家浜事务所出入同志诸君，均须通谙，并有银牌记号，以昭郑重。故于昨日通告进出各员，如逢卫队人员查问，必须和气应答口号，不得无意识之举动，自失高贵资格。嗣后或有明知故犯，一经查出，按照违背命令议罚”[3]。商界还组织了共和团，所定暂行条例专门规定：“组织侦探，一部分专探汉奸售军火及私运粮食或军用品接济清廷，残害同胞者，预备对付方法。”[4] 女界也组织了中华女子侦探团，公开宣言：“本团团员有泄漏机要甘作汉奸者，一经查出，禀请政府以军法从事。”[5] 也就是说，不仅要侦探汉奸，还要确保组织内部不出汉奸。

严密防控之下，上海的确破获了不少汉奸要案，较为著名的为

---

[1] 《沪军都督通告二》，《申报》1911 年 11 月 8 日，第 2 张第 2 版，“本埠特别纪事”。

[2] 《查拿汉奸》，《申报》1911 年 12 月 12 日，第 2 张第 3 版，“本埠新闻”。

[3] 《商团公会防奸之通告》，《时事新报》1911 年 12 月 26 日，第 2 张第 2 版，“本地时事”。

[4] 《商界共和团之缘起》，《申报》1911 年 12 月 15 日，第 2 张第 4 版，“来件”。

[5] 《中华女子侦探团缘起 · 中华女子侦探团简章》，《申报》1911 年 12 月 19 日，第 2 张后幅第 3 版，“快人快事”。

招瑞声案和程豹案。招瑞声是清海军部军政司谋略科科长，奉海军大臣命令，“近由北京来沪，拟运动海军依附满清，否则使守中立，不为民军效用。迭经各处函电通告沪军政府，由陈都督密派谍报科设法拘获，验明正身，并有新裕船员曾亲问其意，到堂作证。当晚又奉执法科长蔡冶民君讯取口供，该汉奸知已无可抵赖，直认不讳”[1]。沪军都督府执法科长蔡冶民公布的罪状是：“该犯籍隶广东南海，现充满清海军部谋略科科长，上月自天津起程，潜来沪上，密谋运动我海军归降清廷，否则保守中立，不为民军效用等情，迭经各处函电告发。又以该犯所谋不慎，泄漏机宜，有新裕轮船船员声告，亲闻该犯口语以为证。我海军人员深明大义，敌忾同仇，本非一三宵小所能煽惑。特该犯混迹南邦，效忠北庭，为反间之谋，昧大顺之义，忍心反噬，役于虎而为伥，甘冒公仇，投诸豺而不食，罪何可逭，法不容宽。业奉都督命令，于本月初四日申时，将该犯提赴九亩地明正典刑，为不知顺逆倾陷大局者戒。”[2] 清方闻讯，海军部奏请恤典，赏给治丧银八百两，追赠为协都统，从优议恤。[3]

程豹是江西人，“现年二十余岁，由端方购充清江督署秘密侦探，又进同盟会为会员，即将同盟会内容潜行报告，以致民党进行方针屡被破坏，民党恨之刺骨，咸欲得而甘心。此次武汉起义后，程又东奔西窜，甘为满虏之走狗。数日之前，潜来沪上，与旅沪满清官员秘密往来，图谋不轨，并暗中大施运动，勾探军政府行军方略。事为沪都督陈英士君所知，密令谍报科长应君调查属实，设法拘住，于昨日午后五下钟解至军政府，经都督验明无误，即饬立时枪毙”[4]。程豹的罪行基本属实，执法科蔡科长示谕通告：“该犯籍隶江西，为

[1] 《枪毙汉奸》，《申报》1911 年 12 月 24 日，第 2 张第 2 版，“本埠新闻”。

[2] 《汉奸罪状之公布》，《民立报》1911 年 12 月 25 日，第 5 页，“新闻三”；《宣布汉奸罪状》，《申报》1911 年 12 月 25 日，第 2 张第 2 版，“本埠新闻”。

[3] 《招瑞声之恤典》，《爱国报》1912 年 1 月 23 日第 1835 号，第 3 页，“国事要闻”。

[4] 《又去一个汉奸》，《申报》1911 年 12 月 22 日，第 2 张第 2 版，“本埠新闻”。

清江督端方侦探部下走卒，入日本东斌学校，投身中国同盟会，阴则侦刺会中内情，以去报诸贼酋，民党进行，屡被破坏，赣宁同志，迭遭陷害，民党中人，腐心切齿于此豸也久矣。呜呼，缇骑功高，清流祸极，含沙射影，鬼蜮之技靡穷，奉恶邀功，虎伥之诛宜首，同胞之所共愤，法律之所不容，非尽法惩治，无以慰我诸先烈士之灵，而儆其余。业奉都督命令，于本月初二日酉时，将该犯在军前明正典刑。”[1] 都督发交招瑞声和程豹的罪名，都是汉奸，所以《申报》特意强调：“噫，凡为汉奸者，亦可以知所儆矣。”[2]

第二节 慎重甄别

被抓捕的人当中无疑有相当数量的汉奸，但在不可放过一个的心理驱使下抓人，是否汉奸以及能否按照汉奸论处的问题也日渐增多。有的案件显得证据不足，如“沪军都督府谍报科员某君昨据侦探报告，谓顷间获到湖北人杨亚夫一名，形似汉奸，举止可疑，某君即令拘解市政厅，收押候究”[3]。所谓“形似汉奸，举止可疑”，显然过于主观随意。在精神高度紧绷的状态下，用这样的尺度判断和抓捕嫌犯，难免过滥。同样以“形迹可疑”被沪军政府谍报科侦探拿获的马麟，收押在义武宪兵队期间，其弟马钰前往探视，亦遭拘押。后经南京军政府总参谋来函，才将马钰保出，暂寓旅馆，听候传质。[4] 民元 1 月，安徽敢死队司令部的朱祖谦来沪采办军装，被闸北民军指为清军段芝贵派来的暗杀党，以手枪连击，身中六弹，

[1] 《汉奸程豹之罪状》,《申报》1911 年 12 月 23 日，第 2 张第 2 版，“本埠新闻”。同日《神州日报》第 3 页《中华民国之新江苏》所载，文字稍异。

[2] 《又去一个汉奸》,《申报》1911 年 12 月 22 日，第 2 张第 2 版，“本埠新闻”。

[3] 《杨亚夫是否汉奸》,《申报》1911 年 12 月 11 日，第 2 张第 3 版，“本埠新闻”。

[4] 《汉奸自投罗网》,《民立报》1911 年 12 月 19 日，第 5 页，“新闻三”。

幸而未中要害。[1]

负责谍报科的应桂馨原来有帮会背景，所用人员，鱼龙混杂，不仅捕风捉影地滥抓，有的甚至挟嫌报复。如“前日有间谍科侦探王竹卿至闸北洪安里拘拿前充总局侦探之董三福，指为汉奸，解请总局暂押候讯。昨据董妻陆氏投禀声诉云：该探王竹卿（即绰号小绍兴）系著名长江帮积窃，本年三月，氏夫在美捕房包探杨掌生处为伙时，曾将王竹卿、李荫堂二犯缉获解办，并搜出手枪两支。王等在捕房自认为暗杀金琴生案内凶犯，迨解公堂，忽翻前供，惟认行窃。公廨有案可查。今忽平空诬害，希图报复，求恩伸雪。孙科长谕令退去，听候讯核”[2]。

当然，抓人从严，在战时非常状态下也无可厚非，而且并不一定直接导致滥杀。执法科对于抓捕的嫌犯认真慎重地取证甄别，尽可能防止了汉奸定罪的泛滥。具体而言，又有几种不同的情形。一是对同时查获的多人据实分别对待，避免一概而论。“沪宁车站查获之汉奸五人，已经闸北司法审讯，惟刘继成（即刘莲生）、张信全二人，确系汉奸，于昨日解交沪军都督府。至晚九时，经司法科正副长升讯，先据张信全供，与刘素不相识，因廿一日晨友人谈及刘欲赴申，是以同行，并不带有枪械。刘供伊兄现在张勋处充当武弁，此次因见战事正剧，嘱伊带洋数百元回天津原籍，所携手枪，系防身之用，札文则为回家眩耀乡人，聊撑体面，万不敢为汉奸刺客，叩求恩典。问官诘谓由火车至申，改换轮船赴津，路途平稳，无用此枪，显有不实。着令严加收押，候禀明都督后，定按军律处治。”[3]

二是根据情节，判断各方面证言的虚实真伪，决不轻易定谳；一时难以判断的，酌情暂时看管，以待进一步查证审理。有时移交

[1] 《又获汉奸嫌疑犯》,《神州日报》1912 年 1 月 24 日，第 3 页，“本埠新闻”。

[2] 《闸北种种》,《申报》1911 年 12 月 12 日，第 2 张第 3 版，“本埠新闻”。

[3] 《都督府审讯汉奸》,《申报》1911 年 11 月 16 日，第 2 张第 3 版，“本埠新闻”。

的嫌犯坚持不肯认罪，与抓捕方各执一词，执法科更加慎重对待，设法查实。如“本城小南门内巡警教练处查获之满籍汉奸放火图乱之杨月富一名，昨由教练处派员将杨押解至都督府，亦奉司法科长二员升讯。杨供实系汉人，且此次无心失火，实未纵放，且此系教练处，并无军政民政长官在内，即为汉奸，亦不肯在此间下手，似不须小题大做。而当时拘捉之人，坚谓目见放火，一面将其获住，一面将火救熄，决无疑义。问官以兹事体大，可在原处暂押，容查明实在情形，再行处置”[1]。案情类似的还有“沪军第一师团第二营营长昨日饬派兵士解送嫌疑犯张何一名至沪军政府，即经执法科长蔡君研讯，据称前在北京运动禁卫军士，令其反正，为民军效力，现在回沪，住居租界小花园旅馆。不料被师团误疑汉奸，拘解到府，须求明鉴。判交义务宪兵队看管，候查明再核”[2]。

有时虽有疑似情节，亦不简单结论，如“汉奸杨文彬受满清政府陆军部指使，由京乘坐火车至天津，换趁轮船来申，购办军服等物，希图接济北军，胆敢在沪北一带张牙舞爪，到某妓院大言炎炎，致为沪军政府谍报科员查知，饬派侦探将杨拿解到府，奉执法科长蔡君谕，着将杨文彬暂发义务宪兵队看管，候讯核办”[3]。

有时各方说法不一，沪军都督府也不轻易放过。1911 年 12 月下旬，前清民政部签字科科长顾鳌“反对民军，破坏大局，胆敢在四川会馆开会，邀集同乡演说。事为黄大元帅访闻，特令司令部王正祥会同沪军都督府侦探前往拘拿。至四川会馆，业已散会，顾登马车而去。中途围捕，顾又敢开放手枪拒捕。卒因众寡不敌，得以就获，现解入军政府，奉陈都督命，交宪兵队看管，候交执法科研

[1] 《城内 · 是否汉奸》，《申报》1911 年 11 月 16 日，第 2 张第 5 版，“琐闻”。
[2] 《嫌疑犯之口供》，《申报》1912 年 1 月 8 日，第 2 张第 2 版，“本埠新闻”。
[3] 《汉奸杨文彬被执》，《申报》1911 年 12 月 27 日，第 2 张第 2 版，“本埠新闻”。

讯”[1]。旅沪川人上书陈其美，披露顾鳌的丑史，据称顾为四川广安人，素以无赖闻，曾留学日本，归国后夤缘得北京外城警厅差事，后又运动为资政院政府委员。此次来沪，系自向袁世凯陈说能运动此间陆海军归顺清廷，故袁给以重金南下。[2]

北京《爱国报》的消息则称，顾鳌是议和代表唐绍仪的随员，“日前于上海四川会馆演说，因谈及君主立宪问题，当有民军在会，谓其反对共和，蛊惑人心，指为汉奸，遂通知黄兴部下之宪兵，立将顾某当场拿获，送至黄兴处审问，后又发交至沪军都督府，现已由执法科转送至市政厅收押”[3]。由于控保双方各执一词，迟迟不能定谳，为郑重其事，1912年1月中旬，陈其美致电孙中山，报告案情，请示办法：“川人顾鳌，前经同盟会中多人告发，坚认顾为汉奸，且称周代表系顾鳌至戚，以私谊误公等情。既据程总长函称各节，尚希尊处详细查明电示，以凭核办。”[4]

三是没有确凿证据，又未发现可疑言行，即交保开释。“陆军入伍招待所前日送嫌疑犯王邦凯、李鹤松二人至总局，由司法科密讯。据王供，湖北石首县人，前在湖北荆州中学堂毕业后，入陆军学堂，今年六月咨送保定陆军入伍队当军士，队长萧姓，因八月十九武昌起事，全队解散，二十七日由天津乘轮来沪，本月初三日投两湖招待所效用，被经理人疑为汉奸。惟行李内并无违禁之物云云。李供前虽与王同学，此次并非同来，甫于前日在二区会见。孙科长得供之下，判各交妥保，分别开释。又萧德云亦因形迹可疑，

[1] 《汉奸何多》，《民立报》1911年12月25日，第5页，“新闻三”。另据《申报》报道，济军在沪宁车站拘获顾鳌，“指为汉奸，解至沪军政府看管候讯。旋有某绅等四人投函具保，未知陈都督能俯如所请否”。《究竟是否汉奸》，《申报》1911年12月25日，第2张第2版，“本埠新闻”。

[2] 《辛亥中国革命史·汉奸顾鳌之丑历史》，《神州日报》1911年12月27日，第2页，“特别纪事”。

[3] 《议和随员被擒》《爱国报》1912年1月3日第1815号，第2页，“国事要闻”。

[4] 《沪军都督去电》，《申报》1912年1月20日，第3版，“公电”。

由光复军在火车站查获，解交司法科，讯无作奸痕迹，判令交保开释。”[1] 以冒充汉籍嫌疑被捕的留日学生邓光济、邓光镜，经蔡冶民详细查访，毫无犯证，“复由本府人员及该生等同乡先后证明确系贵州籍，由日本来沪，既非满人，尤非奸细”，虽然军务戒严之际，难免被疑羁留之事，军政府还是勇于担当，除由店铺保结开释外，又以该生等无故受累，明白宣布，以全其个人名誉。[2] 招瑞声案同时拘获的还有其族侄招信庭，经审讯，与案情没有牵连，即从宽交保释放。[3]

四是经过审理，查无实据，又有其他方面的有力证言或担保，即行释放。1911 年 12 月底，沪都督府执法科长蔡冶民发出布告：“阴历十月十八日奉都督发下陆军学生马林一名，据本党报告，该学生忠事满清，此次来申，恐有不利，请即拘案讯办等情。当此北虏未靖之际，难保无汉奸潜来沪上，密事侦探，该学生既被嫌疑，自应拘留，听候讯究。当经本科详细讯问，并由本府谍报科派探侦察情形。据查，马林虽曾为满清信阳兵站长，此次辞差来沪，尚无甘为汉奸实据”。再加上接到“安徽孙都督、南京顾参谋、漳州刘司令、本府沈科长请予保释之函电，业于元月十二日禀奉都督，准予释放”[4]。马林（即马麟）系南通州军政府押解来沪，南京参谋长顾忠深等人力保其决非汉奸，而且携眷至申，意在投效沪军政府。[5] 被先锋队指为嫌疑的赵珊林，非但不是汉奸，且系民党热心侠士，粤省光复时颇为得力。经孙中山电示，即发给川资，赴宁遣用。[6]

即使对于确有证据、又由都督直接交办的案件，执法科也要仔

[1] 《闸北种种》，《申报》1911 年 11 月 27 日，第 2 张第 2 版，“本埠新闻”。

[2] 《宣示并非奸细》，《时事新报》1911 年 12 月 8 日，第 2 张第 3 版，“本地时事”。

[3] 《中华民国新江苏》，《神州日报》1911 年 12 月 24 日，第 3 页。“特别纪事”。

[4] 《城内 · 并非汉奸》，《申报》1912 年 1 月 15 日，第 7 版，“琐闻”；《并无汉奸实据》，《时报》1912 年 1 月 15 日，第 5 版，“本埠新闻 · 纪事”。

[5] 《非汉奸请求开释》，《民立报》1911 年 12 月 30 日，第 5 页，“新闻三”。

[6] 《到底不是汉奸》，《民立报》1912 年 1 月 29 日，第 6 页，“新闻三”。

细鉴别真伪，根据实情，做出判决。典型案例之一是詹登云案。此案由沪军都督府直接交办，“兹悉詹实系汉奸，因至沪军都督府署侦探军事，为陈都督察破奸伪，拘押饬究。昨由谍报科查得詹党羽极多，来沪已有旬日，寓居法界密采里西旅馆，改名徐敬贤，曾向本埠复新军装号内伪称皖省都督，来沪定购皮件，幸未骗去。所穿身上之军服，亦从诳骗得来。其他羽党，分居英界客利饭馆，且有结欠膳宿旅资情事，密采里洋人已报请追给欠款。闻陈都督以既有奸党，应即拿办，爰特饬探密拿”[1]。

媒体对于此案颇为关注，有详细报道称：“汉奸詹登云，原籍安徽，此次受清廷载涛等嘱，来沪侦探沪军政府重大事件。詹抵沪后，寓在沪北某西旅馆，头戴二等双龙宝星，身穿二等金线军服，胸悬徽章，冒称皖军都督，每日至沪军政府拜会都督陈英士君，面谈军情。陈君接见之余，大有可疑，迨詹去后，陈君谕饬谍报科科员张惠良等前去密查。嗣据复称：查得詹实系汉奸，冒充都督，调查我军实情等情。陈君正在核办间，昨午詹登云又投府拜会，陈都督立命传见，一再驳诘，詹一味支吾，陈君喝令拿下，查其所悬徽章，为吴淞军政分府赵王两招待员之徽章，诘其如何得来，则称受我之愚，为我骗来。陈君以其尚有羽党，饬发执法科长蔡君严密讯究。”[2] 另有消息称:“兹又在詹衣袋内检出与龚姓合同草稿，订定在外洋购办毛瑟枪三万枝，有俟运到一万枝，先付洋十万元字样。陈都督以事关重大，应饬妥人密往密采里该汉奸寓所检查行李，有无挟带炸弹及作奸证据，以凭核究。”[3]

这样一起看似板上钉钉的铁案，经过执法科的认真查证审理，却出现重大转折。半个月后以“沪军都督府执法科长蔡”的名义公

[1] 《密查汉奸詹登云之证据》,《申报》1911 年 12 月 9 日，第 2 张第 3 版，“本埠新闻”。
[2] 《苏省光复近事汇述》,《神州日报》1911 年 12 月 8 日，第 3 页，“特别纪事”。
[3] 《密查汉奸詹登云之证据》,《申报》1911 年 12 月 9 日，第 2 张第 3 版，“本埠新闻”。

布的结案判决书称：

> 案奉都督谕：有广东人詹登云，私穿军服，佩带本府徽章，在外招谣，并敢冒称安徽都督，恐防汉奸，亟应严拿惩办等因，即奉饬本府谍报科拿获解案。当经本科调集人证物证，详细研讯。据供：南京回申，已近四载，现应吴淞敢死队王队长邀往，并公举第二队队长，故敢身穿军服。又以家中房屋太狭，暂住密采里。至佩带徽章一节，实因门口稽查甚严，暂向招待员曹初发借用，出于一时之愚，不敢冒称安徽都督，如有觊觎非分实迹，请即枪毙等语。又据国民模范团张世周面诉，该犯曾取去军装皮件样本及九龙带等物。又据华庆公司面称，被该犯取去二等三级军装一套，又金表一只等语。
>
> 查此案既经本府详细探访，确系招谣撞骗，并无冒居安徽都督实据，即或口头自称，亦不过为欺诈手段之一种。且查该犯一贫如洗，旅金服费尚未交付，安得有此余财，为非常举动，是亦足为非汉奸之一证。惟佩带本府徽章，已传讯招待员曹某，确被借用。当禁令森严之际，胆敢借用徽章，藉此招谣，张世周及华庆公司等均遭欺骗，实属胆大妄为。除已将借出徽章之曹初发奉都督示谕撤职以示薄惩外，应将该犯詹登云按律处置。依照新刑法第二百二十一条，凡诈称吏员之资格或僭用官吏之服饰徽章者，处四等以下有期徒刑拘留或三百元以下罚金。现查该犯既擅带本府徽章，自应照律开，拟由本科呈请都督核准，着将该犯詹登云收禁一年，以为招谣撞骗贻害地方者戒。起获新式手枪一支，没收存库，赃物给主认领。令即判决，特此宣告。[1]

由此可见，原来看似确凿无疑的案情以及人证物证，其实全都

---

[1] 《詹登云收禁一年》，《申报》1911 年 12 月 23 日，第 2 张第 3 版，“本埠新闻”。

别有隐情。

谍报科与执法科，是防奸锄奸最为重要的两个关键部门，行事的反差如此之大，固然与应桂馨、蔡冶民的人格品质有所关系，不过最重要的还是各自所司职责有别所致。执法科并不因为案犯系都督亲自交办，并且已经指定罪名，就草率定案判处，而是调集人证物证，详细研讯，并依据证据事实，推翻汉奸的罪名，再依照新刑法的相关条款，重新定罪量刑。詹登云案从应该就地正法改为收禁一年，不仅反映了执法科的严谨，也显示沪军都督府的锄奸行动整体上并没有出现任意指控、滥杀无辜的扩大以致失控的情形。

近代中国革命史上，尤其是敌我斗争白热化之时，在生死存亡的高压之下，锄奸过度可以说是难以避免的通例常态。其他光复各省也的确存在过当的现象。如江西“前有汉奸在某处水井投放毒药，经巡警拿获，解送军政府听候核办。兹闻该犯名程有才，湖南人，就获后狡不招认。经执法科重责军棍四十，始招出由湖北来，受满人贿托等语。当经彭都督下令处决，遂由执法科长提出该犯，在军政府门首正法”[1]。刑讯逼供是前清惯例，也不能说毫无效果，可是重刑之下的供词，如果没有其他证据，可信度就会大打折扣。

总体而言，各地军政府为了树立文明形象，防止被污名化，即使在锄奸方面，也是慎之又慎，唯恐造成负面影响。陈其美在各地都督当中，对敌算是铁腕式的人物，为此后来入选首届统一的民国政府内阁，颇受各方质疑，以至于始终不便北上就任。即使如此，在强势锄奸的同时，他还是非常注意依法办事，而不以军政长官的意志为转移。当然，所依之法，是反清革命之法，而非清朝的旧惯，对于清朝的正统性，民军根本不予承认。有的先行研究者未能比勘各方面的记载和实情，片面突显锄奸泛化的情形，显然有失偏颇。

---

[1] 《赣省光复近事片片》，《神州日报》1911 年 12 月 10 日，第 3 页，“特别纪事”；《投毒汉奸正法》，《申报》1911 年 12 月 7 日，第 1 张后幅第 4 版，“各埠通信 · 江西”。

第三节　汉奸指称的泛用

南京临时政府成立后，孙中山等人即以各种形式发出指令，消除党见，防止仇杀，包括保皇党在内，只要不继续反对民国，都不应追究其罪责，也就是说，“法令所加，只问其现在有无违犯，不得执既往之名称以为罪罚。至于挟私复怨，藉是为名擅行仇杀者，本法之所不恕”[1]。不过，内务部颁布的《保护人民财产令》规定：“现为清政府官吏，而又为清政府出力反对民国政府，虐杀民国人民，其财产在民国势力范围内者，应一律查抄，归民国政府享有。”[2] 虽然已将不再继续与民国为敌者排除，执行起来却很容易与惩办汉奸相配合。

在武汉，警察第十一署署长彭华章奉警务筹办处札饬调查公产官产满产，指派警长朱宝华前往调查，“已查有紫金山系江夏公益保存会管业；又有前抚标牧马场内有菜园四块，水田十九坵，藕田一块，藕塘一口；又马蝗头有汉奸冯启钧地皮一段，计菜园三十九块；又长春观对面地方有地皮一段，计菜园十八块；又天符庙对面有汉奸冯启钧地皮一段，菜园三十八块；又杏花村有梁节菴私建小学堂一所，均经彭君呈请筹办处收作公产矣。又宾阳门外第三十二号房屋前曾顺姓旗人居住，经警察十一署署长彭君华章查知，已饬房主倪德福缴旗人床架一乘，棹子一张，茶机一个，其余物件散失，责令房主查获再报”[3]。仕清的汉官被当作汉奸，与旗人的财产同样被清查处理。

在安徽，前清知县王清涛由山东至皖，“住居大南门某姓宅内，行踪诡秘，经调查员侦悉，报告都督府。随经孙都督派员拿获，搜

---

[1] 《临时政府公报》第 1 号，1912 年 1 月 29 日，第 9 页，“电报”。

[2] 《内务部通饬保护人民财产令》，《临时政府公报》第 6 号，1912 年 2 月 3 日，第 6 页，“令示”。

[3] 《湖北通信 · 清查公产》，《申报》1912 年 1 月 20 日，第 7 版，“各省通信”。

出侦探实据，即将王清涛发交军务部讯取确供，立即枪毙，以昭炯戒”。清安徽巡抚朱家宝率兵驻亳，由倪嗣冲迎驻颍州，并有传闻说要进犯安庆，当经庐州分府电请速拨大军抵御，以免梗塞北伐孔道。[1] 云南留皖将校徐祚、高本智等，要求各报馆刊登致云南都督蔡锷等滇省重要军政官员的通电，指“朱家宝甘为汉奸，领兵犯亳，请速筹对付其家族办法，以谢同胞。同人等当挥戈赴亳，手刃其腹，以洗滇羞”。[2]

惩办汉奸之风还波及海外侨界。美洲加拿大域多利致公总堂和同盟会特命谢君秋、梁翼汉回国见大总统，办理政党事宜，并于1912年1月29日致函孙中山：“外洋汉奸极多，反对革命之筹饷，各人名一概交二君带回中国，交军政府办他们汉奸可也。……域埠之汉奸与云埠之汉奸常被翼汉君驳斥，梁君有舌辨，惟少言，独斥汉奸。”[3]

凡事一旦流行就很难免俗，“汉奸”在光复地区很快便成了流行语。有人调侃道：“现在我们居然是个共和国民了，各种东西，都要改良改良，……还要到处演说。演说的方法，一要会骂人，如忘八蛋、汉奸、奴隶等不离口；二要多用同胞字眼；三要引证袁世凯、冯国璋等人；四要自称曰兄弟，称人曰诸位；终则以现在时间太短兄弟不能多说为结束。”[4]“汉奸”俨然成为新派人物的口头禅。

如果“汉奸”仅仅骂人而已，充其量只能泄愤。可是这一指称在当时却是能够坐人死罪的名义，这就非同小可。江西“光复以来，城　各处，辄有一般痞棍，胆敢捏造黑白，指平民为汉奸，不分昼夜，乘机索人财产，或遇有孤弱，辄敢诬良为娼，闯入人家，希图强占

[1] 《汉奸来皖送死耳》，《申报》1912年1月23日，第6版，“要闻”。

[2] 《安庆徐祚等电》，《申报》1912年1月22日，第2版，“公电”。

[3] 翠亨孙中山故居收存提供，黄彦、李伯新选编：《孙中山藏档选编（辛亥革命前后）》，北京：中华书局，1986年版，第437—438页。

[4] 田：《时髦派》，《申报》1912年1月6日，第2张后幅第2版，“瞎费心思”。

抢劫。似此不法行为，殊堪痛恨”。维护治安的锄奸，畸变成扰民祸害的口实，“现经军政府访闻及此，通饬军警，认真巡逻，从严拿办云”[1]。

光复后，广西桂林军政府都督陆荣廷“因满酋未灭，本都督专注北讨，对于绿林，一视同仁，不忍以不教而诛，欲率之从事北伐。乃征集所开办逾月，竟不投诚，猖獗如故，各属强迫官吏交印夺税缴枪纳款之案，时有所闻，近更冒称民军，攻陷贺县，逐官戕绅，专行掳掠”。于是派人督队击散，不至蔓延。进而通令各地分府：“该匪等于地方反正之后，尚有此等举动，显系汉奸从中煽惑，意图破坏共和，言之殊堪痛恨。本都督悯其愚顽，再三宽办，可谓仁至义尽，此后实属宽无可宽。自今日始，该匪党如仍在外造谣生事，扰乱治安，仰各该文武，着即分别严拿痛剿，毋使幸逃”[2]。绿林土匪，习性难改，本来就是靠着打家劫舍为生，而不管政府是谁，硬要指为汉奸煽惑，应是前清的思维惯性使然。

广西共和党支部对于该省光复后形势的看法，与陆荣廷的差异不小。2 月，该支部的刘崛等致电孙中山：“敝省虽称独立，而一切用人行政，纯与本党共和宗旨反对。现已电陆都督暨议院，提议本党要求各件：一、不准沿用亡清巡防队名目及编制；二、现存五百余万公款，应开列预算表册开销，不准分文滥用；三、军政府用人，应由公民选举，以备委任；四、不准袒护官犯及汉奸；五、悉数招抚绿林，分别安置；六、除劫掠外，不得诬民军为匪；七、征集北伐军，照原案办理，赶速出发。请其明确速复，否则本党用相当手段，以促进行。事关政治革命行动，合先电告，以免误会。”[3] 这封类似最后通牒的电文，表明在政治革命的意义上，该党对于陆荣廷治下

[1] 《赣省政要汇闻》，《申报》1912 年 1 月 17 日，第 5 版，“要闻”。
[2] 《广西匪乱近状》，《申报》1912 年 1 月 29 日，第 6 版，“要闻”。
[3] 《临时政府公报》第 13 号，1912 年 2 月 11 日，“附录 · 电报”。

广西的状况已经忍无可忍。包括不得袒护汉奸、诬民军为匪、用人公选、取消清军名目编制等，都是依据实情而发，与陆荣廷的施政针锋相对。

不仅军政权以汉奸为罪人的口实，社会组织也动辄将与已意不合的人事指为汉奸。如上海“有以广肇公所、潮州会馆名义刊发传单及电致大总统，为伍秩庸、温钦甫两君争外交部正副长位置，广帮多不知情，迨接到传单，各始讶然。越日阅报章，复发见往返各电，益复大哗。昨有广帮多人到公所查诘此传单及电报系何人擅发，而所董某某等亦以未有所闻，恐系匪人冒名捏发……且近日汉奸遍布，保皇党又蠢蠢思动，或者串同一二败类冒名刊发，亦未可知。粤人士深明大义，必不肯代人受过，定能查究其人，严加惩儆也”[1]。其实，就算有人冒名，为伍廷芳、温宗尧争职位，也很难与汉奸扯上关系。甚至陈其美的兄弟陈其采，因在清军谘府任交通科长，奉命南下，也被指为汉奸，要求陈其美大义灭亲，将其拿办。[2]

风声鹤唳之下，难免因为草木皆兵弄出些冤假错案。肄业于北京法政学堂的浙人姚新偁，宗旨学术均极纯正，因学堂散学，南下旋里，“乃或以为来自北京，目为汉奸，指摘交加，浸成市虎”。好在“同人等知之有素，用特代为辨正，录诸报端，凡我同胞，幸勿误会”。并且借机批评道：“似此凭空诬谄，将使人人自危。丁斯共和时代，有此现象，殊非中国前途之幸。”[3]

姚新偁幸而只是误会而已，不过名誉受些影响，原来在清陆军部当差的闽人林立、叶兴清就没有那么幸运。民元 1 月，他俩“因清政府将次推翻，特于日前乘新康汽船回闽，都督府疑为汉奸，特派水巡警在马江捕拿。然林为巷下庙防营队官郭又伯之旧同学，故

[1] 《查究冒名发电》,《申报》1912 年 1 月 7 日，第 2 版第 2 张，“本埠新闻”。

[2] 《武汉最近大事记 · 汉奸终无结局》,《时报》1912 年 1 月 7 日，第 3 版，“地方要闻”。

[3] 《为姚新偁辨护》,《申报》1912 年 1 月 30 日，第 8 版，“来函”。

郭是日亦赴马江迎接，水巡警以为串通汉奸，一同擒拿，直送司法部监禁三日。郭君以军界人员，即有大罪，应经司令部审问，司法部原无拘禁军人之律，当即作书，请司法部转交司令部。讵司法部不为通，幸郭君设法运动，始得出狱。城台军界以际此共和时代，司法部不以法律捕逮，无异专制野蛮，且司法部长梁干卿、郑烈等，皆东洋留学生，谅知法律，乃不问是非，侮辱军界，拘禁军官，既乏饮食，又无卧具，大动公愤。经郭君多方劝谏，始免暴动。现林君以有陈英士部督荐书，已经释出，叶君以无证据，现尚在押未释。日昨又拘陈某一人，亦无确据，不过前年四月间友人书信中，有调官军剿马贼一语，司法部竟视为汉奸之证据云”。为了抗议军政府司法部越权违法，侮辱军官，郭兆桢（又伯）具禀控诉，要求予以追究，明定界限，以儆官邪。[1]

光复后各地剪除辫子，固然可以作为与满清断绝关系的象征，可是将不肯剪辫者一概视为汉奸，也会滋生流弊。有人以反讽的口吻发布寻辫启示：“启者：本庄伙友曲辫子，乃浙江绍兴府土头乡人也。在本庄司账多年，平日除略涉镶边和酒之外，别无妄为之处。只以性成执拗，又不明世界大势，与人言语，执定己意，正合俗谚所谓咬碎石盄者也。日前出门访友，忽路遇民军多人，指为汉奸，拳足交下，破其面目。回来又遭庄中诸同事揶揄，愤恨交迸，即偕并州先生出门而去，数日不回，似已为一去之黄鹤矣。”[2]“伙友”固然愚钝，民军任意指为汉奸，且伤其身体，亦属过当。

在镇江，果然因商团劝告巡警剪辫，反被报复，酿成风潮。据报道：“商团每晚巡逻，见巡士有不守警章及未剪发辫者，辄反复劝告，巡士等久已厌闻。适有用强迫手段沿途为人剪发者，行人误传为商团中人，该巡士得所借口，遂于团员张某行经山巷时，突有

[1]《闽垣妄拘军官之公愤》，《申报》1912年2月5日，第6版，“要闻”。

[2] 爱：《招寻曲辫子广告》，《申报》1912年1月10日，第3张第2版，“游戏文章”。

三区巡士十余人，诬张为汉奸，先将身畔银洋十四元四角、银表一只，悉行攫去，复以警棍迎头痛击。张为自卫计，急夺军棍还击之，究以寡不敌众，逃至礼拜寺巷内。该巡士等且追且击，巡长复拔指挥刀猛砍数下，张某头面等处均受重伤。幸商团中人闻声往救，该巡士始相率遁去。商团咸抱不平，急扶张至民政部报告，延西医先行敷治。现在商团公议，暂停上操出巡，免再遭害。该团会长刘君亦赴军政分府，面禀请究。”[1] 强迫剪辫者反被诬指为汉奸，显示这一指称大有无坚不摧，畸变为内部争斗利器之势。

流俗难免泛滥，杨荫杭的《汉奸释义》，主旨不在使“汉奸”的指称有序，而是指陈随心所欲的乱象。所以他说：“曾仕满人者，尚不得概称曰汉奸，其人为未仕满人而政治上稍持异论者，更无论矣。稍持异论者尚不得概称曰汉奸，其表同情者更无论矣。然今日风气，则遇持平之论而争之不胜者，辄目为汉奸。其意若曰，吾目为汉奸，则其人不敢言矣。素抱革命宗旨者，其人未必无一不是，然有非之者，则亦目为汉奸。其意若曰，吾目为汉奸，则其人不敢非矣。吾谓汉奸之罪，固不容诛，然以汉奸二字为攻守之具者，则必言不中理，或有遗行者也。且易斥人为汉奸者，往往即向之摇尾于清廷者，此亦不可思议者也。”[2] 以汉奸为攻守之具，也就是作为政治斗争的武器，其矛头不仅指向政治异见者，也包括同情者乃至一切不一概以己见为然之人。至于原来摇尾于清廷者往往好斥人为汉奸，则是为自保而不惜害人，与后来好用过激以蔽短者何其相似。实则一旦局势丕变，此类人也最容易变节。

泛滥导致乱象，引发争议，也颇受后人诟病，最为典型的案例，即陈其美杀陶骏保事。此案发生于南京临时政府成立前，据陈其美一方公布的说词，为“沪军都督府查知镇军参谋陶骏保于各省联军

[1] 《镇江剪辫风潮续志》，《申报》1912 年 1 月 8 日，第 1 张后幅第 2、3 版，“要闻”。
[2] 老圃：《汉奸释义》，《中国革命记》第 16 册，“言论一斑”，第 4 页。

攻克南京之时，竟将在沪领去之枪弹掯勒不发，致前敌之军大受影响。及至金陵光复，又捏冒攻宁之功，几酿变故。前日复潜至沪上，布散谣言，图谋不轨。经都督府暗探调查属实，即由陈都督与黄大元帅及程都督商议对付，咸谓陶之罪状，早为军界所知，不得不除此害马，为冒功酿变贻误前敌者戒。爰于二十三日午后五时设法请陶至沪军都督府面见陈都督后，都督命卫队将陶拘留。陶则大肆咆哮，硬欲重见都督，俾发一言。旋奉都督命令，饬将陶即在二门口枪毙，当即宣布陶之罪状两条如下:（一）冒攻宁功，几酿军变。（二）在镇江扣留子弹，贻误前敌”。

1911 年 12 月 14 日，沪军都督府出示晓谕：

> 兹查镇军参谋陶骏保，前于联军会攻江宁时，所有沪江解赴前敌军用弹械，胆敢妄肆意见，私自截留，致张贼未能即除，民军颇受影响，东南大局，几被贻误。幸各军不分畛域，奋勇力攻，始得于本月十二日将全城光复。迨后正应合群策群力，以图北伐，直抵黄龙，乃陶骏保一味营私，拥兵自卫，不放联军入城，占据各要隘，通电各处，捏报军功，几酿大变，致临时政府未能即日成立，而义旗北伐因之迟延。种种行为，令人发指。前日复敢潜来沪上，广布谣言，煽惑人心。所有劣迹，经本都督彻底查明，爰与大元帅黄、江苏都督程诸公再四筹商，均以此等汉奸，万难宽纵，当于本月二十三日酉刻将陶骏保在军前明正典刑，以昭军纪。[1]

一夜之间由共和功臣变成满奴汉奸，对于陶本人及其家族，无异于从云端跌落深渊，陶骏保之兄陶逊后来就此向陈其美提出九问，

[1] 《陶骏保枪毙矣》,《申报》1911 年 12 月 15 日，第 2 张第 2 版，“本埠新闻”。《时报》1911 年 12 月 15 日第 5 版“本埠新闻 · 纪事”所载《陶骏保正法》，文字稍异。

其中第八问便是汉奸罪名是否坐实。"又曰此等汉奸，决难宽纵。汉奸之名词，固可漫加乎？既曰汉奸，则必有通满之迹，所谓通满之迹者何在？若据所宣布莫须有之罪状及张皇其词之告示，即可谓为汉奸之实据，则所谓汉奸者果为事实上之汉奸欤？抑仅意想上之汉奸欤？如意想上之汉奸即可以定汉奸之罪，则何人不可指为汉奸耶？即如令弟霭士，亦曾受汉奸之嫌，黎副总统特发电通问。设黎副总统当日不为审慎，即凭其意想骤指霭士君为汉奸而屠戮之，我公将以为何如耶？生命之问题重，名誉之问题尤重。"[1]

陶逊呼冤，就清洗汉奸罪名而论，主要是强调陶骏保没有通满之迹。可是从武汉战地的情况看，通满并非以汉奸论罪的必需条件。只要在军事行动中影响民军的部署计划及其实施甚至实施不力，都可能被视为汉奸。如果陶骏保的行为的确干扰了江浙联军的作战计划和行动，被称为汉奸严格说来未必恰当，却也不能说是莫须有地深文周纳。与张景良等案相比，陶骏保案或有程度不同，却无本质差异。两案的直接主持或参与定罪的黄兴，并未接受遗族的喊冤而予以平反。[2]可见至少在他看来，将张、陶二人以汉奸论处，合情合理。

不仅如此，有人"心直口快"道："汉奸为吾人之所痛恨，人人欲得而诛之，故其欲不利于民军也难。假志士得一般人之推重，且有种种大权在手，故其贻害于民军也巨。试到各筹饷会一询其近日收数何如，自知予言之不谬。盖助饷者欲以节衣缩食之钱购买他日之自由，不欲供济一人之挥霍也。沪上不乏义勇之士，何不设法除此败群之马（言者无罪闻者足戒）？"[3]假志士为害犹甚于汉奸，则至少应与汉奸同罪。

[1] 《陶逊致沪军陈都督书》，《申报》1912年3月8日，第7版，"来件"。

[2] 莫永明：《陶骏保案与江浙联军内部的矛盾》，《浙江学刊》1990年第4期，第124—127页。

[3] 东皋：《假志士之罪浮于汉奸》，《申报》1912年1月15日，第8版，"心直口快"。

第四节 “城头变幻大王旗”

研究者对于其时汉奸指称乱象横生的情形基本予以认定，而对于乱指的言行则予以否定。其实，认定之前，解读纷繁复杂的史事及其因缘更为重要。所谓形势比人强，汉奸指称表面的乱象，根源在于形势及其变化的复杂。只有深入认识后者，才能梳理出前者的理路，而不会被表面的纷乱弄得头晕目眩，只能借助外来后出的架构重新条理，陷入越有条理系统、去事实真相越远的尴尬。

由于立宪派很快附和革命，而声望地位相形见绌的革命党人不得不借重士绅的影响力，以便恢复秩序管控社会，原来汉奸的重要成员摇身一变成为革命的同道。即使清朝的汉人官员，不久也纷纷成了反正的功臣，或谈判的对手，进而咸与维新，携手共和。两相作用，在汉奸指称日渐泛滥的同时，汉奸的所指实际上却有逐渐缩小的趋势。随着光复地区的不断扩大，眼看清廷大势已去或是被形势裹挟而加入民国的清朝文武官员不断增多，一些曾经镇压革命沾染鲜血的汉奸摇身变为同僚。

与此相对，南北和谈期间，一些光复省份出现反复，如“山西自军政府失败后，阎锡山都督率兵南下，驻扎平阳府，所有各部办事人员，大半随从军队。惟梁善济等数人本系汉奸，一面搜括各处财款，暗入私囊（梁初为军政府财政长，故乘时搜括），一面与清臬司李盛铎（军政府成立时李亦为办事员，与梁合谋内应官军，此时已升藩司）会衔出示安民”[1]。还有不少汉人官员继续效忠清廷，如多次被指为汉奸之尤的冯国璋，据说还组织了敢死队，“闻此项敢死队系由汉奸冯国璋所统，刻已先拨两营，预备妥协，一二日内即当开赴湖北前敌，以期与我民军决一死战。并闻此二营敢死队之内容，虽名为禁卫军，实则汉军某标亦有混杂在内，皆由冯国璋招

[1] 《山西民军近状》,《申报》1912 年 1 月 14 日，第 1 张后幅第 2、3 版，“要闻”。

致而来。该汉奸尚有人心耶”[1]。

和议告成，南北统一，昔日的汉奸成了共和的功臣。折冲樽俎的谈判代表和高瞻远瞩的民党领袖可以捐弃前嫌，咸与维新，正在惩奸除恶的民军革党刚刚经历浴血奋战，忽然要在生死恶斗的当口化敌为友，一时间难以接受也在情理之中。况且，反正的官绅更具社会声望，往往凭借各种关系取代地位影响较低的革命党人，使后者深感受到排挤和不公待遇，从而心生怨愤。加之旧官绅的政治理念和做派本来与革命党有异，执政施政自然有别，共事之际，难免冲突。国民党后来发动二次革命，与之相比只是时间早晚不同而已。

临时反正或咸与维新，能否让现行的汉奸即时脱罪，不仅免于追究，而且能够堂而皇之地成为民国的官员，的确令人相当纠结。由于汉奸本来就不是法定罪名，而是政治标签，使得汉奸如何才能洗白成为棘手难题。如果不能一概免责，和议显然不能成功。如果统统不予追究，付出牺牲的民党情何以堪。上层领袖可以一笑泯恩仇，贴身肉搏的基层成员则没有那么容易就怡然释怀。“汉奸”指称成为他们舒愤懑的说词和求公道的凭借。

在浙江湖州，光复后出任水陆全军统领的刘复，被原清军张勋部下的周树森串通当地士绅，趁机夺职，遂通告各省都督、军政府司令处、各军统制，详明原委：

> 自闻杭州光复，即日誓告水陆各营将士，力陈大义，激励有众，先以保全地方之生命财产为唯一要务。满拟筹防稳固，一面陈明军府，选兵出发，从海内志士之后，以援武汉而捣幽燕，尽我国民爱国之诚，用我将士忠勇之气，光我黄帝神明之胄，遂我人民思汉之心。复虽不才，甘愿牺牲一身，与众誓同生死，凡我有众，悉表同情。爰会绅商学警各界公同商决，立

[1] 《满奴害人将自害矣》,《申报》1912年1月18日，第3版，“要闻”。

悬中华民国旗帜，全府光复。于时军政、民政、财政各部长均请地方公举，分任义务，复独任防务，效命戎行，区区寸心，毫无权利争竞思想。此光复之事实，昭昭在人耳目者也。乃有周树森者，原隶民贼张勋部下，曾在九江抗拒民军，私逃来湖，确系汉奸。彼以旧充湖统，串通某绅，欲夺兵权，以为窃据之地。某绅不明大义，竟以个人之见请于浙省军政府，以周树森代统。我军各将士闻之大哗，佥谓彼既汉奸，实为民军公敌，反侧之心，昭然共见，不愿隶其部下。讵该汉奸恃有暗地护符，竟肆野蛮手段，强劫炮机，并抢衙署，居心叵测，意在破坏光复，专与民军为难。于是水陆将士全体鼓噪，将出于战。复恐地方糜烂，并以民军名誉及大局攸关，赶至军前，以身力阻。各将士椎胸泣血，誓死相随，宣言改隶他人，死不奉命。而湖郡绅商各界又迭开全体大会，公议留复，坚不放行。窃思若不交卸，则类驽马恋栈；决然舍去，又为军民维系，不得自由，进退两难，势同骑虎。而或者不察，乃乘机以复为拥兵自卫，更诬各军队以肆行抢劫之名。呜呼，私人之见，乃不讲公理，不顾公益，至于此极乎！复不得已，派代表分赴杭沪都督府陈诉，蒙沪军陈都督曲鉴下情，电商杭州，并电告于复，命复分兵北伐，以慰军心。复当率此爱国血性男儿，遂其忠义勇敢之志，以副沪军都督顾全大局之至意，虽使复捐糜烂躯肉，无遗憾矣。特恐忌者之意，又横加复以拥兵自卫之名，因为是通告之书，以表曝于天下。风云紧急，遑为区区得失之争，天地无私，可誓落落丈夫之志。言不尽意，惟当代伟人诸公谅之。[1]

刘复被人排挤，当为不争的事实，至于周树森是否汉奸，则各方标准显然不同。浙江军政府用人方面引起诸多争议，要因之一，

[1] 《湖州光复水陆全军统领刘复来函》,《申报》1911 年 12 月 19 日，第 2 张第 4 版，“来函”。

即所用从前与清朝有关的人员是否汉奸。光复有功的刘复，自然不认可周树森用计弄权，更加不认可浙江军政府的所用非人。刘复一事，不过开端，此后浙江军政府本身也颇受质疑有无汉奸之嫌。而刘复跨界向沪军都督求援，并得到支持，表明他更加相信发起光复的革命党，而怀疑浙江都督怀有贰心。

刘复一事牵扯出江浙地区各光复政权之间存在相当程度的差别，尤其在用人方面，分歧很大。浙江省尤好用清朝官员，使得自认为受到排挤的革命党或光复之士转而向革命色彩浓厚的沪军都督陈其美求助。而后者也每每仗义执言，代为出头。2月4日，陈其美致电孙中山和司法部部长伍廷芳等，为“南社社员、同盟会友，奔走于革命事业者多年”的山阳志士周实、阮武二君鸣冤。据称：“此次武昌建义，南朔响应，独金陵负隅，周君弃学还淮，为学界公推，与阮志士组织巡逻部，分任正副长，力保危城，勋劳卓著。嗣值苏、常、扬、镇相继反正，周、阮二君遂于九月二十四日，以淮城宣布光复，万众欢呼，独伪清山阳令姚荣泽匿不到会，阮志士因其有骑墙之意，正言诘责。姚衔恨刺骨，不得已，勉司法长。突于九月二十七日下午遣快役持片声请议事，拥至府学魁星楼下，不质一词，将周志士七枪毙命，阮志士刳腹剖心，其惨酷实出于万国人道外。周父鸿翥，年已七十，威迫具结，监禁十年。迨私仇既复，即将司法长告退，是姚贼之任司法长为复仇地步，仇复即退，非真心反正，已可显见。”

案情已经颇为离奇，办案过程更加令人匪夷所思。“嗣有镇军支队到淮，向姚问及周、阮死状，姚惧，朦禀蒋都督，设法补批，并弃淮逃匿通州，周父始得于十月八日出狱。先阮志士两兄保麒、玉麒，弟锦麒，虑遭毒手，避地镇江，姚布散流言，谓周父、阮兄均经告密，希图脱卸。其美迭据南社全体公函及周父来禀，求为昭雪，因行文通州，密拿姚贼，解申讯办，通州分府拘姚后，匿不解申。正在为难之际，复据镇军顾问官周祥骏、阜宁学界曹凤镛等公函，淮安学团顾振黄等五十余人、乔树森等十余人公禀，及阮兄保麒、玉麒、弟锦麒来禀，泣求解提姚贼到案对质，因复派员到通守提。旋据该员持回通州总司令张詧复咨，内开大总统批姚伪令呈禀，内有候令行江苏都督将周、阮全案彻查，秉公核办之语，以为总统既批令苏都督，愈不肯解送来申。但此案姚已出其伪官贪囊，四出运动，层层推究，则蒋都督系据淮绅之节略，程都督复据蒋都督之电文，而淮绅节略之内容，又纯据姚贼之狡口，而姚贼之所以得逞其狡口者，又恃乎不署姓名之山阳公团，及不负责任之皖南同乡，为之袒护，而所以得其袒护者，皆伪官金钱之力也。”

在陈其美看来，此案并非简单的刑事案，而是凸显在光复政权之下革命党的政治价值遭到严重挑战。“姚贼于一日而杀两志士，复欲以只手掩尽天下人，使志士埋冤，纪纲堕地，虽满清旧例，本不赞助民军，而民国方兴，岂容悬此冤狱。姚贼所谓扰乱秩序，所谓潜图起事，所谓道路传闻，所谓招引江北溃兵，所谓意图抢劫，所谓图吃丧□酒，所谓谋毁衙局，所谓谋杀绅董，所谓连日密议，谋□煤油于大成殿及奎星阁高处，举火为号，又所谓虽无实证可凭，已万口沸腾等语，种种欲加死者以不洁之名，而仍是无根可查之语。姚贼之险恶既如此，而狡猾更有甚者，即如拘留家属，先封财产，其美致通州电中，本无此语。正月一号，张詧来文，谓姚荣泽冒死不韪，被众指摘，敝处昨奉苏督电，示伊在山阳任内尚有经征未完之款项，当将寓内起出衣箱物件查明，封存司法厅，呈候苏督核示遵办。其家眷先交典狱科周以恭看□。嗣讯明该眷无辜，已交保释。然则拘留家属，根于张詧而已，释放、发封财产，根于苏都督之电示，而均与其美无关。今读大总统批姚伪令禀，又似姚氏家属未放，庄督又以发封财产责其美之不仁。苏、通两处前后案卷歧误如此，倘非姚贼出其奸谋运动，发封其财产，拘留其家属，故意使民国蹈此缺点，而藉以报告大总统，并将苏督之电装载于其美，俾沪、苏、通三处参互错乱，争辩不暇，而彼乃得挟大总统之批，逍遥于法外，其计之狡，实匪夷所思。”

此案牵涉苏、浙、通、沪四地的光复政权，南京临时政府大总统孙中山也被卷入其中，各方的依据、判断大相径庭，究竟如何还原真相，已经不仅是刑事案件那样简单，而是成为不同势力之间的政治较量。陈其美显然相信南社和同盟会方面的证言，并据以拿人，浙督蒋尊簋、苏督程德全、通州司令张詧、代理继任苏督的庄蕴宽则采信姚荣泽以及据说由其操纵的淮绅之言辞。孙中山不知就里，难以决断，判交苏督审理，沪督又认为如此一来则此案无法水落石出。如果革命党人无辜牺牲，连人身安全也得不到保障，死于汉奸的报复而沉冤不能昭雪，铁证如山的汉奸行为反而取得合法性，则革命的意义究竟何在。陈其美于电文末尾沉痛地大声疾呼道："其美如诬姚贼，愿甘伏法，惟至今通分府并未解申，未知何故。大总统及法部，保护人道，尊重人权，当知吾辈之所以革命者，无非平其不平。今民国方新，岂容此民贼汉奸，戴反正之假面具，以报其私仇，杀我同志，其美不能不为人昭雪，虽粉身碎骨，有所不辞。愿大总统及总次长有以教之。"[1] 大有如若不将姚荣泽绳之以法，就要向临时政府兴师问罪之势。

在孙中山的支持下，姚荣泽随即被押送到上海受审，而在审判程序和形式上，主张军法从事的陈其美又与坚持司法独立及程序正义的伍廷芳发生冲突。为了对外树立民国政府的文明形象，这一次孙中山转而支持伍廷芳。陈其美在夹缝之中成为江浙一带革命党的护身符，也因此得罪了周边各路名公，成为南北各方聚讼纷纭的争议人物，以至于后来不愿北上就任国务总长之职。

民元 2 月 11 日，《申报》《时报》等突然刊登光复会以及绍兴、宁波、严州、处州等地同盟会代表分别发出的通电，向孙中山及同

---

[1] 《民立报》1912 年 2 月 6 日，第 3 页，"沪军政府电报"（据《江苏文史资料》第 40 辑补）。此案详情可参见《时事新报》1911 年 12 月 4 日"纪事"《淮安冤杀军政分府之详情》（清江通信）。

盟会总理汪精卫等举发同盟会员、浙江都督蒋尊簋，光复会列举的罪名是:“前在浙时，诱卖本会员□□，在粤东西摧残志士，黄总长、钮次长谅有所闻。今又钻营任浙都督，引用姚、刘诸汉奸，私植党羽。前数日间，在申拜结亡清诸逃员，日数十起，昭昭在人耳目。既贻贵会羞，复为民国害。不速加诛，贵会养痈贻患，何以答同胞？”

同盟会各分支提出的罪状为：“任用汉奸，反对民党，肆行无忌，宣言解散会党，以军法部勒浙中官吏人民。共和时代，岂容此等专制恶魔肆其威权？人民愤怨。”“勾结前在广西同恶相济、屠戮志士之汉奸姚梧冈，引用蒋、刘、来、应诸奸，朋比作慝，声称目的已达，欲消灭各民党。悍然对众宣言：凡行政各员及起义诸人，应以军法部勒。恣意专横，莫此为甚。同盟会有此败类，实贻全体羞。”“肆行专制，任用姚、刘、蒋、应诸汉奸，反对民党，声言用军法部勒，解散各会党。人民愤怒，敢声其罪，昭告天下。”“搔残民党，滥用汉奸，欲以军法部勒党人，侵夺参议职权，横行无忌。”至于如何处置，有的一般性要求“乞照会章惩处”，“并乞总会严厉惩办”，有的则具体提出办法：“乞即取消会员，量予惩处，以去公敌而申公愤”或直接“请斥出本会，以儆奸邪”[1]。

光复会和同盟会组织不尽一致，同盟会各分支也有人事不同，而所列罪状及其惩处办法大同小异，至少应是事先沟通联系，甚至暗中有人操纵，反映出浙江光复政权内部存在严重的派系分歧以及激烈的争权夺利。值得注意的是，各电虽然指陈蒋尊簋的种种恶行劣迹，却并未指其为汉奸，而是说他任用汉奸，其所用台州军政分府都督姚桐豫（梧冈）、总参议蒋方震等人，虽在前清为官，光复及民元的表现，却不能说是汉奸。蒋尊簋原任广东都督府军务部长，因其时舆情要求“浙人治浙”，被迎回本籍继任浙江军政府都督，

---

[1] 《中华民国立国记》,《时报》1912 年 2 月 11 日,第 2 版;《申报》1912 年 2 月 11 日,第 2 版,“公电”。

他深知该省内部派系复杂，用人施政，尽可能有效而稳妥。只是他离开浙省有年，仓促之间，又要任用可靠之人，引发不满也在情理之中，但是动辄指为汉奸，却并非持平之论。2月末，黄兴见报载电称蒋方震为汉奸，殊为失实，特通电各报馆，为其辩诬："现在南北统一，人人尽力民国，断未有甘心向虏者。前有小愆，亦在所不咎。请登报申明，以彰公道，更盼浙省同盟会诸君急为查究有无挟嫌诬陷情节，以保本会名誉。"[1]不久查明，此事果然是化名捏诬，刊登电文的《申报》为此还公开致歉。[2]

浙省光复政权在内部争斗中滥用"汉奸"之名相互攻讦，已成通病。2月，浙江旅松军界228人的代表光复会员松军第一团长张兆辰、同盟会员第二团长韩尚文通电孙中山、陆军参谋部长、各报馆、浙江蒋都督，此前以"统制周承菼营私植党，群议早腾，近采乡评，听闻益竦"，公电请简贤员，谁知"总统、都督不加谴责，浙同盟会忽电松军分府，诬为汉奸，严密查拿。某等本天保城铁血余生，鸿毛泰山，大义了然，第恐同盟会鸿号素隆，以支部中最少数人私见，假全会名义，利用汉奸题目，毒肆狡谋，侵权违法，厥害犹浅，共和肇基，藉党会以竞优存，使吾浙非同盟会者人人自危，殊非诸先觉所以革新华夏之意"[3]。

周树森等人的汉奸身份，或许并不明显。前清广东水师提督李准，照首义前革命党的标准，确是不折不扣的汉奸。他曾多次率部镇压革命党的起义，血债累累，尤其是黄花岗起义失败，同盟会损失惨重，精英尽失，李准成了党人的眼中钉，必欲杀之而后快。由陈冠慈（敬岳）等人将其炸成重伤，陈也因此被捕遇害。经此一劫，李准颇生惧意，暗中向革命党输诚。辛亥广州光复，因手握兵权的

[1] 《申报》1912年2月27日，第2版，"公电"。
[2] 杨思机：《汉民族指称的形成与论争》，第91页。
[3] 《时报》1912年2月22日，第4版，"公电"。

李准倒戈，兵不血刃。为此，同盟会领导层对李准的功绩极为肯定，可是一般民军不肯善罢甘休，仍向李准寻仇。被迫逃到香港的李准生死两难，只得先后致书都督胡汉民、陈炯明，希望军政府能够留其生路，以尽民国一分子之力，他说：

> 准为清吏时，三月二十九之役已结怨于军政府，及光复后，民军之至省垣者日众，其一二无知者，日以炸弹相恫吓，复有悬高价以离间我军心者，防营溃散，不可收拾。准身居险地，几不自保，虽欲再尽力于我同胞，实势所不能为矣。思之再三，不得已，惟有舍粤人而来香港。但冀谣言稍静，粤民知我之心，即返粤垣，与粤人共谋建立民国，以与列强争雄于东亚。以准身虽去粤，心实以粤事为念。不图来港后，陈夔龙复有电保之事，清廷遂命准会同梁鼎芬叛粤。准不应命，曾有电致陈伪督，已登诸报章。准能为民国效力，而不能禁他人反对民国也。乃粤人不察，遂以疑准，加以乡人刘绍基复以借贷不遂，故造谣谓准为保皇党，欲借正大之名，以行其私。而谣言日甚，群疑愈深，准几为民国所不复容之人。呜呼，不亦诬乎。至陈敬岳一事，准于受伤时即缄告张鸣岐免其一死，斯事已登之报章，准已不杀之于前，岂于将反正时，复处之于死地，前后不符，事可明矣。且准受伤后，即回虎门调养，又在假期内，早已不与闻政事。乃民贼张鸣岐密谕李世桂，使其杀之而不告准，推其意，故欲使民军仇准，则准虽反正，亦将无容身之所。故于鄂省起义后即杀陈敬岳。准在虎门，实未闻其事，张之独行独断，不令准与闻者，凡事皆然，又岂独陈敬岳一事哉。呜呼，事若不白，粤人疑我日甚，准将何以立于世耶。既为民国之人，复不容于民军，准虽被汉奸之名以死，犹不足惜，恐未反正之清吏闻之，虽欲反正，而恐身不能保，是逼其为汉奸以终身，则共和政治

之成立，不牺牲数百万生民不可得矣。[1]

以胡汉民为首的同盟会广东领导层，充分肯定李准的反正之功，大势所趋之下，李准也能够与清朝彻底划清界限，坚持以民国一分子自认，可是对于曾经和牺牲烈士生死与共的战友而言，杀了作恶的喽啰，却只能眼睁睁看着首恶逍遥法外，甚至成了共和的有功之臣，真是情何以堪。辛亥政坛风云的诡异，使得民党各个层级之间的价值判断陷入严重分歧，汉奸问题上的各执己见，只是表现之一。

[1] 《李直绳辨诬书》，《申报》1912年1月6日，第1张后幅第2版，“要闻”。

第九章　惩办汉奸与南北统一

辛亥南北和议期间，对汉奸的口诛笔伐成为稳固新生政权和鼓吹北伐的重要方面。针对汉奸的宣传和行动，造成通过北伐将清朝统治地区的汉奸绳之以法的强大声势，对于那些仍然希望保留君主体制的政治势力产生了强烈冲击。包括强迫剪辮和追凶在内的惩奸行事引发北方一些报刊的非议，而从和议到统一，政坛波谲云诡，昔日的汉奸不断转身成为共和的元勋。时势变化引起汉奸判断尺度的差异，不但造成各地光复政权之间的裂痕，而且使得领袖与基层出现严重分歧。随着五族共和的实现，满奴汉奸的指称总体上趋于减少，意涵逐渐回到指称卖国的原意。

第一节　锄汉奸的舆论

光复各省严加防范并坚决清除的所谓汉奸，大抵与间谍奸细相等，虽然执行中存在扩大化的现象，总体而论，相当克制，与之前将满人以外所有拥清官绅军人乃至保皇立宪派一概视为汉奸相比，范围已经大为缩小。而与此形成明显反差的是，由于语义杂乱，在媒体和坊间,汉奸指称却有泛滥之势。徐血儿在《民立报》鼓吹“锄汉奸”，明确宣称：

> 有有形之汉奸，有无形之汉奸，有形之汉奸易防，无形之汉奸难测，故有形之汉奸宜锄也，无形之汉奸尤宜锄也。
>
> 间谍、侦探、私购军火者，汉奸也，即任事不力，心存两可者，亦汉奸也。助满为虐、希图富贵者，汉奸也，即反对共和，鼓吹和议者，亦汉奸也。汉奸扰扰，何处非是，呜呼，亦神州之不幸也。
>
> 人第知有形之汉奸，而不知无形之汉奸，故有形之汉奸为祸浅，无形之汉奸为祸深。
>
> 锄！锄！！锄！！！凡依违扰乱，破坏共和者，皆汉奸也，国民之仇，天下之敌，锄而去之，宇宙廓清矣。[1]

就制造反清革命的舆论而论，徐血儿的主张无疑具有正当性和有效性，可是按照这样的定义，锄奸的范围无疑将大幅度扩张，且难以掌控。针对坊间媒体的汉奸指称略显泛滥，杨荫杭专门撰写了《汉奸释义》一文，希望明确汉奸的界定，清晰化所指能指。他说：

> 吾国所谓汉奸，显系军事上之罪人，而非政事上之罪人。名之曰汉者，盖对外而言，固非限于满汉而言也。斥之曰奸者，盖必有确实之罪状，固非指政见相反者而言也。果尔，则汉奸之为爱司匹翁固无疑义。而以上所列之界说,实即汉奸之界说也。知汉奸之界说，则知清朝之官吏，无论如何腐败，要不得概称曰汉奸，因清朝官吏，固非尽入民国战线内为秘密之行动、虚伪之陈述也。即偶有侦探信息者，苟为本人自行侦探，或以他

[1] 血儿：《锄汉奸》(二),《民立报》1911 年 12 月 4 日，第 4 页，“大陆春秋”。

种资格而行侦探，亦不得以汉奸目之，以其侦探之目的，不在报告敌国故也。藉曰汉人作满人之官，当一例称之曰汉奸，则今日民政府固不乏陈锦涛辈，我民政府方招徕之不暇，固未常[尝]斥为汉奸也。[1]

杨荫杭如此说法，除了法律出身的背景使然外，主要反映了光复地区的情形。据此界定，汉奸的覆盖面的确不是扩大，而是显著缩小。而这时北方的大部分省份仍然处于清王朝的控制之下，以袁世凯为首的汉人文武官员继续维护清帝的统治，资政院的钦定议员还在鼓动武力镇压革命，一些省份的谘议局坚持君主立宪，连康有为、梁启超等人也在继续策划虚君共和，试图在保留清帝名位的前提下实行宪政。因此，民军并未放弃原来惩办汉奸的立场，将所有顽固坚持清王朝实质性执政权乃至名义统治权的非满人政治势力一概斥为汉奸。尽管其中有的已经成为政治谈判的对手或暗中联系争取的对象，只要没有公开放弃拥清立场，这些“政事上之罪人”，就仍然是民党和舆论万炮齐轰的靶标。因此，虽然受到惩治的主要是军事性的奸细和破坏者，其他拥清的汉官并未脱除汉奸的标签。不断加大政治舆论压力，成为民党的重要任务。

还在战事紧张之际，民党一方面防范和诛杀间谍奸细，一方面就对坚持拥清的汉人文武官员大张挞伐。武汉停战期间，有民军于汉口德租界旁的华景街张贴条告，其中大书：“汉奸袁世凯，万代臭名扬，一个匪头目，名叫冯国璋。”[2] 矛头直指首要。芝加哥华侨代表全体旅美学商发出公电，告诫袁世凯“宜为汉族总统，勿任满清利用，以延虏祚。如果甘为满奴，誓为三百九五兆人寸磔此汉奸，

[1] 老圃：《汉奸释义》，收入《中国革命记》第16册，“言论一斑”，第3—4页。
[2] 《武汉停战后近状》（特别通信员来函），《申报》1911年11月20日，第1张第4版，“要闻”。

以谢同胞”[1]。《神州日报》也刊发社论，警告袁世凯不要继续为满清效力，否则天下万世必指为汉奸民贼，专以手枪炸弹对付。[2]

随着局势的发展变化，上海报界纷纷倒向民军方面。还在光复前夕，原来持论平和的《申报》就以游戏文章的形式，宣布重要汉人官员的汉奸罪状及其处刑：“盛宣怀身作汉奸，实为祸首，大势已去，挟资逃之东洋，该死。”“袁世凯处此时世，尚甘为汉奸，该死。”[3]革命党的《民立报》以“声讨汉奸”为题，痛斥“袁世凯今亦变其素志，羡异族之爵位，而欲与同种为敌矣。果然，则降为一汉奸耳，不足贵也。吾爱国好勇儿颈，当于五步内溅之”[4]。11月底，风传袁世凯被刺身亡，《民立报》欢欣鼓舞，“快哉快哉”，痛论“汉奸之末路”：“汉奸袁世凯之罪状，久已昭著于天下，今者电音递至，谓袁贼已为侠士刺死，伸大义，诛逆贼，诚今日不快意中之大快意也”。并严词宣告：“轰然一声，扫除元凶，此一侠士胜百万师矣。天意助汉，遂使汉奸授首。冯贼冯贼，汝犹逆天乎。”“金陵克而袁贼又诛，公然与同胞为敌之张袁二汉奸，其末路如是如是，汉奸胡不自省。”[5]

光复后，在民党的要求和大势所趋之下，报界更是一片逐满贼杀汉奸之声。《民立报》大声疾呼“锄汉奸”：“种德不明，汉奸孳生，呜呼汉奸，尔固何心，助仇寇，戮同胞，贻神明华胄不世之羞也。异族专横可恶，汉奸事敌自残尤可恶，汉奸不除而尽之，则天下糜烂矣。锄汉奸！锄汉奸！健儿之身手，国民之天职，洗神州不涤之污，伸祖宗九天之恨。”[6]《神州日报》也呼吁“诛汉奸”，痛斥张勋、

[1] 《大革命之紧要消息》，《神州日报》1911年11月3日，第1页。
[2] 天僇：《再告袁世凯》，《神州日报》1911年11月8日，第1页，“社论”。
[3] 松隐庐：《该死一打》，《申报》1911年11月1日，第2张后幅第3版，“瞎费心思”。
[4] 血儿：《声讨汉奸》，《民立报》1911年11月3日，第1页，“天声人语”。
[5] 血儿：《汉奸之末路》，《民立报》1911年11月29日，第1页，“天声人语。”
[6] 血儿：《锄汉奸》（一），《民立报》1911年12月2日，第4页，“大陆春秋”。

张人骏等造成金陵糜烂至极，而汉口、金陵血战，均为汉族同胞，“呜呼，何汉奸之多也。盖二百六十年来为汉奸者，每邀异族之奖，而从未伸同族之诛，是以人乐为之，而为虎作伥者之不绝于世也”。呼吁民军速斩汉奸头颅。[1]

原来持论温和的《申报》，在此期间成为鼓吹锄奸舆论的重要阵地，人们以各种形式对汉奸进行口诛笔伐。汉奸的主要特征就是“甘心卖国”，“忍夺中华与外夷，乾坤回首尽堪悲”[2]。而清朝的统治，全靠汉奸支撑，“汉人若不为汉奸，胡庭何以有悬貆”[3]。有人借评点诗词发挥政治理念，痛斥“武将文官总旧僚，恨他反面事新朝。此黄帝子孙之甘心为汉奸也”，呼唤爱国男儿起而锄奸，“仇深报复知何日，不信黄魂唤不回，此爱国男儿之心理也”[4]。也就是说，所有继续仕清的文武官僚，都在黄帝子孙甘心为汉奸之列，都会成为爱国男儿复仇的锋芒所向。

有人专门编了“新式汉奸五更调”，历数在世的重要汉奸及其罪状：

一更一点月上山，汉奸袁世凯，呀呀得会，甘作满奴才，君主立宪弗应该，王八蛋，假议和呀，自家弗停战，呀呀得会，请俚吃炸弹。

二更二点月照窗，汉奸冯国璋，呀呀得会，狗肺狼心肠，汉皋百姓才死光，抢典当，掳民财呀，还要抢衣裳，呀呀得会，好像强盗帮。

三更三点月正清，汉奸叫张勋，呀呀得会，像个乌龟精，

[1]　健生：《诛汉奸》，《神州日报》1911 年 12 月 7 日，第 4 页，“时事小言”。

[2]　我我：《读诗一得》，《申报》1911 年 12 月 14 日，第 2 张后幅第 3 版，“下酒品”。

[3]　七宝杞人：《革命军顺次尽寒韵（仿柏梁体）》，《申报》1911 年 12 月 14 日，第 2 张后幅第 3 版，“尊闻阁词选”。

[4]　渊渊：《读诗一得》，《申报》1911 年 12 月 3 日，第 2 张后幅第 3 版，“心直口快”。

敢搭民军拼一拼，逃狗命，小猫子呀，喜欢偷野腥，呀呀得会，快点去自尽。

四更四点月正中，汉奸倪嗣冲，呀呀得会，要想立大功，统兵南下路不通，苦无穷，吒军饷呀，北军逃无踪，呀呀得会，必死在营中。

五更五点月已完，汉奸段祺瑞，呀呀得会，急得团团转，民军备战多完全，大开战，汉皋地呀，立刻可夺转，呀呀得会，民国万万岁。[1]

袁世凯虽然为虎作伥，也难以挽救清朝败亡的命运，只能成为陪葬，所谓“清政府妄想挽回，西天出日头。袁世凯甘作汉奸，难保骷颅头”[2]。

武汉风传的第一第二汉奸均为张姓，接着又有汉奸张振臣通敌，破坏民军炮火地雷之事发生，《神州日报》观战员感慨道：“此汉奸又姓张，张氏可谓汉奸世家矣。”[3] 有张姓人士鉴于效忠清廷与民军为敌的同姓汉官为数甚多，点名评论道：“张彪、张勋、张怀芝、张人骏、张绍曾、张鸣岐、张汉云、张景良、张福堂、张镇芳、张楚宝而外，有山西伪抚之张锡銮，复有山东伪抚之张广建，袁世凯心理中，一若非张姓莫能抗民国也者。虽然，尔诸张果数典而忘祖耶？有何面目见誓复祖仇之留侯，力排建虏之苍水于地下乎！当此民国初立，共和将成，尔诸张仍行豺狼之心，恐狗彘不食其肉矣。我亦姓张，恨不能缚诸张而击杀之，惟有布告我张姓，共除此不孝子孙，以雪祖宗之奇丑，而免他姓骂我张姓皆汉奸满奴也。”[4]

不但拥清的汉官，继续鼓吹君主立宪的士绅也被当作汉奸。宜

[1] 陈缅生：《新式汉奸五更调》，《申报》1912 年 1 月 6 日，第 2 张后幅第 2 版，“瞎费心思”。
[2] 张和尚：《续十头》，《申报》1911 年 12 月 13 日，第 2 张后幅第 3 版，“瞎费心思”。
[3] 《辛亥中国革命史·汉阳五日血战记》，《神州日报》1911 年 12 月 3 日，第 2 页，“特别纪事”。
[4] 《申报》1912 年 1 月 28 日，第 8 版，“心直口快”。

昌民军司令唐牺支通电南京、武昌及各省都督、各司令部部长："查获汉奸孙鸿猷假慈善会会员名义由京赴蜀，挟有伪清赈捐簿据多张，显系为满奴暗筹军需，并带有匿名国民实利意见书多本，专主君主立宪，破坏民主共和为目的，语言狂谬，实为民国罪人。除由牺支按律拘禁严罚办外，此种书本关系甚大，且羽党甚多，各处散布，应请钧处饬下，严密查禁，以免国民误入迷途。"[1]

各省光复进程中，资政院民选议员纷纷辞职，少数残余和钦定议员顽固坚持反对共和革命的立场，引起各方公愤。有来稿呼吁"促令资政院议员解散也。夫虏兵不足恃，将不足恃，督抚不足恃，乃恃此卑鄙无耻之资政院，为之竭力嘶声，鼓吹议论。彼议员利于三百金之巨薪，京堂之美名，竟忍心害理，为虏廷辩护，以勾结煽惑等字，加之革军，视义师若匪类。噫！彼议员之肉，其足供吾父老之食乎"，并且宣告："我各省谘议局宜亟电讨各省民选议员，勒令解散，否则认为汉奸，义师至必杀无赦。"[2]

11 月 30 日，报载与黎元洪有旧的梁鼎芬发表的电文，劝黎改弦易辙，继续效忠清廷。有心人"循览数四，不禁骇叹。呜呼，梁鼎芬非所谓中国大名鼎鼎之读书人耶？何丧心无耻一至于是"，特意投稿，逐条痛批：

> 满贼以盗贼之手段占我神州，害我君父，屠我人民，毁我宗庙，裂我冠裳，凡有血气，莫不引为切齿之仇不共戴天。故自武昌起义以来，上自学士大夫，下至贩夫走卒暨妇人女子，莫不欢欣鼓舞，如见天日，或从军，或助饷，除袁、冯诸汉奸而外，从未有明示反对者。今梁鼎芬乃竟认贼作父，以仇为君，妄窃忠君之义，欲黎都督效忠满奴。庸讵知中国之君，久为满

[1]《中华民国立国记》，《时报》1912 年 1 月 19 日，第 1、2 版，"要件"。
[2] 野民：《敬告我新国民》，《申报》1911 年 11 月 27 日，第 1 张第 2 版，"评论"。

贼残害，二百六十年来，满贼之冒称吾君者，非吾君也，实吾仇耳。古今万国，有认仇人为君者乎？[1]

有人更直接指斥道：“梁节庵上黎都督书，语多荒谬，甚至以忠孝二字，反责黎都督。呜呼，节庵忘其节矣，其甘为虏臣而汉奸耶？其以服从满奴作走狗者为忠孝耶？”[2]

有人观察全局形势，认为民军势力，已完全巩固，既有海陆军，又有土地、财产、人民和人才，之所以“尚未能使各国承认为中华国，而仅认为交战团者，则以未设临时政府故也”。主张从速建立临时政府。而在对待民国的问题上，只有一二汉奸与人民尖锐对立。[3]以对待清朝和民国的态度，作为区分人民和汉奸的权衡尺度。

在民党和舆论的口诛笔伐之下，汉奸成了人人喊打的过街老鼠。有人认为不仅要建铜像以表彰为我同胞争自由幸福的爱国男儿，还别出心裁，建议设立“汉奸陈列所”，因为“一般汉奸，或纵火残虐同胞，或伪降杀戮同胞，甘为满清走狗者，皆我同胞之公仇，亦当万世不忘者也。故鄙意当设汉奸陈列所，或将汉奸尸身，灌以药水，置之玻瓶而陈列之，或绘像而陈列之，或雕像而陈列之，使后人过之，皆得指而詈之曰：某也奸，某也恶，某也为民贼，某也为伪志士，一一唾骂之，俾稍泄我同胞之恨。谅我同胞，当亦乐于赞成斯举也”。所拟简章规定：

一、本所专为陈列汉奸而设，故名汉奸陈列所。

一、本所之宗旨如左：

（甲）保存汉奸之臭名。

[1] 江左书生：《驳梁鼎芬电文之荒谬》，《申报》1911年12月4日，第1张第6版，“来稿”。

[2] 七宝张一：《革命声中之不可解半打》，《申报》1911年12月11日，第2张后幅第3版，“心直口快”。

[3] 无名：《论宜速设临时政府》，《申报》1911年12月8日，第1张第3版，“评论”。

（乙）为后日读史者之实物标本。

一、无论何人，均得入所参观，不取分文。惟须遵守左列各项规则：

（甲）参观者尽可唾骂汉奸之罪状，惟不能动手。

（乙）参观者尽可摄影写生，惟须于事前咨照本所办事员，以便预为布置一切。

一、本所备有招待员若干人，如参观人有不明汉奸罪状者，可随时质问。[1]

光复之后，为了表示与清朝断绝联系，象征性的重要举措是剪辫。各式各样鼓动剪辫的文章，不约而同地将坚持蓄辫视为继续忠清的汉奸行为，从不同角度想方设法说明剪辫的重要与必要。有辫无辫，俨然成为共和国民与汉奸的重要外在形象区分。

《申报》"自由谈"发表了多篇有关剪辫的"游戏文章"，有人讽刺欲剪还留者的内心纠结："辫子曰：吾宁累累坠坠任以终乎？将磨光刮垢斯无碍乎？宁斩草除根以尽薙乎？将留刘海以饰观乎？宁民军一式以危身乎？将留此秽物作汉奸乎？宁秃然光头以效僧乎？将忽前忽后，弯曲盘结，以学满族乎？宁八千烦恼以自除乎？将等待他人欲刑欲罚而始弃乎。宁濯濯若牛山之草乎？将垂垂若豚犬之尾乎？任人牵拉，存以取羞辱乎？宁与西人相似乎，将步胡奴之尘乎？宁效文明之族乎？将仍曲辫之号乎？此孰利孰害，何去何从，心去取而不明。性命为重，头发为轻。倘然割弃，难拖花翎。明人多剃，胆小犹存。吁嗟默默兮，谁知吾之疑心。"[2]

有人借虚构人物多角度探究和说明务必剪辫的理据："光头尝持热心爱国者皆剪辫之说以劝人，人乐我之劝而剪者，已不下百人。

[1] 戆夫:《汉奸陈列所简章》,《申报》1911年12月13日，第2张后幅第2版，"游戏文章"。
[2] 爱:《卜发（仿卜居）》,《申报》1911年12月2日，第2张后幅第2版，"游戏文章"。

有友人某君，藏发于帽，光头又以前说劝之。某君曰：除辫固我汉人之快事也，无君言余亦知之。然我汉族本蓄发不辫，今惟不辫不剪，复我祖国衣冠，还我本来面目，于事亦何伤，何君之哓哓必欲余剪耶。光头语塞，强应之曰：君言良是。然头发素受我族人民之爱护，乃二百八十年来，忘恩负义，竟肯顺从满奴为辫，是亦汉奸也，应以一刀惩之。某君曰：然则二百八十年以来服从满政府之人民将如何。光头不能答，只得到《申报》馆内求钝根代为一答。钝根于是代答曰：二百八十年间之人民死亡殆尽，其未死者，率皆衰老顽固，不能及其身而惩之，惟有罚其子孙作和尚以赎前愆。某君之祖若父，既为服从满政府者，是某君之发不能不剪也。”[1]

有人模仿都督的口吻强调剪辫的合情合法与必要：“民军都督某某，使站岗警察某某，以剪一刀一，伺过街之行人，将其辫子割而告之曰：……今民国建共和，自由平等，五族之众，皆抚而有之。况革军所得扬州之近地，军督民长之所治，出贡赋以供天地宗庙百神之祀之壤者哉。辫子其不可与都督杂处此土也。都督受总统命，守此土，治此民，而辫子依然后垂颈项，拖处若赘疣豚尾鸭屁以累其身，以教其子孙，与都督抗拒，甘作汉奸。都督虽宽大，亦安肯为辫子低首下心，唯唯诺诺，为民吏羞，以留孽于此耶？”[2]

有人正话反说，模拟不肯除辫者创设保辫会，强词夺理道：“今因民国勃兴，汉人纷纷剪辫，其意以为去满奴之记号，免豚尾之毒讽。我辈虽亦汉人，但顽固性成，大不谓然。试举其利害，与诸同志约略言之：一不能作汉奸，恐无升官发财之地。二不能媚清廷，惧有后患。三有违妻妾之命。有此三不利，故吾辈宁受唾骂，急思保存。爰集同志，创设保辫会。”[3] 照此说法，则不肯剪辫正是为了便于继

[1] 光头叶：《剪发谈》，《申报》1911 年 12 月 24 日，第 3 张第 3 版，“千金一笑”。

[2] 爱：《祭辫子文（仿祭鳄鱼文）》，《申报》1912 年 1 月 1 日，第 2 张后幅第 2 版，“游戏文章”。

[3] 爱：《保辫会章程》，《申报》1912 年 1 月 4 日，第 2 张后幅第 2 版，“游戏文章”。

续媚清廷当汉奸。

各大报纸几乎一面倒地拥护革命鼓吹锄奸，造成强大的舆论压力。由于“沪上各报馆对于南北军情，彰善瘅恶，知无不言，薄海同心，人人痛恨满兵之惨杀，咸有灭此朝食之概。某贼臣深为此惧，特派汉奸携带巨款出京，运动报界，故为北军张大其词，以馁夺民气，传闻已有入其彀中者”。《神州日报》对此宣称：“此汉奸之人名已据告确凿，姑存忠厚，以俟其后悔。”[1] 进而专门发表《新辨奸论》的社论，以汉族起义，建设共和，人民为真自由而战，报馆又居最高地位，以指导人民为天职，记载言论，无不一秉大公，决不能受南下某议员的运动利诱，“或力主停战议和，或妄登民军内讧，或为北军张大其词，谬称其势力何若，战术何若，而其宗旨，要不外于懈国民复仇之心，灰军人进取之志”。以后凡报馆有上述言论，就是满奸汉贼，是黄帝子孙不共戴天的公敌。[2]

第二节　缉凶与北伐

惩办汉奸不仅宣诸于口，更重要的是落实为行动。鉴于“民党起义以来，诸事为汉奸所掣肘，致全国统一之功，迟迟不能告竣，军士茹苦，商民受困，内外大势，日趋危急，皆汉奸阶之厉也。故稍知大义者，无不切齿痛恨，欲食汉奸之肉而甘心”，广东人士发起组织共和民会，规定对待汉奸的办法最为详尽，并且发布公启，广告同胞，痛斥“伪吏汉奸，充积遍地，甘为功狗，助桀为虐，残害同胞，违背人道，若不设法以剿除之，绝虏廷之牙爪，警虎伥之冥顽，死灰燎原，孽根滋蔓，其为患正未可料也。今我国家乃共和

[1] 《辛亥中国革命史·汉奸运动报馆之可杀》，《神州日报》1911 年 12 月 3 日，第 2 页，“特别纪事”。

[2] 辟邪：《新辨奸论》，《神州日报》1911 年 12 月 4 日，第 1 页，“社论”。

之国家，土地即共和之土地，是共和之民，适合居之。彼汉奸者，其意志与共和相背驰，其手段与共和相冲突，其终必至尽破坏共和而复相互残害，为汉奸计，固不应居共和之地，即为共和国民计，亦不屑容此辈之汉奸，可断然矣（世界文明国，凡犯害国家治安，有递解出境之条，如土著者，无境可递，及处以典刑）。此所以调查汉奸与夫处置之法之刻不容缓也。处置之法不一，或直接以除祸害之根苗，或间接以断虏廷之手足。倘蒙热心同胞赞许，请即签名入会，分任各务，以尽国民一份之责任”。

该会所订章程所要处置的汉奸“以现任京官及各留任满奴为范围”，具体条款为：“一宗旨。本会专为对待清官汉奸而设，以断满清之手足而利民国之进行为宗旨。二进行。本会经同人签认后，先电告各团体，约定时地集议，然后由本会举定代表若干员，与各团协议实行，经各界通过后，即分电已反正各省，仿照此办法进行，以期反正及未反正各血性同胞共表同情。三会所。本会经省城各界通过后，即在省城择地开办，为集议调查实行对待之所。四调查。布告各界担任调查，请举所知之京官汉奸与及未反正之清吏来会切实报告，本会并以正式公文呈请军政府传知各县长，报告所属乡村市镇，切实调查。五通告。既确查得某人现仍为清官，即将其人姓名里居伪职来本会报告，由本会迳电其人，限期回籍，仍令其家属转告原人。六对待。限期既满，仍甘作功狗，自戕同种，为同胞当以公敌对待之，以达到目的为止。其子孙屏逐出共和国地之外，以免谬种留传，染污我共和土地，扰乱共和治安。其在籍财产以一半留在乡里中办其地方公益，一半献诸军政府，以充军费，以清奸源而昭炯戒。七变通对待。或谓盗跖其父母，尧舜其子孙，文明公例，罪不及妻孥。其子孙或遵共和之化，则可居共和之地。公拟一地方，派人监禁之，监守一切费用用地租，由原人所出。监禁之期，以共和政府大局成立为率，以防煽惑而明心迹。此在原人，若非立心作汉奸者，必乐于赞成。非此，则举动出入，同胞不免侦伺窥防之，因此辄有疑误意见之生，名为监禁，实则保护。八特别对待。如汉奸之子孙故意逃匿，则照第六条之对待，并自后永远剥夺其公民选举之权，以警效尤。”[1]

南洋华侨因汉奸仍未尽灭，特组织一对待汉奸团，举定干员，分赴各省，实力从事，务达目的方休。其章程为：“（一）现时仍作满清官员兵役者，不分文武大小，皆汉奸也，我同胞宜一律竭力对待。（二）对待汉奸先谋诛其本身，我同胞务以炸弹及一切危险等物尽戕汉奸生命。（三）所有汉奸家属宜各查其籍贯住居，必须尽将现附满清之汉奸家属，无论男女老幼，一切尽拘入各省州县大监之中，定一期限，著该汉奸家属函电召其反正。若其逾限，即尽将其家属人口诛戮一空，以警效尤。（四）凡汉奸之田园屋宇家业，各凭本籍人士协同查明的确，即尽数充公。”其公启声称，这些对待汉奸办法，骤听似属野蛮，实则此种汉奸即黄帝复生，亦必大义灭亲，毫无姑息。满贼若非得此汉奸为听命爪牙，早已气绝。鄂省血战，忠烈数万，非死于满贼之手，实死于汉奸之手。“以此言之，即诛汉奸之家属及掘汉奸之祖坟，亦不为野蛮。”[2]《时报》为此评论道：“身为汉人，而乃甘事异族，且更作种种举动，以为同胞之患，是尚得谓有人心者乎？华侨之对待汉奸团，拟尽拘其家属，以勒令反正，虽或疑其稍激，然正不可无此当头之棒也。”[3]

光复后，各地纷纷举行悼念烈士的活动，汉奸相应地成为控诉的对象，在此过程中，锄奸与北伐自然联系到一起。华亭韩小洲撰写的“追悼中华民国诸烈士歌”唱道：

二百余年胡氛浊，爱国男儿风浪恶。牺牲多少英雄血，造

[1] 《关于对待汉奸之商榷》，《神州日报》1912 年 1 月 17 日，第 3 版。

[2] 《对待汉奸团出现》，《时报》1911 年 12 月 25 日，第 4 版，“地方要闻”。

[3] 《时评二》，《时报》1911 年 12 月 25 日，第 4 版。

成时势民气作。义旗迅举武汉间，登高一呼河山旋。四方响应呼光复，东南士气雄万千。吁嗟乎，痛恨汉奸袁冯张，以汉杀汉惨复伤。汉口一炬成灰烬，汉阳失守退武昌。幸我众志坚如铁，不灭胡人誓不歇。争以血肉换自由，前仆后继鬼神泣。金陵攻破张贼逃，欢呼汉土还同胞。临时政府方组织，安享共和幸福饶。追忆流血诸先烈，战死沙场众英杰，或以赤血溅汉奸，或以黑铁除满孽，奋不顾身救同胞，同胞何以酬勋劳，馨香崇拜光历史，铜像巍峨万古昭。

寄语民军将佐，不信袁奸诈和，直捣黄龙，收复幽燕，创新民国。[1]

12 月 17 日，武昌军民召开追悼会，凡莅会者，皆有感泣悲歌之意，工队营长金骐敬撰二联，景仰烈士是其一，更主要的就是表达复汉锄奸的强烈意愿：“联汉族，竖汉旗，杀汉奸，灭汉贼，复汉仇，汉口汉阳，收回大汉河山，后汉光昌胜前汉。”[2]

广州的悼念烈士活动与惩办汉奸一同举行。炸击李准的林冠慈烈士殉义，随葬于东门外的红花冈。光复后，由同志查得墓地，开棺检视，于 12 月 14 日行改葬礼。是日会葬者万余人，各军队、各团体皆排队到祭。温生财之子佛琴亦由南洋回粤，亲至同盟会与各会员磋商，欲将其父迁葬红花冈，最终决定于 12 月 29 日与陈敬岳一并移柩。“至害温生财之郑家森，现已拿获，于十月二十九日解往黄花冈义士冢前，劏开取出心肝肠肺致祭，以慰英魂，并由石字营战军复将郑之肝肺用竿高悬，沿途游行，俾为汉奸者戒。”[3]

生祭之外，还有冥祭。1912 年 1 月 12 日，粤东北伐军总司令

[1] 华亭韩小洲：《追悼中华民国诸烈士歌》，《申报》1911 年 12 月 21 日，第 3 张第 2 版，“尊闻阁词选”。

[2] 工队营长金骐：《上月二十七日开追悼会凡莅会者皆有感泣悲歌之意敬撰一联以志景仰》，《申报》1911 年 12 月 23 日，第 3 张第 3 版，“尊闻阁词选”。

[3] 《红花冈上三雄鬼》，《申报》1911 年 12 月 27 日，第 1 张后幅第 2 版，“要闻”。

部统率教练团并所部粤东各军队，前赴东门外牛王庙，致祭庚戌年正月阵亡新军各烈士，“用纸札李世桂、吴宗禹、张哲培三人为汉奸，李、张两名装札袍帽红顶，吴宗禹装札操衣靴帽，均装草履，用草绳反缚，双膝作跪形，抬以下柜，分配挽联，各军到牛王庙前将纸人放下，跪向坟前，各军队祭毕，将各纸人用竹炮轰毁，隆然一声，化为灰烬”[1]。

辛亥前安庆先后两次举行起义，首为徐锡麟，次为熊成基，“不幸均被满官摧残，以致大功未成”。光复后军政府展开追凶行动，“刻经统一机关处派员侦缉前次效力满官，拿获熊、徐二君之汉奸，顷闻已将首次残害同胞之丁有才拿到，不日即行严办矣”[2]。

在追缉残害革命志士的汉奸的同时，对于两军对垒期间暗中资助清方的官绅也以汉奸罪名进行追究，查抄其财产充作军饷。“前粤督袁树勋在湘汉广有商业财产，现冯国璋派人致书袁氏，勒逼其报效五十万充作军费，否则将其汉口商业房产概行毁坏。袁不得已，愿先报效现银十万，其余亦允分期措缴。此事湘人闻而大愤，以民军前向劝募军饷，袁竟不允，而此时偏肯资助北军，故拟将袁在湘财产全行抄没，以儆汉奸。”[3]扬州、南京等地则将上海光复时在江南制造局顽抗的张士珩（楚宝）财产没收充公，以济饷源。[4]武昌也将汉奸盛春颐（盛宣怀之侄）、冯启钧等人的产业查抄充公。

抄没汉奸家产，惩戒之外，还有解决财政困难和宣泄民愤的作用。上海当局开始对此态度谨慎，所属法华乡乡民徐联科、乔猷黼、杨枕旦、朱斌等，鉴于“汉奸盛宣怀沪上置有不动产甚多，租界以内，大都影戤洋商，一时不能彻查。惟内地二十八保三图四图八九图内，共有盛贼之田一百五十余亩，均是德华公司暨五福堂二粮串

[1] 《粤东陆海军近事》，《申报》1912年1月20日，第6版，“要闻”。

[2] 《皖省劫灰录》，《申报》1911年12月30日，第1张后幅第3版，“要闻”。

[3] 《武汉最近之闻见（特别通信）》，《申报》1911年12月17日，第1张第5版，“要闻”。

[4] 《彻查汉奸财产之实录》，《神州日报》1912年1月3日，第3页，“特别纪事”。

为凭，历年赋税，由盛贼完纳”。曾经递函乞查，军政府没有回复。“近阅各报，悉苏省程都督饬员将盛贼之产悉数查没，并饬苏松太各属一律报明查收，以彰公道等语，人心为之大快。”于是再度具禀，乞查汉奸私产以充军需而泄民愤。禀称：“窃自沪城光复以来，军需浩繁，庶政待理，经济困难，已达极点，需款既不易筹，公债更难假借，默观时局，深抱杞忧。……盛贼罪大恶极，人人欲得而甘心，收没其产，犹不足以蔽其罪。敝乡事同一律，岂容任其漏网，况豪奴凶隶，时来乡间逼租，稍不遂意，即遭威吓，乡民愤气郁积久矣。若不迅赐查没，何以泄民愤而定人心。伏祈都督俯察下情，迅赐会同民政长派员来乡，饬各地保指准查收，藉充军用。如或延迟，该奸神通广大，难免无暗借洋商出面影戤等情，为此迫切上陈，惟冀公鉴。”

在乡民的再三要求和江苏军政府查没行动的影响下，沪军都督陈其美将此事交由执法科核办，上海县民政长于12月9日接奉民政总长李平书训令，以“事关惩处汉奸及供给军用，果能施行无碍，自属一举两得，合行备文，移请迅即派员前往该乡查明办理，并将该乡民等录呈之各图粮户额数，另录存案，尚祈照验施行等因。准此准罪人财产，亟应藉没归公，省城既奉查，本邑自应遵办。令即按照单开各图迅传各该图地保册书核对粮册，守管该地，勿令隐匿，随将原有之单契一律注销，布告公众，以快人心”[1]。按照上述程序，上海光复政权查没汉奸财产的行动也相当严格规范。

在有些地方，惩办汉奸不仅涉及当下，还会追究历史。江西南昌原有曾国藩祠宇，光复后军政府尚未议及，好事者已将其牌位改书“例授大汉奸大民贼曾国藩之牌”，可见民心思汉之一斑。[2]浙

[1] 《没收盛宣怀田产之公布》,《申报》1911年12月24日，第2张第2版，“本埠新闻”。《神州日报》1911年12月24日第3页《中华民国新江苏》所载，文字稍异。

[2] 《辛亥中国革命史·南昌归客谈片》,《神州日报》1911年12月25日，第2页，“特别纪事”。

江嘉兴西门内广平桥南，旧有清提督程学启祠，“日前军政分府方青箱君以其效忠异族，屠戮同胞，宣布各属，即将该祠拆毁，并将栗主焚毁，以为汉奸效力清朝者戒”。布告力数该汉奸为满奴效顺，种族之见不明以及背主、杀降、自戕同类等四大罪状，“今者大汉光复，凡属汉奸，皆在痛绝之例，是宜焚其栗主，以报汉族之仇，毁其淫祠，以昭后人之戒”[1]。这样的标准，与革命党此前排满宣传的口径吻合，不过，如果照此办理，各地锄奸的范围和频率势必猛增。从媒体的报道看，类似的情形并未大量出现，表明各地光复政权没有普遍采取同样的处置标准。

汉奸大量聚集之地，还在清廷控制下的北方各省，因而惩办汉奸不能仅仅局限于光复省份，更为重要的还是如何将清朝统治地区的汉奸绳之以法。这部分汉奸包括两部分，一是原籍属于光复各省而本人继续在北方为清廷效力的汉人，二是效忠清廷的北方汉人官绅。民军的矛头首先针对前者。1912 年 1 月 4 日，湖北军政府军务部长孙武发表对中央政府的意见，正式提出：“各省汉人此时仍在满洲政府范围内者，限以阴历年终一律回籍，踰限不归，并不通告理由者，即行除籍（当议决电各省请转电在满洲范围内之汉人）。”[2]此举无疑是对原籍独立各省但仍在清朝控制区域的汉人下了一道最后通牒，被除籍也就等于被定为汉奸。广东梅属镇平黄开文被清廷命为湖北汉黄德道，镇平人闻讯，开会集议对付办法，决定将其削籍，抄没田产，并通电上海、广州等地各报馆，痛斥其“人群败类，中国汉奸”[3]。

辨明北方的汉奸身份，是要为北上锄奸开辟通道，其具体行动，就是北伐。而北伐的锋芒，包括所有继续效力于清廷的南北汉人。

[1] 《焚毁汉奸之淫祠》，《申报》1911 年 12 月 4 日，第 1 张后幅第 4 版，“各埠通信·浙江”。
[2] 《湖北省会议纪实》，《顺天时报》1912 年 1 月 19 日，第 4 版，“各省要闻”。
[3] 《汉奸看看》，《天铎报》1911 年 12 月 26 日，第 2 版，“中外大事”。

北伐联军总部发出布告，宣称：“南京既下，北虏尚存冯国璋、张怀芝诸汉奸助贼逞凶，英雄用武，男儿报国，正此时也。本部现正联合各省组成北伐军，直捣幽燕，誓清汉宇，已设招兵处于西门斜桥湖南会馆内，自本月十七日起至卅日止，凡我爱国健儿热血志士，速来本处报名，听候检验体格，兵饷格外从优”[1]。号召军民挥师北上，武力锄奸。

南北和谈期间，由于和议一波三折，人们普遍怀疑清廷和袁世凯的诚意，北伐呼声日益高涨。凡是主张君主立宪者，均被指为汉奸，成为重要打击对象。1911 年的最后一天，扬州北伐正司令徐宝山致电孙中山、黄兴及各报馆，表示：“今总统既已举定中山先生，经略全局，自有伟筹，宝山惟有统率旧部及长江健儿飞驰河洛，直捣燕冀，誓非恢复神州，歼除满清，不敢作停战策画。倘有偷安小子，无耻汉奸，甘媚异族，不审民主共和，阴主君主立宪者，宝山惟有立率江淮英杰，共申忘本之罪，湔灭败类，无怪宝山鲜爱护同胞之谊也。”[2]

五天后，漳州司令官刘蔚率全体军人致电孙中山、黄兴等，提出：“民主、君主不能并立，神种、满贼不能两□□□□□□宗旨，近日袁贼行阴险手段，外主议和，内增兵力，老我士气，离间民心，临时国会之招集，迁延时日，罔上空谈。吾辈军人只知持铁血主义，达共和目的。今民国已立，总统有人，满胡残虏已无招集国会之权，诸公早定大计，直捣贼巢，倘有汉奸辈倡议君主者，惟暗杀之。北伐，北伐，纵以吾辈之血染成民国地图，亦所不惜。”[3]

华侨对北伐高度关注，积极推动。旅越华侨致函广东各团体，通告当地筹募公债的情形，请北伐队火速出发。旅越华侨对于募集

[1] 《北伐联军总部招募广告》，《申报》1911 年 12 月 12 日，第 1 张后幅第 6 版。
[2] 《民立报》1912 年 1 月 1 日，第 2 页，“扬州电报”。
[3] 《民立报》1912 年 1 月 7 日，第 2 页，“漳州电报”。

公债一事“人心踊跃之故，盖非注意于目前之治安，实以北伐军至今未发，急欲助充军实，促其进行。方今外人之举动，有所左右，袁贼狡黠，复有少数汉奸，今为效力，散布各省要区，外表同情，阴行破坏。民国新立，未有根据，散漫纷纭，危于累卵。鄂军虽强，独力无助，万一再有失败，则北兵之势，必先直犯广东。……且以北兵之犷悍，满虏之野蛮，汉奸之狠毒，所至之地，斩刈焚烧，无复人理”。唯有北伐胜利，推翻清廷，乡里才能永保平安。“若不以此为急，斤斤然议论治安，怵于目前之小乱，而昧于将临之大祸，是入袁贼之彀，中汉奸之计也。”[1]

这番陈词，将北伐与保卫故里的关系说得极为透彻，不消灭满贼汉奸，则家无宁日，国无宁日。而掌控北方的袁世凯之流，正是汉奸之尤者，讨贼即为锄奸。为此，应该有力出力，有钱出钱，促使北伐早日出师。

国体问题迟迟不定，清帝不肯轻易让位，使得一些热血志士尤其是身处北方的革命党人神经紧绷，锄奸行动也进而采取极端形式。据报道：“顷得密报告，京津间有人组织一已死队，其意以为敢死、决死等队，尚处于未死之地位，此队之组织，其人之地位实为已死，先由最精医学家研究一种毒药，制成蜜丸，服之须十日始死。闻入其队者即服此丸二粒，十日之内，力谋狙击，无论中否，药发必死。队中命令极严，以击死阻碍共和之满奴汉奸为目的，定为抽签之法，抽得应击之人，其人必去狙击，连日炸弹轰掷，即系此队党人。”[2]此事是否属实，还需查证。这种不留生路的必死精神，反映出革命党与满贼汉奸的对抗已到你死我活的紧要关头，先驱者宁可牺牲生命，也要诛杀仇敌，以换取国家民族的新生。

---

[1] 《旅越华侨北伐热》，《申报》1911年12月26日，第1张后幅第2、3版，“要闻”。

[2] 《已死队出现》，《天铎报》1912年2月8日，第3版，“中外大事”；《京津间之已死队》，《申报》1912年2月9日，第3版，“要闻”。文字稍异。

鉴于汉奸的危害极大，有人甚至向北伐队提出：“健儿此行，其宽待满族，严惩汉奸，无汉奸则往年葡萄牙旬日革命之功，已重现于吾国，何至费我健儿多少之力之血也。城下之日，孰为汉奸，往斧其吭，诛止其魁，释其下人。”[1] 将汉奸当作首要打击对象。

针对汉奸的宣传和行动，形成强大的社会压力，对于那些仍然希望保留清朝君主体制的政治势力产生了强烈冲击。其时梁启超等人正在设法与袁世凯联系，利用这一关系，试图在保留清室的立宪体制下有所作为，可是举国上下对汉奸的一片讨伐之声，令多少了解实情的同党对此策略毫无信心，直言劝告梁启超大势已去，必须改弦易辙。12 月 14 日，吴贯因（即吴冠英）致函梁启超，不赞成后者在北方谋划参政之事，主张养晦待时，徐观后变，因为其时该党处于进退两难的尴尬境地，附和民主共和，则为革党所轻，仍然标榜君主立宪，则与民族主义风潮相悖。昔之为君效死者为忠臣，“今日为君效死者，人则字之为汉奸。夫诚得忠臣之名以死，则或有愿为之者矣；若蒙汉奸之名以死，谁复乐为之乎？”[2]

康梁等人在共和的大势所趋之下，继续鼓吹虚君共和，企图保持清帝，遭到舆论的唾弃。其时各报刊载康有为致徐勤的密函影本，题目就标名“汉奸康有为寄徐勤之密书发现”[3]，并且撰文《汉奸康有为之罪孽》，对该函全文逐句痛批，作为“康奸与徐勤书判词”，宣称：“汉奸康有为与徐勤亲笔一书，系在坎拿大搜得，寄至本社，……措词悖谬，而依赖满政府及蓄意破坏民军之种种罪孽，昭然若揭，可作汉奸口供观之。”[4] 人心所向，一顶千夫所指的汉奸帽子，让坚持君主立宪或虚君共和的康梁一派失去政治上的回旋余地，束手无策，抛弃帝制成为他们唯一可行的现实选择，至于清帝

[1] 健：《北伐队赠言》，《神州日报》1911 年 12 月 10 日，第 4 页，“时事小言”。

[2] 丁文江、赵丰田编：《梁启超年谱长编》，第 594—596 页。

[3] 《民立报》1911 年 12 月 27 日，第 1 页。

[4] 《汉奸康有为之罪孽》，《民立报》1911 年 12 月 28 日，第 4 页，“新闻一”。

的存废，只能听天由命。

康梁之外，其他继续主张君主立宪者也都被视为汉奸。和议期间，一些滞留北方的立宪派人士纷纷南下，试图助成君主立宪。贵州都督赵德全致电孙中山、伍廷芳和各都督，以“袁贼狡诈异常，政体交国民会议一节，窥其意，必潜派汉奸运动，达君主立宪目的，苟不如意，再开战端。适接湘电，□□已随唐使到沪运动。袁贼诡谋已露，应严加防范，免中袁计”[1]。提请防备汉奸乘机运动，破坏共和。毛遂自荐亲赴江浙为袁世凯充当蒋干的曹汝霖，就被指为假留学面目藉作汉奸易售其欺。[2] 天民公民社电告上海共和各团，以蹇念益、江庸、周应昆、章仲和、陈叔通等潜到上海，布散流言，献媚于袁世凯而保伪清禄位，又有叶姓李姓诸人探听民军情况，报告伪清。上海各团体接获消息，筹备扑灭之法，并警告沪上人士勿与之往还，以免玉石俱焚。[3]

光复政权在管辖区域内惩办汉奸的同时，还针对北方的本籍汉奸展开通缉和诛杀行动。浙江省临时议会和都督汤寿潜发出咨文，诛杀汪大燮、章宗祥和盛宣怀。咨文称：清朝浙江虽然遭受文字狱的惨祸，但北面事胡者实繁有徒。“豪杰之士，身在伪朝，存心报汉，尤足称也。至如大奸大慝，挟策权门，效忠贼主，交接外人，凌轹汉族，则罪在不赦。杭之汪大燮、湖之章宗祥其选也。春秋诛邾莒以用夷礼，况为之臣，况为之伥，以贼吾民乎。西律不经裁可，身为外臣，而昭刑戮者，所以禁奸，其厉犹尔，况于怀慝肆恶之人。请诛汪、章如盛宣怀。”[4] 在福建，曾经担任北军司令的汉奸叶兴清

[1] 《中华民国立国记》,《时报》1912 年 1 月 24 日，第 1 版。

[2] 《汉奸南下》,《民立报》1912 年 1 月 4 日，第 4 页，“新闻一”。

[3] 《不知死活之汉奸》,《民立报》1912 年 1 月 6 日，第 6 页，“新闻三”。

[4] 《浙议会请诛汉奸》,《民立报》1911 年 12 月 28 日，第 4 页，“新闻一”；《请诛奸贼之西汉文章》,《天铎报》1911 年 12 月 26 日，第 2 版，“中外大事”。文字稍异。

归闽，因破坏共和，被都督拘禁，拟治死罪。[1]

进入民国，杨度被指为汉奸，一定出乎他的意料且感到冤枉。1月5日，湖南国民协会通电各省都督各团体各报馆：“汉奸杨度，比附满酋，力请袁世凯出山，致祸结兵连，残害吾同胞数万，罪已应死。近复随同唐绍仪至沪议和，密遣党羽分赴各省，鼓吹君主立宪谬说，冀得淆乱是非，遂其奸诈。若不速诛此贼，何以对我死义诸先烈。敝会及两省人民已将该贼宣告死刑，惟闻该贼踪迹诡秘，刻尚潜匿沪宁等处，敢乞各省都督通告所属，一体严拿，并恳沪都督及各团体派探密缉，如果弋获，即请就地正法，声布罪状，以谢天下。湘中人士无任感祷。”[2] 此电何止是通缉状，简直就是追杀令。

杨度自认为怀有救国抱负，只是太多的追求与众不同。留学期间，他就在革保之间特立独行，结果两边争取不成，竞相批驳抨击。归国后杨度为清廷所用，于预备立宪多所谋划。武昌起事后，他主张袁世凯出山，但要说袁就是因他而再起，则言过其实。战乱蔓延，杨度又与汪精卫等筹划组织国事共济会，试图以国民会议表决国体政体，也是两头不讨好，民、清双方均予以否决。反倒是在南北和谈的谈判桌上，成为重要选项。虽然未能如愿，毕竟于防止战事扩大，避免生灵涂炭有所作用。上海议和期间，杨度的确仍然坚持认为君主立宪更加适合中国，可是也表示要看多数国民的态度意见，并且最终转向促进共和。他留学归国入仕，是希望凭借有力的政治支撑实现其主张抱负，在新政和宪政中，也的确发挥了重要作用。他虽然做不到爱中国不爱大清，但要说他是爱大清不爱中国，恐怕有些牵强。其行事固有正误当否之别，在他心中，根本还是爱国而非卖国，其他只是凭借支点的选择变更而已。

必杀令的公布，使得锄奸行动有可能溢出军政府的掌控。上海

---

[1] 《共和民国之紧要电报》,《神州日报》1912年1月29日，第1版。

[2] 《湖南国民协会电》,《申报》1912年1月5日，第3版，“公电”。

光复后，“有不肖汉奸串通某国洋商私济野蛮政府军火”，民党“为持人道起见，特组织锄奸团，分布南北各交通要道，专杀此等营私罔利违背人道贼害公理者”。汉口禅臣洋行买办赵华堂，“张彪之狗党也……武汉起义后，曾受张彪托，为满兵来沪上采办军火一次。此次再来，为热血同胞侦知，特自汉尾随来沪，将饷以手枪，因在船未得其便，直至南洋丸抵埠后，乘赵立趸船与人细语时，始砰然一声，正中要害”。锄奸团发布通告，宣布其“由本团派人实行枪毙，以示儆惩。此后如有以军火私济清政府者，本团即认为人道公敌，一律以此法处治”。并进而宣称：“本团系出于个人爱国私忱，用特声明。再本团会员因分布各省，需人甚多，如有深于理化及通三国语文以上者，请将姓名住址登载各报，以便前来接洽为祷”。西文《文汇报》记者亲眼目睹刺杀过程，行刺者为无辫少年，得手后向闵行路及百老汇路遁去。“旁观者似知赵某受击之原因，皆静然表同情于刺客。”记者虽然觉得事件极可怖，但是“能令吾辈西人见之，可知人心仇视汉奸之恨也”[1]。

光复各省的锄奸行动以及所引发的一些流弊，引起同情者的担忧、有心人的质疑和善意的批评，也被别有用心者故意夸大，进而严厉抨击。“有自上海来者言，与彼党议论，稍立异同，或微露不然，甚则枪拟，轻或挞面。如顾鳌、唐宝锷以演说君主立宪被拘；程豹以曾充端方委员，招瑞声以供职海军部，均指为汉奸处死。盖与庚子北拳情形无异。偶闻诋斥，或形迹疑嫌，目为二毛，遭戮辱矣！”[2]连章太炎在《大共和日报发刊辞》中，也将“汉奸之名，以淆白黑”[3]，作为乱象之一。可是，程豹和招瑞声间谍案证据确凿，顾鳌等主张君主立宪也毋庸置疑，非要说上述诸人均为滥捕乱杀，甚至等同于

[1] 《又杀了一个汉奸》《汉奸应丧胆矣》，均见《民立报》1911年12月2日，第5页，“新闻三”。
[2] 苏舆著，胡如虹编：《苏舆集·辛亥溅泪集卷三》，长沙：湖南人民出版社，2008年版，第249页。
[3] 《大共和日报》1912年1月4日，第1版。

义和拳反洋教，显然是恶意攻诋。

其时舆论主要由民军控制下的上海报界所主导，北京报馆小心翼翼，以免惹祸上身，只有天津报馆还算活跃。而代表袁世凯一方发言的，就是貌似中立的《大公报》。开始该报还不敢直接反对惩办汉奸的宣传和行动，而是假借外国人之口来表达不满。如援引外交界人士的消息称，各国驻上海领事团原来因为革命党人图谋政治改良，具有文明思想，表示承认民军为交战团，“今调查最近举动，多不合理，如滥杀北人，诬指汉奸，勒逼清政府官吏，强指土匪为民军，勒捐军饷等项，均属有背文明，务必即行蠲除，否则各国将不能承认为交战团云”[1]。又说：“外交界人云：现在沪宁皖苏闽浙等处民军举动异常纷扰，最大者计分三端，一为诬指汉奸，挟仇戕杀；一为勒捐，抄查商民私款；一为强迫剪发。现闻沪宁两处外交团均极不平，已为最后之忠告，以民军既自以文明自居，即不应有此扰害公安专制之举。倘再无所约束，则各国必将以别项办法对待云，并已将此意电告驻京公使矣。”[2]

诸如此类的报道，如果不是别有用心者故意向清方示好，就是报馆自身的有意编造。实际上，除日本外，各国对于介入中国冲突一事相当谨慎，上海领事团不会直接采取有可能引起政治判断的干涉行动或是公开发表与此有关的言论。即使是新闻界散布此类信息，也会通过各种方式予以制止或澄清。以英国为代表的列强不希望冲突各方误会其对任何一方有所偏袒，以免损害该国在华尤其是在南方各省的生命财产等利益。

在借重洋人无效之后，《大公报》开始直接表达对光复各省“诬指汉奸”言行的强烈不满，并且不惜夸大捏造事实，进行恶意攻击：“专制与共和，乃极端的反对者也，而今日之共和民国，竟操无上

[1] 《外人不满民军之种种》，《大公报》1912年1月17日，第5版，“要闻”。
[2] 《各国最后之忠告民军》，《大公报》1912年1月22日，第5版，“要闻”。

的专制手段。有意见不同者，则倾轧之排挤之凌迫之杀害之，遇指陈其弊者，即满奴之汉奸之嫉殛之寇雠之，不谓饮以拳铳，即云食以炸弹，党同伐异，臻于极点，一言不合，枪声立现。而一班军人尤多骄恣傲慢，睥睨同胞，稍拂其意，立即用武，因使居于民国界内者，言论意想皆不得其自由。袭共和之名，行专制之实，与前此满政府之伪立宪尤凶百倍矣。”[1]不惜将已成落水狗的清廷拉来陪绑，只是为了达到污蔑共和民国的目的。

《大公报》对于锄奸的宣传和行事反应如此强烈，间接表明锄奸的确对北方的官绅产生了强大的政治压力，这对汉人官员不敢坚持拥清具有不可忽视的心理冲击作用。连梁启超等人都害怕背负汉奸的骂名，其他与清廷离心离德的文武汉官，早已不是为了保存清王朝而与民党为敌，从某种意义上说，他们坚持对抗民党，就是要想方设法卸下头上的汉奸帽子，以便心安理得地进入民国的新时代。

第三节 追究与释嫌

和谈成功，共和告成，统一的中华民国临时政府成立，南北清革咸与维新，昔日的对头成了同僚。可是汉奸问题并没有就此消于无形，反而因为政坛风云日益诡谲，呈现出复杂化的趋势。

进入民国，宗社党和升允等人依然奉清朝为正统，他们眼中的汉奸仍是指反清者而言。升允暗中鼓动复辟，所致东北某统领的信函即称：“今之共和云者，乃表面而已，其实际各据一方，各施其能，名实不符，何望其共和之有哉？吾恐愈求共和而共和愈远。盖今我中土非君主立宪不能有效，而共和绝无存立之理，况名实不符，各据一方乎？……愿阁下早为裁决，因时而动，以免汉奸之势力至此，

[1] 杞忧：《革命之革命观》（续），《大公报》1912年2月5日，第2张第3版，“来稿”。

欲战不能，悔之晚矣。”[1] 试图以“汉奸”即革命党势力未及的东三省作为恢复清朝统治的基地。

革命党中的激进分子对于和议也相当不满，2 月 15 日，陈炯明万急通电军政各方，以和议条件内仍然包含早已径电力争的帝号不去、亲酋袭爵、仍居北京、拥有禁卫军等件，表示：“和议果属如是，是清帝不啻以袁内阁为汉奸；……参议院议和总代表昏庸误国，已堪痛恨；乃闻参议院竟主张移都北京，与废帝同居一方，以遂其串通宫邸、推翻民国之诡计，极其危险。”扬言“如再不能力争，粤省应先将本省参议员取消，以为各省之倡”[2]。

统一的中华民国临时政府刚成立不久，《大公报》便将矛头指向排满革命的民族主义，指“种界之害”是“汉奸”泛滥的根源。所谓“自满廷专政，汉族沦夷，革命家遂倡为种族之说，唤起同胞，满夷、满贼之称，在当时原不足怪。今民国建设，合汉、满、蒙、回、藏为一大共和国，昔为仇雠，今为兄弟。况以狭义言之，汉、满、蒙、回、藏固分五族，以广义言之，汉、满、蒙、回、藏实同一种。不特汉族同为一国，即满、蒙、回、藏四族，亦皆我一国之人也。凡有破坏共和者，同为五族之罪人，断不可再存种见。乃新政府组织，除内务部理藩一职外，四族之人，既不免同抱向隅，而各省军政府之捕人，非指为满奴，即目为汉奸。以共和时代，五族一家，而仍留此等名目，以快其报复之私，万一绝之过甚，激起其保种保族之心，即以曩日我之仇彼者，转而仇我，种祸讵有已乎。是欲巩固共和，而反以破坏共和也”[3]。其说用新概念表达旧意识，看似冠冕堂皇，实则不无混淆视听之嫌。

实际上，南京临时政府对于防止打击汉奸扩大化相当重视。早

[1] 《升允致东省某统领书》，《盛京时报》1912 年 3 月 28 日，第 4 版。

[2] 《陈炯明致孙中山等电》（1912 年 2 月 15 日），桑兵主编、赵立彬编：《各方致孙中山函电汇编》第 1 卷（1895—1912.2），北京：社会科学文献出版社，2012 年版，第 480—481 页。

[3] 梦幻：《论破坏共和之五大害》（续），《大公报》1912 年 4 月 22 日，第 2 版，“言论”。

在 1 月 14 日，孙中山就通电各省都督、各军政分府，要求对汉奸嫌疑据实依法慎重处理：

近因各地每日有曾仕清廷之人，罪状未著，遽以嫌疑被逮。如其人果系汉奸，敢于破坏我国前途，则诚自速愆尤。若以为曾受清命，则魏奕曾仕隋室，刘基曾仕元朝，专制鼎革之秋，犹且不问。若今日改革政治为共和，则国犹是国，人犹是人，蓄众容我，并无畛域。当此百务方新，革命英奇，难敷全国建设之用，宁可以狭义示人，动辄捕逮狙击，使四海之内，屏息而听，重足而立。嗣后各地如遇此等嫌疑告密之事，应先令查根凭实，再交审判厅确实查核，庶刑当其罪，法允于平，不致以嫌疑二字，滥用拘系，为民国革新名誉之累。[1]

特意要求不以嫌疑而滥用拘系，当然说明告密者多而处置不慎的情形的确存在。从武汉和上海的实情看，革命党人对于汉奸论罪较为严格，滥用者多是附从革命的官绅，除了个别故意借机报复者，多数应是害怕被指为汉奸的自我保护性举动。1912 年 4 月 1 日，《时报》刊载程淯致孙中山的呈文，对各地军政府官员的素质及胡作非为的行事予以尖锐批评，并提出改进办法：

盖光复伊始，官吏考试任用，既无明文规定，不能不通融迁就，于是所谓军政府、军政分府、民政长者，半由声名平常、劣迹昭著、戴革命假面具、口仁义而心蛇蝎之人运动得之，要津既据，作福作威，凌轹乡土。据报纸所载，见闻所及，有非依法律辄侵入人民家宅，搜索银钱、衣物、书籍，而恃强占有之者；有托名筹饷，强迫捐输，甚且为掳人勒赎之行为，而暗

[1] 《民立报》1912 年 1 月 18 日，第 3 页，“沪军政府电报”。

> 中侵蚀干没之者；有恶直丑正，诬指为汉奸而枪毙之，或籍没之者；有非依法律逮捕人民，拘禁刑责，血肉横飞，奄奄垂毙者。此外，以本省而排斥外省之人，以此府州县而排斥外府州县之人，以此党而排斥彼党之人，甚者以手枪炸弹为快意泄忿之具，恣睢暴戾，言者咋舌。前南京枪毙缪思敬、崔瑛，宣布罪状，南京近在咫尺，见闻可及，若外省之非缪、崔而亦缪、崔者，所在皆是，纠弹不及，制裁全无，人民何辜，罹此荼毒？前阅报纸，有某省自治员为人所衔，被掷诸粪厕者，或啮毙者。今人民之恨若辈，殆又过之。拟请大总统发布命令，用极浅显、极简单之白话刊刻告示，凡人民受前项疾苦者，准一面寄登各报，一面按照《临时约法》陈诉平政院。该院未成立以前，或因远道不便，则向各省都督府控告，一经调查确实，立予尽法严惩，将罪状昭示天下，以资警戒。其诬告者，按律反坐，行知各省都督、各军司令，广为传布，务期家喻户晓，俾免含冤莫伸。[1]

无论孙中山还是程淯，所反对的都是汉奸之名的滥用以及惩办行动的乱来，言下之意，真正的汉奸仍然有必要进行甄别，予以镇压。南北统一后，这样的行动应否继续，尤其是在光复各省，如果遇到昔日的汉奸被派来担任军政长官的情形，应当接受还是予以抵制，这成为对革命党人政治伦理和政治智慧的极大考验，同时也扩大了革命党领导层与基层的分歧。

辛亥民元的政坛变幻，的确给人以翻云覆雨之感，很快，杨度就从人人得而诛之的汉奸，变成各方争相延纳的元勋。对此冰火两重天的时势变换，《申报》的时评感叹道：“今日之杨哲子，犹是昔日之杨哲子也，光复时之杨哲子则目为汉奸，宣布死刑，民国成立后之杨哲子则目为革命元勋。至谓解决北方之共和，全恃杨力，国

---

[1] 程淯：《呈请大总统严惩荼毒人民之官吏文》《时报》1912年4月1日，第1版，“要件”。

民党招徕之，共和党赞扬之，俱以杨不肯人党为憾。讵昔日之杨哲子果异于今日之杨哲子耶。曰昔日之杨哲子，倾倒梁任公者也，今日之杨哲子，犹是倾倒梁任公者也。昔日之梁任公，人皆欲杀，今日之梁任公，既为杨所推荐，则人必移其欢迎杨哲子者以欢迎任公，吾知邀梁入党者又必纷纷矣。”[1]

杨度的是非曲直不仅是个人际遇的尴尬，而是反映了政局变幻所引发的普遍困扰。1912 年 3 月 7 日，范光启等人联名通过民立、神州、时报、大共和报馆转发了致南北军政各方及京、津、武汉各报馆的通电，指“汉奸王赓前在亡清陷孙公少侯于狱，既得伪军谘使后，即密札上海皖商夏某，使调查安徽革党，密札误投，逆谋败露，前经本党宣布死刑，久稽天讨。兹再揭其罪状，以示□众共弃。又伊近日竟勾串劣绅，冀充皖督，望同乡人士万勿为其所迷”[2]。

范广启等人的指控，遭到一批南北人士的反驳。3 月 11 日，程德全、章炳麟、张绍曾、刘莹泽、陈宧、吕均、钱芥尘等通电南北各方和各地报馆，指“范光启君等电□汉奸王赓一则，当与事实矛盾。此次共和成立，王君以充旧内阁军事参议，转移北方将士心理，赞助项城民国计画，功效极大。其在九、十月间未入北京以前，首在吉林主倡共和，各方反对，几遭暗杀，北方人士多能言之，岂有首主共和之人，密谋调查同党之理？至于孙君少侯被逮，据当时报纸所载，咸谓系安徽桐城凌某所为，更于王君无涉，事实彰彰，海内本有公论。惟念民国新造，弓影之来，最是使正士寒心，尤恐范君等南北睽隔，传闻异词，致生误会。某等夙与王君并无友谊，此次战证以至友所□，或同谋共和事业，深知王君为热心共和、尊重道德之人。用特申明事实，俾海内同志不厚诬正人，或亦于主持公

[1] 《申报》1912 年 9 月 23 日，第 3 版，“时评一”。
[2] 《民立报》1912 年 3 月 7 日，第 3 页，“南京电报”。

道有关焉”[1]。

次日，朱瑞等五人的通电也见诸报端，“其中所言均系为汉奸王赓作辩护，盖因同人等于数日前宣布王赓劣迹之通电也”。16日，范光启等再向南北各方、各地报馆及各团体发出通电，对上述两电予以反驳，指程、朱二电，一则强词夺理、抹杀事实，一则模糊含混，硬为解释。“诸公衮衮，明达兼人，而宵小运动多方，竟令贤者为其所迷，作此无聊之辩护，殊堪浩叹。”为正视听，再度公开辩驳道：

> 查王赓籍隶合肥，素以谄媚亡清亲贵为宗旨，铁良、良弼、载振均系赓之恩师。孙公之狱，确系赓所告发，此事久经安徽同盟分会宣告罪状，神州同志莫不同知，汉奸美号，非自今始。方今民国初立，南北一统，固不可再以汉奸二字加入，然大名鼎鼎之汉奸，使非革面洗心，立功民国，以赎前愆，则不可一例相待也。今后汉奸称谓无自发生，往昔汉奸谥号依然存在，公理然也，事实然也。札查革党一事，系经同人目击赓寄密札与夏某，误投李某，旋用五百金购回原札，安徽商人俱能言之凿凿。朱、程诸君何所据而谓并无其事，更何所见而谓同人之言为弓影之谈。赓在吉林，反对独立，江淮同盟会员有往吉林谋光复者，几遭毒手，旅吉人士众口一辞。去年十月，赓有上载振一书，载在吉林报章，画策虏廷，冀平义师，何得云首主共和，更何得谬称正士。使赓能脱胎换骨，闭户悔过，则同人等自当宽其既往，予以自新。无如妖心不退，故态依然，有计夤缘，混入袁君幕府，多方运动，冀充安徽都督。同人等为世道人心计，为安徽名誉计，自不得不宣布其劣迹。
>
> 至赓此次南来，系与唐君等代表袁君，投鼠忌器，打狗看主，大局所关，自当别论。宣布死刑一节，系本党从前秘密作用，

[1] 《民立报》1912年3月11日，第6页，“公电”。

于理于法，非可宣诸大众。惟虏廷已覆，革命已成，凡属漏网汉奸，业经民恩大赦。然昔日之罪案，即今日之秽德也。前电偶及，盖为显托。同人等与赓均系切近同乡，私交最厚，相知最悉，非若程君德全等所云，并未相识，仅据友人所言，即出为辩护也。张君绍曾系赓之同僚，程君德全系赓之旧主，章君炳麟谅系受程之嘱托，其余诸人大率皆与赓交好，如其爱之，则宜劝赓束身悔过，勉作忠厚乡人，渐消从前罪恶，何必为赓掩饰，更何必为赓表扬，使赓醉心利禄，恋栈官场，叫嚣于东西，奔走乎南北。所谓欲盖弥彰，愈弄愈坏，非徒无益，而反之害者也。朱、程二电中有厚诬正人及王赓主张共和等语，违背事实，颠倒黑白，未免过甚，尤恐该二电出自王赓捏名，是以再曰。

为了昭信于天下，联名各人不仅公开实名，而且分别列出职衔。[1]两相比较，前一电署名者十六人，后一电署名者二十八人，多十二人；前电具名的陈策、高樾、戴圣德三人，未出现在后电的名单中。而常恒芳、郭梓青、王正蕃、郑赓臣、陈章奇，赵云龙、赵丹、朱子明、陈芝宣、毛保乾、吴文龙、方潜、高荫藻、凌济安、王天培等十五人，为后电新增的署名者。这表明通电并非冒名捏造，也不是被列名却不知情。至少发电人自认为内容属实，敢于承担责任。

辛亥王赓在吉林策动独立，最后被巡抚礼送出境，确有其事。[2]

---

[1] 《皖省军政治界电》，《申报》1912 年 3 月 16 日，第 2 版，“公电”。联名通电者的名衔为：“前江苏参事会长、铁血军总司令范光启、皖路局长朱良涵、教育次长倪纬汉，参议院议员胡绍斌、凌毅、常恒芳，皖军第一师长孙万乘、营长郭梓青、三十五旅长龚振鹏、参谋王正蕃、副官郑赓臣，第一军中队长陈章奇、团长赵云龙、赵丹、营长阚钧、朱子明、陈芝宣、毛保乾，卫戍属官吴文龙、淮上军帅长郑芳荪、南京府知事方潜，留日学生刘天民、高荫藻，庐州外交长王善达、皖实业司长凌济安、交通部部长许世清、庐州中学监督李绪昌、前皖军都督王天培。”

[2] 《孟宪彝日记》（一），李德龙、俞冰主编：《历代日记丛钞》第 161 册，北京：学苑出版社，2006 年版，第 395—411 页。

同时他也向袁世凯进言，希望其以共和之名，行开明专制之实，受到袁的高度重视。[1] 问题的关键，在于原来的汉奸如何才能洗心革面，脱胎换骨，融入民国，并且可以任职于光复各省，而为革命党所接纳。皖省同盟会员显然不接受民国共和，既往一概不究的说法，无论就公理还是事实，往昔汉奸谥号依然存在，不能一笔勾销。革命党人的愤懑情绪通过各种形式宣泄出来。“日前南京陆军部派有调查员邓君子赞来皖调查军政，当经孙都督派员招待，并于翌日聚宴于大观亭。惟时邓君酒喧耳热，不觉高唱入云，以楚音而唱皮黄，旁观大为捧腹。及席散后，邓君又欲在中途放枪为乐，同人等恐惊商民，极力阻止。于是邓复上大观亭，见亭上置有商民各界石勒朱家宝肖像，乃大声急呼曰：此汉奸也，我当以手枪奉敬。遂将石勒毁坏。”[2] 邓子赞酒后失态，未必不是以酒蒙面，借机吐露真心。

追凶的范围还延伸到北方军界。3 月 28 日，“南方军界同人”通电军界统一联合会及南北军政各方、各报馆，声言：

> 现在共和成立，南北一家，自应消除意见，免启猜疑，努力同心，为中华民国前途同谋幸福，断不致因从前意见之不同，复存恶感。惟王遇甲、易乃谦、丁士源、徐孝刚等前在汉口擅杀无辜，越出战斗范围以外。例如降兵数百，王遇甲、易乃谦以机关枪惨杀之；白发老翁，数龄稚子，丁士源亦指为汉奸，缚树枪毙；停战中徐孝刚亲以海军大炮轰击民军，乡民无辜冤死者，难以数计。天怒人怨，鬼哭神号，凡有血气者，莫不痛恨，非因意见不齐抵抗民军者可比。暴戾如此，实属惨无人理。此人道之罪人也。王遇甲等均系南人，以南人而惨戮南人，乡

[1] 《批军谘府军谘使王庚上书》，骆宝善、刘路生主编：《袁世凯全集》第 19 卷，开封：河南大学出版社，2013 年版，第 523 页。

[2] 《皖江近事记 · 都督宴会部员》，《申报》1912 年 3 月 29 日，第 6 版，“要闻二”。

里目为戾气，妇孺不共戴天。试问遇甲等得志快杀之时，亦曾有南人本是一家之感否？此乡党之罪人也。南北未经统一以前，尚云意见歧异，及至共和宣布以后，王遇甲等对于南方代表谩诋共和，故意挑起南北恶感，其意何居？此共和之罪人也。以上三罪。有一即不能容于民国，何况三罪俱备，南方各界，咸称罪大恶极，应行宣布死刑。如仍旧委用，将何以对服生者，安慰死者？窃恐意外之虞，不久发现，谁将任其咎？贵会既云以国家为先提，自应为民除害，今反为少数恶人辩护，使数万万人之人心仍不能安，南方之危局仍不能保，窃惑焉。贵会之名，既为全国军界统一会，则南方军界应有发言之权，况四凶均属南人，事实在南，见闻确实，万无诬蔑之理。请速将王遇甲等逐出军界统一会，不然南方军界决不承认贵会。[1]

对此要求，北方军界显然难以接受，因为照此办法，几乎无人不在可以追究之列。而在光复地区，锄奸的行动依然延续。在四川，4 月 14 日，泸州川南总司令署暨同盟会同人致电已经解散去职的南京临时政府和临时大总统孙中山以及成都都督府、重庆镇抚府，称："荣县谢烈士奉琦以伪清光绪三十二年受中山先生委任，运动改革，倡义川南，事泄江安，意图再举。殊有伪党人汪霖熏心利禄，效忠满奴，勾结清兵，搜捕烈士，致谢君就义叙南。同人痛心疾首，誓诛汪贼。汪自知不保，远窜滇南。同人复推周启圣、张谷两君赴滇密谋暗杀，事皆不济。今幸革命成功，天夺汪贼之魄，为周、张两君诱解回泸。昨同人大开议会追悼烈士，并公决处汪贼以死刑，用除汉奸而昭炯戒。"[2] 该电还同时发给上海大共和报馆、天津民意报

[1] 《南京军界电》,《申报》1912 年 3 月 28 日，第 2 版，"公电"。

[2] 翠亨孙中山故居收存提供，黄彦、李伯新选编 :《孙中山藏档选编（辛亥革命前后）》，第 575—576 页。

馆，要求登诸报端，实际上就是要昭告往昔的汉奸，不会因为政局变化就能轻易地逍遥法外。

南北统一后，追究汉奸罪行的行动在一些地方仍未结束。在湖南，“宜章李楷平当去岁反正时，曾为敌人眼线，陷害起义诸志士，即经该县士绅禀请缉拿，现已拿获报案。昨由谭都督令行司法司提省究办，以儆奸邪”[1]。在湖北，“黎副总统因去岁南北交战时，汉口正金银行买办景维行私自介绍洋商潜卖军火于北军，致伤毙三楚军民无数，实属可恶。爰查照前南京内务部通令，凡与民军抵抗者，无论何项人等，应将其财产收没归公，将景维行所有汉大舞台戏园及左右房屋数十栋、地皮数千方，派员调查确实，一律充公。景闻信当将各项契约交于美律师福禄士，假作抵押，欲藉洋势抵抗。业经警视厅清理公产局派员在福处验明契约，呈请都督核办在案”[2]。

随着五族共和的实现，汉奸的指称总体上趋于减少。语境转移之下，满奴汉奸的意涵适用性明显降低，民贼汉奸的卖国指向逐渐凸显。由于国家的主体由皇帝变为国民，与清中叶以前的汉奸多指与朝廷为敌不同，转义后的汉奸主要是指与民为敌。

不过，作为具有最大公约的政治词汇，如何或由谁来判断是否与民为敌，往往只能凭借权力的大小或声音的强弱。汉奸被继续作为指斥贬低任何敌手对方的方便名词，有着生死牌似的政治效用，因而往往其具体意涵已不明显，可是杀伤力却依然强大。指为汉奸，重要的不在于是否有汉奸的实事，而是根本剥夺其发言辩解的权力，百口莫辩就算达到目的。

他人姑且不论，从身为清季言论界巨子的梁启超也感到压力山大，就可见汉奸之名的杀伤力之强。因共和革命而失势的保皇党定策利用矛盾，蛰伏待机，仍与革命党严重冲突。1912 年 8 月中旬，

[1] 《潇湘近闻录 · 汉奸结果》,《申报》1912 年 6 月 4 日，第 6 版，“要闻二”。

[2] 《没收汉奸财产之交涉》,《申报》1912 年 7 月 15 日，第 6 版，“要闻二”。

罗瘿公致函梁启超，谈及与革命党的恶斗：

> 同盟之恶公，固无待言，其中欲竭力与公接近者，仅刘揆一一人，彼中诋为汉奸，日来同盟各报，均登搜罗某某棍编证据。近日各方面对公均表同情，渠等积愤，无所泄，乃施毒手于佛苏，连日丑诋皆及公，盖忌公归也。及黎公为佛事电来，渠报（《国风》《国光》）谓黎为不要脸之狗，谓共和党为康梁党，表面为黎，欲推翻共和，规复帝政等语。[1]

虽然南北统一后民党内部的分歧日益显现，而且梁启超开始有融入民国的趋向，但要公开与梁启超交好，仍然不得不忌惮汉奸的污名。

五族共和的实现，使得反满的汉奸语境迅速淡出，但是“汉奸”并没有就此退出历史舞台。1912 年 10 月 2 日，东京第一高等学校留学生戎肇敏、高铦阅《朝日新闻》，见有留学生反对袁世凯总统铁道政策的消息，不胜骇异，遍询同人，无知其事者，遂开同窗会于本校，并邀请各校代表于次日开会于改盛馆，公决条件如下：一、联合京外各校，请驻日代表致电政府，声明《朝日新闻》所载 9 月 29 日所谓留学生电，实非留学界之同意。二、致函上海报界，请登报声明。三、与东京各报交涉，要求更正。

尽管采取了善后措施，还是引起国内舆论的关注和评论，《民意报》10 月 12 日发表《留日学生之丧心病狂》的社论，以日本报载的 9 月 29 日留学生电为依据，予以抨击。留日学生觉得有违事实，辩解道：“二三汉奸致政府之电曰全体，东京各新闻所记亦曰全体，而《民意报》信之，怒骂全体，几视留日学生无一非朝鲜一进会李

---

[1] 丁文江、赵丰田编：《梁启超年谱长编》，第 642—644 页。是时徐佛苏主办的《国民公报》被革命派攻毁，徐氏被殴伤，信中所谓“佛事”，即指此案。

完九之徒，是视吾侪全体无一非卖国贼也。乌乎，中华卖国贼竟若是之多乎。且二三汉奸假全体名义致政府电，其政见虽闾巷小民亦知其荒谬，而谓留日学生举冥顽不灵如此乎。虽然，数千里之间阻，仅凭二三汉奸之伪电，一纸之日报，所记载与事实相悖，又何足怪。”

19日，留日学界再集会于神田青年会，据报，9月29号于牛込東五軒町的清風亭，的确有湖北同乡集会，议程一为独立纪念，一为追悼湖北阵亡将士，并未涉及政事。“夫同时同地，必无两会并开之理。然则致政府之电，非二三汉奸受外人之嗾使，必外人狡焉以谋我也。”所以第一高等、高等师范、高等工业、高等商业、志成学校全体学生发出公启，祈报界诸公声明更正。[1]

于是，“汉奸”再度转身，又回到指称卖国贼的原义。只是这一次的国，不再是满人的大清国，而是五族共和的中华民国了。从内争到御外，爱国与卖国的转折之间，国的人、地涵盖都有大幅度扩张。原来用于包罗万象的汉已经显得狭隘，不得不让位于内涵外延更加宽泛因而容量更大的中华，汉奸所背叛出卖的，已不仅仅是汉人或汉族的利益，汉奸已是与整个中华民族为敌了。

[1] 《东京留学界致报馆俱进会函》，《申报》1912年11月5日，第7版，“来函”。

后记

本书是努力承接前贤、续写辛亥历史的第三本专书，与之前出版的《走进共和：日记所见政权更替时期亲历者的心路历程（1911—1912）》以及《旭日残阳：清帝退位与接收清朝》一起，作为对清季民元重大历史转折重新审视的结果，同时构成尝试续写大历史的开端。

所谓大历史，并非长时段或全球史之类的大时空历史，而是一般通史所关注的重大历史事件。尽管意在超越者总是喜欢批评这些关注带有成见，希望扩展关注的层面，并且试图将以往关注较少的层面嵌入大历史的叙述，可是除非撼动大历史的基本架构，否则借鉴别科的钩沉填空补白，或许能够热闹一时，恐怕终究难以为大历史所充分容纳。应当承认，前人构建大历史的叙事架构，固然也受到时代的制约，但就总体而言，的确抓住了主干大节。如果相关的各类大事要人在大历史的叙事中完全缺位，则大历史的书写势必更加偏颇。

不可否认，原有的大历史也存在遗漏偏颇和误读错解。这些偏误主要源于相互关联的两方面，其一，材料不足。今日可以看到并且使用的资料，较前人何止千百倍。尽管前人大都读过书，应用解读材料的能力较强，毕竟所见有限，限制了其能力发挥的程度。因而一些关键材料和事实的解读，会在所难免地发生一些错误。今人若能学习掌握前贤的能力，有效利用材料大幅度扩张的便利，则可以纠正错误，充实史事，使得大历史的叙述更加坚实可靠。其二，观念先行。中国近代史的构建，经过较长时期的发展，才形成现在的体例。在一定的历史时期，中国近代史主要不是因为学理的需求，而是革命现实目的的需要，尤其是解释中国社会的性质以及革命的任务、动力等等，再加上中华人民共和国成立前后，急于构建与众不同的体系，便充分利用有限的资料，编辑出《中国近代史资料丛刊》，并勾勒出解释框架。

续写大历史，纠正种种影响大历史叙述准确性完整性的错漏，固然为应有之义，而更为重要的是，利用材料大幅度扩充的方便，改变视角单一的局限，多角度多层面解读材料，重现史事的错综复杂，使得历史画卷更加丰富多彩。

凡事皆有机缘。将近二十年前，胡绳武先生在一次会议期间私下问道：陈寅恪的治学方法用于中古最为恰当，用于晚近则材料太多，不堪重负。能够背得动，的确难能可贵。然而总体关怀和终极目标究竟何在？先生的谬赞，可以视为鞭策，而先生之问，在史学范围的答案便是续写大历史。只是这样的自我期许宜做不宜说。

其实，续写大历史的念头在研究庚子勤王时已经发轫，此事先是沿用成说，敷衍成文，发觉按照既往的架构叙事于材料及人事处处捉襟见肘，于是全盘推倒重来，将各类新旧材料梳理比勘，贯通一气，终于能够大体重现史事本相和前人本意。相比之下，新说与旧解出入不小，由此悟到，近代中国历史的叙述，无论材料的应用还是立论的当否，不免较为粗疏，大有可以改进的空间余地。

续写大历史当然不能简单地沿袭旧说，但也不能只是枝枝节节地填空补白，或一味翻案，故意立异。古史辨式的解构，偏重破坏，套用范式的立论，则不切实际。续写旨在重现，一要以全部的材料和事实为依据，梳理贯通，安放到得其所在，不能断章取义地自圆其说，立说无数，似是而非。二要将所有后来的架构视为自然演进，防止阴谋论的放任，探寻历史本事、各种成说及重现之间的演化。重现庚子勤王的历史，得益于编撰《孙中山年谱长编》，与陈寅恪等人倡行的融合长编考异及域外比较研究之法暗合，贯通所有新旧材料和史事，同步实现解构与重现。之所以不用重构，是因为历史研究要契合历史人事的本相本意，而重构的立论取证做法之下的自圆其说，容易流于似是而非，批评他人不无道理，一家之言却依然漏洞百出，终究于事无补。

大历史的续写，与一般另起炉灶编撰通史有所不同。后者主要考虑的是体例架构设置是否得当，能否充分吸收已有的研究成果，安放于适当之处，不可能完全在爬梳资料的基础上重现史事，更不可能处处推陈出新。续写大历史则是专题研究的变相，既要详人所略，阙疑取舍，又要大致涵盖整体，使之焕然一新，不能只是补偏救弊。而这样的新，并非“我认为”之类见仁见智的相由心生，要尽可能贴近历史的本相，尽可能使历史认识与“原来如此”高度吻合。

将续写大历史付诸实现的直接因缘，则是辛亥百年纪念即将来临。其时主编的《各方致孙中山函电汇编》已经完稿，随即着手布置《孙中山史事编年》的编撰。因为前人着力已多，不少师友质疑此事的学术价值尚有几何。为了测试空间余地究竟还有多大，用一个月时间翻阅梳理了 1911、1912 两年的所有书刊报档，不仅看出不少可以写专题论文的问题，还显露出一本辛亥革命专书的轮廓。各专题论文陆续发表，结成专书时发觉篇幅太大，且内容呈现两个相互关联又明显有别的部分，一则着重探讨武昌起义到清帝退位风云变幻进程中的各方博弈，以及接受清朝阁府部院和建制民国政权机构的权力消长，一则探寻共和与汉奸概念的渊源流变以及由此展开的历史事实，所以顺其自然，分成两本专书。

《走进共和》的撰写，旨趣有所不同。阅读报纸和日记，可以看到大量为大历史的叙述所难以容纳的人事，大历史为后人的概括总结，即便努力贴近本事，也不得不有所取舍侧重，无法将形形色色亲历者的耳闻目睹统统囊括。即使大历史上重要浓墨重彩表现的人物，也很难面面俱到地将其亲身经历的所有事情以及事情的各个层面详细展现出来。说到底，大历史仍然是后人的认识，而非历史的事实，尤其不是全部的历史事实。将各个有迹可循、有据可查的当事人的亲历、心路展现出来，作为与大历史相辅相成的补充，应有其独特的价值。与重写大历史相配合，这样的小历史有两个系列，一是大转折时代，主要是近代中国的几个政权更替时期，一是关键年代，如戊戌、庚子、洪宪、五四等等，与大转折相比，虽然并非天翻地覆，却在历史上具有重要甚至是划时代的作用。

大转折时代和关键年代的小历史，旨在与续写大历史相互配合，补充大历史的不足，而非印证大历史的情节。同时，小历史也不是近代以来新史学所倡导的民史，用以改变精英的历史。不过，小历史的撰写不能脱离大历史，没有续写大历史的史料史事联系贯通的基础，不可能恰当展现小历史。若以一般教科书和通史、乃至所谓公认研究的成果及其取法为知识背景，很难对小历史的认识解读入木三分。简单模仿之作，只能流于不知所以然的表面文章。

按照现在通行的分科专门观念，《旭日残阳》为政治史，《走进共和》为社会文化史，而本书为思想概念史。只是这样的分别绝非在下的初衷，历史上的人事原为一体，而分科专门是后人的主观，史事不会依照后来的观念发生及衍化，因此，研究历史上的实事，只有放弃画地为牢似的照搬套用后来的分科专门观念和做法，才能避免先入为主的成见。只不过同一史事有各种层面，而研究论著各有主题，不能面面俱到，必须各有侧重。因此，续写大历史应当接续前人研究，打通新旧材料，尽可能深究各种专题，重现史事本相和前人本意，既知所阙疑，又详人所略。若是拘泥于分科专门，则认识不能贯通，容易流于割裂肢解历史的偏差。有鉴于此，续写大历史不能简单地用通史或教科书的方式呈现，盘旋于浮泛表浅的框架范式，见仁见智的自圆其说。如果只是提出一堆各说各话的观点，于历史认识的深入提升毫无裨益。

三本专书各有分工，各司其职，共同的目标则是从不同层面努力深化对辛亥民元历史大变动的认识。贯通各类新旧材料，订正重大史事的错误，澄清学界坊间的各种彼此歧异的说法，避免随心所欲甚至别有用心的解读，扩展视野，关注以往大历史较为忽视的人事。三者鼎足而立，相互参看，从帝制到共和历史转折的全景详情可以大体重现，认识可望更进一步。

史无定法，主题侧重不同，做法取径也要随之变化。那种不知因势而变的奥妙，凡事均以自己的定见为标准衡鉴，势必陷入井底之蛙的执念成见。《走进共和》出版后，有“乌有生”匿名批评。由于历来关于拙著的评议，公开刊载的未免隔靴搔痒，或是不知有汉何论魏晋的陈言，尤其是一些强加己意于我的所谓意见，只要读完全文以及看过所有相关著述，便不难发现不过是各自的揣度臆想，甚至别有用心的曲解，真正深获吾心的，主要来自私函或面谈，所以一般不大留意。经门下提示，发来看过，觉得仅仅认对了一个字，还是撰写民初遗老历史者已经从其他书刊征引过，其余则非但一无可取，而且人已讲到“习相远”，自己还在“人之初”盘旋，甚至以己度人，以不知为知，不知其陋，不能藏拙，适以曝短，不值一哂。最典型如断言民间劝善书中语出自《增广贤文》，而自高身份者一般不会以俚语俗书为据，茫然于银钱问题绝非金融货币可以范围（其事苦思冥想二十年才从两位高人的研究把握大概），麻木于黄沅日记出自真正乡绅之手的罕见等等。此类事自己不能发现，并不足怪，已被勘破却仍然懵懂，非庸即妄。虽然迫于生计，能力不足又急于求成，其情可悯，即便求名心切，也要取法得当，不读书而一味找材料，难以走上治学大道，修成正果。

上述大意，当时即对门下大略讲过，多数不明就里；而几年测试下来，学界间中难免一二受蒙蔽者，随声附和，可见仍有混淆视听的效果。本来对于此类距离平等对话相差甚远的评议从不回应，只是作为自己及他者学术功力和判断品鉴力的检验，必要时再版之际分别于各处有所交代，目的也不是回应，而是为了防止受蒙蔽者惑于其词，导致吠影吠声而不自觉的尴尬，甚至误人子弟，须知学问之事决不能作无知无畏的门外文谈或“认认真真”的表面文章，来者读书必须前后左右验证，不能一味跟着感觉走，这是治学的铁律。

征引文献

报刊

《爱国报》
《北京大学研究所国学门周刊》
《北洋法政学报》
《大公报》
《大共和日报》
《大陆报》
《东邦协会会报》
《东方杂志》
《洞庭波》
《读书月刊》
《法政粹编》
《法政浅说报》
《法政杂志》
《翻译世界》

《复报》
《广益丛报》
《国风报》
《国民日日报汇编》
《汉声》
《汉帜》
《河南》
《湖北学生界》
《湖南官报》
《江苏》
《经济丛编》
《经世文潮》
《警钟日报》
《临时政府公报》
《民报》
《民国报》
《民立报》
《南洋总汇新报》
《清议报》
《申报》
《神州日报》
《盛京时报》
《时报》
《时事采新汇选》
《时事新报》
《时务报》
《实学报》
《顺天时报》

《四川教育官报》
《台湾协会会报》
《天铎报》
《万国公报》
《湘报》
《新民丛报》
《新世界学报》
《新闻报》
《新小说》
《新译界》
《新中华》
《选报》
《学海》
《译书汇编》
《庸言》
《游学译编》
《云南》
《政法学报》
《政论》
《政艺通报》
《政治官报》
《直隶教育杂志》
《中国革命记》
《中国新报》
《中外日报》
《中兴日报》

书籍论文

1. 《孟宪彝日记》(一)，李德龙、俞冰主编：《历代日记丛钞》第161册，北京：学苑出版社，2006年版。
2. 《孙文和华侨——纪念孙中山先生诞生130周年国际学术讨论会论文集》，东京：汲古书院，1999年版。中文版1997年由神户孙中山纪念会印刷，非卖品。
3. 张枬 王忍之编：《辛亥革命前十年间时论选集》，北京：生活·读书·新知三联书店，1977年版。
4. 《辛亥革命始末记》，沈云龙编：《近代中国史料丛刊》(420)，台北：文海出版社，1969年版。
5. 《张季子九录·政闻录》，上海：中华书局，1931年版。
6. 爱国青年：《教育界之风潮》，上海，1903年版。
7. 白纯：《鸦片战争前后的汉奸问题初探》，《南京政治学院学报》2000年第3期。
8. 保廷梁：《大清宪法论·国权主体》，上海：模范书局、江左书林，1910年版。
9. 卞僧慧：《陈寅恪先生年谱长编(初稿)》，北京：中华书局，2010年版。
10. 曹伯言整理：《胡适日记全编》，合肥：安徽教育出版社，2001年版。
11. 陈金英：《走向共和——论1903—1917共和思想在中国的确立》，2004年武汉大学硕士论文。
12. 陈理、彭武麟主编：《中国近代民族史研究文选》，北京：社会科学文献出版社，2013年版。
13. 陈力卫：《近代中日概念的形成及其相互影响——以“民主”与“共和”为例》，《东亚观念史集刊》创刊号，2011年；《日语研究》第九辑，2014年。

14. 陈美延编 :《陈寅恪集 · 金明馆丛稿二编》, 北京 : 生活 · 读书 · 新知三联书店, 2001 年版。
15. 陈守实 :《学术日录 [选载] · 记梁启超、陈寅恪诸师事》1928 年 1 月 5 日,《中国文化研究集刊》第 1 辑, 上海 : 复旦大学出版社, 1984 年版。
16. 崔隽 :《想象 "共和" ——republic 在近代的汉译定名历程》, 华东师范大学中国语言文学系硕士论文 2014 年。
17. 翠亨孙中山故居收存提供, 黄彦、李伯新选编 :《孙中山藏档选编 (辛亥革命前后)》, 北京 : 中华书局, 1986 年版。
18. 丁文江、赵丰田编 :《梁启超年谱长编》, 上海 : 上海人民出版社, 1983 年版。
19. 杜维运、黄进兴编 :《中国史学史论文选集》(二), 台北 : 华世出版社, 1979 年版。
20. 杜维运、陈景忠编 :《中国史学史论文选集》(三), 台北 : 华世出版社, 1980 年。
21. 高平叔编 :《蔡元培全集》第一卷, 北京 : 中华书局, 1984 年版。
22. [日] 葛冈信虎讲义, 马毓福等编次 :《法制大意》, 湖北游学日本师范生编 :《师范讲义》第 3 册, 湖北教育部 1901 年初版。
23. 葛剑雄 :《悠悠长水 · 谭其骧前传》, 上海 : 华东师范大学出版社, 1997 年版。
24. 顾潮 :《历劫终教志不灰 · 我的父亲顾颉刚》, 上海 : 华东师范大学出版社, 1997 年版。
25. 广东省社会科学院历史研究室、中国社会科学院近代史研究所中华民国史研究室、中山大学历史系孙中山研究室合编 :《孙中山全集》第 1 卷, 北京 : 中华书局, 1981 年版。
26. 湖南省哲学社会科学研究所古代近代史研究室校注 :《宋教仁日记》, 长沙 : 湖南人民出版社, 1980 年版。
27. 黄宇和 :《三十岁前的孙中山 : 翠亨、檀岛、香港 1866—

1895》，北京：生活·读书·新知三联书店，2012年版。
28. [日]筧克彦讲述，陈时夏编辑：《国法学》，上海：商务印书馆，1907年初版。
29. 康有为撰，姜义华、张荣华编校：《康有为全集》，北京：中国人民大学出版社，2007年。
30. 李大钊：《李大钊史学论集》，石家庄：河北人民出版社，1984年版。
31. 李冬木、佐藤亘、吉田富夫《帝国共和：从“清皇”到“大圣皇”——关于“袁世凯加笔民国宪法草案”》，《文史哲》2016年第1期。
32. 李恭忠：《晚清的“共和”表述》，《近代史研究》2013年第1期。
33. 李剑鸣：《“共和”与“民主”的趋同——美国革命时期对“共和政体”的重新界定》，《史学集刊》第5期，2009年9月。
34. 梁启超：《戊戌政变记》(丁酉重刊)，沈云龙主编：《近代中国史料丛刊》第92辑，台北：文海出版社，1973年版。
35. 梁启超：《饮冰室合集》，北京：中华书局，1989年版。
36. 骆宝善、刘路生主编：《袁世凯全集》第19卷，开封：河南大学出版社，2013年版。
37. 闾小波：《近代中国民主观念之生成与流变——一项观念史的考察》，南京：江苏人民出版社，2012年版。
38. 茅海建：《天朝的崩溃——鸦片战争再研究》，北京：生活·读书·新知三联书店，1995年。
39. [日]美濃部達吉著、金泯澜编译：《国法学讲义》，上海：商务印书馆，1910年版。
40. 莫永明：《陶骏保案与江浙联军内部的矛盾》，《浙江学刊》1990年第4期。
41. 欧阳哲生主编：《傅斯年全集》，长沙：湖南教育出版社，2003年版。
42. 潘光哲：《西方政体类型知识“概念工程”在晚清中国的创发

与建设(1845—1895)》,《近代中国知识转型与知识传播(1600—1949)学术研讨会论文集》,复旦大学历史系·"中研院"近代史所 2011 年。
43. 皮锡瑞:《师伏堂日记》,北京:国家图书馆出版社,2009 年版。
44. 全国政协文史资料研究委员会编:《辛亥革命回忆录》第一集,北京:文史资料出版社,1981 年版。
45. 桑兵:《庚子勤王与晚清政局》,北京:北京大学出版社,2004 年。
46. 桑兵主编:《各方致孙中山函电汇编》第 1 卷(1895—1912.2),北京:社会科学文献出版社,2012 年版。
47. 苏舆著,胡如虹编:《苏舆集·辛亥溅泪集卷三》,长沙:湖南人民出版社,2008 年版。
48. 孙宝瑄著:《忘山庐日记》,上海:上海古籍出版社,1983 年版。
49. 汤志钧编:《康有为政论集》,北京:中华书局,1981 年版。
50. 汤志钧编:《章太炎政论选集》,北京:中华书局,1977 年版。
51. 唐文权编:《雷铁厓集》,武汉:华中师范大学出版社,1986 年版。
52. 陶希圣:《潮流与点滴》,台北:传记文学出版社,1979 年版。
53. 王娇娇:《"共和"的简释——近代中国人是如何接受"共和"观念的》,2007 年吉林大学硕士论文。
54. 王柯:《"汉奸":想象中的单一民族国家话语》,《二十一世纪》2004 年第 6 号。
55. 王柯:《"汉奸"考:一个拟制民族国家话语的诞生》,岩波书店《思想》第 981 期。
56. 王瑞成:《晚清的基点——1840—1843 年的汉奸恐慌》,北京:中国社会科学出版社,2012 年版。
57. 王学典:《近五十年的中国历史学》,《历史研究》2004 年第 1 期。
58. 王学庄:《〈驱满酋必先杀汉奸论〉作者辨》,近代史资料编辑部编:《近代史资料》总 88 号,北京:中国社会科学出版社,1996 年版。

59. 吴密：《“汉奸”考辩》,《清史研究》2010 年第 4 期。
60. 吴密：《民族和国家的边缘——清代“汉奸”名实关系及其变迁》，中国人民大学 2011 年博士学位论文。
61. 吴密:《清代官书档案所见汉奸一词指称及其变化》,《历史档案》2010 年第 1 期。
62. 吴密：《谁是“汉奸》,《中国图书评论》2012 年第 10 期。
63. 武昌辛亥革命研究中心组编，严昌洪主编，左松涛编：《辛亥革命史事长编》第 5 册，武汉：武汉出版社，2011 年版。
64. [日] 狭間直樹：《东アジアにおける“共和”国の诞生》(《孙文研究》第 51 号，2012 年 11 月。
65. [日] 川尻文彦:《“民主”与 democracy——中日之间的“概念”关联与中国近代思想》,《新史学》第二卷，2008 年。
66. [日] 狭間直樹：《东アジアにおける“共和”思想の形成》，辛亥革命百周年纪念论集编集委员会编：《综合研究：辛亥革命》，东京，岩波书店发行 2012 年。
67. [日] 狭間直樹：《关于〈东邦协会会报〉刊登的〈支那保全分割合论〉》,《孙文研究》第 18 号，1995 年。
68. [日] 狭間直樹：《关于〈支那保全分割合论〉的若干考察——孙文访日初期革命活动的一个侧面》，林家有、李明主编：《孙中山与世界》，长春：吉林人民出版社，2004 年。
69. [日] 狭間直樹：《关于孙文的〈支那保全分割合论〉》,《民国档案》2001 年第 4 期。
70. [日] 狭間直樹：《梁启超研究与“日本”》，台北“中研院”近代史所编印：《近代中国史研究通讯》第 24 期，1997 年 9 月。
71. 肖宏发：《对“史与论关系”争论问题的逻辑考察与反思》,《广西社会科学》1995 年第 6 期。
72. 谢放:《戊戌前后国人对“民权”、“民主”的认识》,《二十一世纪》第 65 期，2011 年。

73. 辛亥革命武昌起义纪念馆、政协湖北省委员会文史资料研究委员会合编:《湖北军政府文献资料汇编》, 武汉:武汉大学出版社, 1986年版。
74. 熊元翰编辑:《国法学》,《法律丛书》第3期, 安徽法学社1911年初版。
75. 徐宗立:《共和的法理——一项历史的研究》, 北京:社会科学文献出版社, 2012年版。
76. 杨思机:《汉民族形成的指称与论争》, 复旦大学博士后出站报告2012年。
77. 恽毓鼎著, 史晓风整理:《恽毓鼎澄斋日记》, 杭州:浙江古籍出版社, 2004年版。
78. 张枬、王忍之编:《辛亥革命前十年间时论选集》, 北京:生活·读书·新知三联书店, 1960年版。
79. 章含之、白吉庵主编:《章士钊全集》, 上海:文汇出版社, 2000年版。
80. 章开沅、罗福惠、严昌洪主编:《辛亥革命史资料新编》, 武汉:湖北人民出版社, 2006年版。
81. 章宗祥译:《国法学》, 东京:译书汇编社, 1902年版。
82. 赵波:《"虚君共和"说和辛亥年康梁一派的应变举措——新中国建设问题解析》, 清华大学2001年硕士论文。
83. 郑匡民:《梁启超启蒙思想的东学背景》, 上海:上海书店出版社, 2009年版。
84. 中国国家博物馆编, 劳祖德整理:《郑孝胥日记》, 北京:中华书局, 1993年版。
85. 中国人民政府协商会议湖北省暨武汉市委员会、中国社会科学院近代史研究所、湖北省博物馆、武汉市档案馆编:《武昌起义档案资料选编》, 武汉:湖北人民出版社, 1983年版。
86. 中国社会科学院近代史研究所《近代史资料》编译室主编:《云

南杂志选辑》，北京：知识产权出版社，2013 年版。
87. 中国史学会主编：《中国近代史资料丛刊 · 辛亥革命》，上海：上海人民出版社，1957 年版。
88. 朱维铮编：《周予同经学史论著选集》增订本，上海：上海人民出版社，1996 年版。

人名索引

K

L

图书在版编目(CIP)数据

历史的原声：清季民元的“共和”与“汉奸”/ 桑兵著. -- 桂林：广西师范大学出版社, 2020.4

ISBN 978-7-5598-2735-7

Ⅰ. ①历… Ⅱ. ①桑… Ⅲ. ①学术思想 - 思想史 - 中国 - 清后期 - 文集 Ⅳ. ①B249.05-53

中国版本图书馆CIP数据核字(2020)第054357号

广西师范大学出版社出版发行

广西桂林市五里店路9号　邮政编码：541004

网址：www.bbtpress.com

出 版 人：黄轩庄

责任编辑：罗丹妮

装帧设计：彭振威

内文制作：李丹华

全国新华书店经销

发行热线：010-64284815

山东临沂新华印刷物流集团有限责任公司

临沂高新技术产业开发区新华路　邮政编码：276017

开本：1270mm×960mm　1/16

印张：23.5　字数：240千字

2020年4月第1版　2020年4月第1次印刷

定价：78.00元